Schriftenreihe Familie und Recht Band 17

Die Beiträge dieser Publikation gehen auf die Konferenz zur Praxis des Sorgerechts im Europäischen Vergleich zurück; diese wurde unter dem Titel »Ein Kind hat das Recht auf beide Eltern« vom 4. – 6. 9. 1996 in Freiburg i. Br. durchgeführt.

Veranstalter der Konferenz waren:

- Bundesministerium für Familie, Senioren, Frauen und Jugend, Bonn
- Bundesministerium der Justiz, Bonn
- Internationaler Sozialdienst, Deutscher Zweig e.V., Frankfurt/M.
- Deutscher Familiengerichtstag, Brühl
- Bundesarbeitsgemeinschaft für Familienkrisen, Trennung und Scheidung, Freiburg
- Sozialdezernat Stadt Freiburg
- Psychosoziale Beratung in Familienkrisen, Freiburg

Finanziert wurde die Tagung von der Europäischen Kommission, Generaldirektion V (Brüssel), vom Bundesministerium für Familie, Senioren, Frauen und Jugend (Bonn), der Stadt Freiburg i. Br. und der Allgemeinen Stiftungsverwaltung (Freiburg i. Br.).

Christa Brauns-Hermann (Hrsg.)
Bernd Michael Busch (Hrsg.)
Hartmut Dinse (Hrsg.)

Ein Kind hat das Recht auf beide Eltern

mit Beiträgen von:
Ingrid Baer
Axel Bauer
Agneta Björklund
Marco Bouchard
Christa Brauns-Hermann
Dr. Dieter Brosch
Bernd Michael Busch
Jocelyne Dahan
Hartmut Dinse
Dr. phil. Helmut Figdor
Peter Jeffries
Prof. Dr. Uwe Jopt
Prof. Dr. Miroslava Gec-Korosec
Dr. jur. Mehmet Köksal
Prof. Dr. Jutta Limbach
Jan Piet H. de Man
Jürgen Rieck
Claude Rossier
Grazia Schaus
Klaus Utz
Sigfried Willutzki

Schriftenreihe Familie und Recht

Luchterhand

Die Deutsche Bibliothek – CIP-Einheitsaufnahme

Ein Kind hat das Recht auf beide Eltern
Christa Brauns-Hermann... (Hrsg.)
Mit Beitr. von: Ingrid Baer...
– Neuwied; Kriftel; Berlin: Luchterhand 1997
(Schriftenreihe Familie und Recht; Bd. 17)
ISBN 3-472-03000-3

Umschlag: Ute Weber GrafikDesign, München
Satz: Luft, Desktop Publishing, Koblenz
Druck: Wilhelm & Adam, Heusenstamm
Printed in Germany, Juli 1997

♾ Gedruckt auf säurefreiem, alterungsbeständigem und chlorfreiem Papier

Inhaltsverzeichnis

Vorwort 1

Prof. Dr. Jutta Limbach
Grußwort für die Konferenz zur Praxis des Sorgerechts 5

Prof. Siegfried Willutzki
Die Novellierung des deutschen Kindschaftsrechts 9

Ingried Baer
Das Sorge- und Umgangsrecht im europäischen Vergleich 24

Jürgen Rieck
Ausgewählte Sorge- und Umgangsprobleme im grenzüberschreitenden Bereich, insbesondere vorbeugende Maßnahmen gegen Kindesmitnahme 36

Dr. iur. Mehmet Köksal
Zur Praxis des geltenden Sorge- und Umgangsrechts in der Türkei 43

Prof. Dr. Miroslava Geč-Korošec
Zur Praxis des geltenden Sorge- und Umgangsrechts in Slowenien 67

Marco Bouchard
Konferenz zur Praxis des Sorgerechts im europäischen Vergleich 89

Claude Rossier
Historische und statistische Daten in der Schweiz 96

Jocelyne Dahan
Die Rechte des Kindes, die Gesetzgebung in Scheidungsfragen 100

Peter Jeffries
»Ein Kind hat das Recht auf beide Eltern« 114

Agneta Björklund
Das Schwedische Sorgerechtsmodell nach Trennung und Scheidung 134

Jan Piet de Man
Das Wohl des Trennungs- und Scheidungskindes in der Praxis 144

Helmuth Figdor
Über die Befindlichkeit von Kindern nach Trennung und Scheidung im Rahmen unterschiedlicher Sorgerechtsmodelle 174

Was Kinder in Trennung und Scheidung brauchen 197

Christa Brauns-Hermann
Zusammenschau der Länderreferate bezüglich der Sorgrechts- und Umgangsregelungen 205

Axel Bauer / Grazia Schaus
Workshop 1:
Konferenz zur Praxis des Sorgerechts im Europäischen Vergleich 217

Jürgen Rieck
Workshop 2:
Umgangsrecht der nicht verheirateten Väter nach Trennung in binationalen Ehen 226

Dr. Dieter Brosch
Workshop 3:
Qualitative Anforderungen an Sachverständigengutachten zum Sorge- und Umgangsrecht nach Trennung und Scheidung 227

Klaus Utz
Workshop 4:
Einsatz von Werkmaterialien bei der Arbeit mit Scheidungskindern 229

Bernd M. Busch / Hartmut Dinse
Workshop 5:
Gute Eltern trotz Partnerschaftskrise? 230

Dr. Regina Maier-Aichen
Workshop 6:
Das Recht des Kindes auf beide Eltern 233

Ilona Wiese
Workshop 7:
Regelung des Unterhalts bei gemeinsamer elterlicher Sorge 235

Prof. Dr. Uwe Jopt
Workshop 8:
Sachverständige Hilfe im Spannungsfeld zwischen Beratung und Begutachtung 237

Familien-Notruf, München
Workshop 9:
Interdisziplinarität in der Mediation 251

Autoren und Herausgeber 253

Vorwort

»Ein Paar kann sich trennen, aber Eltern bleiben Eltern« ist ein Slogan, der eine jahrzehntelange Diskussion widerspiegelt, in der sich bei verschiedensten Tagungen und Veranstaltungen Experten aus den Reihen des Familienrechts, des Kindschaftsrechts, der Kinderpsychologie und der Psychotherapie auseinandergesetzt haben.
Kerngedanke dieser Diskussion war stets die Frage, welches elterliche Sorgerechtsmodell nach der Trennung und Scheidung am besten dafür geeignet ist, Schaden für die betroffenen Kinder und Jugendlichen abzuwenden. Dabei wurde am heftigsten gestritten über die sogenannte »gemeinsame Sorge«.
Nachdem dieses Modell durch das zwei Tage währende Familienrecht der Neuen Bundesländer sowie durch internationale Abkommen und Europäische Konventionen noch mehr an Bedeutung gewann, entstand, auch bedingt durch die Entwicklungen in der EU, bundesweit ein allgemeines Interesse an den gesetzlichen Regelungen in den benachbarten europäischen Staaten.
Unbefriedigend blieben diese Vergleiche, weil sie keine Schlüsse darüber zuließen, wie sich die unterschiedlichen Regelungen in der Rechtspraxis und auf den Alltag der Betroffenen auswirken.

Die VeranstalterInnen der Tagung »Ein Kind hat das Recht auf beide Eltern« setzten sich deshalb für diese europaweite Konferenz zum Ziel, mehr über die Praxis in den ausgewählten Ländern zu erfahren und baten deshalb die eingeladenen Referenten, nicht nur über die gesetzlichen Bedingungen und Regelungen zu sprechen, sondern auch Erkundigungen bei den Praktikern einzuholen, bei Gerichten, Beratungsstellen, bei Scheidungsvermittlern (Mediatoren), bei Paar- und Familientherapeuten, bei Jugendämtern und ähnlichen Institutionen, kurz, bei all jenen Berufsgruppen, die mit den betroffenen Familien arbeiten und umgehen.

Es entsprach außerdem dem Wunsch der VeranstalterInnen, aus den Erkenntnissen und Informationen der Tagung Anregungen zu gewinnen, die möglicherweise immer noch einfließen können in die derzeitige Debatte um die Novellierung des deutschen Kindschaftsrechts.
Die Präsidentin des Bundesverfassungsgerichts, Frau Prof. Jutta Limberg, betonte eingangs noch einmal wie wichtig es ist, endlich dafür Sorge zu tragen, daß das Kind im Mittelpunkt unseres erwachsenen Interesses steht und nicht länger ausschließlich die betroffenen Paare und deren Wunsch nach Trennung, bzw. Scheidung. Die Veranstalter bemühten sich konsequenterweise, Kinder

und Jugendliche in die Veranstaltung einzubeziehen, was sich als schwerer herausstellte, als gedacht.
Die kleine Gruppe, die sich schließlich einfand, trug jedoch für die Veranstaltung zu einer krönenden, abschließenden Plenumsdiskussion bei. Mit großer Lebhaftigkeit wurde von der Gruppe diskutiert, was die Erwachsenen bei der Diskussion des jetzt zu verabschiedenden Kindschaftsrechts bewegt. Doch was vom Plenum häufig mit großer Heiterkeit aufgenommen wurde, trug letztlich zu großer Nachdenklichkeit bei.
Der Wiener Kinderpädagoge und Psychoanalytiker Dr. H. Figdor stellte sich und dem Plenum deshalb die Frage, ob ein Gesetz genügt, um den Interessen von Kindern und Jugendlichen heute gerecht zu werden. Wie wichtig die jetzige Novellierung des deutschen Kindschaftsrechts ist, verdeutlichte Prof. S. Willutzki, indem er das deutsche Kindschaftsrecht als europäisches Schlußlicht bezeichnete.
Bevor die einzelnen Länderreferenten zu Wort kamen, zeigte I. Baer, Leiterin des deutschen Zweiges des internationalen Sozialdienstes, in großen historischen Zügen matriarchalische, bzw. patriarchalische Familienkulturen und gesellschaftliche Strömungen auf.
Vorbeugende Maßnahmen gegen Kindesmitnahme war das Thema eines Beitrags von Rechtsanwalt J. Riek, der sich seit 1984 als ständiger Berater des Bundesverwaltungsamtes mit Fragen binationaler Ehen auseinandersetzt.
P. de Man stellte in seinem Vortrag zur Diskussion, ob eine europaweite Debatte nicht zunächst sicherstellen müsse, daß eine gemeinsame Sprache gefunden wird. Dies, um zu bewirken, daß die Diskutanten bei der Verwendung der verschiedenen Begriffe von übereinstimmenden Bedeutungen ausgehen.
Bei der Auswahl der an der Tagung beteiligten Länder sollte nach Ansicht der Planungsgruppe ein Land des Ostblocks (Slovenien) beteiligt sein.
Die Türkei wurde ausgewählt, weil die religiösen Traditionen dieses Landes auch Einfluß haben auf das Verhalten türkischer Eltern, die in der Bundesrepublik leben, und vor allem die islamischen Familientraditionen eine Erklärung beinhalten für das Verhalten türkischer Väter, wenn sie aus einer Ehe mit einer deutschen Frau geschieden werden.
Elternverhalten in italienischen Ehen, unter dem besonderen Einfluß der katholischen Kirche, war das Interesse eines Referenten aus Italien.
Frankreich hat in den vergangenen Jahren Änderungen im Familienrecht in bezug auf die gemeinsame Sorge nach Trennung und Scheidung vorgenommen. Die VeranstalterInnen interessierte, ob die gleichzeitige Berufstätigkeit beider Eltern Einfluß hat auf die Akzeptanz des Regelungsmodells der gemeinsamen Sorge.
Aus Großbritannien ist bekannt, daß das Modell der gemeinsamen Sorge nach Trennung und Scheidung dort wesentlich häufiger praktiziert wird als etwa in der Bundesrepublik. Vor allem die Gründe für dieses Elternverhalten interessierte die PlanerInnen.

Daß der ganz überwiegende Teil der Eltern in den skandinavischen Ländern nach der Scheidung die gemeinsame Sorge behält, war der Grund, eine Referentin aus Schweden zu gewinnen.
Entsprechend des Wunsches vieler Teilnehmer haben sich die HerausgeberInnen die Mühe gemacht, in einer Synopse die Regelungen in den beteiligten Ländern einander gegenüberzustellen.
Dieses Versprechen zu halten war deshalb so schwierig, weil die einzelnen Referenten ganz unterschiedliche Schwerpunkte gesetzt haben und ein Vergleich deshalb unvollständig bleiben muß.
Die Tagung wurde bereichert durch eine große Anzahl von Workshops, deren Ergebnisse in diesem Sammelband ebenfalls abgedruckt sind.
Daß diese Konferenz von vielen Teilnehmern als Erfolg bezeichnet wurde, war die Folge einer großen Unterstützung in planerischer, finanzieller und ermutigender Hinsicht.
Wir möchten uns an dieser Stelle besonders bedanken bei:
Frau Prof. Dr. Jutta Limbach, Präsidentin des deutschen Verfassungsgerichts, Karlsruhe
Herrn Dr. R. Wiesner, Bundesministerium für Familie, Senioren, Frauen und Jugend, Bonn
Frau I. B. Baer, Internationaler Sozialdienst, Deutscher Zweig e. V., Frankfurt a. Main
Herrn Prof. S. Willutzki, Deutscher Familiengerichtstag, Brühl
Frau U. Hillbrandt, Europäische Kommission, Brüssel
Herrn Bürgermeister H. J. Seeh, Freiburg
Frau B. Wiesinger, Freiburg, für das Logo
allen ReferentInnen und WorkshopleiterInnen
Den Dolmetschern und den MitarbeiterInnen der KTS Freiburg
und allen anderen, die uns geholfen haben.
Ein besonderer Dank gilt den 300 europaweiten TeilnehmerInnen, die durch ihr Engagement und durch lebhafte Diskussionen dazu beitrugen, diese Konferenz zu gestalten.
Daß der Tagungsband dieser Konferenz so rasch folgen konnte, verdanken wir dem Leiter des Landesjugendamtes Baden-Württemberg, Herrn Th. Mörsberger, dem Luchterhand Verlag, Frau Göhring, der Planungsgruppe Bonn, insbesondere Herrn Prof. Willutzki, und dem Korrektor, Herrn Fleißig.
Wegen des großen, europaweiten Interesses an den Tagungsergebnissen ist geplant, die Niederschrift dieser Tagung im Verlauf des Kalenderjahres 1997 auch ins Englische und ins Französische zu übersetzen.

Freiburg im Februar 1997 *Die Herausgeber*

Prof. Dr. Jutta Limbach

Grußwort für die Konferenz zur Praxis des Sorgerechts

Im Jahre 1982 hat das Bundesverfassungsgericht die Vorschrift für verfassungswidrig erklärt, die das gemeinsame Sorgerecht nach der Scheidung ausschloß. In diesem Jahr (1996) hat die Bundesregierung den Entwurf eines Kindschaftsrechts verabschiedet, der auch einen Vorschlag über die elterliche Sorge nach der Scheidung enthält. Reformen im Familienrecht kommen zumeist nur schleppend – und häufig nur mit Nachhilfe des Bundesverfassungsgerichts – voran. Das mag auch mit der Ideologieträchtigkeit dieser Regelungsmaterie zusammenhängen, von der jeder etwas zu verstehen meint. Auch diese jüngste Reform des Kindschaftsrechts wird eine altvertraute Eigentümlichkeit des Familienrechts erneut belegen, nämlich daß es im heißen Streit zu werden pflegt. Die ersten Kritiker der geplanten Sorgerechtsregelung haben sich bereits zu Wort gemeldet. Sie tadeln, daß sich die Bundesregierung für die gemeinsame elterliche Sorge als Regelfall entschieden habe. Der Entwurf, so kann man in der jüngsten Ausgabe der Zeitschrift für das gesamte Familienrecht lesen, sei ausschließlich von dem Bestreben geleitet, *»Zufriedenheit bei Vätern herzustellen bzw. deren Kränkung zu vermeiden – es geht offensichtlich nur um die Befriedigung gekränkter Eitelkeit«*[1]. Sie sehen meine Damen und Herren, im Familienrecht wird nach wie vor mit harten Bandagen gekämpft.

Ich hatte seinerzeit in meiner Studie für das Bundesjustizministerium dafür plädiert, daß das gemeinsame Sorgerecht durch das Familienrecht nur angeordnet werden sollte, wenn beide Eltern einen entsprechenden Wunsch äußern. Gewiß sind auch andere Regelungen – wie in dem Regierungsentwurf – denkbar und mit der Verfassung vereinbar[2], sofern eine fürsorgliche Bevormundung widerspenstiger Eltern vermieden wird. Jedenfalls sind bisher weder die behaupteten Gefahren des gemeinsamen Sorgerechts nach der Scheidung für das Kind hinreichend wissenschaftlich belegt worden, noch ist das hinsichtlich der gegenläufigen These geschehen, daß diese Sorgerechtsform eine optimale Lösung für alle Kinder aus geschiedenen Ehen sei. *Gediegene wissenschaftliche Befunde*

---

1 So Ludwig Salgo, Zur gemeinsamen elterlichen Sorge nach Scheidung als Regelfall – ein Zwischenruf, in: FamRZ 1996, Heft 8, 449 ff., 451.

2 Um Befangenheitsbefürchtungen zu begegnen, sei ausdrücklich klargestellt, daß diese Frage, stellte sie sich je dem Bundesverfassungsgericht, von dem Ersten Senat zu beantworten wäre, dem ich nicht angehöre.

der Grundlage von Langzeitstudien stehen noch aus. Wie so häufig muß der Gesetzgeber eine Entscheidung in einer Situation der Ungewißheit fällen, d. h. ohne solide Kenntnis über die Wirkungen und Nebenfolgen der geplanten Regelung. Der Gesetzgeber versucht Antwort zu geben, auf die uns vertrauten Nöte von Kindern, deren Eltern sich trennen:

- Die Kinder wünschen, daß Vater und Mutter beisammen bleiben oder wieder zusammenfinden.
- Die Kinder möchten sich nicht für oder gegen Vater oder Mutter entscheiden müssen. Diese Entscheidung stürzt sie zumeist in schwere, sie überfordernde Loyalitätskonflikte.
- Die Kinder möchten den Kontakt zu dem »ausziehenden« Elternteil nicht verlieren. Sie leiden darunter, wenn die Besuche, Kontaktversuche und Aufmerksamkeiten des nicht mit ihnen zusammenlebenden Elternteils immer rarer werden und allmählich ausbleiben[3].

Das Motto ihres Kongresses *»Ein Kind hat das Recht auf beide Eltern«* macht eines treffend deutlich, daß im Mittelpunkt jeder Regelung das Kind zu stehen hat. Der Bundesregierung vorwerfen zu wollen, sie versuche mit dem Sorgerecht nach der Scheidung *»festverwurzelte Rollenkonzepte mit der Brechstange aufzubrechen«*[4], erscheint mir absurd. Das gemeinsame Sorgerecht setzt nicht die Aufteilung der Kinderarbeit zwischen Vater und Mutter zu gleichen Teilen voraus. Wie während der Ehe ist auch nach der Ehe ein unterschiedliches Engagement von Mutter und Vater denkbar. Das Kind muß – wie auch immer – erfahren können, daß sich beide nach wie vor als Eltern verantwortlich wissen. Darum sollte durch ein breites Spektrum von Betreuungsformen eine große Vielfalt mütterlichen und väterlichen Zusammenwirkens eröffnet werden.

Das gemeinsame Sorgerecht wird man nicht als Prämie für partnerschaftliches Verhalten während der Ehe verleihen können. Eine solche Idee mißachtet die Vielgestaltigkeit der Lebensverhältnisse, die auch unter der Regie eines gemeinsamen Sorgerechts nach der Scheidung möglich sein sollte. Wohl ist die partnerschaftlich geführte Ehe ein gutes Indiz für die Kooperationsfähigkeit der Eltern. Und gewiß kommt es nicht von ungefähr, daß die Entscheidung des Bundesverfassungsgerichts für das gemeinsame Sorgerecht von Elternpaaren erstritten worden ist, bei denen Vater und Mutter gleichrangig berufstätig waren. Gleichwohl halte ich die Ansicht für verfehlt, daß das gemeinsame Sorgerecht nur ein Modell für *»geistige und gesellschaftliche Eliten«* sei.

Und wo, meine Damen und Herren, fängt die partnerschaftliche Lebensgestaltung an, wo hört sie auf? Will man unberücksichtigt lassen, inwieweit die eheliche Arbeitsteilung außerehelichen Lebensbedingungen – etwa unter-

3 Diese Motive klingen weitgehend übereinstimmend in Kinder- und Jugendbüchern an, die sich mit der Scheidung von Eltern beschäftigen. Vgl. Jutta Limbach, Gemeinsame Sorge geschiedener Eltern, Karlsruhe 1988, S. 10 f.

4 Salgo, aaO., S. 453.

schiedlichen Einkommen – geschuldet war? Eine rückwärtsgewandte Beurteilung vernachlässigt vor allem die Entwicklungschancen, die jeder Krise – auch der Scheidung – innewohnen. In vielen Fällen wird die Scheidung zu neuen Lebens- und Berufsplänen der Mutter führen, die sie mehr als zuvor auf die väterliche Teilhabe am Sorgerecht angewiesen sein läßt.

Die gemeinsame Sorge nach der Scheidung, meine Damen und Herren, ist mehr als ein Sorgerechtsmodell des Familienrechts. Sie ist eine Strategie, die die Folge der Elterntrennung für das Kind soweit als möglich zu mildern verspricht. Diese geht dahin, dem Kind beim Scheitern der Ehe nach Möglichkeiten beide Eltern und das gesamte familiäre Familiengefüge zu erhalten. So sollen die Eltern lernen, Paar- und Elternebene zu trennen sowie sich in die Erlebnis- und Bedürfniswelt ihres Kindes hineinzuversetzen. Sie, meine Damen und Herren, wissen aus beruflicher Erfahrung, wie schwer die einzelnen Schritte auf dem Weg zu einer gemeinsamen Elternverantwortung nach der Scheidung zu nehmen sind. Bei der Bewältigung ihres Konflikts sind Vater, Mutter, Kind auf Ihre Erkenntnisse, Ihren fächerübergreifenden Sachverstand und Rat, auf Ihr soziales Einfühlungsvermögen und nicht zuletzt auf Ihre soziologische und rechtspolitische Phantasie angewiesen. Mögen Sie zum Wohle der Kinder erfolgreich sein!

Prof. Siegfried Willutzki

Die Novellierung des deutschen Kindschaftsrechts
– Entwicklung und Perspektiven

Am 28.02.1996 hat die Bundesregierung – endlich – den Kabinettsentwurf eines Gesetzes zur Reform des Kindschaftsrechtes verabschiedet, der als ein in jeder Beziehung schwergewichtiges Produkt bezeichnet werden muß. Inzwischen hat der Bundesrat seine Stellungnahme zu dem Entwurf abgegeben; auch die Gegenäußerung der Bundesregierung liegt bereits vor. Am 13.06.1996 hat der Deutsche Bundestag den Gesetzesentwurf in erster Lesung behandelt und wie üblich an die Ausschüsse überwiesen. Wegen der Bedeutung des Gesetzesvorhabens ist mit einer Sachverständigenanhörung durch den Rechtsausschuß des Bundestages zu rechnen.

Diese Reform tut not und ist seit langem überfällig. Sie ist verfassungsrechtlich geboten, um Artikel 6 Abs. 5 des Grundgesetzes endlich zur Geltung zu bringen, der die gleichen Entwicklungsbedingungen für nichteheliche und eheliche Kinder fordert, und das seit Inkrafttreten des Grundgesetzes. Es ist unstreitig, daß das Nichtehelichengesetz vor 1969 diesen verfassungsrechtlichen Auftrag nicht annähernd erfüllt hat, trotz unstreitiger Verbesserungen, die es für das nichteheliche Kind gebracht hatte, wie etwa die Feststellung der rechtlichen Verwandtschaft zwischen nichtehelichem Kind und seinem Vater.

Der Druck auf den Gesetzgeber zur Verbesserung des Kindschaftsrechts ist aber auch aus der Wiedervereinigung entstanden, wobei ganz klar festzustellen ist, daß die rechtlichen und gesellschaftlichen Bedingungen für nichteheliche Kinder in der alten DDR wesentlich besser gestaltet waren als in der bisherigen Bundesrepublik.

Internationale Verträge, denen die Bundesrepublik beigetreten ist, verlangen eindeutig eine Reform des Kindschaftsrechts, so die europäische Menschenrechtskonvention und die UN-Kinderrechtskonvention. Gerade die Diskussion um die Übernahme der Regelungen aus den Verträgen hat deutlich gemacht, daß die Bundesrepublik im internationalen Vergleich auf dem Gebiet des Kindschaftsrechts eine eindeutige Schlußlichtposition einnimmt. Alle übrigen europäischen Länder sind in der Gestaltung ihres Kindschaftsrechts wesentlich fortschrittlicher als die Bundesrepublik, deren Nachholbedarf ständig größer wird.

Der Druck auf den Gesetzgeber ist nicht zuletzt eindeutig verstärkt worden durch zahlreiche Entscheidungen des Bundesverfassungsgerichts, daß das geltende Kindschaftsrecht in weiten Bereichen für unvereinbar erklärt hat mit den Regelungen der Verfassung.

Zwei große Ziele haben die Verfasser des Entwurfs vor Augen gehabt:

1. Die Reform soll rechtliche Regelungen schaffen, die ausdrücklich an der Perspektive des Kindes orientiert sind.
2. Mit der Reform soll dem Verfassungsauftrag, rechtlich gleiche Entwicklungsbedingungen für nichteheliche Kinder zu schaffen, Rechnung getragen werden.

An diesen Zielen muß sich der vorgelegte Entwurf messen lassen.

I. Abstammung

1. Mutter im Rechtssinn

a) Der Entwurf stellt eindeutig klar, daß Mutter im Rechtssinne nur sein kann, wer das Kind ausgetragen hat. Auf die genetische Mutterschaft soll es nicht ankommen. Zwar ist die Leihmutterschaft nach wie vor verboten, der Gesetzgeber kann aber die Augen nicht davor verschließen, daß es trotz dieses Verbots in Deutschland zu einer Leihmutterschaft kommen kann. Es ist seine Aufgabe, auch hierfür dann rechtliche Regelungen vorzuschreiben, wenn die Frage der Mutterschaft für das Kind damit streitig werden sollte.

b) Für die Festlegung der Vaterschaft in Fällen der Samenspende hat der Gesetzgeber sich einer Regelung enthalten. Die Begründung allerdings, daß der Gesetzgeber eine solche zivilrechtliche Regelung noch nicht vornehmen kann, solange über die Zulässigkeit der Samenspende im politischen Raum keine Einigung erzielt worden sei, vermag nicht zu überzeugen. Warum die Lage bei Vater und Mutter unterschiedlich zu beurteilen ist, erscheint mir nicht einsichtig.

2. Eingeschränkte Vaterschaftszurechnung bei nachehelich geborenen Kindern

Grundsätzlich soll das geltende Recht unverändert bleiben, soweit ein Kind vor der Ehe gezeugt und nach der Eheschließung geboren worden ist. Hier soll es bei der Vaterschaft des Ehemannes bleiben. Geändert wird die Regelung für Kinder, die nach der Scheidung geboren werden. Die Regelung, daß ein innerhalb von 302 Tagen **nach** der Scheidung geborenes Kind noch als eheliches

Kind des geschiedenen Ehemannes gilt, soll künftig ersatzlos entfallen, weil aufgrund des Trennungsjahres, das regelmäßig der Scheidung vorangeht, davon auszugehen ist, daß eine tatsächliche Vaterschaft des Ehemannes nicht in Betracht kommt. Diese Regelung kann nur begrüßt werden, weil sie überflüssige und kostspielige Ehelichkeitsanfechtungsverfahren für all diese Fälle überflüssig macht.

Die Vaterschaftsvermutung für den Ehemann soll aber auch bei Kindern, die **während** des Scheidungsverfahrens geboren werden, künftig eingeschränkt werden. Bisher mußte auch dann, wenn alle Beteiligten sich darüber einig waren, daß das Kind nicht vom Ehemann abstammte, ein Ehelichkeitsanfechtungsprozeß geführt werden. Das soll künftig nach dem Entwurf der Bundesregierung dann überflüssig werden, wenn vor der Geburt des Kindes der Scheidungsantrag anhängig gemacht worden ist, ein Dritter die Vaterschaft anerkennt und die Mutter und ihr Ehemann zustimmen. Allerdings sollen die Anerkennung durch den Dritten und damit der Ausschluß der Vaterschaft des Ehemannes frühestens mit der Rechtskraft des Scheidungsurteils wirksam werden. Dagegen hat der Bundesrat in seiner Stellungnahme Bedenken geäußert; er hält die vorgeschlagene Regelung für überzogen. Das Ergebnis sei sehr wünschenswert, es müsse aber genügen, wenn die Mutter und ihr Ehemann als Scheinvater die Ehelichkeit des Kindes verneinten. Auf die Anerkennung der Vaterschaft durch einen Dritten, des hoffentlich richtigen biologischen Vaters, dürfte es nicht ankommen. Außerdem könne die Feststellung der Nichtehelichkeit nicht bis zur Rechtskraft des Scheidungsurteils hinausgeschoben werden. Dem stünde schon das Gebot notwendiger Rechtsklarheit entgegen. Die Bundesregierung hat diesem Änderungswunsch nicht zugestimmt. Über den Ausgang des Streits im Gesetzgebungsverfahren wage ich noch keine Prognose abzugeben.

3. Stärkung der Rechte der Mutter im Abstammungsverfahren

Im Gegensatz zum geltenden Recht soll künftig die Anerkennung der Vaterschaft der Zustimmung der Mutter bedürfen. Die zusätzliche Zustimmung des Kindes soll nur dann erforderlich sein, wenn die Mutter nicht Inhaberin der elterlichen Sorge ist. Auch diese Lösung halte ich für sinnvoll.

Nach geltendem Recht durfte die Mutter zwar das Vaterschaftsanerkenntnis des nicht mit ihr verheirateten Mannes anfechten, ihr stand aber kein Recht auf Ehelichkeitsanfechtung zu. Diese Änderung halte ich für unbedingt notwendig. Eingeschränkt ist ihr Recht nach dem Entwurf beim minderjährigen Kind allerdings dadurch, daß eine Kindeswohlprüfung stattzufinden hat, beim volljährigen Kind bedarf die Mutter zur Vaterschaftsanfechtung der Zustimmung des Kindes.

Diese Beschränkungen hält der Bundesrat für unangemessen; es dürfe keine Schlechterstellung der Mutter gegenüber der Position des Scheinvaters erfolgen. Die Bundesregierung ist bereit, dieser Anregung des Bundesrates weitgehend zu folgen.

4. Recht des Kindes auf Kenntnis seiner Abstammung

Das Bundesverfassungsgericht hat in seinen Urteilen vom 31.01.1989 und 26.04.1994 dem Gesetzgeber aufgegeben, Möglichkeiten zu schaffen, daß das Kind sein Recht auf Kenntnis der eigenen Abstammung verwirklichen kann. Der Aufforderung des Bundesverfassungsgerichts kommt der Entwurf in der Weise nach, daß die Anfechtung für das volljährig gewordene Kind ohne besondere Gründe zugelassen wird, und zwar unabhängig davon, ob das Kind ehelich oder nichtehelich geboren ist. Die Anfechtungsfrist soll zwei Jahre ab Eintritt der Volljährigkeit betragen, allerdings soll die Frist erst dann zu laufen beginnen, wenn das Kind später Kenntnis von den Umständen, die gegen die Vaterschaft sprechen, erlangt.
Indes hat sich der Entwurf dagegen ausgesprochen, eine sogenannte rechtsfolgenlose Vaterschaftsfeststellung zuzulassen, bei der zwar die biologische Vaterschaft eines anderen Mannes festgestellt wird, die rechtliche Zuordnung zum Scheinvater aber unangetastet bleiben soll. Die Entwurfsverfasser haben den Verzicht auf diese Möglichkeit mit den Schwierigkeiten eines derartigen Verfahrens begründet; ich hatte es von Anfang an für denkbar gehalten, daß die Rechtspolitik sich über diese Bedenken hinwegsetzen und die rechtsfolgenlose Vaterschaftsfeststellung zulassen wird.
Der Bundesrat hat nun ausdrücklich darum gebeten, noch einmal die Möglichkeit der rechtsfolgenlosen Vaterschaftsfeststellung zu überprüfen, da er auch die erweiterten Anfechtungsmöglichkeiten des Kindes zur Durchsetzung eines allgemeinen Persönlichkeitsrechtes auf Kenntnis der wahren Abstammung nicht für ausreichend hält. Die Bundesregierung hat das abgelehnt; ob sich ihr Standpunkt durchsetzen wird, halte ich für zweifelhaft.

5.

Zu begrüßen ist die geplante Regelung, daß ein Anfechtungsrecht der Eltern des Scheinvaters in Zukunft entfallen soll. Interessant ist sicherlich, daß der Entwurf dem Erzeuger des Kindes kein eigenes Anfechtungsrecht zugestehen will, wenn die übrigen Beteiligten von ihrem Anfechtungsrecht keinen Gebrauch machen. Ich halte dies für richtig, der Gedanke des Schutzes der sozialen Familie scheint wirklich wichtiger zu sein als das Interesse des Erzeugers an der Feststellung seiner Vaterschaft, doch bleibt natürlich festzustellen, daß das Elternrecht des natürlichen Vaters gemäß § 6 des Grundgesetzes schon durch eine solche Regelung tangiert wird.

II. Recht der elterlichen Sorge

Vorbemerkung:
Ich halte es für bedauerlich, daß der Entwurf weiterhin an dem Begriff der elterlichen Sorge festhält. Die rechtspolitische Diskussion hat zu dem weitgehend übereinstimmenden Votum geführt, daß dieser Begriff durch den Begriff der Elternverantwortung ersetzt werden sollte. Diesem Vorschlag ist der Entwurf nicht gefolgt. Ich halte das für verfehlt, da mit der Beibehaltung dieses Begriffs auch die Gefahr fortbesteht, daß die **Rechts**position aus der Inhaberschaft der elterlichen Sorge auch in Zukunft als **Macht**position mißverstanden wird und den Interessen des Kindes zuwider mißbraucht wird. Dieser Gefahr hätte man durch die Verwendung des neuen Begriffs der elterlichen Verantwortung begegnen können. Die Gründe, mit denen sich die Entwurfsverfasser dagegen ausgesprochen haben, vermögen nicht zu überzeugen.
Natürlich ändert der Wechsel der Begriffe nicht von heute auf morgen die Situation der Kinder. Aber die Signalwirkung für die notwendige Bewußtseinsänderung der Gesellschaft durch den Begriff der fortbestehenden Elternverantwortung sollte nach meiner Überzeugung nicht unterschätzt werden.

1. Elterliche Sorge bei nicht verheirateten Eltern

a) Die große Neuerung des Entwurfs besteht darin, daß nicht miteinander verheiratete Eltern in Zukunft gemeinsam das Sorgerecht für ihr Kind ausüben können, was nach geltendem Recht nicht möglich war. Denn bisher besaß grundsätzlich allein die Mutter das Sorgerecht für das nichtehelich geborene Kind. Ließ der Vater mit Zustimmung der Mutter das Kind für ehelich erklären, hatte das zur Folge, das er allein Sorgerechtsinhaber wurde, während die Mutter ihrerseits das Sorgerecht verlor, was das Bundesverfassungsgericht ja bekanntlich beanstandet hat. Nach dem Entwurf soll es in Zukunft durch gemeinsame Sorgeerklärung möglich sein, daß beide Elternteile Sorgerechtsinhaber werden. Diese gemeinsame Sorgeerklärung, die öffentlich beurkundet werden muß, ist an keine weiteren Voraussetzungen gebunden. Insbesondere wird nicht verlangt, daß die nicht verheirateten Eltern zusammenleben müssen, was das Bundesverfassungsgericht noch angenommen hatte. Auch soll der Eintritt der gemeinsamen Sorge nicht von einer vorherigen Kindeswohlprüfung abhängig gemacht werden. Ich halte diese Regelung für richtig, da sie allein dem Gebot der Gleichbehandlung nichtehelicher Kinder mit ehelichen Kindern vorbehaltlos entspricht.

Will einer der beiden nicht miteinander verheirateten Elternteile nicht mehr an der gemeinsamen Sorge festhalten, so richtet sich die Beendigung der gemeinsamen Sorge und ihre Ersetzung durch die Alleinsorge eines Elternteils nach den gleichen Regelungen wie bei der Scheidung von Eltern. Das stellt der neu gefaßte § 1671 ausdrücklich klar. Voraussetzungen sind die nicht nur vorübergehende Trennung der Eltern sowie ein Antrag auf Übertragung der Alleinsorge im ganzen oder teilweise. Dem Antrag ist stattzugeben, sofern der andere Elternteil zustimmt, es sei denn, daß das über 14jährige Kind der Übertragung auf einen Elternteil allein widerspricht. Widerspricht der andere Elternteil dem Antrag auf Einrichtung der Alleinsorge, so ist ihm dennoch stattzugeben, wenn zu erwarten ist, daß die Aufhebung der gemeinsamen Sorge und Übertragung auf den Antragsteller dem Wohle des Kindes am besten entspricht.

Die Gleichbehandlung von ehelichen und nichtehelichen Kindern halte ich für sinnvoll; wegen der Einzelheiten der Aufhebung darf ich auf die Ausführungen bei der Trennung und Scheidung verweisen.

b) Man kommt um die Feststellung nicht umhin, daß die Stellung der Mutter des nichtehelichen Kindes auch nach der vorgesehenen Novellierung weiterhin sehr stark bleibt. An einem gemeinsamen Sorgerecht kann der Vater nur beteiligt werden, wenn die Mutter damit einverstanden ist. Lehnt die Mutter es ab, hat der Vater nur dann die Möglichkeit, das Sorgerecht für sich allein zu beanspruchen, wenn sich die Mutter im Sinne von § 1666 BGB als ungeeignet zur Erziehung des Kindes erwiesen hat, so daß ihr die elterliche Sorge entzogen werden mußte. Es hilft dem Vater also nichts, wenn er sich darauf beruft, daß die elterliche Sorge durch ihn die bessere Alternative für das Kind darstellen würde. Gemessen an der Zielsetzung des Entwurfs, sich eindeutig an der Perspektive des Kindes zu orientieren, vermag diese Lösung verfassungsrechtlich sowohl im Hinblick auf Art. 6 Abs. 5 wie auf das gleichwertige Elternrecht des Vaters nach Art. 6 Abs. 2 GG wenig zu überzeugen. Ob sich eine verbesserte Lösung zugunsten der Perspektive des Kindes im Gesetzgebungsverfahren durchsetzen lassen wird, erscheint jedoch fraglich, weil auch mir zweifelhaft erscheint, ob wir gesellschaftspolitisch schon so weit sind, einen solchen mutigen Schritt zur positiven Entwicklung des Kindes für die Zukunft zu wagen.

2. Sorgerechtsregelung nach Scheidung

Sie ist zum Hauptstreitpunkt der Reformpläne geworden. Nach meinem Eindruck ist in diesem Bereich der Geschlechterkampf wieder voll entbrannt, die Perspektive des Kindes gerät in die Gefahr, darüber völlig in den Hintergrund gedrängt zu werden. Worum geht es? Die grundlegende Neuerung ist die Aufgabe des Zwangsverbundes für die Sorgerechtsregelung bei der Scheidung. Wie bisher schon in § 1672 BGB für die Trennungsphase geregelt, soll eine gerichtliche Sorgerechtsregelung nur auf Antrag erfolgen. Wird ein solcher Antrag von keinem Elternteil gestellt, bleibt es bei der gemeinsamen elterlichen Sorge auch nach der Scheidung. Lediglich im Fall der Gefährdung des Kindeswohls, insbesondere nach § 1666 BGB, soll das Gericht auch in Zukunft von Amts wegen tätig werden. Ergänzt werden soll diese verfahrensrechtliche Regelung, die bei fehlendem Antrag zur Beibehaltung der gemeinsamen elterlichen Sorge führt, durch eine im Entwurf vorgesehene neue Regelung, wonach in diesem Falle der Elternteil, in dessen Obhut sich das Kind befindet, eine Alleinentscheidungsbefugnis in allen Angelegenheiten des täglichen Lebens erhalten soll, im gleichen Rahmen auch ein Alleinvertretungsrecht.

Das Recht des nicht betreuenden Elternteils zur Mitsprache und Mitentscheidung soll sich auf Fragen von grundsätzlicher Bedeutung beschränken.

Insbesondere von den Frauenverbänden wird in dieser Konzeption eine Verschlechterung der Position der üblicherweise die Kinder betreuenden Mütter gesehen. Soweit die Verschlechterung allerdings damit begründet wird, daß die Neuregelung dem Vater des Kindes, der sich bisher nicht um sein Kind gekümmert habe und das wohl auch in Zukunft nicht in erforderlichem Umfange tun werde, die Möglichkeit einräume, der Mutter ständig in die Erziehung des Kindes hineinzureden und ihre Entscheidungskompetenz zu beeinträchtigen, erscheint mir der Einwand nicht schlüssig zu sein. Gerade das soll durch die Neuregelung der sogenannten »Alltagssorge« für den betreuenden Elternteil verhindert werden. Ich räume natürlich ein, daß es von entscheidender Bedeutung sein wird, den Begriff der Alltagssorge präzise zu definieren. Bliebe es bei der derzeitigen Formulierung des Gesetzes, so wäre sicherlich wohl zumindest in der Anfangsphase eine erhebliche Rechtsunsicherheit zu erwarten. Eine einheitliche Linie in der Rechtsprechung wäre wohl nicht von vornherein zu erzielen. Ich persönlich würde es deshalb vorziehen, wenn das Gesetz so ausgestaltet würde, daß dem betreuenden Elternteil grundsätzlich die Alleinsorge übertragen wird und die Entscheidungsbereiche aus dem schulischen, gesundheitlichen und religiösen Bereich, in denen eine gemeinsame Entscheidungskompetenz bestehen soll, ausdrücklich definiert werden.

In diese Richtung geht auch der Änderungsvorschlag des Bundesrates, der die Befugnis des betreuenden Elternteils zur alleinigen Entscheidung lediglich durch folgenden Satz einschränken will: »Hiervon ausgenommen sind Entscheidungen in Angelegenheiten von grundsätzlicher Bedeutung wie Schullaufbahn, Berufswahl und Wahl des religiösen Bekenntnisses.«

Die Bundesregierung hat diesem Änderungvorschlag widersprochen, weil er nach ihrer Auffassung den Gedanken der gemeinsamen Sorgerechtsausübung zu sehr in den Hintergrund drängt. Richtig ist an der Argumentation der Bundesregierung, daß die drei genannten Bereiche Schullaufbahn, Berufswahl und religiöses Bekenntnis wohl nicht die Hauptstreitpunkte im Bereich der grundsätzlichen Angelegenheiten sein würden. Man denke nur an die äußerst proble-

matische Frage der Wohnsitzveränderung des Kindes durch den betreuenden Elternteil, zumal bei einer Wohnsitzverlegung in das Ausland. So bleibt nur die Feststellung, daß über die Ausgestaltung sicherlich noch erheblich diskutiert werden muß.
Ich will auch nicht verkennen, daß die Mütter, die sicherlich auch in Zukunft vorrangig die Betreuung der Kinder nach der Scheidung übernehmen werden, durch die Notwendigkeit der Antragstellung für ihre Alleinsorge in den Geruch des schlechteren Elternteils geraten könnten, wenn allgemein propagiert wird, daß die Beibehaltung der gemeinsamen Sorge die für die Entwicklung des Kindes bessere Alternative sei. Diese Besorgnis der Mütter nehme ich durchaus ernst. Vielleicht könnte der Vorschlag des Deutschen Familiengerichtstages einen Ausweg aus dieser Problematik bieten. Danach soll das Familiengericht im Scheidungsverfahren der Eltern klären, ob zwischen ihnen über die vier wichtigsten Bereiche für das Kind Einigkeit besteht. Das sind der Aufenthalt des Kindes, Form und Umfang der Umgangskontakte, der Barunterhalt für das Kind sowie Form und Umfang gemeinsamer Entscheidungskompetenz. Sind sich die Eltern in diesen Punkten einig, soll es keiner gerichtlichen Entscheidung über das Sorgerecht bedürfen. Zeigt sich aber bereits in diesen vier Punkten Uneinigkeit der Eltern, so soll das Gericht dann von Amts wegen über das Sorgerecht entscheiden. Dieses Verfahren würde auch die Möglichkeit der Anhörung des Kindes in Zukunft bieten. Damit könnte wohl ein Ausweg aus dem Streit über die künftige Ausgestaltung des Sorgerechts gefunden werden.
Ich weiß, daß der veröffentlichte Vorschlag des Familiengerichtstages mit dem Begriff des Sorgeplans erhebliches Mißverständnis ausgelöst hat, weil man befürchtet hat, hier solle eine starre Regelung festgeschrieben werden, die die Eltern zwangsläufig abschrecken müßte. Ich mache deutlich, daß es sich nach meiner persönlichen Überzeugung nicht etwa um eine schriftliche Absprache der Eltern handeln muß, sondern daß lediglich ihre Einigkeit über diese Punkte dem Gericht gegenüber klargestellt werden sollte.
Der Entwurf hat sich dafür entschieden, daß es kein eigenes Antragsrecht des Kindes auf gerichtliche Sorgerechtsregelung geben soll. Ich glaube, hier sollten wir noch einmal gemeinsam nachdenken, ob wir damit nicht die Subjektrolle zumindest der über 14 Jahre alten Jugendlichen verschlechtern, die das geltende Recht ihnen in § 1671 mit der Möglichkeit des abweichenden Vorschlags eingeräumt hatte.
Ganz wichtig erscheint mir indes, daß wir mit der Neuregelung von dem bisherigen Alles- oder Nichts-Prinzip wegkommen. Denn der Antrag auf Übertragung der Alleinsorge führt nicht mehr wie bisher automatisch zur Alleinsorge. Die vorgeschriebene Kindeswohlprüfung zwingt zwangsläufig zur Klärung, ob das Sorgerecht insgesamt einem Elternteil allein übertragen werden soll, oder ob es genügt, wenn das für die streitigen Teilbereiche geschieht. Ich halte in dieser Lösung den Gedanken der Verhältnismäßigkeit des Eingriffs in das Grund-

recht des Elternrechts viel stärker gewahrt als im geltenden Recht. Ich kann das deshalb nur ausgesprochen begrüßen.
Ich bin mir darüber im klaren, daß wir auch hiermit nicht von heute auf morgen die Situation der Kinder verbessern werden, doch angesichts der Ergebnisse der Studie von Anneke Napp-Peters, nach der Eltern, die ihr Sorgerecht bei der Scheidung verloren haben, in mehr als 50% der Fälle bereits ein Jahr nach der Scheidung keinen Kontakt mehr mit ihren Kindern haben, sind wir verpflichtet, neue Lösungen zu suchen, um Kindern eine Chance zu geben, notwendige Kontakte zu beiden Elternteilen zu bewahren. Ob wir mit diesem Versuch Erfolg haben werden, kann keiner von uns voraussagen. Das wird die Zukunft erweisen müssen. Ich halte es jedoch für untragbar, daß wir uns mit der jetzigen Situation einfach weiter abfinden.

III. Umgangsrecht

In diesem Bereich bereitet der Entwurf angesichts des Ergebnisses der bisherigen Reformdiskussion doch eine erhebliche Enttäuschung. Hier ist die Perspektive des Kindes als Richtschnur der Novellierung eindeutig verlassen worden. Es bestand in der Fachwelt weitgehend Übereinstimmung, daß das Umgangsrecht künftig als ein Recht des Kindes ausgestaltet werden sollte, zumindest aber **auch** als ein Recht des Kindes, wie es der Deutsche Juristentag gefordert hat. Beim Umgangsrecht muß dringend auf eine Nachbesserung des Entwurfs gedrängt werden. Wenn die Perspektive des Kindes bei der Kindschaftsrechtsreform im Vordergrund stehen soll, so verlangt das zwingend, daß das Umgangsrecht zumindest **auch** als ein Recht des Kindes gestaltet wird. Solange es im Gesetz als ein Recht des anderen Elternteils erscheint, wird immer die Gefahr bestehen, daß der betreuende Elternteil geneigt sein wird, dieses Recht des anderen kompensatorisch in Frage zu stellen, wenn jener etwa seiner Unterhaltspflicht nur unvollkommen nachkommt. Die Definition des Umgangsrechtes als ein Recht des Kindes im Gesetz selbst ist allein geeignet, hier ein Umdenken herbeizuführen und langfristig zu einer Bewußtseinsveränderung zu führen. Wenn der Entwurf in dem künftigen § 1626 f Abs. 3 feststellt, daß der Umgang mit beiden Elternteilen in der Regel zum Wohl des Kindes gehört und gleiches auch für den Umgang mit anderen Personen gilt, zu denen das Kind Bindungen besitzt, wenn deren Aufrechterhaltung für seine Entwicklung förderlich ist, so reicht das allein nicht aus. Die Begründung des Entwurfs, man habe auf die Ausgestaltung des Umgangsrechtes als Kindesrecht verzichtet, weil ein solches Recht mit Zwangsmitteln nicht durchsetzbar sei, vermag schon allein deshalb nicht zu überzeugen, weil der Entwurf wenige Seiten weiter ausführt, daß für die Durchsetzung des Umgangsrechtes des Elternteils auf Zwangsmaßnahmen nicht verzichtet werden könne. Nun bin ich zwar der Auffassung, daß Zwang bei der Ausübung des Umgangsrechtes weder in der einen

noch in der anderen Richtung einen Sinn macht. Entscheidend ist vielmehr die Überzeugungswirkung, die von der gesetzlichen Fassung ausgeht, und die halte ich nun einmal für wirkungsvoller, wenn das Umgangsrecht als ein Recht des Kindes bezeichnet wird. Der pädagogische Aspekt dieser Formulierung des Gesetzes mit seiner Langzeitwirkung auf den angestrebten Bewußtseinswandel der Eltern steht dabei für mich eindeutig im Vordergrund.
Der Entwurf erweitert die Umgangsrechte über den Elternteil hinaus auf einen weiteren Personenkreis. Dazu gehören die Großeltern, die Geschwister, Stiefeltern oder frühere Stiefeltern sowie Pflegepersonen. Die Ausdehnung erscheint allein deshalb zweifelhaft, weil es auch hier nicht um ein originäres Recht des Kindes geht, sondern Dritten Rechte gegenüber dem Kind zugestanden werden. Auch insoweit ist der alleinige Maßstab der Kindesperspektive verlassen worden. Diese Probleme würden beseitigt werden, wenn das Umgangsrecht des Kindes so ausgestaltet würde, daß **ihm** ein Recht auf Umgang mit allen für seine Entwicklung erforderlichen Personen zugestanden wird.
Diese grundsätzlichen Bedenken gegen die Ausgestaltung des Umgangsrechtes sowohl bei den Eltern als auch bei dem weiteren Personenkreis wegen mangelnder Berücksichtigung der Kindesperspektive teilt auch der Bundesrat. Er schlägt deshalb vor, die Umgangsregelung so zu formulieren: »Das Kind hat das Recht auf Umgang mit jedem Elternteil; jeder Elternteil hat das Recht auf Umgang mit dem Kind. Das Kind kann das Umgangsrecht nur selbst und erst ab Vollendung des 14. Lebensjahres geltend machen.«
Eine vergleichbare Fassung soll nach der Vorstellung des Bundesrates auch die Umgangsregelung mit Großeltern, Geschwistern usw. erhalten. Zur Begründung verweist der Bundesrat darauf, daß die Bestimmung über den Umgang klarstellen sollte, daß das Kind nicht Objekt eines fremden Rechts ist, sondern selbst das Recht hat, bei einer Trennung von seinen Eltern zu ihnen regelmäßige, persönliche und unmittelbare Kontakte zu pflegen, nicht zuletzt auch wegen der Regelung in Art. 9 Abs. 3 der UN-Kinderrechtskonvention. Die Bundesregierung ist unter erneutem Verweis auf die fehlende Durchsetzungsmöglichkeit nicht bereit, diesem Änderungsvorschlag zu folgen. Hier wird es noch der Überzeugungsarbeit von unserer Seite bedürfen, um den Gesetzgeber auf den Pfad der Tugend zur Wahrung der Kindesperspektive zurückzuführen.
Auf eine Darstellung des im Entwurf vorgeschlagenen gerichtlichen Umgangsvermittlungsverfahrens (§ 52 a E) bei Umgangsproblemen möchte ich verzichten, da der Bundesrat sich ganz entschieden gegen ein solches Verfahren ausgesprochen hat und es mir nach den bisherigen Reaktionen der Praxis wenig Realisierungschancen zu haben scheint.
Von großer grundsätzlicher Bedeutung scheint mir aber, daß die Gerichte aufgefordert werden, in allen Verfahren, bei denen es um Kinder geht, nicht nur in jeder Lage des Verfahrens auf ein Einvernehmen der Beteiligten hinzuwirken, sondern sie auch so früh wie möglich anzuhören und auf die Beratungsmöglichkeiten der Jugendhilfe hinzuweisen. Und sehr zu begrüßen ist es, daß der Bundesrat vorge-

schlagen hat, die Beratung nach § 17 KJHG nicht nur als Pflichtleistung auszugestalten, sondern auch im Gesetz ausdrücklich festzulegen, das Kinder und Jugendliche bei Trennung und Scheidung bei der Erarbeitung von Sorgekonzepten angemessen zu beteiligen sind, was in der Vergangenheit wohl leider nicht selbstverständliche Praxis von Jugendämtern und Beratungsstellen war.

IV. Adoptionsrecht

Die zwei wichtigsten Änderungen im Adoptionsrecht beruhen auf verfassungsrechtlichen Vorgaben durch das Bundesverfassungsgericht.
Einmal soll nach dem Entwurf die Möglichkeit, das eigene nichteheliche Kind als Kind anzunehmen, künftig entfallen. Dieser Lösung kann nur zugestimmt werden; gesunder Menschenverstand hat diese rechtliche Regelung noch nie verstanden. Die Neuregelung verhindert den völligen Ausschluß eines natürlichen Elternteils, was dem Interesse des Kindes grundsätzlich widerspricht. Die gleiche positive Beurteilung verdient auch die andere Änderung, wonach die Adoption eines nichtehelichen Kindes in Zukunft grundsätzlich an die Einwilligung beider Elternteile, also auch des nichtehelichen Vaters, gebunden wird. Eine Beeinträchtigung des Kindeswohls durch grundlose Verweigerung der Zustimmung des nichtehelichen Vaters braucht nicht befürchtet zu werden, denn wenn die Eltern nicht miteinander verheiratet sind und keine Sorgeerklärung abgegeben haben, kann das Vormundschaftsgericht die Einwilligung des Vaters bereits immer dann ersetzen, wenn das Unterbleiben der Annahme dem Kind zu unverhältnismäßigem Nachteil gereichen würde. Diese Schwelle erscheint dem Bundesrat immer noch zu hoch; nach seiner Auffassung sollte die Einwilligung bereits ersetzt werden können, wenn keine überwiegenden Belange des Vaters entgegenstehen. Diesem Änderungswunsch hat die Bundesregierung aber nicht zugestimmt.
Damit der nichteheliche Vater in die Lage versetzt wird, seine Rechte auch dann geltend zu machen, wenn seine Vaterschaft noch nicht offiziell festgestellt ist, sieht der Entwurf vor, daß als einwilligungsberechtigter Vater vermutet wird, wer **glaubhaft** macht, daß er der Mutter während der Empfängniszeit beigewohnt hat. Das könne allerdings nicht gelten, solange etwa der Ehemann der Mutter nach allgemeinen Regeln als Vater anzusehen ist.
Diese Regelung führt nach Auffassung des Bundesrates, der ich nur zustimmen kann, zu unwürdigen und unhaltbaren Zuständen und Ergebnissen. Glaubhaftmachung kann in einem Statusverfahren kein zulässiges Beweismittel sein. Was soll ferner sein, wenn mehrere Männer glaubhaft machen, der Mutter in der Empfängniszeit beigewohnt zu haben? Wie will man das Ergebnis verhindern, daß ein falscher angeblicher Vater die für das Kind sinnvolle Adoption verhindert? Die Bundesregierung sollte ihre Haltung in diesem Punkt doch überdenken.

V. Wegfall der Ehelichkeitserklärung

Es ist klar, daß bei diesen Regelungen die bisherige Möglichkeit der Ehelichkeitserklärung des nichtehelichen Kindes durch den Vater ersatzlos wegfallen soll. Das kann nur begrüßt werden, da diese Konstruktion des Gesetzes dem Nichtjuristen auch bisher kaum einsichtig gemacht werden konnte.

VI. Betreuungsunterhalt beim nichtehelichen Kind

Der Entwurf sieht vor, daß der Anspruch auf Betreuungsunterhalt für den betreuenden Elternteil, sei es Vater oder Mutter, über die Dauer von drei Jahren hinaus in Fällen geltend gemacht werden kann, in denen die Versagung des Betreuungsunterhalts über diesen Zeitraum hinaus grob unbillig wäre. Eine solche Regelung erscheint zwar wünschenswert, rechtspolitisch halte ich sie jedoch für kaum durchsetzbar, nachdem der Betreuungsunterhalt gerade erst durch das Begleitgesetz zu § 218 StGB auf die Dauer von drei Jahren ausgeweitet worden ist, während er bis dahin lediglich für die Dauer des Mutterschutzes zugebilligt worden war. Ich halte es für wenig wahrscheinlich, daß der Gesetzgeber in so kurzer Frist seine bisherige Entscheidung ändern wird.
Zu meiner Überraschung ist der Bundesrat allerdings über den Entwurf noch hinausgegangen und regt die verfassungsrechtlich sicher überzeugende Lösung einer Übernahme der Regelungen des Betreuungsunterhaltes nach § 1570 BGB, bisher nur für eheliche Kinder maßgeblich, auch für nichteheliche Kinder an. Ich fände es großartig, wenn sich der Gesetzgeber dazu durchringen würde, halte meine rechtspolitische Skepsis bis zum Beweis des Gegenteils aber aufrecht.

VII. Verfahrensrecht

1. Zuständigkeit

Erfreulicherweise macht der Entwurf einen großen Schritt in Richtung auf das große Familiengericht hin, das zwar bereits mit der Eherechtsreform 1977 und dem Sorgerechtsänderungsgesetz 1980 allgemein gefordert worden war, vom Gesetzgeber aber bisher nicht realisiert worden ist. Das Familiengericht wird künftig zuständig sein für alle Verfahren der elterlichen Sorge und des Umgangs für eheliche und nichteheliche Kinder, ferner für sämtliche auf Ehe und Verwandtschaft beruhenden Unterhaltsklagen sowie die Abstammungsverfahren. Zusätzlich werden auch die Verfahren über die Sonderansprüche nichtehelicher Mütter nach den §§ 1615 k–m des BGB dem Familiengericht zugewiesen. So-

weit es allerdings um die Vormundschaft für Minderjährige geht, bleibt es bei der bisherigen Zuständigkeit der Vormundschaftsgerichte.
Diese deutliche Erweiterung der Kompetenz des Familiengerichts ist ausgesprochen zu begrüßen. Sie ist seit langem in der Literatur gefordert worden. Die bisherige Kompetenzaufteilung, die keinerlei Systematik aufwies, war überhaupt nicht zu begründen und führte zu einem heillosen Zuständigkeitswirrwarr. Erfreulich ist ferner, daß die Bundesregierung dem Vorschlag des Bundesrates zugestimmt hat, grundsätzlich die Entscheidung aller Fragen, die mit der Ausübung der elterlichen Sorge im einzelnen zusammenhängen, dem Familiengericht zu übertragen.

2. Rechtsmittelzug

Besonders zu begrüßen ist, daß der Entwurf den bisherigen Rechtsmittelzug in Familiensachen auch für die neu in die Zuständigkeit des Familiengerichts fallenden Verfahren beibehält. Das ist umso bemerkenswerter, als es bereits in der Vergangenheit zahlreiche Versuche der Landesjustizminister, getrieben durch ihre Finanzminister, gegeben hat, den bisherigen Rechtsmittelzug in Familiensachen zu verändern und grundsätzlich bei den Landgerichten enden zu lassen. Vorgesehen war allenfalls noch der sogenannte Rechtsentscheid durch ein Oberlandesgericht, womit man Familiensachen auf die gleiche Stufe wie Mietsachen gesetzt hätte. Das hätte der Zielsetzung der Rechtsvereinheitlichung schweren Schaden zugefügt. Mit der Kindschaftsrechtsreform werden eine Reihe neuer Rechtsfragen auftauchen, für die es der vereinheitlichenden Hilfestellung des Bundesgerichtshofs bedarf. Es ist deshalb sehr erfreulich, daß der Entwurf sich den rein durch fiskalische Interessen ausgelösten Pressionen der Finanzminister widersetzt hat und den bisherigen Rechtsmittelzug beibehält.
Dadurch wird verhindert, daß die Qualität des Rechtsschutzes in Familiensachen gar noch hinter den Zustand vor 1977 zurückfällt.
Die berechtigte Sorge, der Bundesrat könnte sich die Interessen seiner Finanzminister zu eigen machen und die Änderung des Rechtszuges verlangen, hat sich glücklicherweise als unbegründet erwiesen, eine der sehr positiven Überraschungen dieses Gesetzgebungsverfahrens.

3. Einheitliches Verfahrensrecht

Der Entwurf hat darauf verzichtet, ein einheitliches Verfahrensrecht unter Aufgabe der bisherigen Aufspaltung in Zivilprozessuale Verfahren und FGG-Verfahren einzuführen. Wir werden weiter damit leben müssen, es hat sich allerdings in der Rechtspraxis insoweit bereits eine gewisse Mischform eingespielt, mit der man zurecht kommen kann.

4. Verfahrenspfleger

Nach dem Entwurf kann das Gericht in Zukunft dem minderjährigen Kind einen Verfahrenspfleger bestellen, soweit dies zur Wahrnehmung seiner Interessen erforderlich ist. Aus der Begründung ergibt sich, daß es sich in Wahrheit nicht um eine Kannbestimmung, sondern um eine obligatorische Verpflichtung des Gerichtes handeln soll. Nach Absatz 2 des neu gefaßten § 50 FGG soll die Bestellung in der Regel erforderlich sein, wenn das Interesse des Kindes zu dem seiner gesetzlichen Vertreter in erheblichem Gegensatz steht, wenn Gegenstand des Verfahrens Maßnahmen wegen Gefährdung des Kindeswohls sind, mit denen die Trennung des Kindes von seiner Familie oder die Entziehung der gesamten Personensorge verbunden ist, oder wenn Gegenstand des Verfahrens die Wegnahme des Kindes von der Pflegeperson ist. Ich halte es für richtig, daß der Entwurf die früher einmal vom Justizministerium geäußerten Pläne aufgegeben hat, den Verfahrenspfleger praktisch für jedes Verfahren, an dem ein Kind beteiligt ist, einzuführen. Ich meine allerdings, daß man sich mit der Generalklausel einer notwendigen Bestellung, wenn es zur Wahrnehmung der Interessen des Kindes erforderlich ist, begnügen könnte. Fraglich erscheint mir indes weiterhin, wer denn die geeignete Person für diesen Verfahrenspfleger oder Anwalt des Kindes sein sollte. Hier scheint mir noch Diskussionsbedarf zu bestehen. Der Bundesrat geht mit diesem Punkt des Entwurfs noch sehr viel rigoroser um. Er verlangt die völlige Streichung der Vorschrift, da er die bisherigen gesetzlichen Möglichkeiten für ausreichend und die Einrichtung eines besonderen Verfahrenspflegers somit für überflüssig hält. Das scheint mir zu weit zu gehen und auch internationalen Erfahrungen nicht zu entsprechen.

VIII. Weitere Gesetzgebungsvorhaben

Neben dem umfangreichen Entwurf der Kindschaftsrechtsreform sind eine Reihe weiterer Gesetzgebungsvorhaben bereits dem Bundestag vorgelegt oder aber in der Bearbeitung durch das Justizministerium. Dazu zählen einmal das **Beistandschaftsgesetz**, mit dem die Amtspflegschaft abgeschafft und durch eine erweiterte Beistandschaftsmöglichkeit ersetzt werden soll. Es geht ferner

um das **Erbrechtsgleichstellungsgesetz**, mit dem die unterschiedliche rechtliche Behandlung ehelicher und nichtehelicher Kinder im Erbrecht aufgehoben werden soll. In der Bearbeitung ist ferner noch das Gesetz zur Änderung von § 1631 BGB, das sogenannte **Mißhandlungsverbotsgesetz**, mit dem Gewalt in jeglicher Form als Mittel der Erziehung ausgeschlossen werden soll.
Erhebliche, überwiegend positiv zu beurteilende Veränderungen wird das geplante **Kindesunterhaltsgesetz** mit sich bringen, das sicherstellen soll, daß Kinder mit ihren Unterhaltsforderungen künftig leichter und schneller, der allgemeinen Einkommensentwicklung angepaßt, zu ihrem Recht kommen sollen.

IX. Schlußbemerkung

Ich denke, dieser Überblick hat gezeigt, welch eine Fülle von Neuerungen der Gesetzgeber geplant hat.Über Einzelheiten der Vorschläge der Entwürfe wird sicherlich noch zu diskutieren sein. Dem Bundesjustizministerium muß jedoch Anerkennung dafür ausgesprochen werden, daß es unter Zusammenfassung der Ergebnisse der Reformdiskussion eine für das Gesetzgebungsverfahren respektable Grundlage vorgelegt hat, dem Bundesrat Respekt dafür gezollt werden, daß er der Versuchung widerstanden hat, sich aus fiskalischen Erwägungen als Bremser der Reform zu betätigen. Von entscheidender Bedeutung ist es aber, daß die vielen positiven Ansätze der Reform nun auch baldmöglichst in die Gesetzeswirklichkeit umgesetzt werden.
Gestatten wir uns doch einmal den Traum, der Gesetzgeber könnte die Kindschaftsrechtsreform mit der gleichen Beschleunigung behandeln, wie er sie dem Ehrenschutz unserer Bundeswehr hat angedeihen lassen. Denn Soldaten sind zwar die Verteidiger unserer freiheitlichen Rechtsordnung, unsere Kinder aber die Garanten ihrer Zukunft. Und sollte unserem Bundesjustizminister das gelingen, könnten wir ihm sicher im vermuteten Einverständnis aller billig und gerecht denkenden verständigen Rechtsgenossen einen herausragenden Platz im Ehrentempel, der Walhalla des Familienrechts, versprechen.

Ingrid Baer

Das Sorge- und Umgangsrecht im europäischen Vergleich.
Entwicklungen in verschiedenen europäischen Ländern und internationale Empfehlungen und Konventionen

I. Einleitung

Das deutsche Kindschaftsrecht ist seit 1980 nicht mehr reformiert worden und auch die Reform von 1980 beschränkte sich auf Teilaspekte wie insbesondere das Recht der elterlichen Sorge.
Eine sehr viel weiterreichende Reform steht an. Sie wurde seit Jahren im Justizministerium, in der Rechtsprechung und Literatur und in Fachausschüssen verschiedener Verbände vorbereitet. Derzeit liegt ein Regierungsentwurf vom Juni 1996 vor.
Der Vergleich mit ausländischen Rechtsordnungen bietet sich an, denn die Probleme sind ähnlich, insbesondere in Ländern, die in Kultur und Tradition vergleichbar sind.
Das Familienrecht ist stark traditionsgeprägt und vom europäischen Rechtsraum ist zu berichten, daß hier sehr unterschiedliche Rechtssysteme vorhanden waren. Eine allmähliche Annäherung erfolgte innerhalb der letzten Jahrzehnte und zwar aufgrund eines Grundprinzips, das sich allgemein durchgesetzt hat: nämlich mehr Demokratie in der Familie.
Das bedeutet zunächst stärkere Gleichheit der Geschlechter, d.h. also Rechtspositionen und Verantwortlichkeiten von Vater und Mutter gegenüber dem Kind wurden weitgehend von geschlechtsspezifischen Unterschieden befreit. Aber auch die Rechte der Kinder selbst gegenüber den Erwachsenen wurden gestärkt. Die Entwicklung erfolgte schrittweise und ist von den soziologischen Veränderungen geprägt. Am deutlichsten zeigen sich die Unterschiede in der Gestaltung der Rechtsbeziehungen zwischen dem nichtehelichen Kind und seinen Eltern. Ein Blick zurück auf die verschiedenen Traditionen in Europa ist hier sehr aufschlußreich:

II. Das Sorgerecht für das nichteheliche Kind

Im deutschen und im angelsächsischen Rechtskreis war und ist die Rechtsposition der Mutter deutlich stärker als die des Vaters. Man glaubte zwar im deutschen Rechtskreis von Staats wegen dem Kind einen Vormund geben zu müssen, da die nichteheliche Mutter aufgrund ihres »Lebenswandels« als nicht verantwortungsbewußte Person angesehen wurde, der man das Kind nicht in vollem Umfang anvertrauen konnte. Diese Regelung der Amtsvormundschaft blieb noch bis 1970 im deutschen Recht bestehen, in Österreich sogar bis 1989. Der Vater – auch wenn er das Kind freiwillig anerkannt hatte – hatte nach deutschem Recht aber gar keine Rechte, sondern nur Pflichten. Er galt noch nicht einmal als mit dem Kinde verwandt, auch dies bis zur Nichtehelichenrechtsreform von 1970.

Ganz anders im romanischen Rechtskreis: um eine rechtliche Beziehung zu dem nichtehelich geborenen Kind zu bekommen, mußte nicht nur der Vater, sondern auch die Mutter das Kind formal anerkennen. Diese Regelung des Mutterschaftsanerkenntnisses gibt es bis jetzt noch beispielsweise in Frankreich und in Italien.

Der Vater, der das Kind anerkannt hatte, hatte jedoch in der Regel die stärkere Rechtsposition. Er hatte die volle elterliche Gewalt und die Mutter bekam allenfalls die Personensorge für das Kind. Gleichzeitig verlieh er dem Kind seinen Namen und seine Staatsangehörigkeit. Im französischen Recht gab es bis 1970 den Ausdruck »väterliche Gewalt« (puissance paternelle) erst danach hieß es elterliche Autorität (autorité parentale).

Da man diese Regelungen zunehmend als dem Gleichheitsprinzip der Geschlechter widersprechend ansah, entwickelte man im Europarat die **»Europäische Konvention über den rechtlichen Status nichtehelicher Kinder«** vom Oktober 1975. Hier wird festgelegt, daß die Mutterschaft automatisch aus der Geburt folgt (Artikel 2) und daß in Fällen, in denen auch die Vaterschaft geklärt ist, die elterliche Gewalt nicht automatisch dem Vater alleine zugeordnet werden darf (Artikel 7). Interessanterweise ist diese Konvention von den meisten Ländern mit romanischer Rechtstradition nicht ratifiziert worden (außer von Luxemburg), wahrscheinlich weil sie sich vom Prinzip des Mutterschaftsanerkenntnisses nicht trennen wollen, das nach wie vor als zweckmäßig angesehen wird.

Die Begründung hierfür ist, daß in den Fällen, in denen die Mutter nicht bereit ist, elterliche Verantwortung zu übernehmen – und das sind oft auch Fälle, bei denen der Vater dieses nicht möchte – es einfacher sei, das Kind zur Adoption zu bringen, da man dann die mütterliche Einwilligung nicht benötige.

Es wird von keiner Seite vorgeschlagen, das Prinzip des Mutterschaftsanerkenntnisses auf das deutsche Recht zu übertragen, selbst wenn es in Einzelfällen zweckmäßig sein könnte. Die Gefahr ist zu groß, daß z.B. ein behindertes Kind zum »Staatsmündel« werden könnte.

Die Konvention von 1975 – die von der Bundesrepublik nicht ratifiziert wurde – enthielt bereits moderne Elemente, die bisher im deutschen Recht nicht verwirklicht sind: der nichteheliche Vater kann das Sorgerecht erhalten und jeder Elternteil, der das Sorgerecht nicht hat »kann das Umgangsrecht erhalten, in geeigneten Fällen«: eine Regelung, die weiterreichend ist als das bisherige Umgangsrecht des nichtehelichen Vaters im BGB. Auch stellt die Konvention in Artikel 2 klar: Die rechtliche Mutterschaft stützt sich ausschließlich auf die Tatsache der Geburt des Kindes. Damals wußte man allerdings noch nicht, wie bedeutsam diese Regelung einmal werden könnte, unter dem Gesichtspunkt der erst sehr viel später aufkommenden Möglichkeit der Leihmutterschaft. Weiter wird dem nichtehelichen Kind in dieser Konvention das gleiche Erbrecht wie ehelichen Kindern zugestanden und zwar sowohl nach dem Vater wie nach der Mutter (Artikel 9).

Einen Schritt weiter gelangte man nach jahrelangem Ringen im Europarat zwischen den Vertretern der verschiedenen Länder, die jeweils geneigt waren, ihre eigenen Rechtstraditionen zu verteidigen. Man einigte sich auf eine **»Empfehlung über elterliche Sorgerechte«**, die im Februar 1984 verabschiedet wurde und die als Grundlage für anstehende Reformen des Familienrechts in den verschiedenen Ländern Europas dienen sollte.

Hier ist in Prinzip 2 gesagt, daß jede behördliche Entscheidung bezüglich des Sorgerechts in erster Linie dem Wohl des Kindes dienen sollte, daß darüber hinaus aber auch die Gleichstellung beider Elternteile berücksichtigt werden sollte und keine Diskriminierung aufgrund des Geschlechtes erfolgen dürfte.

Eine sehr moderne Regelung traf man im Prinzip 3, daß bei allen Entscheidungen hinsichtlich der Übertragung oder Ausübung des elterlichen Sorgerechts die Kinder selbst gehört werden sollten, wenn dies ihr Alter und ihre Reife im Hinblick auf die Entscheidung erlauben.

Für den Fall des nichtehelich geborenen Kindes ließ man alle Möglichkeiten offen und überließ die Gestaltung dem nationalen Recht. Die elterlichen Sorgerechte können entweder allein durch die Mutter ausgeübt werden oder allein durch den Vater, falls eine entsprechende Entscheidung der zuständigen Behörde hierzu vorliegt oder falls eine entsprechende Vereinbarung zwischen beiden Eltern geschlossen wurde oder eine Aufteilung zwischen beiden Eltern, die durch eine zuständige Behörde erfolgt oder gemeinsam durch beide Eltern, wenn eine entsprechende Vereinbarung zwischen ihnen geschlossen wurde oder wenn sie zusammen leben.

Für die Umgangsregelung geht diese Empfehlung von 1984 weiter als die Konvention von 1975. Sie bestimmt nunmehr, daß der Elternteil, mit dem das Kind nicht zusammenlebt, mindestens die Möglichkeit haben sollte, persönliche Beziehungen mit dem Kind zu unterhalten, außer wenn solche Beziehungen dem

Wohl des Kindes ernsthaft schaden würden. Einen Unterschied zwischen dem ehelichen und dem nichtehelichen Kind gibt es hierbei nicht.
Auch in einem weiteren Punkt geht die Empfehlung über das hinaus, was das deutsche Recht bisher vorsieht. Im Prinzip 9 wird bestimmt, daß für den Fall, daß ein Elternteil, der allein das elterliche Sorgerecht ausübt, stirbt, seine Sorgerechte von dem überlebenden Elternteil ausgeübt werden sollten, soweit nicht das Wohl des Kindes andere Maßnahmen erfordert. Einen Unterschied zwischen ehelichem und nichtehelichem Kind gibt es in diesem Zusammenhang nicht.
Noch einen Schritt weiter geht die **Kinderrechtskonvention der Vereinten Nationen** (von 1989)[1], die ja noch von einer wesentlich größeren Zahl von Staaten konzipiert wurde. Sie bestimmt in ihrem Artikel 18, daß die Vertragsstaaten sich nach besten Kräften bemühen, die Anerkennung des Grundsatzes sicherzustellen, daß beide Elternteile gemeinsam für die Erziehung und Entwicklung des Kindes verantwortlich sind. In Artikel 9 Abs. 3 wird bestimmt, daß die Vertragsstaaten das Recht des Kindes, das von einem oder beiden Elternteilen getrennt ist, achten, regelmäßige persönliche Beziehungen und unmittelbare Kontakte zu beiden Elternteilen zu pflegen, soweit dies nicht dem Wohl des Kindes widerspricht.
Ein Unterschied zwischen ehelichen und nichtehelichen Kindern wird in der Konvention nicht gemacht, das heißt also, sie geht grundsätzlich von der Gleichberechtigung beider Eltern in Bezug auf ihre Verantwortlichkeit gegenüber dem Kind aus.

III. Wo ist nun der größte Reformbedarf im deutschen Kindschaftsrecht angesichts der Entwicklungen in anderen Rechtsordnungen:

Sorgerecht des nichtehelichen Vaters

Das dringlichste Problem ist wohl die Möglichkeit, daß auch der Vater des nichtehelichen Kindes das Sorgerecht für das Kind erhalten kann. Der Reformentwurf hat hierzu klare Regelungen getroffen: Das Sorgerecht beim nichtehelichen Kind steht mit der Geburt des Kindes automatisch der Mutter alleine zu. Der Vater hat nach wie vor kein automatisches Sorgerecht, sondern er hat nur Möglichkeiten, dieses zu erhalten: entweder durch eine Vereinbarung beider Eltern, d.h. die Mutter muß eine solche Lösung wollen (s. § 1626 a E) oder aber – in Fällen der gerichtlichen Übertragung – für den Fall, daß die Mutter ausfällt

1 abgedruckt in FUR 90, 199 ff.

(s. §§ 1678 [2] E und 1680 [2] E, § 1680 [3] E (Fall des Sorgerechtsentzugs der Mutter)) oder wenn sie mit der Übertragung einverstanden ist (§ 1672 Abs. 1 E). Es wird nicht verwundern, daß Länder mit romanischer Rechtstradition in ihrem jetzigen Recht eine weiterreichende Lösung gewählt haben. In Italien hat derjenige automatisch die elterliche Sorge, der das Kind anerkennt. Falls die Eltern nicht zusammenleben, hat derjenige die elterliche Sorge, der mit dem Kind zusammenlebt. Das Gericht kann im ausschließlichen Kindesinteresse etwas anderes verfügen. Der nicht die elterliche Gewalt ausübende Elternteil hat jedoch ein »Überwachungsrecht«, bei wichtigen Angelegenheiten wie Ausbildung etc. Interessant ist es auch, zu diesem Thema die Regelung in verschiedenen Ländern des früheren Ostblocks zu prüfen. Polen sei hier als Beispiel genannt: der nichteheliche Vater erhält mit der Anerkennung des Kindes das volle elterliche Sorgerecht, die Anerkennung bedarf jedoch der Zustimmung der Mutter. Als weiteres Beispiel sei die frühere Tschechoslowakei genannt: Es gibt keinen Unterschied zwischen nichtehelichen und ehelichen Kindern. Beide Eltern sind voll sorgeberechtigt. Leben die Eltern jedoch nicht zusammen, so kann das Gericht auch ohne entsprechenden Antrag regeln, wem die Erziehung des Kindes anvertraut wird, wie zum Unterhalt beigetragen wird, etc. In der Praxis soll es allerdings so aussehen, daß in der Regel das Kind bei der Mutter lebt und der Vater im wesentlichen den Unterhalt zu zahlen hat.

Betrachten wir weitere europäische Länder: In Österreich hat die gemeinsame elterliche Sorge beim nichtehelichen Kind zur Voraussetzung, daß es eine Vereinbarung der Eltern gibt und daß sie in einer auf Dauer ausgerichteten häuslichen Gemeinschaft leben. In den skandinavischen Ländern kennt man ebenso die gemeinsame elterliche Sorge kraft Vereinbarung der Eltern, teilweise wird hier eine gerichtliche Entscheidung zusätzlich gefordert.

Wie sieht es aus mit der väterlichen Alleinsorge zu Lebzeiten beider Eltern? Besonders weit ist diese Entwicklung in den nordischen Ländern gediehen. Als Leitprinzip hat sich durchgesetzt, daß einem Antrag des Vaters auf Alleinsorge entsprochen werden soll, wenn er für diese Aufgabe nachweislich besser geeignet ist als die Mutter, wobei es aber besonders auf die bisherige Beziehung des Vaters zu den Kindern ankommt. Auch gibt es die elterliche Vereinbarung der Alleinsorge des Vaters (näher siehe *Dopffel* in: Kindschaftsrecht im Wandel, Studien zu ausländischem und internationalen Privatrecht. Mohr, Tübingen 1994 / S. 89). In Frankreich hat der nichteheliche Vater von Anfang an das Sorgerecht alleine, wenn nur er das Kind anerkannt hat.

Verschiedene Autoren kritisieren an dem derzeitigen deutschen Reformentwurf, daß die Rechte des nichtehelichen Vaters nach wie vor zu schwach ausgestaltet seien: Der Vater sollte mit der Anerkennung automatisch auch das elterliche Sorgerecht bekommen und gegebenenfalls – falls dies notwendig sei – könne ihm dieses ja entzogen werden.

Ich selbst vertrete diese Auffassung nicht. Ich halte die Regelungen des Entwurfs für lebensnäher in Anbetracht dessen, daß doch nach wie vor eine erhebli-

che Anzahl von nichtehelichen Kindern in eine Situation hineingeboren werden, in der die Eltern nicht in einer längerwährenden Lebensgemeinschaft miteinander verbunden sind, so daß ein gemeinsames Sorgerecht mit erheblichen Konflikten belastet sein könnte. Ich bin mir aber darüber im klaren, daß man hier sehr wohl verschiedener Auffassung sein kann.
Auch die Lösung des Entwurfs für den Fall des Todes der sorgeberechtigten Mutter halte ich für ausgewogen. Gemäß § 1680 (2) E erhält der eheliche Vater das Sorgerecht, wenn dies dem »Wohl des Kindes nicht widerspricht«, für den nichtehelichen Vater ist erforderlich, daß die elterliche Sorge dem »Wohl des Kindes dient«. Hatte der nichteheliche Vater jedoch vorher das gemeinsame Sorgerecht, so steht ihm die elterliche Sorge zu, ebenso wie dem ehelichen Vater (§ 1680 (1) E).
Noch ein Wort zur Änderung der gemeinsamen elterlichen Sorge für das nichteheliche Kind: in § 1671 BGB ist die Lösung gefunden worden, daß auf Antrag jedes Elternteils ihm die elterliche Sorge ganz oder zu einem Teil durch das Familiengericht allein zugewiesen werden kann. Dem Antrag ist stattzugeben, wenn entweder der andere Elternteil zustimmt oder zu erwarten ist, daß die Aufhebung der gemeinsamen elterlichen Sorge dem Wohle des Kindes am besten entspricht. Dies entspricht auch im wesentlichen der Regelung wie sie in anderen Ländern für diesen Fall getroffen wird.

IV. Umgangsrechte

Umgang mit jedem Elternteil:

Überfällig ist die Anpassung der Regelung für das Umgangsrecht des nichtehelichen Kindes. Es gibt nur noch ganz wenige Länder, die hier einen Unterschied machen zwischen dem ehelichen und dem nichtehelichen Kind.
Auch der nichteheliche Vater kann selbstverständlich ein Interesse daran haben, mit dem Kind, für das er auch die Verantwortlichkeit des Unterhalts trägt, persönliche Beziehungen zu pflegen und mitzuerleben, wie sich das Kind entwickelt.
Noch wichtiger scheint mir aber im Zusammenhang mit dem Umgangsrecht im allgemeinen ein weiterer Aspekt zu sein, nämlich daß das Umgangsrecht in erster Linie für die Kinder wichtig ist. Kinder möchten sich mit beiden Eltern identifizieren, sie möchten zu beiden Eltern eine gute Beziehung haben und sich von ihnen akzeptiert fühlen. Konflikte kommen für die Kinder in der Regel dadurch zustande, daß die Eltern sich uneinig sind und die Besuche in manchen Fällen nicht wollen und erheblich erschweren. In diesem Zusammenhang könnte ein Grundprinzip wichtig sein, nämlich daß das Umgangsrecht als Recht des Kindes gesehen und anerkannt wird, so daß die Eltern sich von vorneherein dar-

über im klaren sind, daß sie nicht dem anderen Elternteil eine »Gefälligkeit« erweisen mit dem Umgang, sondern daß es sich hierbei um einen wichtigen Anteil an der Entwicklung ihres Kindes handelt. In diesem Zusammenhang ist auch auf die **UN Kinderrechtskonvention** von 1989 hinzuweisen, die in ihrem Art. 9 (3) bestimmt:

> *Die Vertragsstaaten achten das Recht des Kindes, das von einem oder beiden Elternteilen getrennt ist, regelmäßige persönliche Beziehungen und unmittelbare Kontakte zu beiden Elternteilen zu pflegen, soweit dies nicht dem Wohl des Kindes widerspricht.*

Ein eigenes Umgangsrecht des Kindes wurde und wird von verschiedenen Seiten – so auch von mir schon seit 1989 (s. ZRP 89, 344 ff.) – dringend vorgeschlagen. Aus dem Ausland ist hierzu als Beispiel eine Regelung in Norwegen zu nennen, wo es als Leitidee im norwegischen Kindergesetz formuliert ist:

> *Das Kind hat ein Recht zum Beisammensein mit beiden Eltern, auch wenn diese jeder für sich leben. Die Eltern haben eine gegenseitige Verantwortung dafür, daß das Umgangsrecht erfüllt wird.*

Grundsätzlich ist zu sagen, daß das elterliche Umgangsrecht in vielen Rechtsordnungen als »Pflichtrecht« im Interesse des Kindes angesehen wird und daß es unter dem Vorbehalt des Kindeswohls steht. In England und in den Niederlanden hat das Kind ein eigenes Antragsrecht in Bezug auf den Umgang. Hierzu gehört auch, daß die Ablehnung des Umgangs durch das Kind ernstzunehmen ist. Formal explizit zugelassen wird diese in den Niederlanden für das über 12jährige Kind, aber in der Praxis ist in den meisten Ländern die Haltung des Kindes von erheblicher Bedeutung. Der Regierungsentwurf enthält in § 33 (2) FGGE die Regelung, daß Gewaltanwendung gegen ein Kind zum Zwecke der Ausübung des Umgangrechts nicht zulässig ist. Weiterhin enthält er in § 1626 III den Grundsatz, daß zum Wohl des Kindes in der Regel der Umgang mit beiden Elternteilen gehört. Zu vermerken ist, daß auch der Bundesrat in seiner Stellungnahme ein Umgangsrecht für das Kind fordert. Die Ausübung des Rechts soll allerdings erst für über 14jährige möglich sein. Der Regierungsentwurf vom Juni 1996 hat diesen Vorschlag nicht aufgenommen.

Umgang des Kindes mit anderen Personen

Hier hat der Reformentwurf etwas für das deutsche Recht neues eingebracht: Großeltern und Geschwister sollen ein Recht auf Umgang mit dem Kind haben, wenn dieser seinem Wohl dient. Gleiches soll für den Ehegatten oder früheren Ehegatten eines Elternteils gelten, der mit dem Kind längere Zeit in häuslicher Gemeinschaft gelebt hat und für Pflegeeltern (§ 1685 E).

Auch hier ist zu fragen, ob es evtl. besser gewesen wäre, ein entsprechendes Recht des Kindes vorzusehen und dies allgemeiner zu fassen in Bezug auf alle Personen, zu denen es wichtige Beziehungen hat (in diese Richtung gehend z.B. der Vorschlag des Deutschen Juristinnenbundes und der SPD Fraktion). Man kann hoffen, daß die weitere Diskussion im Deutschen Bundestag diese Überlegungen noch mehr vertiefen wird.
Für ein erweitertes Umgangsrecht gibt es diverse Beispiele in anderen Ländern, wie z.B. in Schweden, Frankreich, Österreich. In Frankreich beispielsweise hat man das Verkehrsrecht der Großeltern und nicht verwandter Personen wie z.B. der Pflegeeltern schon seit 1970 im Code Civil. In Schweden hat man die Lösung gefunden, daß ein entsprechender Antrag nicht von der dritten Person selbst, sondern nur von dem kommunalen Sozialausschuß gestellt werden kann.

Gemeinsames Sorgerecht nach Scheidung

Der Entwurf zur Reform des Kindschaftsrechts sieht vor, daß bei einer Scheidung der Eltern das Sorgerecht für das gemeinsame Kind nicht mehr zwangsläufig gerichtlich zugeordnet wird, sondern, daß eine gerichtliche Regelung nur auf Antrag eines Elternteils erfolgt.
Hierbei handelt es sich wohl um die am meisten umstrittene Neuerung des Entwurfs.
Zur Entwicklung im europäischen Bereich ist zu sagen, daß es hier durchaus Vorläufer zu einer solchen Regelung gibt, wobei ich erneut auf die **Empfehlung des Europarates** von 1984 verweise. Hier heißt es im Prinzip 6:

> *Im Falle einer Auflösung der ehelichen Gemeinschaft oder Trennung der Eltern sollte die zuständige Behörde, bei der eine Regelung beantragt wurde, das elterliche Sorgerecht bestimmen. Sie sollte die geeigneten Maßnahmen treffen, z.B. durch Aufteilung oder Ausübung des elterlichen Sorgerechts zwischen beiden Eltern oder wo die Eltern einwilligen durch die Regelung der gemeinsamen elterlichen Sorge. Bei der Entscheidung sollte die Behörde jedem Übereinkommen, das die Eltern getroffen haben Rechnung tragen, sofern es nicht den Interessen des Kindes entgegensteht.*

Hieraus ist zu entnehmen, daß für das Tätigwerden der zuständigen Behörde ein Antrag vorgesehen ist, ansonsten soll es dabei bleiben, daß die Eltern auch nach der Scheidung weiterhin die gemeinsame elterlich Sorge ausüben. Weiterhin wird davon ausgegangen, daß die Ausübung der elterlichen Sorge auf beide Elternteile aufgeteilt wird oder daß eine Regelung der gemeinsamen elterlichen Sorge erfolgt. Die alleinige Zuweisung der elterlichen Sorge zu einem Elternteil wird implizit als die Ausnahmeregelung angesehen.

In eine ähnliche Richtung geht die **UN Kinderrechtskonvention**:

Artikel 18 (1):

Die Vertragsstaaten bemühen sich nach besten Kräften, die Anerkennung des Grundsatzes sicherzustellen, daß beide Elternteile gemeinsam für die Erziehung und Entwicklung des Kindes verantwortlich sind.

Artikel 18 (2):

Zur Gewährleistung und Förderung der ... Rechte unterstützen die Vertragsstaaten die Eltern ... in angemessener Weise bei der Erfüllung ihrer Aufgabe, das Kind zu erziehen ...

ergänzt wird dies durch Artikel 7 (1):

Das Kind ... hat soweit möglich, das Recht, seine Eltern zu kennen und von ihnen betreut zu werden.

Beim Internationalen Sozialdienst hat man schon sehr früh in diese Richtung gedacht, aus den Erfahrungen in der Bearbeitung internationaler Sorgerechtsfälle. Diese sahen in der Regel etwa so aus:
Die deutschen Gerichte wollten im Zuge einer Scheidung, die bei ihnen anhängig war, eine Sorgerechtsregelung treffen, wobei ein Kind oder ein Elternteil im Ausland lebte. Um festzustellen, welche Entscheidung am besten dem Wohl des Kindes entspricht, wurde der Internationale Sozialdienst eingeschaltet, mit der Bitte um Klärung durch einen sozialen Dienst im Ausland, inwieweit der im Ausland lebende Elternteil willens und in der Lage ist, das Sorgerecht auszuüben oder wie die Lösung im Interesse des Kindes sonst am besten gestaltet werden kann. Die Bearbeitung dieser Fälle im Ausland stieß oft auf großes Unverständnis, weil man in den meisten Ländern der Auffassung war, wenn ein Einverständnis der Eltern zu einem gemeinsamen Lösungsvorschlag vorlag, so sei es völlig überflüssig, daß das Gericht weitere Prüfungen vornehme. In Norwegen gilt schon seit vielen Jahren, daß die amtliche Sorgerechtsregelung fakultativ ist.
In einigen nordischen Staaten hat man das vom Reformentwurf vorgeschlagene System bereits seit Jahren durchgeführt und es scheint gut zu funktionieren, so z.B. in Norwegen, in Schweden und in Finnland.
Ich halte die Regelung des Entwurfs vom Inhaltlichen her für sehr günstig und zwar aus folgendem Grunde:
Insbesondere für viele Frauen ist es bei einer Scheidung die größte Sorge, daß ihnen eventuell die Kinder »weggenommen« werden könnten, wenn auch der Vater das Sorgerecht für sich in Anspruch nimmt. Sie sind dann oft bereit, in anderen Bereichen weitgehend Zugeständnisse zu machen, nur um ihre Kinder zu »behalten«. Die Väter andererseits, denen in vielen Fällen das Sorgerecht abgesprochen wird durch alleinige Zuordnung zur Mutter, sehen sich damit aus der Verantwortung entlassen und lassen viel zu häufig den Kontakt zu ihren Kindern einschlafen.

Auch wird die Entscheidung als etwas für immer getroffenes angesehen und es ist schwierig, eine Änderung herbeizuführen, wenn es für das Kind wichtig wäre, zu einem späteren Zeitpunkt mit dem anderen Elternteil zusammenzuleben.
Mir scheint, daß man sehr viel Konfliktstoff aus der Scheidungssituation herausnehmen könnte, wenn man den Bereich Sorgerecht für die Kinder zunächst einmal auf sich beruhen lassen würde, wobei freilich die Beratung durch die Jugendhilfe gefragt ist. § 17 KJHG hat ja hier entsprechende Voraussetzungen geschaffen, die die Jugendhilfe auffordert, Beratungsangebote zu machen, die Eltern dabei unterstützen, ein einvernehmliches Konzept für die Wahrnehmung der elterlichen Sorge zu entwickeln.
Dazu gehört natürlich eine Aufklärung darüber, wie wichtig für die Kinder der Erhalt von guten Beziehungen zu beiden Eltern ist – etwas was erstaunlicherweise nicht allgemeiner Kenntnisstand ist.
In den Fällen, in denen ein Elternteil der Auffassung ist, daß so viel Gemeinsamkeit nach der Scheidung nicht möglich sein wird, ist es ihm nach dem Entwurf unbenommen, einen Antrag auf Zuweisung des Sorgerechts auf nur einen Elternteil zu stellen.
Der Entwurf der Kindschaftsrechtsreform sieht vor, daß derjenige Elternteil, bei dem das Kind tatsächlich lebt, in weitreichender Form die Angelegenheiten des täglichen Lebens in eigener Entscheidungsfreiheit selbst entscheidet und daß der andere Elternteil nur in wichtigen Angelegenheiten hinzugezogen wird (§ 1687 (1) E). Hier wird eine weitgehende Konzession in eine Richtung gemacht, in der man hofft, daß elterliche Konflikte vermieden werden. Im Prinzip wird man dieser Lösung zustimmen müssen. Sie geht in eine Richtung, die in verschiedenen ausländischen Rechtsordnungen schon seit langem so vorgesehen ist, nämlich daß nach einer Scheidung nicht ein Elternteil vom Sorgerecht ganz ausgeschlossen wird, sondern daß er ein Mitspracherecht in wichtigen Angelegenheiten behält.

Die Stärkung der Rechtsposition des Kindes in Fragen des Sorge- und Besuchsrechts

Im Zuge der Reform des Kindschaftsrechts ist besonderer Wert zu legen auf die Stärkung der Rechtsposition des Kindes, die auf vielfältige Weise geschehen kann:
Auch hier soll die Entwicklung kurz aufgezeigt werden:
In der **Empfehlung des Europarates von 1984** wird in Prinzip 3 bestimmt:

> *Wird bei der zuständigen Behörde eine Entscheidung beantragt hinsichtlich der Übertragung oder Ausübung des elterlichen Sorgerechts, die wesentliche Interessen der Kinder berührt, so sollten diese gehört werden,*

> *wenn dies ihr Alter und ihre Reife im Hinblick auf die Entscheidung erlaubt.*

Die **UN Kinderrechtskonvention von 1989** geht in diesem Bereich sehr viel weiter, dort heißt es in

Artikel 12 (1):

> *Die Vertragsstaaten sichern dem Kind, das fähig ist, sich eine eigene Meinung zu bilden, das Recht zu, diese Meinung in allen, das Kind berührenden Angelegenheiten frei zu äußern und berücksichtigen die Meinung des Kindes angemessen und entsprechend seinem Alter und seiner Reife.*

Artikel 12 (2):

> *Zu diesem Zweck wird dem Kind insbesondere Gelegenheit gegeben, in allen das Kind berührenden Gerichts- oder Verwaltungsverfahren entweder unmittelbar oder durch einen Vertreter oder eine geeignete Stelle im Einklang mit den innerstaatlichen Verfahrensvorschriften gehört zu werden.*

Weiter ist zu nennen **das Europäische Übereinkommen über die Ausübung von Kinderrechten von 1995**, ebenfalls ein Europaratsabkommen. Das Übereinkommen ist allerdings beschränkt auf Kinder berührende familienrechtliche Verfahren vor einer Justizbehörde oder einem Gericht. Hier geht es zunächst um das Recht des Kindes, im Verfahren Auskunft zu erhalten und sodann seine eigene Meinung zu äußern. Weiter geht es um das Recht des Kindes, die Bestellung eines besonderen Vertreters zu beantragen sowie möglicherweise den Beistand einer geeigneten Person seiner Wahl zu beantragen, die ihm hilft, seine eigene Meinung zu äußern und seine Verfahrensrechte in vollem Umfang selbst auszuüben.

Freilich sind diese Rechte mit vielen Einschränkungen versehen und haben zum Teil lediglich empfehlenden, nicht aber verbindlichen Charakter.

Gut entwickelt ist auf diesem Gebiet das englische Recht:

Das englische Kindergesetz geht in die Richtung, daß es für die Inhaltsbestimmung des Kindeswohls stets in erster Linie auf die »feststellbaren Wünsche und Gefühle des Kindes« ankommen solle, wenn auch »im Lichte seines Alters und seiner Verständigkeit«. Dem Kind wird in Sorgerechtsverfahren ein sogenannter »guardian ad litem« beigeordnet, der seine Interessen vertritt sowie ein »solicitor«, der es selbst vertritt und die Meinung des Kindes wiedergeben muß.

Wachsende Bereitschaft zur amtlichen Anhörung von Kindern – grundsätzlich unabhängig vom Alter – ist auch in anderen Ländern seit längerem zu beobachten. Dagegen ist man bis heute im ganzen wenig geneigt, Kindern ein eigenes Antragsrecht in Sorgerechtssachen einzuräumen. Hier sollte meines Erachtens

die Bundesrepublik mit gutem Beispiel vorangehen, da das Kind ein genuines Interesse an der Sorgerechtsregelung hat. Ein Mißbrauch dieses Rechts dürfte dadurch eingeschränkt werden, daß in aller Regel in diesen Fällen das Jugendamt mit eingeschaltet werden wird, das dem Kind Beratung gibt und auch von einem Antrag abraten wird, der nur eine Konfliktsituation hervorruft.
Bereits bisher war das deutsche Recht fortschrittlich, indem es die Anhörung des Kindes in Sorgerechts- und ähnlichen Verfahren im FGG vorsah. Der Regierungsentwurf geht darüber hinaus, indem er die Bestellung eines Pflegers für ein seine Person betreffendes Verfahren vorsieht, soweit dies zur Wahrnehmung seiner Interessen erforderlich ist. Dies trifft insbesondere dann zu, wenn das Interesse des Kindes zu dem seines gesetzlichen Vertreters in erheblichem Gegensatz steht (§ 50 FGG E).
Der Bundesrat hielt diese Regelung in seiner Stellungnahme zwar für überflüssig, die Bundesregierung bekräftigte ihre Auffassung jedoch in ihrer Gegenäußerung – erfreulicherweise.

Jürgen Rieck

Ausgewählte Sorge- und Umgangsprobleme im grenzüberschreitenden Bereich, insbesondere vorbeugende Maßnahmen gegen Kindesmitnahme

I. Einleitung

Die hier vorzunehmende Betrachtung will sich schwerpunktmäßig mit den Fallgruppen befassen, in denen eine endgültige Sorgerechtsregelung nach durchgeführtem Scheidungsverfahren nicht vorliegt.
Erfahrungsgemäß ist zu diesem Zeitpunkt die Hemmschwelle für die beiden Elternteile am niedrigsten, weil ein klarer Gesetzesverstoß nicht feststellbar ist. Die zweite Fallgruppe, daß der durch die Regelung des Sorgerechts im Scheidungsverfahren ausgegrenzte Elternteil Rache übt und sich sein für ihn günstiges Heimatrecht zu Nutze macht, soll zunächst zurückstehen und könnte in der Diskussion erörtert werden.
Vorangeschickt wird weiter, daß Kindesmitnahme nicht nur im Verbringen von Kindern, sondern auch im Zurückhalten von Kindern bestehen kann. Besonders kritisch sind deshalb die Fälle, in denen ein Ehegatte arglos die Reise des anderen mit dem Kind zu Besuchszwecken gestattet, der Reisende jedoch die Kinder dann nicht zurück gibt.
Anhand von zwei Beispielfällen sollen die wesentlichen Problemstellungen herausgearbeitet und einer Lösung zugeführt werden:

II. Kroatien:

Der Ehemann in einer deutsch-kroatischen Ehe ist gebürtiger Italiener, dessen Familie in Kroatien lebt und zugleich Kroate. Die italienische Staatsangehörigkeit ist eine effektive.
Die Mutter und Ehefrau ist Kroatin. Der gemeinsame Sohn, ehelich geboren, ist 2 $^1/_2$ Jahre alt.
Das Paar trennt sich unter gewaltbegleitenden Umständen. Die Frau zieht mit Kind ins Frauenhaus. Es gibt weder ein anhängiges Scheidungsverfahren, noch

ein anhängiges Sorgerechtsverfahren, auch keine Vereinbarung der Eheleute, die das Schicksal des Kindes regelt.
Gegen den dringenden Rat der Rechtsanwälte läßt die Mutter den Umgang des Kindes mit dem Vater zu. Das Kind darf auch beim Vater übernachten, weil das Kind lebhafte und reale Bezüge zum Vater hat.
Im Rahmen eines Wochenendumgangs verbringt der Mann das Kind zu seinen Eltern, ruft aus Kroatien an und teilt mit, das Kind bleibe künftig bei den Großeltern (seinen Eltern).
Die Frau erstattet Strafanzeige und will nun wissen, wie sie an ihr Kind kommt, und wie es weitergehen kann.
Die unternommenen Schritte sind im einzelnen sodann folgende:

a) Antrag beim zuständigen Familiengericht auf Übertragung der elterlichen Sorge und Erlaß einer einstweiligen Anordnung auf Herausgabe des Kindes (um unter Anwendung des Haager Entführungsübereinkommens, dem auch Kroatien angehört, die Kindesentführung rückgängig zu machen);
b) Sofortiger Antritt der Reise nach Kroatien und Bestellung eines Anwalts, der in Kroatien die Herausgabe des Kindes geltend machen soll;
c) Kontaktaufnahme mit den kroatischen Sozialdiensten, um das Kind bei den Großeltern sehen zu können. Dies ist besonders für Kroatien wichtig, weil, so die dortige Rechtsberatung, Anträge auf Übertragung der elterlichen Sorge u.ä. über die Sozialdienste gestellt werden. Bei dieser Gelegenheit erfährt die Mutter des Kindes, daß bereits ein Antrag der Großeltern auf Übertragung der elterlichen Sorge vorliegt;
d) Brief an den inzwischen bei seiner Rückreise nach Deutschland verhafteten und in Untersuchungshaft einsitzenden Vater, der an seine moralischen Gefühle appelliert und ihm in Aussicht stellt, seine Ehefrau sei bereit, über den Vorgang hinwegzusehen, wenn er seinen Eltern schriftliche Anweisung erteilt, das Kind herauszugeben. Die Staatsanwaltschaft wird unterrichtet.
e) Verhandlungen mit dem inzwischen vom Mann bestellten Strafverteidiger, um eine Vereinbarungslösung herbeizuführen, die auch künftig dem Mann Umgangskontakte ermöglicht, wie wenn die Entführung nicht stattgefunden hätte, Unterstützung bei der tätigen Reue des Mannes.

Als Ergebnis dieser gebündelten Bemühungen kann die Frau das Kind in Kroatien in Empfang nehmen. Unter Beteiligung des dortigen Rechtsanwalts wird der Vorgang zur »Ehrenrettung« als Mißverständnis bezeichnet.
Der Strafantrag bei der Staatsanwaltschaft wird zurückgenommen. Wegen tätiger Reue wird der Mann sofort auf freien Fuß gesetzt. Die Parteien treffen anschließend eine Vereinbarung folgenden Inhalts, die das bisher Versäumte nachholt:

1) Der Mann erkennt die elterliche Sorge und das Aufenthaltsbestimmungsrecht der Frau, insbesondere die einstweilige Anordnung des Familiengerichts als verbindlich an und verzichtet darauf, während der Trennung bis

zu einer endgültigen Regelung im Scheidungsverfahren Abänderungsanträge im In- und Ausland zu stellen.

2) Die Eheleute vereinbaren, daß die elterliche Sorge während der Dauer der Trennung der Mutter zustehen soll.
3) Die Parteien vereinbaren ein Umgangsrecht, das zunächst in behutsamer Anbahnung besteht, jedoch nach einem bestimmten Zeitplan ausgeweitet und dem Normalstandard angepaßt wird.
4) Die Parteien verpflichten sich, zur Lösung der anstehenden Probleme gemeinsame Beratung als Familie und psychologische Unterstützung in Anspruch zu nehmen.

Resümee

- Der Grundfehler dieses Falles war, daß die Anwältin der Frau es in Anbetracht der Gewalttätigkeit des Mannes gegen die Frau ausgeschlossen hat, daß ein Umgang stattfindet und deshalb die Position vertrat, den Umgang zu verweigern.
  Das ist nach Auffassung des Vortragenden immer falsch.
  Bei Verbringung des Kindes nach Kroatien lag deshalb keine Entscheidung und keine Vereinbarung vor.
- Das Haager Übereinkommen vom 25. 10. 1980 über die zivilrechtlichen Aspekte internationaler Kindesentführung wäre auf Grund seiner Geltung im Verhältnis zu Kroatien gemäß Artikeln 1 und 3 anwendbar. Problematisch war jedoch hier die Frage, ob das Kind widerrechtlich verbracht wurde (Artikel 12). Immerhin war die Mutter mit dem Umgang des Mannes einverstanden, nicht jedoch mit der Reise.
- Die örtlichen kroatischen Stellen (Anwalt, Sozialdienst und Gericht) wußten mit dem Abkommen nichts anzufangen. Nur Dank der sehr frühen Reise der Frau nach Kroatien und ihrem rechtzeitigen Kontakt mit den Sozialdiensten gelang es, einen Antrag auf Regelung der elterlichen Sorge zu verhindern.
- Die noch junge Rechtsordnung der heutigen Republik Koratien ließ eine unabsehbare Verfahrensdauer befürchten. Ob in Anbetracht dessen das Kind zurückgekommen wäre, ist fraglich (insbesondere Artikel 13 des Abkommens). Hinzu kommt, daß die einstweilige Anordnung des deutschen Familiengerichts erst nach der Verbringung des Kindes erlassen wurde.
- Die Rückgängigmachung der Entführung war nicht Folge der Inhaftierung des Mannes, jedenfalls nicht unmittelbare Folge nur der Inhaftierung. Immerhin saß der Mann gut zwei Wochen in U-Haft, bevor er der Herausgabe des Kindes zustimmte. Ausschlaggebend war das Angebot, im Falle der tätigen Reue den Vorfall zu vergessen und zur Normalregelung zurückzukehren.
- Ein Scheidungsverfahren ist noch nicht anhängig, jedoch genügt die Anerkennung des Sorgerechts und des Aufenthaltsbestimmungsrechts, um im

Falle künftigen Verbringens eine schnelle Rückgabe des Kindes zu bewirken, weil nun der Rechtsbrecher problemlos geoutet ist.

III. Tunesien:

Ein tunesischer Mann, der in Deutschland seinen Wohnsitz hat und eine deutsche Frau, die inzwischen anderweitig verheiratet ist, waren nicht ehelich liiert. Hieraus ist eine 1992 geborene Tochter hervorgegangen. Der tunesische Mann hat das Kind vor dem Amtspfleger anerkannt und das Kind trägt den Familiennamen des Mannes.

Die Beziehung der Kindeseltern ging zwei Jahre nach Geburt des Kindes in die Brüche. Die Parteien vereinbarten jedoch, daß der Vater mit dem Kind weiterhin dieselbe Beziehung haben sollte wie vor der Trennung. Der Mann fuhr mit dem Kind zu einer ausdrücklich als Besuchsreise von zwei Monaten deklarierten Reise nach Tunesien. Dort ließ er das Kind bei seiner leiblichen Schwester, damit das Kind islamisch erzogen werde.

Trotz dieser Handlung des Mannes ließ die Frau einen Antrag auf Ehelicherklärung des Kindes mitbeurkunden. Der Antrag ist freilich unvollständig, weil die Einwilligung des Kindes vom Vormundschaftsgericht nicht ersetzt wurde.

Nachdem dieser Weg, die Sorge für das Kind zu erlangen versperrt war, beantragte der Mann vor dem Gericht der ersten Instanz in Tunis die Übertragung der elterlichen Sorge auf den Mann. Der Fall ist noch nicht entschieden. Die erste mündliche Verhandlung sollte am 2. 9. 1996 stattfinden.

1) Diese vor Beratung in Bezug auf Tunesien von der Frau unternommenen Schritte waren:
   - Einer Strafanzeige wurde nicht Folge gegeben, weil die Ehefrau mit der Reise nach Tunesien einverstanden war. Daß es sich um eine Besuchsreise handeln sollte, erschien der Staatsanwaltschaft nicht als hinreichend sicher.
   - Ansonsten beschränkten sich die Aktionen der Mutter auf Abwehr der zahlreichen Anträge des Vaters.
   - In einem dieser Verfahren wurde durch Rechtsgutachten ermittelt, daß das wirksame Vaterschaftsanerkenntnis des Mannes bereits die Stellung eines ehelichen Kindes nach tunesischem Recht herbeigeführt hat, so daß das gesamte Verfahren der Ehelicherklärung überflüssig war. Das Problem besteht lediglich darin, daß nach deutschem Gesetz das Anerkenntnis des Vaters die alleinige elterliche Sorge der Mutter nicht berührt, während nach tunesischem Gesetz das Anerkenntnis des Vaters dem Kind die Stellung eines ehelichen Kindes verschafft und somit die elterliche Sorge nach tunesischem Recht zu regeln ist.

Was ist der Frau zu raten?

2) Anzuratende Maßnahmen:
   a) in Anbetracht des langen Aufenthaltes des Kindes in Tunesien (seit Nov. 1994) dürfte die Zuständigkeit des deutschen Gerichts nicht gegeben sein und dürfte der deutsch-tunesische Vertrag vom 19. 7. 1966 über Rechtsschutz und Rechtshilfe, Anerkennung und Vollstreckung in Zivil- und Handelssachen gemäß dessen Artikel 28 nicht anwendbar sein. Eine Kindschaftssache gemäß § 640 Absatz 2 ZPO liegt nicht vor, jedoch eine Familiensache gemäß § 621 Absatz 1 ZPO. Anzuwenden sind die Vorschriften des FGG. Zwar wäre die Zuständigkeit eines deutschen Gerichts zu erwägen, weil beide Elternteile ihren Wohnsitz in Deutschland haben, jedoch ist
      - die bereits bestehende ausländische Rechtshängigkeit Verfahrenshindernis;
      - die Anerkennung durch Tunesien nicht gewährleistet, weil das Zivilprozeßabkommen nur für Ehe- und Unterhaltssachen gilt (Artikel 28).
   b) Bestellung eines Rechtsanwaltes in Tunesien, der vor dem dortigen Gericht die Abweisung der Anträge des Mannes und die Herausgabe des Kindes an die Frau beantragt. Hierfür bestehen auch Aussichten auf Erfolg, weil
      - die richtige islamische Erziehung gerade in Tunesien kein Merkmal für die Regelung des Sorgerechts ist.
        Artikel 59 des tunesischen Personalstatutgesetzes bestimmt, daß die Religionsverschiedenheit der Frau nur dann ein Hindernis für die Ausübung der elterlichen Sorge ist, wenn diese Frau nicht die Mutter des Kindes ist.
      - Wird eine Ehe geschieden – die Trennung nicht verheirateter Eltern ist der Scheidung gleichzusetzen –, so wird das Sorgerecht einem Elternteil oder einem Dritten übertragen, wobei der Richter nach Maßgabe des Kindeswohls entscheidet (Artikel 67 Absatz 2 und 3 Personalstatutgesetz).
      - Dem tunesischen Personalstatutgesetz ist zu entnehmen, daß die Personensorge Vorrecht der Eltern ist. Dies ergibt sich schon durch die Reihenfolge der Aufzählung des Artikels 67 Personalstatutgesetz. Vor diesem Hintergrund ist der Antrag des Mannes zum Scheitern verurteilt, da er die Personensorge und elterliche Gewalt nicht selbst ausübt, sondern sie Dritten überlassen will (der Schwester). Der Mann lebt in Deutschland.
      - Die Mutter des Kindes hat allerdings ein erhebliches Hindernis auf ihrer Seite. Artikel 58 Personalstatutgesetz bestimmt, daß der weibli-

che Inhaber des Sorgerechts nicht verheiratet sein darf, außer, der Richter erachtet das Gegenteil für das Kind als vorteilhaft oder der Ehemann steht zu dem Kind in einem (für die Ehe) verbotenen Verwandtschaftsgrad. Da die Frau mit einem Dritten, zum Kind nicht in diesem Verwandtschaftsgrad stehenden Mann verheiratet ist, können sich hieraus Probleme ergeben. Diese können jedoch durch den Richter aus Gründen des Kindeswohls übergangen werden. Das Gesetz erwähnt die Bedingung des verbotenen Verwandtschaftsgrades nicht als »Und-Bestimmung«, sondern als »Oder-Bestimmung«.

c) Der Mutter wurde jedoch dringend empfohlen, den in Deutschland eingenommenen Standpunkt, dem Vater dieselben Rechte und Kontakte zum Kind einzuräumen wie während des Bestandes der nichtehelichen Gemeinschaft trotz der Zurückhaltung des Kindes in Tunesien beizubehalten. Die Frau wird sich nämlich durch den tunesischen Richter entgegenhalten lassen müssen, sie habe immerhin eineinhalb Jahre gewartet und nicht einmal selbst das Verfahren in Tunis eingeleitet. Dem Vorwurf der Nachlässigkeit, dem mangelnden Interesse am Wohl des Kindes und der Versäumung wesentlicher Prozeßhandlungen wird sie nur begegnen können durch den Vortrag, in Deutschland mit dem Mann in dieser Frage in Verhandlung gestanden zu haben. Das deutsche Verfahren der Ehelicherklärung des Kindes, insbesondere die aus tunesischer Gesetzessicht völlig überflüssige notarielle Urkunde über die Ehelicherklärung erweist sich in Hinblick auf den Zeitablauf als vorteilhaft zur Widerlegung des Vorwurfs mangelnden Interesses.

Resümee

- Der auf den ersten Blick naiv wirkende Standpunkt der Frau, dem Vater des Kindes gleiche Befugnisse einräumen zu wollen wie während des Bestandes der Gemeinschaft, erweist sich im Nachhinein als wesentlich zweckmäßiger als die Einnahme des Standpunktes des deutschen Rechts, wonach der nichteheliche Vater nichts zu beanspruchen habe.
- Das vor dem deutschen Jugendamt abgegebene Anerkenntnis des Vaters bewirkt, wenn es von Tunesien anerkannt wird, die Stellung der Legitimation des Kindes; ungewiß ist lediglich, ob die deutsche Anerkennung des Kindes für Tunesien wirkt.
- Hiervon ist gemäß Artikel des Gesetzes über das Personenstandswesen vom 1. 8. 1957 in der Fassung des Änderungsgesetzes zum 30. 3. 1964 auszugehen. Im Ausland errichtete Urkunden über den Personenstand von Tunesiern und Ausländern werden danach erkannt, wenn sie den Formvorschriften des betreffenden Landes genügen;

- Die Beurteilung des Sorgerechts und der Herausgabe des Kindes unterliegt vor tunesischem Gericht denselben Regeln wie die Verteilung des Sorgerechts im Fall der Auflösung der Ehe durch Scheidung; Die lange Untätigkeit eines Elternteils wirkt als Desinteresse am Wohl des Kindes und kann als »Aufgabe des Sorgerechts« ausgelegt werden (Umkehrschluß aus Artikel 58 letzter Satz des Personalstatutgesetzes).
- Im vorliegenden Fall rettet die Mutter des Kindes, wenn überhaupt, nur die aus tunesischer Sicht völlig überflüssige Urkunde über den Antrag auf Ehelicherklärung. Einschränkungen ergeben sich allerdings aus dem Prozeßverhalten. Möglicherweise wirken die Anträge der Frau auf Zurückweisung der Ehelicherklärung kontraproduktiv.

Vor der Ergreifung von Prozeßmaßnahmen oder Abgabe von Prozeßerklärungen ist dringend die sorgfältige Prüfung des ausländischen Rechts anzuraten.

Dr. iur. Mehmet Köksal

Zur Praxis des geltenden Sorge- und Umgangsrechts in der Türkei

I. Einführung

Die Bedeutung des Themas ist für die deutschen Gerichte und Juristen besonders groß. Die hohe Zahl der in Deutschland lebenden Türken und die Zunahme der türkisch-türkischen und türkisch-deutschen Scheidungs- bzw. Sorgerechtsklagen tragen dazu bei, daß die deutschen Richter Wissen über das türkische Recht und die türkische Rechtsprechung haben müssen. In den Urteilen, die von einem deutschen Gericht ausgegangen sind, müssen die Regelungen des türkischen IPRs angewendet worden sein, damit die Urteile in der Türkei anerkannt bzw. vollstreckt werden können. Nach Art. 20 türk. IPR ist das Recht über das Sorgerecht nach der Scheidung und Trennung anzuwenden, welches maßgebend für die Scheidung ist, d.h. das gemeinsame Nationalrecht der Ehepartner ist in erster Linie maßgebend. Haben die Ehepartner verschiedene Nationalitäten, so findet das Recht des gemeinsamen Wohnsitzes die Anwendung. Fehlt dies, ist das Recht des gewöhnliches Aufenthalts der Ehepartner maßgebend. Ist dies auch nicht gegeben, muß das türkische Recht angewendet werden. Die Sorgerechtsregelungen im übrigen unterliegen dem Verwandtschaftsrecht. Bei den ehelichen Kindern ist dies das Recht über die allgemeinen Wirkungen der Ehe (Art. 15 türk. IPR). Bei den nichtehelichen Kindern ist es unterschiedlich je nachdem, wer das Sorgerecht bestreitet: geht es um die Regelung des Sorgerechtes zwischen der Mutter und dem nichtehelichen Kind, so ist das nationale Recht der Mutter maßgebend, und zwischen dem nichtehelichen Vater und dem Kind das nationale Recht des Vaters. Die Sorgerechtsurteile der ausländischen Gerichte über ein türkisches Kind werden unter der Voraussetzung anerkannt bzw. vollstreckt, daß das ausländische Gericht die obengenannte Anknüpfungsregel beachtet hat[1].

Im ersten Teil des Vortrages werden die Struktur und die geschichtliche Entwicklung der türkischen Familie dargestellt. Dies ist besonders nötig, um fest-

1 2. H.D. v. 25.6.1987, 4539/5571, **İnal**, Uygulamada Medeni Hakların Kullanılması-Kısıtlanması Davaları, Ankara 1994, S. 754; v. 14.4.1987, 2561/3270, **Şener,** Açıklamalı İçtihatlı Türk Medeni Kanunu (Türk. ZGB mit Erläuterungen und Rechtsprechung), Ankara 1989, S. 381 (382).

zustellen, ob die bestehenden Regelungen gerechtfertigt sind, oder ob eine Reform notwendig erscheint. Die Zahlen über Ehen, Scheidung und Scheidungsfolgen und Kinder, die das demografische Fundament des vorliegenden Vortrages bilden, werden jeweils in den zugehörigen Teilen erörtert. Danach werden die gesetzlichen Bestimmungen und daraus entstandene Probleme im dritten Teil angesprochen, und Lösungen dafür gesucht. Als letzter Punkt wird versucht festzustellen, ob das türkische Sorge- und Umgangsrecht einer Reform bedarf. Wenn ja, wie würde diese aussehen?

II. Die türkische Familie im geschichtlichen Wandel

1. Vorislamische Zeit

Über die türkische Familie in der vorislamischen Zeit gibt es nicht viele Informationen. Festgestellt werden konnten die folgenden Besonderheiten:
Obwohl in der Familie einiger türkischer Clans das matriarchalische System galt, herrschte in der überwiegenden Mehrheit das patriarchalische System[2]. Dies bedeutete jedoch nicht, daß der Vater die absolute Autorität in der Familie war. Vielmehr war die türkische Familie in der vorislamischen Zeit sehr demokratisch. Die Kinder durften ihre Partner selbst aussuchen (auch die Tochter)[3]. Die Rolle der Mutter in der Familie war sehr groß. Trotz der patriarchalischen Struktur kam der Platz der Mutter in der Familie vor den Verwandten des Mannes. Die Erbschaft des Vaters bekam zuerst die Mutter. Die Frau war die Hausbesitzerin[4]. Scheidungen fanden fast nicht statt, so daß man sagen konnte, daß die Türken eine sehr starke Familienstruktur hatten.

2. Islamische Zeit

Als die Türken zum Islam übertraten und das islamische Recht übernahmen, war keine Entwicklung mehr für das islamische Recht möglich, so daß nicht das islamische Recht sich der Lebensweise der Türken, sondern die Türken sich

2 **Eröz**, Türk Ailesi (türkische Familie), İstanbul 1977, S. 14.

3 **Köymen**, Alparslan Zamanı Türk Toplum Hayatı (Das türkische Gesellschaftsleben in der Zeit von Alparslan), in: Selçuklu araştırmaları dergisi IV, Ankara 1975, S. 19.

4 **Akkutay**, İslamiyetten Önce Türk Ailesi (Die türkische Familie vor dem Islam), in: Aile Ansiklopedisi, C. 1, S. 56.

dem islamischen Recht anpassen mußten[5]. Die türkische Familie der islamischen Zeit verlor unter Einfluß des Islams ihren demokratischen Charakter. Sie verwandelte sich immer mehr in eine typische, patriarchalische Großfamilie der altarabischen Gesellschaft. Der Frau wurden ihre Rechte allmählich entzogen. Sie wurde unter die Gewalt des Mannes gestellt. Auch die Kinder durften nicht mehr alleine handeln. Die Töchter blieben bis zur Heirat unter der Vormundschaft des Vaters und dann unter der Gewalt ihres Mannes. Der Vater trat nun als einzige Autorität in der Familie auf. Die Ungleichheit zwischen Mann und Frau und die Herrschaft des Mannes innerhalb der Familie sind die Grundsätze des islamischen Rechtssystems[6]. Die Tochter, die unter der Gewalt des Vaters war, war nicht einmal nach der Volljährigkeit voll geschäftsfähig, durfte in der Regel kein Geschäft ohne Erlaubnis des Vaters betreiben. Die Handlungsfähigkeit einer verheirateten Frau war zugunsten ihres Mannes eingeschränkt. Bezüglich der Scheidung war die Frau schlechter gestellt als der Mann. Das Sorgerecht übte der Vater alleine aus.

III. Heutige Situation

1. Allgemeine Zahlen und Informationen über die türkische Familie

Nach jahrelanger Anwendung des islamischen Rechts entschied die junge türkische Republik sich 1924 für eine moderne Gesetzgebung, nämlich für das schweizerische Zivilgesetzbuch. Bevor die türkische Republik gegründet, der Grundsatz des Laizismus angenommen, und demzufolge unter anderem das ganze türkische Rechtssystem modernisiert wurde, war das türkische Privatrecht tausend Jahre lang dasselbe wie das islamische[7]. Die Spuren der islamischen Gesellschafts- und Rechtsordnung sind in der türkischen Gesellschaft immer noch zu finden, wie z.B. »Imam-Ehen« (worüber ich in den folgenden Teilen noch sprechen möchte), auch wenn die Türkei keine einzige Regelung von diesem Rechtssystem beibehalten hat.

5 **Gürzumar**, S. 19. Die Anpassung des islamischen Rechts hatte nach drei Jahrhunderten aufzuhören, als die Rechtsfindung der islamischen Rechtsgelehrten (»Ichtihad«) verboten wurde, mit der Begründung, daß alle möglichen Rechtsfindungen bis dahin gemacht worden und keine weiteren mehr nötig seien, **Üçok/Mumcu**, Türk Hukuk Tarihi (Die türkische Rechtsgeschichte), 2. Baskı, Ankara 1981, S. 53.

6 **Tekinay**, Aile Hukuku (Familienrecht), İstanbul 1986, S. 3.

7 **Gürzumar**, Die Rolle des Richters im Ehescheidungsprozeß in der Schweiz und in der Türkei, Diss., Ankara 1991, S. 18.

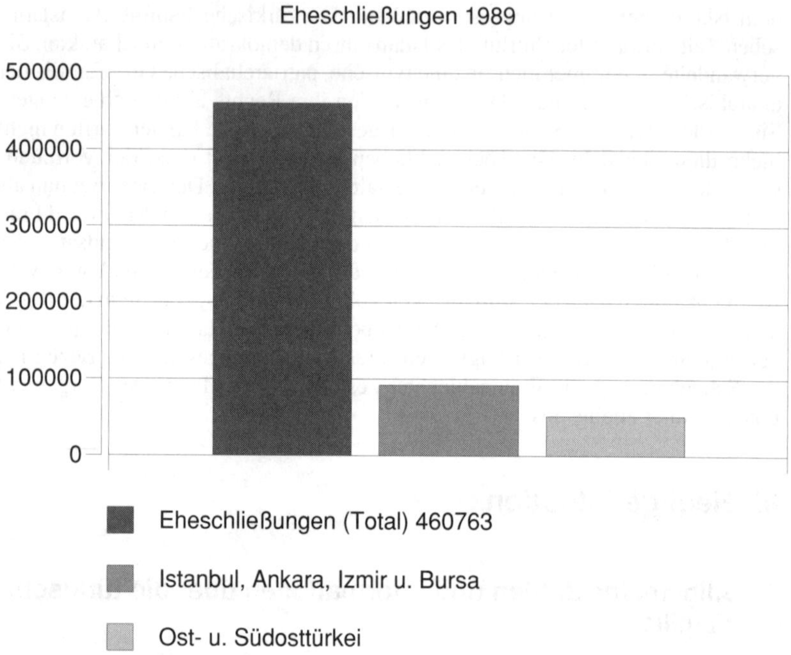

Nach der Volkszählung von 1990 leben 59% der gesamten Bevölkerung in den Städten. Diese Tatsache wirkt sich auch auf die Familie aus. In den Städten ist die traditionelle Großfamilie nicht zu sehen. Die durchschnittliche Größe der Familie liegt in den Städten bei 4 Mitgliedern, in der Ost- und Südosttürkei bei etwa 6.

Im Jahre 1989 fanden z.B. 20% aller Eheschließungen in nur vier großen Städten (Istanbul, Izmir, Ankara, Bursa) statt. Man muß allerdings dazu sagen, daß 26% der Bevölkerung in diesen vier großen Städten leben. Demgegenüber wurden 12% aller Ehen im Jahre 1989 in der Ost- und Südosttürkei geschlossen[8]. Die durchschnittliche türkische Familie besteht aus 4,75 Personen. Die Zahl erhöht sich, je mehr man in den Osten der Türkei geht[9]:

8 **Türkiye İstatistik Yıllığı 1991** (Jahresbericht über die türkischen Statistiken), T.C. Başbakanlık Devket İstatistik Enstitüsü Yayını, Ankara, Kasım 1992, S. 96–97.

9 **Türk Aile Yapısı Araştırması** (Forschung zur türkischen Familienstruktur), Devlet Planlama Teşkilatı, Sosyal Planlama Genel Müdürlüğü, Yayın No: DPT: 2313 – SPGM: 421, Nisan 1992, S. 48.

	Insgesamt	Ländlich	Städtisch
Türkei	4,75	5,39	4,27
West-Anatolien	4,03	4,60	3,90
Süd-Anatolien	4,96	5,26	4,71
Mittel-Anatolien	4,72	5,17	4,24
Schwarzmeer	4,97	5,20	4,36
Ost- und Südosttürkei	6,24	6,48	5,81

Über die Rolle und Status der Frau und des Mannes in der Familie geben die folgenden Zahlen einen Überblick. 11 Millionen Männer und Frauen wurden gefragt, welche Rolle die Frau und der Mann innerhalb der Familie haben? Die Antworten waren wie folgt:

Die wichtigsten Aufgaben der Frau[10]	**Total**	**Prozente (%)**
Haushalt	8363744	75,81
Erziehen und Großziehen der Kinder	5886498	53,35
Moralische Unterstützung für Partner u. Kinder	3363525	30,50
Pflegen der Kinder u. des Mannes	2692604	24,40
Mitverdienen	1859588	16,85

Die wichtigsten Aufgaben des Mannes[11]	**Total**	**Prozente (%)**
Ernährung der Familie	10432487	94,56
Schutz u. Sicherheit der Familie	5348675	48,48
Soziale Sicherheit der Familie	2607799	23,64
Vertretung der Familie	2479027	22,47
Wohnung der Familie	2282129	20,68
Bestimmung der Arbeitsverteilung in der Familie	307865	2,79
Bestimmung u. Kontrolle der Verhaltensweise der Frauen in der Familie	198302	1,80

Nach Meinung der Türkinnen und Türken ist die Rollenverteilung klar nach traditionellem Muster aufgeteilt. Während die Frau für die inneren Angelegenheiten der Familie zuständig ist, vertritt und sichert der Mann die Familie in der Außenwelt.

10 **Türk Aile Yapısı Araştırması**, S. 129.
11 **Türk Aile Yapısı Araştırması**, S. 139.

2. Statistiken über die Scheidungen in der Türkei

a) Im Allgemeinen

Für die Türkei sind die Scheidungen in Relation zur Gesamtbevölkerung zwischen 1985 und 1994 wie folgt[12]:

Jahre	Bevölkerungszahl	Zahl der Scheidungen	Scheidungs promille
1985	50.306.000	18571	0,37
1986	51.433.000	18774	0,37
1987	52.561.000	18305	0,35
1988	53.715.000	22513	0,42
1989	54.893.000	25336	0,46
1990	56.098.000	25712	0,46
1991	57.326.000	27167	0,47
1992	58.584.000	27133	0,46
1993	59.869.000	27725	0,46
1994	61.183.000	28041	0,46

Interessant sind einige ländervergleichende Zahlen über Scheidungen[13]:

12 **Boşanma İstatistikleri 1994**, T.C. Başbakanlık Devlet İstatistik Enstitüsü Yayınları, Ankara 1996, S. 9.

13 **Boşanma İstatistikleri 1994**, S. 9.

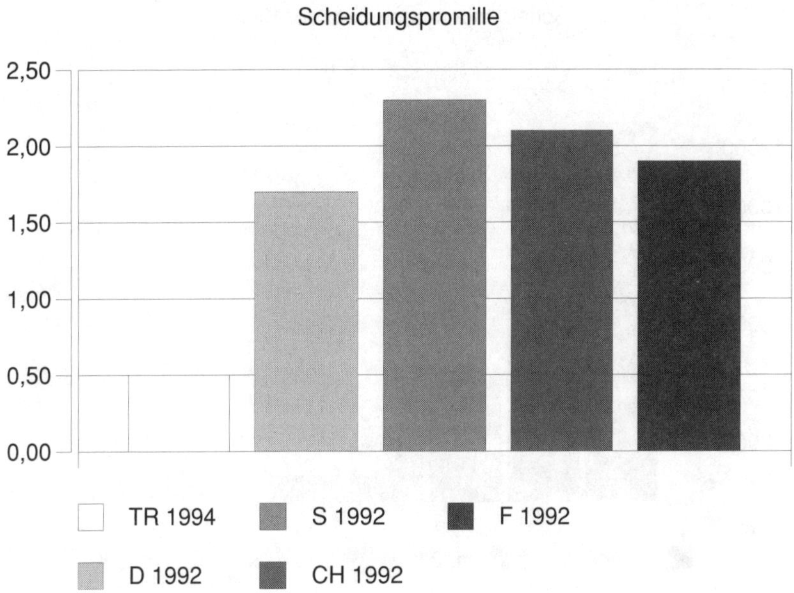

(D 1992......1,7‰; S 1992......2,3‰; CH 1992......2,1‰; F 1992......1,9‰; TR 1994......0,5‰)

b) Die Scheidungsrate in Relation zur Zahl der Kinder

Die Zahl der Scheidungen ist bei den Großfamilien mit 4, 5 oder 6 und mehr Kindern geringer[14].

14 **Boşanma İstatistikleri 1994**, S. 31.

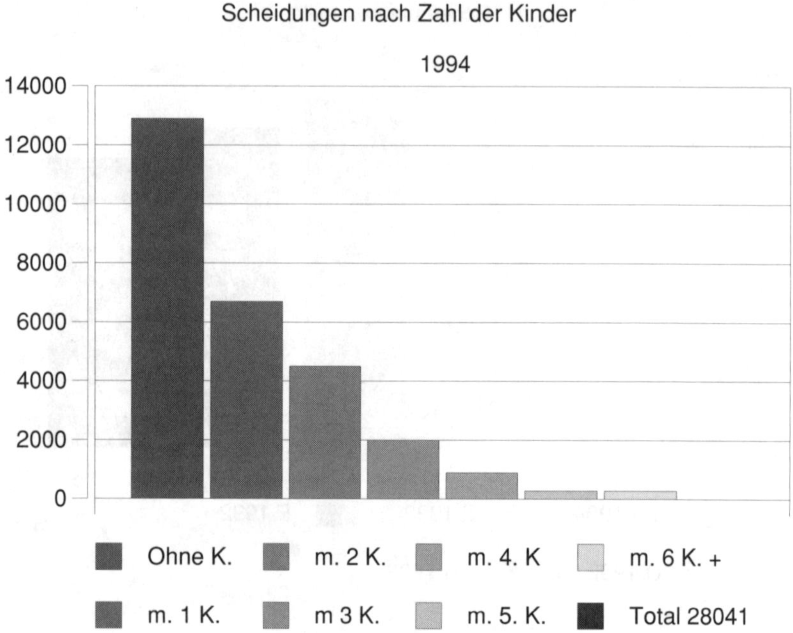

Dies bedeutet, daß die Zahl der Kinder die Familie bzw. die Ehe befestigen. Die nächsten Zahlengruppen zeigen ein weiteres Merkmal der türkischen Ehescheidungen, nämlich daß die meisten Scheidungen nach mehr als 16jähriger Ehe erfolgen. Die Scheidungsquote der langjährigen Ehen (mehr als 10 Jahre) beträgt 35% aller Scheidungen[15].

15 **Boşanma İstatistikleri 1994**, S. 29.

		Zahl der Kinder						
Ehe-dauer	**Schei-dungen**	**ohne**	**1. K.**	**2 K.**	**3 K.**	**4 K.**	**5 K.**	**6 K. +**
–1	777	777	–	–	–	–	–	–
1	2835	2527	308	–	–	–	–	–
2	3015	2408	528	79	–	–	–	–
3	2393	1593	669	111	20	–	–	–
4	2263	1227	805	179	40	12	–	–
5	1973	869	800	243	43	13	5	–
6	1581	622	644	245	54	11	3	2
7	1340	446	504	278	85	19	4	4
8	1150	311	427	311	74	15	8	4
9	998	213	323	322	99	28	9	4
10	870	178	263	295	95	27	8	4
11	748	144	199	267	95	32	8	3
12	759	145	181	260	112	32	18	11
13	736	113	172	283	107	39	17	5
14	698	95	162	269	110	46	7	9
15	619	80	111	243	113	47	12	13
16+	5286	977	799	1477	1002	520	245	266

Nach Hochrechnungen sind ca. 30.000 Kinder pro Jahr die Opfer einer Scheidung[16].

3. Außer- bzw. nichteheliche Lebensgemeinschaften (= Imam-Ehen)

Beziehungen im Sinne einer nichtehelichen Lebensgemeinschaft Europas kennt die Türkei nur in den Großstädten und in sehr begrenzter Zahl. Die Anonymität einer großen Stadt ermöglicht den Mitgliedern der nicht religiös eingestellten und finanziell gut gestellten Kreise, eine nichteheliche Lebensgemeinschaft zu führen. Weitaus häufiger und im ländlichen Bereich eine sehr verbreitete Form ist jedoch die sogenannte »Imam-Ehe«. Zwischen beiden Lebensformen besteht ein großer Unterschied. Während die Partner einer nichtehelichen Lebensgemeinschaft nicht die Absicht haben als Eheleute zu leben, sind die Partner der »Imam-Ehen« in ihrem Bewußtsein (wenn auch nicht in rechtsgültiger Form) die Ehe eingegangen und leben als Eheleute.

16 **Bosanma Istatikleri 1994**, S. 29.

Das islamische Recht kennt die freie Eheschließung. D.h. die Ehe wird schon vollzogen, wenn die Willen vor zwei Zeugen ausgetauscht werden. Der Islam kennt keine anderen Voraussetzungen mehr. Daß die Ehe dagegen vor einem Imam abgeschlossen werden soll, ist eine Erfindung des osmanischen Reichs. Die Anwesenheit eines Imams und dessen Schließung der Ehe wurde eine starke Tradition in der türkischen Gesellschaft[17]. Die Imam-Ehe ist auch heute eine Tatsache in der Türkei, und wird immer noch praktiziert, obwohl einem Imam eine Freiheitsstrafe in Höhe von 3 Monaten nach unserem Strafgesetzbuch droht, wenn er ohne vorhergehende standesamtliche Trauung eine Imam-Ehe schließt.

Seit dem Inkrafttreten unseres Zivilgesetzbuches konnte man diese Art der religiösen Ehen nicht verhindern. An dieser Stelle müssen die zutreffenden Worte von Prof. Hirsch zitiert werden[18]: Das Gesetz liegt »auf dem Lande weniger im Kampfe mit dem früheren Recht als mit angewurzelten Bräuchen, Gewohnheiten, abergläubischen Vorstellungen, deren Ausrottung niemals dem Richter, sondern nur dem Lehrer gelingen kann«.

Diese Art des Zusammenlebens »ohne Trauschein« heißt in der Gesetzgebung »außereheliches Zusammenkommen«. Die Kinder aus solchem Zusammenleben sind »nichtehelich«. Es gibt keine genauen Zahlen über die Kinder und über die Zahlen der Imam-Ehen. Sie sind jedoch so verbreitet, daß der türkische Gesetzgeber von 1933 bis heute insgesamt 8 Amnestiegesetze erlassen mußte[19]. Durch diese Amnestiegesetze wurden leider die laizistischen Prinzipien des türkischen ZGB verletzt, umgangen sowie zum Teil abgeschafft. Denn diese Amnestiegesetze akzeptieren einerseits die Polygamie, andererseits die Imam-Ehen[20]. Das letzte Amnestiegesetz vom 8.5.1991 geht sogar zu weit, und bindet

17 **Velidedeoğlu,** Türk Medeni Hukuku (Türkisches Zivilrecht) II, Aile Hukuku (Familienrecht), 2. Baskı, İstanbul 1950, S. 75 (zit. nach **Jaeschke**, Türkiye'de İmam Nikahı (Übersetzt von Dr. Ahmet **Mumcu**), in: Ord. Prof.Dr. Sabri Şakir Ansay'ın Hatırasına Armağan, Ankara 1964, Ayrı Bası, S. 13). Allerdings gibt es Meinungsverschiedenheiten, ab wann die türkische Gesellschaft Imam-Ehen kennt. Nach **Timur** seit Annahme des Islams durch die Türken, **Timur,** Le Lien du Mariage à travers L'Histoire Juridique Turque, Paris 1936, S. 38 (zit. nach **Jaeschke**, S. 13), so auch **Göktürk**, La Vie Juridique des Peuples, Vol. VII: Turquie, Paris 1936, S. 152 (zit. nach **Jaeschke,** S. 13). Demgegenüber ist **Velidedeoğlu** sehr zurückhaltend.

18 Vgl. **Hirsch**, Zeitschrift für das gesamte Handels- und Wirtschaftsrecht 1953–1954, S. 215; **Hirsch**, Schweizerische Juristenzeitung 1954, S. 341 (zit. nach **Zevkliler**, Nichteheliche ..., S. 112).

19 Zum ersten Mal im Jahre 1933, und dann 1945, 1950, 1956, 1965, 1975, 1981 und zuletzt 1991. Für ausführliche Informationen über Amnestiegesetze s. **Zevkliler**, Nichteheliche Lebensgemeinschaft nach deutschem und türkischem Recht, Würzburg 1989, S. 83 ff.

20 **Zevkliler,** Medeni Hukuk, Giriş ve Başlangıç Hükümleri, Kişiler Hukuku, Aile Hukuku (Zivilrecht), Ankara 1992, S. 875.

Rechtsfolgen an die Imam-Ehen. Es wirft den laizistischen Prinzipien unseres Zivilgesetzbuches den »Fehdehandschuh« hin[21]. Das letzte Amnestiegesetz blieb 5 Jahre, bis zum 8.5.1996 in Kraft[22].
Eine statistische Erfassung der Zahl der nichtehelichen Kinder und Lebensgemeinschaften in der Türkei war und ist bis heute mit größten Schwierigkeiten verbunden. Mir zugängliche Zahlen waren diejenigen, die durch im Rahmen der ersten 5 Amnestiegesetze erfolgende Registrierung erhoben wurden[23]:

Gesetz	**Geltungsdauer**	**Geburten**	**Ehen**
1934	1 Jahr 7 Monate	3.227.138	923.235
1945	2 Jahre	1.183.707	335.782
1950	3 Jahre	1.443.374	401.258
1956	4 Jahre	1.870.520	436.558
1965	5 Jahre	2.275.533	634.104
1974	4 Jahre	567.817	227.899[24]
TOTAL	19 Jahre 7 Monate	10.568.089	2.958.836

Innerhalb von ca. 16 Jahren wurden 3 Millionen außereheliche Lebensgemeinschaften bzw. 10,5 Milionen Kinder als ehelich registriert.
Nach Ergebnissen einer Forschung[25] gibt es heute 1.256.980 reine religiöse Ehen, d.h. Imam-Ehen[26] Wenn man annimmt, daß die türkischen Familien im Durchschnitt 3 Kinder haben, so errechnet man etwa 3,7 Mio. nichteheliche Kinder, deren Sorgerecht geregelt werden müßte, ohne daß die Eltern sich dessen bewußt wären!
Die bisherigen Ausführungen führen zur Feststellung, daß die Zahl der außerehelichen Geburten und Lebensgemeinschaften (sog. Imam-Ehen) in der Türkei heute kaum abnimmt. Verantwortlich für diesen Zustand sind die sozialen, ökonomischen und kulturellen Verhältnisse und die Amnestiegesetze.

---

21 **Zevkliler,** S. 877.
22 Mehr Informationen über das Gesetz **Zevkliler,** S. 875 ff.
23 **Nüfus Hizmetleri** (Die Bevölkerungsdienste), İçişleri Bakanlığı Yayınları, Yayın No: 6, Ankara 1972, S. 61.
24 Die bis zum Ende 1976 eingegangenen Zahlen waren mir zugänglich. Das Gesetz galt jedoch bis zum 28.6.1979.
25 Die Nachfrage, die die Grundlage der Forschungsergebnisse ist, wurde im Auftrag vom Generaldirektorat für Sozialen Plan in 27 Provinzstädten, 53 Kreisstädten und 194 Dörfern durchgeführt.
26 **Türk Aile Yapısı Araştırması**, S. 42.

IV. Das geltende Sorge- und Umgangsrecht nach Scheidung und Trennung

1. Das Sorgerecht

a) Gesetzliche Sorgerechtsregelung

Wird die Ehe durch Scheidung aufgelöst, oder entscheidet der Richter die Trennung von Tisch und Bett, so gilt das gemeinsame Sorgerecht nicht mehr. Das türkische Zivilgesetzbuch regelt das Sorge- und Umgangsrecht nach Trennung und Scheidung im Artikel 148. Da im Sorge- und Umgangsrecht öffentliches Interesse gesehen wird, hat der Richter, der auf Scheidung oder Trennung erkennt, erstens darüber zu befinden, wem die Kinder zugesprochen werden, d.h. wer die elterliche Gewalt trägt, und wie dieser die elterlichen Vermögensrechte ausübt. Zweitens muß der Richter darüber entscheiden, wie das Umgangsrecht des Kindes mit dem Elternteil, dem die elterliche Gewalt nicht zugewiesen wird, insbesondere das Besuchsrecht, zu gestalten ist. Der Scheidungsrichter hat schließlich über die Höhe, Art und Dauer des Unterhaltsbeitrages zu entscheiden, der von dem die elterliche Gewalt nicht ausübenden Elternteil zu leisten ist. Trifft der Richter keine Regelung über das Sorge- und Umgangsrecht, ist dies ein Revisionsgrund.

Sowohl im türkischen als auch im schweizerischem Zivilgesetzbuch ist dem Scheidungsrichter hinsichtlich seiner materiellrechtlichen Ermessenstätigkeit bei seinen Entscheidungen über alle die Kinder betreffenden Nebenfolgen große Freiheit eingeräumt[27].

Der Scheidungsrichter hat von Amts wegen über die die Kinder betreffenden Nebenfolgen zu entscheiden. Die Ehegatten können seine Entscheidung weder durch Klageerhebung veranlassen, noch können sie diese Entscheidung durch Anerkennung, Klagerückzug oder Vergleich verhindern[28]. In der Regel können sie die Entscheidung des Richters durch die Inhalte ihrer Anträge auch nicht

---

27 **Gürzumar**, S. 158. Der einzige Unterschied zwischen türkischem (Art. 148 türk. ZGB) und schweizerischem (Art. 156 schweiz. ZGB) Sorge- und Besuchsrecht besteht darin, daß in der Schweiz der Richter hinsichtlich der Regelung des Besuchsrechts und der Unterhaltsbeiträge gemäß der Änderung von Art. 156 schweiz. ZGB im Zusammenhang mit dem Erlaß des neuen Kindschaftsrechts v. 25.6.1976 (in Kraft getreten am 1.1.1978) nunmehr auf die Bestimmungen über die Wirkungen des Kindesverhältnisses verwiesen wird, während in der Türkei nur Art. 148 Abs. 2 türk. ZGB die diesbezügliche materielle Grundlage der Entscheidung des Richters bildet.

28 Yarg. 2. H.D. (2. Zivilsenat des türk. Kassationsgerichtshofs) v. 28.12.1976, 8377/9404, YKD. Nisan 1978, C. IV, sa. 9, S. 1449–1451.

beschränken[29]. Eine Ausnahme dafür bildet die neue Regelung des Art. 134 Abs. 3 türk. ZGB vom 4.5.1988, der die einvernehmliche Scheidung regelt. Gemäß Art. 134 Abs. 3 türk. ZGB ist die Vereinbarung der Eltern über die Situation der Kinder, d.h. über das Sorge- und Umgangsrecht, eine Voraussetzung[30]. Fehlt diese Vereinbarung, so wird die Scheidungsklage zurückgewiesen. Der Richter hat die Vereinbarung zu prüfen, ob sie gerechtfertigt ist. Nimmt er einige Änderungen vor, so sind diese Änderungen der Zustimmung der Parteien bedürftig. Stimmen die Parteien nicht zu, ist die Scheidungsklage zurückzuweisen[31].
Der Richter ist auch hinsichtlich der Prozeßstoffsammlung frei. Weder Tatsachenbehauptungen noch Beweiserhebungen beschränken seine Mitwirkung bei der Sammlung des Prozeßstoffes. Er kann Tatsachen, welche von keiner Partei behauptet worden sind, berücksichtigen und von sich aus Beweismittel erheben[32]. So ist z.B. dem Vater das Sorgerecht nicht zuzusprechen, wenn der Richter glaubt, daß seine Alkoholsucht ihn daran hindert, das Sorgerecht auszuüben[33].
Die Entscheidung über das Sorgerecht des türk. ZGB ist von der Natur her eine Maßnahme[34], die der Richter unbedingt treffen muß. Die Natur, Maßnahme zu sein, bestimmt auch die Grenzen des richterlichen Ermessens. D.h. der Richter hat die Interessen desjenigen zu beachten, für den diese Maßnahmeregelung getroffen werden soll. Mit anderen Worten ist der Richter dem Wohle des Kindes verpflichtet[35], und zwar nicht nur dem in der Prozeßzeit sondern auch dem in der Zukunft. Bei der Entscheidung werden die Eltern angehört[36]. Die Kinder muß der Richter aber nicht anhören[37]. Obwohl es bei der Regelung der die Kinder betreffenden Nebenfolgen ausschließlich um die Wahrung der Kinderinteressen geht, kommt den Kindern keine Parteistellung zu[38]. Ein Grund mehr für den Richter, alles zu unternehmen, um eine das Wohl des Kindes wahrende Entscheidung zu treffen, welche bis zur Volljährigkeit des Kindes rechtswirksam bleibt.

---

29 2. H.D. v. 3.3.1987, 786/1721, YKD August 1987, Band XIII, Nr. 8, S. 1148.

30 2. H.D. v. 19.2.1990, 10658/2000, **Dalamanlı/Kazancı/Kazancı,** S. 251 (252).

31 2. H.D. v. 21.12.1994, 12452/12840, YKD März 1995, Band 21, Nr. 3, S. 383 (385).

32 **Gürzumar**, S. 160 f.

33 2. H.D. v. 5.7.1965, 3635/3592.

34 Yarg. HGK. v. 26.10.1966, 2-773/278; 2. H.D. v. 10.1.1953, 1090/1346, Özmen, S. 39.

35 Yarg. HGK. v. 13.1.1968, 2-1201/20; v. 18.10.1969, 2-786/771.

36 **Tekinay,** S. 284.

37 Nach der Meinung von **Tekinay** können die Willen der Kinder auch mitberücksichtigt werden, wenn sie ein bestimmtes Alter erreicht haben, und der Richter überzeugt ist, daß die Kinder unter keinem Zwang stehen (S. 284).

38 **Feyzioğlu**, Aile Hukuku (Familienrecht), 2. Baskı, İstanbul 1979, S. 439; **Velidedeoğlu**, Ailenin Çilesi Boşanma (Sorge der Familien: Scheidung), İstanbul 1976, S. 322.

Um Mißverständnisse auszuräumen, muß vor allem gesagt werden, daß das türk. ZGB keine Regelung enthält, woraus hervorgeht, daß die Kinder nur dem Vater zuzusprechen sind, oder nur der Mutter[39]. Es ist auch zu beachten, daß das Verschulden eines Elternteiles für die Regelung des Sorgerechts keine Rolle spielt[40].

Auf jeden Fall kann die richterliche Entscheidung über das Sorge- und Umgangsrecht durch ein Abänderungsverfahren gemäß Art. 149 türk. ZGB nachträglich geändert werden, falls die Verhältnisse sich geändert haben. Im Art. 149 türk. ZGB werden drei Beispiele für »Änderung der Verhältnisse« erwähnt: Heirat, Tod und Wegzug des das Sorgerecht tragenden Elternteils. Aber auch aus anderen Gründen kann ein Abänderungsurteil gefällt werden. So z.B. wenn der das Sorgerecht tragende Elternteil zu einer Freiheitsstrafe verurteilt wird, wenn ein langfristiger Krankenhausaufenthalt notwendig wird oder bei einem langfristigen Auslandsaufenthalt usw. Der zuständige Richter kann in der Türkei gemäß Art. 149 türk. ZGB von Amts wegen das Abänderungsverfahren eröffnen und durchführen, auch wenn seitens der Eltern keine Klage erhoben wurde. Dies gilt auch für den Fall, wenn ein den Eltern völlig fremder Dritter die Abänderungsgründe anzeigt[41]. Im Falle des Todes wird das Sorgerecht nicht automatisch auf den anderen Elternteil übertragen. Der öffentliche Charakter des Sorgerechts gebietet auch hier eine richterliche Entscheidung[42].

b) Pflegefamilie oder Institution als Sorgerechtberechtigter

Der Richter kann dem Kind u.U. auch einen Vormund bestellen, wenn das Wohl des Kindes dies berechtigt. Ist weder die Mutter noch der Vater im Stande, das Sorgerecht zu tragen, so kann der Richter das Kind in einer anderen Familie oder in einem Heim unterbringen. Insbesondere wenn die Ausübung des Sorgerechts mißbraucht wird, oder das Vermögen des Kindes schlecht verwaltet wird, ist der Tatbestand erfüllt, um Maßnahmen zu treffen[43]. Die Maßnahmen gemäß Art. 272 und 273 Abs. 1 türk. ZGB können hier im Analogschluß angewendet werden. Dafür muß die Gefahr bestehen, daß die physische und psychische Entwicklung des Kindes negativ beeinträchtigt wäre, wenn es bei einem Elternteil verbliebe.

Neben den Art. 272 und 273 türk. ZGB gibt es eine Reihe von Gesetzgebungen über die schutzwürdigen Kinder. Darunter zu zählen sind das Gemeindever-

---

39 **Öztan**, Aile Hukuku (Familienrecht), Ankara 1983, S. 282.

40 **Tekinay,** S. 282.

41 2. H.D. (2. Zivilsenat) v. 11.3.1974, 1469/1412 = **Özmen,** Vesayet Hukuku Davaları (Vormundschaftsrechtliche Klagen), Ankara 1989, S. 145.

42 **Köprülü/Kaneti**, S. 201; Yarg. H.G.K. v. 24.3.1978, 2-331/269, Özmen, S. 66 (69).

43 **Özmen,** S. 143 ff.

waltungsgesetz (Art. 15 Abs. 18), das Gesetz für Soziale Dienste und das Kindesschutzinstitut (SDKG) und dazu gehörige Anordnungen und Verordnungen[44]. Gemäß Art. 25 der Verordnung für die Durchführung der Vorschriften des türk. ZGB über Sorgerecht und Erbschaft können auch urteilsfähige Minderjährige den Antrag stellen, damit der Richter nötige Maßnahmen trifft. Nach dem Gemeindeverwaltungsgesetz haben Gemeinden die Aufgabe, die Findelkinder oder von den Eltern verlassene Kinder aufzunehmen und zu pflegen. Um dies zu verwirklichen, müssen die Gemeinden Heime, Gesundheitszentren, Pflegeheime für Kinder und Kindergärten einrichten.
Durch den Art. 4 zi. e des SDKG werden soziale Dienste und der Schutz für die Kinder von dem Institut für »soziale Dienste und Kindesschutz« gewährleistet. Danach bestimmt dieses Institut die schutzwürdigen Kinder, holt für sie einen »Schutzwürdigkeitsbeschluß«[45] ein und pflegt solche Kinder in den eigenen Heimen, bis sie volljährig geworden sind. Manchmal gewährt das Institut sogar längeren Schutz, so z.B. bis das Kind einen Beruf erlernt und eine Arbeit gefunden hat. Nach dem og. Gesetz gibt es drei soziale Dienststellen für die Kinder: 1. Kindergärten für Kinder bis 12 Jahre. Hier werden die schutzwürdigen Kinder aufgenommen. Diese Einrichtung ist gedacht als dauerhafte Betreuung mit Unterkunft; 2. Erziehungsheime für Kinder von 13 bis 18 Jahre. Sie haben das gleiche Statut wie die Einrichtung »Kindergärten«; 3. Horte und Tagespflegeheime für Kinder von 0 bis 6 Jahren. Deren Dienste sind gegen Entgelt, und sie sind nicht als Internat organisiert. Soll das Kind in eine Pflegefamilie kommen, wird auch diese von dem Institut für soziale Dienste und Kindesschutz ausgewählt.
Das Institut für soziale Dienste und Kindesschutz sieht in Zahlen wie folgt aus[46]: Es hatte im Jahre 1991 (neuere Zahlen waren mir leider nicht zugänglich) 63 Kindergärten, 91 Pflegeheime; 7 Jahre zuvor, 1984, bestand es aus 43 Kindergärten und 81 Pflegeheimen. 1991 standen insgesamt 18.963 Kinder unter dem Schutz des Institutes, davon 7.585 Kinder in Kindergärten und 11.378 in Pflegeheimen, während nur 188 Kinder in einer Pflegefamilie einen Platz fanden.

44 Z.B. Verordnung über die Pflegefamilie, Resmi Gazete (türk. Amtsblatt) vom 2.10.1984, Nr. 18532; Verordnung zu der Festlegung der schutzwürdigen Kinder, erwirken eines Schutzwürdigkeitsurteils und dessen Aufhebung, Resmi Gazete (türk. Amtsblatt) vom 28.11.1983, Nr. 18235; Verordnung über die Pflegeheime, Resmi Gazete (türk. Amtsblatt) vom 2.10.1984, Nr. 18532; Verordnung über die Kindergärten, Resmi Gazete (türk. Amtsblatt) vom 19.11.1984, Nr. 18580; Verordnung über die Beschäftigungsbestimmungen der sich in den Pflegeheimen befindenden Kinder in den Einrichtungen des Kindesschutzinstitutes, Resmi Gazete (türk. Amtsblatt) vom 23.12.1983, Nr. 18260.

45 **Özmen,** S. 147.

46 **Türkiye İstatistik Yıllığı 1991**, S. 218.

Die Zahl der untergebrachten Kinder			
	Kindergarten	**Pflegeheime**	**Pflegefamilie**
1984	5.200	11.252	128
1985	5.661	11.117	152
1986	6.124	10.894	216
1987	6.369	10.994	185
1988	7.058	10.642	164
1989	7.343	10.786	144
1990	7.332	11.106	119
1991	7.585	11.378	188

2. Das Umgangsrecht des Kindes mit dem anderen Elternteil nach Scheidung und Trennung

Das Umgangsrecht des Kindes mit dem Elternteil, der das Sorgerecht nicht hat, ist von dem Scheidungsrichter von Amts wegen zu regeln. Art. 148 Abs. 1 türk. ZGB regelt das Umgangsrecht. Demnach hat der Richter genauso freie Hand wie bei der Regelung des Sorgerechts. Er kann das Umgangsrecht frei gestalten. Der Umfang und die Bedingungen des Umgangsrechts werden von dem Scheidungsrichter festgesetzt, sowie wann und wieviel Mal und in welchem Abstand der Elternteil das Kind sehen kann[47]. Er ist nicht an die Vereinbarungen der Parteien gebunden. Die Vereinbarungen der Eltern über das Umgangsrecht haben ihre Gültigkeit, wenn der Richter sie auch dem Wohle des Kindes dienend findet. Hinzu kommt bei der Regelung des Umgangsrechts, daß die Art und Weise des persönlichen Verkehrs nach den Umständen, in denen die Parteien und besonders das Kind sich befinden, bestimmt werden muß. Wenn z.B. das Kind in die Schule geht, muß ein langfristiger Aufenthalt des Kindes bei dem das Sorgerecht nichttragenden Elternteil während der Schulferien stattfinden, da ansonsten dies den Umständen und deshalb dem Wohle des Kindes nicht entsprechen würde.

47 **Zevkliler,** S. 854.

V. Die Rechtsprechung über das Sorge- und Umgangsrecht

1. Die Zuteilung des Sorgerechts in Zahlen

Das gemeinsame Sorgerecht nach Scheidung und Trennung wird in der Türkei bis heute nicht praktiziert. Einstimmig wird sowohl in der Rechtsliteratur als auch in der Rechtsprechung akzeptiert, daß das gemeinsame Sorgerecht von der Natur her nur in der ehelichen Lebensgemeinschaft möglich ist, und das Sorgerecht einem Elternteil nach der Scheidung oder Trennung zugesprochen werden soll[48].

M.E. sollte das gemeinsame Sorgerecht im türkischen Zivilrecht, wo der Richter so große Freiheit bei der Regelung und Gestaltung des Sorgerechts hat, und es in erster Linie um das Wohl des Kindes geht, auch nach der Scheidung und Trennung möglich sein. Art. 263 türk. ZGB regelt zwar das gemeinsame Sorgerecht während der Ehe. Es sagt jedoch nicht, daß es ausschließlich während der Ehe gilt[49]. Die gemeinsame Ausübung des Sorgerechts nach der Scheidung und Trennung werden im Art. 148 Abs. 1 türk. ZGB auch nicht ausdrücklich ausgeschlossen. Genau übersetzt lautet der Art. 148 Abs. 1 türk. ZGB: ***Bei der Scheidung oder Trennung trifft der Richter die nötigen Maßnahmen zur Ausübung des Sorge- und Umgangsrechts, nachdem er die Eltern angehört hat***. Dabei muß er insbesondere das Kindeswohl beachten[50]. Rechtfertigt das Kindeswohl das gemeinsame Sorgerecht auch nach der Scheidung und Trennung, so muß der Richter dies entscheiden können. Die gesetzliche Lage ist dafür geeignet[51].

Die Zahl der Kinder, die unter der Gewalt einer Institution oder einer Pflegefamilie stehen, ist nicht hoch. Im Jahre 1991 befanden sich insgesamt 19.151 Kinder in Pflegeheimen und/oder in Pflegefamilien. Darunter sind auch Waisen- und Findelkinder.

---

48 **Tekinay**, S. 281; **Köprülü/Kaneti**, S. 198; **Zevkliler**, 853; **Dalamanlı/ Kazancı/ Kazancı**, İlmi ve Kazai İçtihatlarla Türk Medeni Hukuku (Türk. Zivilrecht mit der Rechtsliteratur und -sprechung), Aile Hukuku (Familienrecht), Istanbul 1991, S. 365; **Şener**, S. 355.

49 Der Art. 263 türk. ZGB lautet: »Solange die Ehe fortbesteht, üben die Eltern das Sorgerecht gemeinsam aus. Bei Unstimmigkeiten gilt die Stimme des Vaters.«

50 Yarg. H.G.K. (Der große Zivilsenat des Kassationsgerichtshofs) v. 18.10.1969, 2-786/771; Yarg. H.G.K. v. 13.1.1968, 2-1201/20; Yarg. H.G.K. v. 26.10.1966, 2-773/278; 2. H.D. (2. Zivilsenat) v. 18.5.1987, 3042/4558, **Şener**, S. 356; 2. H.D. v. 3.3.1987, 786/1721, YKD Ağustos 1987, c. XIII, sa. 8, S. 1148; 2. H.D. v. 4.6.12985, 3296/5461, YKD, Nisan 1986, c. XII, sa. 4, S. 502.

51 Dieses Thema ausführlich zu erklären, würde die Grenzen des Vortrages überschreiten. Deshalb wird auf weitere Erklärungen verzichtet.

Das Sorgerecht in Zahlen

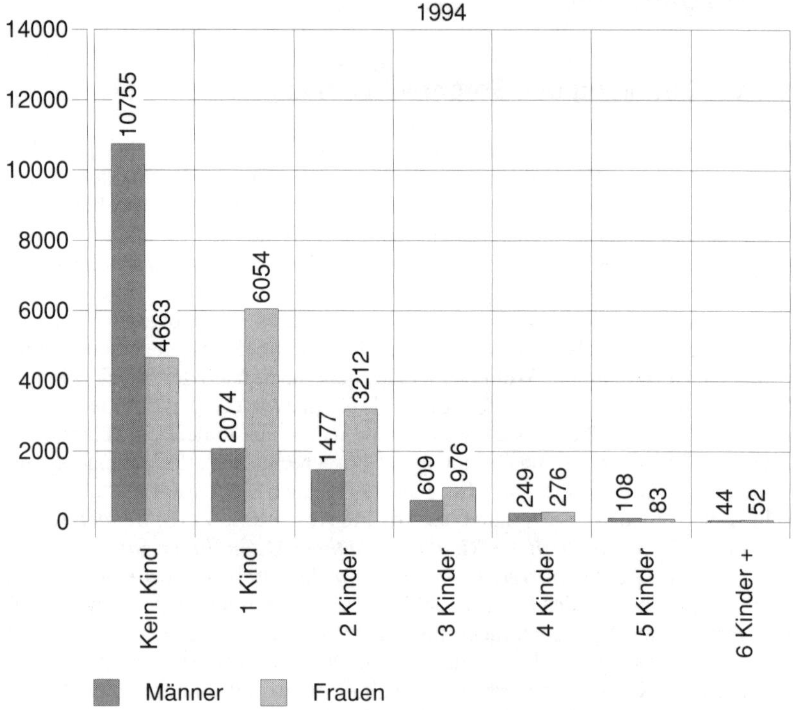

Die Zahl der Scheidungen lag 1994 bei 28.041. Insgesamt haben 23.480 Männer kein Sorgerecht zugesprochen bekommen, und 17.388 Frauen. Bei 12.725 Scheidungen waren die Ehen kinderlos. D.h. 10.755 Männer bekamen kein Sorgerecht, obwohl sie Vater waren, während nur 4.663 Frauen kein Sorgerecht zugeteilt wurde. Je mehr Kinder, desto gleichwertiger wird die Zahlenkombination[52].

52 **Boşanma İstatistikleri 1994**, S. 31.

2. Die in der Rechtsprechung entwickelten Prinzipien des türk. Sorgerechts

Da das Gesetz außer dem Wohle des Kindes keine Maßgaben für das Sorgerecht festgelegt hat, gewinnt die Rechtsprechung eine große Bedeutung bei der Frage, wie die Sorgerechtszuteilung gestaltet werden soll. Dies bedeutet auch, daß die Regelung des türk. Sorgerechts sehr flexibel und anpassungsfähig an die aktuellen gesellschaftlichen Entwicklungen ist, wenn diese den Richter bei seiner Entscheidung beeinflussen.

Säuglinge werden in der Regel der Mutter zugesprochen[53]. Abgesehen davon, daß die Babys die Mutter für die Ernährung brauchen, glaubt man, daß so kleine Kinder die Mutterliebe mehr benötigen als die Vaterliebe[54]. Wenn jedoch die Mutter nicht in der Lage ist, das Sorgerecht auszuüben, so kann das Sorgerecht dem Vater zugesprochen werden, auch wenn die Kinder in dem Alter sind, in dem sie die mütterliche Liebe brauchen. Der große Zivilsenat des türk. Kassationsgerichtshofs entschied z.B., daß das »Kind dem Vater gegeben werden muß, wenn die Mutter nicht über genügend finanzielle Mittel verfügt, und bei ihren Eltern wohnt, auch wenn das Kind die Mutter braucht«[55].

Das Verschulden bei der Scheidung spielt keine Rolle bei der Zuteilung des Sorgerechts. Auch der Ehebruch begangen habende Elternteil kann das Sorgerecht haben. Denn ein schlechter Partner bedeutet nicht immer auch eine schlechte Mutter oder ein schlechter Vater[56]. Dies begründet der schweizerische Bundesgerichtshof damit, daß der »Elternteil seine schlechte Erfahrung, nämlich die von ihm wegen des Ehebruchs verursachte Scheidung, die eine Lektion für ihn war, bei der Erziehung der Kinder benutzen kann«[57]. Der 2. Zivilsenat des türk. Kassationsgerichtshofs traf auch eine ähnliche Entscheidung[58]. Es ist jedoch denkbar, daß die Verschuldung eines Ehepartners in der Scheidung bei der Zuteilung des Sorgerechts dann eine Rolle spielt, wenn es nach den Umständen egal wäre, wem das Sorgerecht zugesprochen wird[59].

Bei der Entscheidung über das Sorgerecht sind die Umgebung und die Lage des Wohnortes neben dem Geschlecht und Alter des Kindes wichtig. Maßgebend sind die Bedingungen während der Scheidungsentscheidung, nicht jedoch die zukünftigen Umstände[60].

53 2. H.D. v. 3.3.1987, 786/1721, YKD Ağustos 1987, Band XIII, Nr. 8, S. 1148.

54 2. H.D. v. 12.5.1986, 2821/4897, Şener, S. 361; 2. H.D. v. 21.6.1983, 4328/5655, Dalamanlı/Kazancı/Kazancı, S. 373.

55 Yarg. H.G.K. v. 16.6.1978, 2-179/677, Dalamanlı/Kazancı/Kazancı, S. 371; 2. H.D. v. 3.3.1987, 786/1721, Özmen, S. 71 (72).

56 **Tekinay**, S. 282.

57 BGE 62 II 616 = JdT 1936 I 617 = Tekinay, S. 282, Fn. 39.

58 2. H.D. v. 6.3.1962, 649/1497, Tekinay, S. 282.

59 **Tekinay**, S. 283.

60 Yarg. H.G.K. v. 9.9.1964, 2-240/540, ABD 1964, S. 666.

Nach der alten Meinung des türk. Kassationsgerichtshofs darf das Kind dem Elternteil nicht gegeben werden, der im Ausland lebt (in dem konkreten Fall in Aleppo), weil türkische Kinder nach türkischen Sitten und Bräuchen erzogen werden sollen[61]. Aus den Umgangsregelungen geht hervor, daß die Gerichte heute auch anders entscheiden, und dem Elternteil, der im Ausland lebt, das Sorgerecht zusprechen[62].

In der Regel werden die Kinder bei der Regelung des Sorgerechts nicht angehört. Da der Richter freie Hand bei der Prozeßstoffsammlung hat, kann er ohne weiteres anordnen, daß die Kinder auch gefragt werden. Es gibt keine gesetzliche Regelung, die dies verbietet. Dies ist besonders der Fall, wenn die Kinder Urteilsfähigkeit haben und alt genug sind, eine sinnvolle Entscheidung zu treffen[63]. Es heißt, die Kinder müssen in dem Alter sein, in dem sie unterscheiden können, was gut und was schlecht ist[64].

Abgesehen von der einvernehmlichen Scheidung binden die Vereinbarungen der Eltern zwar den Richter nicht[65], da die Gefahr besteht, daß ein Teil alle Bedingungen von dem anderen Teil annähme, um die Scheidung zu bekommen. In den Fällen, in denen die Eltern tatsächlich nach freiem Willen über das Sorgerecht eine Regelung getroffen haben, müßte der Richter sich jedoch daran halten[66], weil die Eltern nichtsdestotrotz diejenigen sind, die besser entscheiden können, was dem Wohle ihres eigenen Kindes am besten dienen würde[67].

Die Geschwister sollen möglichst zusammen bleiben. Der Richter muß deshalb bei der Sorgerechtsregelung für mehrere Kinder darauf achten, daß der Elternteil, dem das Sorgerecht zugesprochen wird, gleich das Sorgerecht für alle Kinder bekommt[68].

Die Entscheidung über das Sorgerecht ist korrigierbar. Haben die Umstände sich geändert, so daß die getroffene Entscheidung nicht mehr dem Wohle des Kindes dient, kann der Richter auf Antrag das Sorgerecht entziehen und entweder dem anderen Elternteil zusprechen, oder wenn der andere auch nicht in der Lage ist ein Kind zu erziehen, kann er das Kind in eine Pflegefamilie oder eine Pflegeinstitution geben. Der große Zivilsenat des türk. Kassationsgerichtshofs

61 Yarg. H.G.K. v. 7.5.1958, 2-24/30, Tekinay, S. 283, Fn. 43.

62 2. H.D. v. 7.10.1985, 6988/7887, Şener, S. 362: »Die Dauer des persönlichen Verkehrs des Kindes mit dem Vater darf im Schnitt nicht weniger als ein Monat sein, wenn das Kind mit der Mutter im Ausland lebt«.

63 **Tekinay,** S. 284: »14jährige müssen vor der Entscheidung über das Sorgerecht angehört werden« 2. H.D. v. 28.4.1987, 2988/3841, Şener, S. 358.

64 2. H.D. v. 28.6. 1982, 5705, Dalamanlı/Kazancı/Kazancı, S. 374 (375).

65 Yarg. H.G.K. v. 12.6.1963, 2-36/50.

66 2. H.D. v. 2.5.1985, 4024/4223, Şener, S. 358.

67 **Tekinay,** S. 284.

68 **Zevkliler**, S. 853 (854).

entschied, daß der Richter auch die Kinder bei der Aufhebung bzw. Abänderung des Sorgerechts anhören soll[69].

Die im Art. 149 türk. ZGB genannten Fälle »Heirat«, »Tod«[70] und »Wegzug« für die Änderung des Sorgerechtes sind weder absolut noch begrenzt. Sie sind soweit relevant, wenn sie das Wohl des Kindes negativ beeinträchtigen. Der Kassationsgerichtshof entzog einer Mutter das Sorgerecht, weil sie nicht der Natur des Sorgerechts gemäß gehandelt hatte, indem sie das Kind bei der Großmutter mütterlicherseits gelassen und alle 15 Tage das Kind besucht hatte[71]. Mit anderen Worten verliert der Berechtigte sein Sorgerecht, wenn er es vernachlässigt hat[72]. Demgegenüber entschied der Kassationsgerichtshof, daß es alleine kein Grund ist, einer Mutter das Sorgerecht zu entziehen, wenn sie den Beruf einer Bardame ausübt. Es muß eher bewiesen werden, daß dies die Entwicklung des Kindes beeinflußt[73]. Daß eine sorgerechtberechtigte Mutter mit einem Mann Geschlechtsverkehr hat, ist auch kein Grund, solange nicht bewiesen wird, daß dies die moralischen Vorstellungen des Kindes verdirbt[74].

Während der Ehe ist ein Ehegatte alleiniger Sorgeberechtigter, wenn der andere stirbt. Stirbt jedoch der sorgeberechtigte, geschiedene Elternteil, so bekommt der andere das Sorgerecht nicht automatisch[75]. In dem Fall muß der Richter prüfen und entscheiden, ob der andere das Sorgerecht tragen darf oder nicht[76].

Daß eine Sorgerecht tragende Mutter einen anderen geheiratet hat, ist alleine kein Grund dafür, daß das Sorgerecht ihr entzogen werden soll[77]. Der Gesetzestext ist so zu verstehen: belastet die Wiederheirat das Kind psychisch, dann muß das Sorgerecht neu geregelt werden[78].

---

69 Yarg. H.G.K. v. 7.2.1970, 2-52/71; 2. H.D. v. 7.3.1969, 1077/1206.

70 Yarg. H.G.K. v. 26.12.1962, 2-31/76.

71 Yarg. H.G.K. v. 27.9.1969, 2-456/710, Özmen, S. 71; v. 9.1.1980, 2-220/1, Dalamanlı/Kazancı/Kazancı, S. 383 = Özmen, S. 70.

72 Yarg. H.G.K. v. 18.10.1961, 2-61/39.

73 2. H.D. 2.5.1969, 2490/2349, Özmen, S. 80.

74 2. H.D. v. 4.3.1985, 1788/2044, Şener, S. 365.

75 Yarg. H.G.K. v. 12.3.1975, 2-274/328, İlmi ve Kazai İçtihatlar 1971, S. 641 (642); 2. H.D. v. 8.2.1952, 882/946; v. 18.12.1986, 10828/11136. Für die Entscheidungen s. **Özmen,** S. 39.

76 2. H.D. v. 8.2.1974, 649/746; v. 20.2.1979, 1090/1346; v. 26.1.1987, 11352/307. Für die Entscheidungen s. **Özmen,** S. 38–39.

77 Yarg. H.G.K. v. 15.4.1992, 2-140/248, YKD Temmuz 1992, Band 18, Nr. 7, S. 1017 (1019); Yarg. H.G.K. v. 12.2.1968, 2-1617/104; 2. H.D. v. 31.5.1952, 3503/3228, **Özmen,** S. 40; 2. H.D. v. 5.11.1984, 8890/8970, **Dalamanlı/Kazancı/Kazancı,** S. 385.

78 2. H.D. v. 4.6.1985, 3557/5457, **Şener,** S. 365; v. 6.5.1985, 4103/4305, **Şener,** S. 362; v. 25.2.1986, 1714/2025, **Şener,** S. 361; 2. H.D. v. 20.4.1973, 2754/2632, İlmi ve Kazai İçtihatlar 1971, S. 644.

3. Das Umgangsrecht in der Rechtsprechung

Bei der Regelung des Umgangsrechts wird auf die Befriedigung der elterliche Gefühle Wert gelegt[79]. Deshalb ist z.B. ein nur zweitägiger Umgang im Jahr[80] oder ein Tag jeden zweiten Monat[81] nicht zulässig. Hält das Kind sich mit dem das Sorgerecht tragenden Elternteil im Ausland auf oder ist die Entfernung zwischen Kind und dem Umgangsrecht-Berechtigten groß, so darf das Umgangsrecht des anderen nicht weniger als ein Monat im Jahr sein[82], und muß ununterbrochen stattfinden[83].
Nach der Meinung des Kassationsgerichtshofs muß die Regelung klar und praktizierbar sein[84]. Eine unklare Regelung wie »jeden Samstag des Monats«[85] oder eine nicht praktikable Regelung wie »in den Sommermonaten jedes Jahres« oder »in einem passenden Monat«[86] sind rechtswidrig. Der Richter muß das Umgangsrecht genau festlegen, wann und wie der nicht sorgeberechtigte Elternteil das Kind sehen darf, u.U. auch mit Zeitangaben. In einer seiner Entscheidungen regelte der türk. Kassationsgerichtshof das Umgangsrecht wie folgt:[87] »Der Kläger kann jeden 1. und 3. Samstag des Monats von 10.00 Uhr morgens bis 17.00 Uhr des darauffolgenden Sonntags, von 10.00 Uhr morgens des 2. Tages bis 17.00 Uhr des 3. Tages jedes religiösen Festes und vom 1.7. bis zum 31.7. jedes Jahres sein Kind haben und die Zeit mit dem Kind so gestalten, wie er will«. Die Regelung darf jedoch nicht dazu führen, daß das Kind sich zwischen beiden Elternteilen verzettelt fühlt. In der Regelung, in der entschieden wurde, daß das Kind alle zwei Monate den ganzen Monat bei dem anderen Elternteil verbringen soll, sah der türk. Kassationsgerichtshof eine solche Gefahr, und hob die Regelung auf[88].
Der persönliche Verkehr mit dem Kind darf nicht unter Aufsicht eines Dritten stattfinden[89]. Deshalb wäre eine Entscheidung unzulässig, wonach der Vater das Umgangsrecht z.B. unter Aufsicht des Jugendamts ausüben sollte.

---

79 2. H.D. v. 15.2.1977, 1099/1262; v. 6.11.1986, 9490/9752, **Dalamanlı/Kazancı/Kazancı**, S. 378.

80 2. H.D. v. 7.5.1986, 4182/4795, **Şener**, S. 360.

81 2. H.D. v. 27.9.1976, 4884/6456, **Dalamanlı/Kazancı/Kazancı**, S. 378.

82 2. H.D. v. 7.10.1985, 6988/7887, **Şener**, S. 362.

83 Yarg. H.G.K. v. 14.9.1983, 2-2719/810, **Dalamanlı/Kazancı/Kazancı**, S. 370.

84 2. H.D. v. 10.10.1989, 7990/8969, YKD Nisan 1990, Band 15, Nr. 4; 2. H.D. v. 18.12.1984, 9135/10493, **Dalamanlı/Kazancı/Kazancı**, S. 372.

85 2. H.D. v. 11.6.1985, 5595/5767, **Şener**, S. 362.

86 2. H.D. v. 17.11.1987, 8810/8920, **Şener**, S. 356.

87 2. H.D. v. 27.3.1986, 3009/3242, **Şener**, S. 360.

88 2. H.D. v. 26.1.1978, 129/505; v. 17.1.1983, 103/81, **Dalamanlı/Kazancı/ Kazancı**, S. 374.

89 2. H.D. v. 24.2.1986, 1554/1928, **Şener**, S. 361.

In einer seiner Plenarentscheidungen räumte der türk. Kassationsgerichtshof auch den Großeltern Umgangsrecht ein. Da das Kind bei Fortbestehen der Beziehung mit den Großeltern materielle und immaterielle Interessen hat, und das Umgangsrecht des Kindes mit den Großeltern ein Gebot der türkischen Sitten und Bräuche ist, hieß es in der Entscheidung, haben die Großeltern sogar gegen den Willen des Sorgerechtberechtigten Umgangsrecht mit dem Enkelkind[90]. Meiner Meinung nach geht diese Plenarentscheidung über die gesetzliche Regelung und über den Sinn und Zweck des Umgangsrechts weit hinaus. Deshalb ist sie nicht zu vertreten.

VI. Das Sorge- und Umgangsrecht der nichtehelichen Kinder

Das Sorgerecht eines nichtehelichen Kindes nach türkischem Recht ist anders geregelt als im deutschen Recht. Es steht nicht von Gesetzes wegen der Mutter zu[91]. Der Richter muß über das Sorgerecht des außer- bzw. nichtehelichen Kindes gesondert entscheiden[92]. Bis zur Entscheidung gehört das Sorgerecht zunächst niemandem[93]. Deshalb muß das Gericht in der Regel dem nichtehelichen Kind einen Vormund bestellen[94]. Das Gericht kann jedoch das Sorgerecht auch der Mutter zusprechen (Art. 311, Abs. 2 türk. ZGB). Maßgebend für die richterliche Entscheidung ist auch hier das Wohl des Kindes, wie bei den ehelichen Kindern. Ist die Mutter nicht in der Lage das Sorgerecht auszuüben, oder sieht der Richter eine Gefahr[95] darin, daß das Sorgerecht die Mutter trägt, so kann der Richter das Kind weiter unter der Vormundschaft lassen, oder an Stelle des Vormundes den Vater zum Sorgerechtberechtigten erklären (Art. 312 Abs. 2 türk. ZGB)[96]. Für die Zuteilung des Sorgerechts an den Vater setzt das Gesetz die Anerkennung des Kindes oder die gerichtliche Festlegung der Vaterschaft voraus (Art. 312 Abs. 1 türk. ZGB). Ferner ist der Richter dafür zuständig, das Sorgerecht von Amts wegen oder auf Verlangen der Mutter bis zu einem

90 Yarg. İçt. Bir. Kararı v. 18.11.1959, 12/29, **Dalamanlı/Kazancı/Kazancı**, S. 366 = **Şener**, S. 355 (356).

91 2. H.D. v. 19.10.1987, 6048/7762, **Şener**, S. 552 (553).

92 **Köksal**, Das Umgangsrecht des Vaters mit dem nichtehelichen Kind. Ein Vergleich im türkischen und deutschen Recht, in:GÜIIBFD 1991, Band 7, Nr. 1–2, S. 555 (580); 2. H.D. v. 19.3.1993, 1926/2842, YKD Ağustos 1993, Band 19, Nr. 8, S. 1163 (1164).

93 2. H.D. v. 13.5.1986, 4761/5078, **Dalamanlı/Kazancı/Kazancı**, S. 756.

94 **Köprülü/Kaneti**, S. 285.

95 Damit die Vormundschaft bevorzugt werden kann, muß die Gefahr ummittelbar das Wohl des Kindes beinträchtigen. Eine Vermutung, daß die Gefahr bestünde, reicht nicht aus. Vgl. BGE 100 I a 305 = JdT 1976 I 255 (zit. nach **Tekinay**, S. 601, Fn. 4b).

96 2. H.D. v. 22.9.1986, 7650/7750, **Dalamanlı/Kazancı/Kazancı**, S. 753; 2. H.D. v. 29.12.1993, 12043/12778, YKD Naziran 1994, Band 20, Nr. 6, S. 884 (885).

bestimmten Zeitpunkt einem Elternteil und von diesem Zeitpunkt an dem anderen zuzusprechen (Art. 313 türk. ZGB)[97].
Auch das Umgangrecht des nichtehelichen Kindes regelt der Richter. Steht das Kind unter der Vormundschaft, so haben die nichtehelichen Eltern Recht auf persönlichen Verkehr mit dem nichtehelichen Kind, sowie auch der nicht das Sorgerecht tragende Elternteil[98]. Für die Gestaltung des Umgangsrechts des nichtehelichen Kindes gelten die Bestimmungen, die für die ehelichen Kinder oben angeführt wurden.
Das türkische Justizministerium »verbeugte« sich endlich und gab seine »Einwilligung« für das Übereinkommen über die zivilrechtlichen Aspekte internationaler Kindesentführung und Luxemburger Europäisches Übereinkommen, über die Anerkennung und Vollstreckung von Entscheidungen über das Sorgerecht für Kinder und die Wiederherstellung des Sorgerechts vom 20.5.1980. Die Verträge liegen zur Zeit beim Außenministerium für die Übersetzung vor. Voraussichtlich werden diese in 3 bis 4 Monaten unterschrieben sein.

97 **Zevkliler**, Nichteheliche ..., S. 145.
98 **Köprülü/Kaneti**, S. 286; 2. H.D. v. 18.9.1992, 7547/8176, YKD Ocak 1993, Band 19, Nr. 1, S. 17.

Prof. Dr. Miroslava Geč-Korošec

Zur Praxis des geltenden Sorge- und Umgangsrechts in Slowenien

I. Einleitung

Seit dem 1. Dezember 1918, als das »Königreich der Serben, Kroaten und Slowenen« entstand, war Slowenien ein Bestandteil des Staates Jugoslawien. In den Jahren 1918 bis 1941 war es ein Teil des »Königreiches der Serben, Kroaten und Slowenen« bzw. des »Königreiches Jugoslawien« und blieb es bis zu seinem Zusammenbruch im April 1941. Das neue sozialistische Jugoslawien, dessen Grundstein schon im 2. Weltkrieg gelegt worden war, erhielt durch die Verfassung von 1946 den Namen »Föderative Volksrepublik Jugoslawien« und war ein Bundesstaat mit sechs Einzelrepubliken. Slowenien war eine dieser sechs Einzelvolksrepubliken. Seit der Verfassung von 1963 nannte man den Staat »Sozialistische Föderative Republik Jugoslawien«. Die Volksrepublik Slowenien wurde dann in sozialistische Republik umbenannt und blieb es dann auch nach der letzten Verfassung der Sozialistischen Föderativen Republik Jugoslawien von 1974 bis zum 25. Juni 1991. Am 25. Juni 1991 wurde die Grundverfassungsurkunde über die Selbständigkeit und Unabhängigkeit der Republik Slowenien verabschiedet.[1] Seit dem 25. Juni 1991 ist Slowenien eine demokratische Republik und ein selbständiger und unabhängiger Staat.
Slowenien ist ein Staat, der sich über eine Fläche von 20.251 km^2 erstreckt. Das Land liegt am Schnittpunkt des Mittelmeerraumes mit den Alpen und der Pannonischen Ebene. Es leben ungefähr 100 Bewohner auf einem Quadratkilometer. Die Hauptstadt Sloweniens ist Ljubljana. Maribor, die zweitgrößte slowenische Stadt, ist das wirtschaftliche und kulturelle Zentrum im Nordosten Sloweniens an der Grenze zu Österreich.
Am 25. Juni 1991 verabschiedete Slowenien drei sehr wichtige »Verselbständigungsgesetze«, und zwar:

- das Gesetz über die Staatsangehörigkeit der Republik Slowenien,[2]

---

1 Ur. l. RS, Nr. 1/1991-I.

2 Veröffentlicht in Ur. l. RS, Nr. 1/1991-I vom 25.6.1991; Ur. l. RS, Nr. 30/1991-I (Ergänzung); Ur. l. RS, Nr. 38/1992 (Änderungen und Ergänzungen); Ur. l. RS, Nr. 61/1992 (Änderungen); Ur. l. RS, Nr. 13/1994 (Änderungen und Ergänzungen); Ur. l. RS, Nr. 13/1995 (bedingte Übereinstimmung des Artikels 14 Absatz 3 mit der Verfassung); Ur. l. RS

– das Gesetz über die Ausländer[3] und
– das Gesetz über die äußeren Angelegenheiten.[4]

Die neue Verfassung hat die Republik Slowenien am 23. Dezember 1991 verabschiedet.[5] Gemäß dieser Verfassung ist Slowenien eine demokratische Republik und ein Rechts- und Sozialstaat. Das Verfassungsgesetz zur Durchführung der Verfassung der Republik Slowenien vom 23. Dezember 1991[6] bestimmt, daß Vorschriften und Allgemeinakte, die am Tag der Bekanntmachung dieser Verfassung in Kraft waren, in Kraft bleiben. Bestimmungen der Vorschriften, die mit dieser Verfassung nicht übereinstimmen, sind mit ihr in Übereinstimmung zu bringen.

So blieb auch das Gesetz über die Ehe und die Familienverhältnisse, das die ehemalige SR Slowenien 1976 verabschiedete, in Kraft.[7] Von 1971 (bzw. 1974) an erhielten alle sozialistischen Republiken und sozialistischen autonomen Gebiete (Kosovo und Vojvodina) der ehem. SFR Jugoslawien nämlich die ausschließliche Zuständigkeit für die Regelung der Familienrechtsverhältnisse. Die Bundesfamilienrechtsgesetzgebung, die auf dem Gebiet des gesamten Jugoslawien in Kraft war, trat damit außer Kraft.[8]

Das EheFamG, das nach der Novelle von 1989 im bereinigten, derzeit gültigen Wortlaut veröffentlicht wurde,[9] stellt den slowenischen Familienkodex dar. Es regelt alle ehelichen und familienrechtlichen Verhältnisse, und zwar die Ehe

29/1995 (Übertragung von Verwaltungsaufgaben, die im Gesetz als Zuständigkeit von Gemeindeorganen bestimmt sind, auf die Verwaltungseinheiten).

3 Veröffentlicht in Ur. l. RS, Nr. 1/1991-I vom 25.6.1991; Ur. l. RS, Nr. 17/1991 (Verwendung der Währungseinheit in der Republik Slowenien); Ur. l. RS, Nr. 13/1993 (Valorisierung der Beträge); Ur. l. RS, Nr. 66/1993 (Valorisierung der Beträge); Ur. l. RS, Nr. 29/1995 (Übertragung der Verwaltungsaufgaben, die im Gesetz als Zuständigkeit der Gemeindeorgane bestimmt sind, auf die Verwaltungseinheiten).

4 Veröffentlicht in Ur. l. RS, Nr. 1/1991-I vom 25.6.1991.

5 Verfassung der Republik Slowenien, Ur. l. RS, Nr. 33/1991-I vom 23.12.1991.

6 Veröffentlicht in Ur. l. RS, Nr. 33/91-I vom 23.12.1991.

7 Im weiteren Wortlaut EheFamG; veröffentlicht in Ur. l. SRS, Nr. 15/1976 vom 26.5.1976.

8 Grundgesetz über die Ehe vom 9.4.1946, im bereinigten Wortlaut veröffentlicht in Ur. l. SFRJ, Nr. 28/1965; Grundgesetz über das Verhältnis zwischen Eltern und Kindern vom 1.12.1947, im bereinigten Wortlaut veröffentlicht in Ur. l. SFRJ, Nr. 10/1965 vom 10.3.1965; Gesetz über die Annahme an Kindes Statt vom 11.4.1947, im bereinigten Wortlaut veröffentlicht als Grundgesetz über die Annahme an Kindes Statt in Ur. l. SFRJ, Nr. 19/1965; Grundgesetz über die Vormundschaft vom 1.4.1947, im bereinigten Wortlaut veröffentlicht in Ur. l. SFRJ, Nr. 16/1965.

9 Das EheFamG wurde 1988 durch das Gesetz über die Änderungen und Ergänzungen des EheFamG, das am 21.1.1989 in Kraft trat und in Ur. l. SRS, Nr. 1/1989 am 13. 1.1989 veröffentlicht wurde, novelliert. Den bereinigten Wortlaut des Gesetzes bestimmte daraufhin die gesetzgebende Kommission und er wurde in Ur. l. SRS, Nr. 14/1989 veröffentlicht.

(Eherecht), die Verhältnisse zwischen Eltern und Kindern (Kindes- und Elternrecht), die Annahme an Kindes Statt, die Pflegschaft und die Vormundschaft.
In Ehe- und Familienrechtsverfahren werden hinsichtlich der Charakteristik des Verfahrens drei Verfahrensarten angewandt: der Rechtsweg, das Verfahren der freiwilligen Gerichtsbarkeit, und das Verwaltungsverfahren. Der Rechtsweg wird in Streitangelegenheiten, die vor Gericht laufen, angewandt und er wird durch die Zivilprozeßordnung geregelt.[10] Das Verfahren der freiwilligen Gerichtsbarkeit wird in unstrittigen Angelegenheiten, die vor dem Gericht der freiwilligen Gerichtsbarkeit laufen und es wird vom Gesetz über das Verfahren der freiwilligen Gerichtsbarkeit geregelt,[11] das Verwaltungsverfahren wird in Angelegenheiten angewandt, die vor Verwaltungsorganen (und den Zentren für Sozialarbeit) laufen. Es wird durch das Gesetz über das Verwaltungsverfahren geregelt.[12]
Für die Ehe- und Familienrechtsverhältnisse ist auch das Gesetz über den Sozialschutz von 1992[13], das die Bedingungen für das Angebot von Sozialschutzleistungen und Geldleistungen an jedermann, der sich in Not befindet, bestimmt, wichtig.
Schon die ehemalige SFR Jugoslawien hat 1990 das Übereinkommen der UNO über die Kinderrechte ratifiziert, die Republik Slowenien ratifizierte es daraufhin 1992.[14] Zu erwähnen sind noch die folgenden ratifizierten Übereinkommen:
- New Yorker Übereinkommen über die Geltendmachung von Alimentenforderungen im Ausland von 1956;[15]
- Internationaler Pakt über die wirtschaftlichen, sozialen und kulturellen Rechte von 1966;[16]

10 Gesetz über den Rechtsweg, veröffentlicht in Ur. l. SFRJ, Nr. 4/1977; Ur. l. SFRJ, Nr. 36/1977 (Korrektur); Ur. l. SFRJ, Nr. 6/1980 (Aufhebungen); Ur. l. SFRJ, Nr. 36/1980 (Ergänzungen); Ur. l. SFRJ, Nr. 43/1982 (Aufhebungen); Ur. l. SFRJ, Nr. 69/1982 (Änderungen und Ergänzungen); Ur. l. SFRJ, Nr. 58/1984 (Ergänzungen); Ur. l. SFRJ, Nr. 74/1987 (Änderungen); Ur. l. SFRJ, Nr. 27/1990 (Änderungen und Ergänzungen); Ur. l. RS, Nr. 17/1991-I (Verwendung der Währungseinheit der RS); Ur. l. RS, Nr. 55/1992 (Valorisierung); Ur. l. RS, Nr. 66/1993 (Valorisierung); Ur. l. RS, Nr. 19/1994 (Beendung der Anwendung bestimmter Artikel); Ur. l. RS, Nr. 19/1994 (teilweise Aufhebung).

11 Veröffentlicht in Ur. l. SRS, Nr. 30/1986; Ur. l. SRS, Nr. 20/1988 (Korrektur).

12 Veröffentlicht in Ur. l. SFRJ, Nr. 47/1986; Ur. l. RS, Nr. 17/1991 (Verwendung der Geldeinheit der Republik Slowenien); Ur. l. RS, Nr. 55/1992 (Valorisierung); Ur. l. RS, Nr. 66/93 (Valorisierung).

13 Veröffentlicht in Ur. l. RS, Nr. 54/1992, Korrektur in Nr. 56/1992; Ur. l. RS, Nr. 13/1993 (Valorisierung); Ur. l. RS, Nr. 42/1994 (Aufhebung von Artikel 76 Absatz 1).

14 Veröffentlicht in Ur. l. RS, Internationale Übereinkommen, Nr. 9/1992.

15 Veröffentlicht in Ur. l. FLRJ, Internationale Übereinkommen, Nr. 2/1960; Ur. l. RS, Internationale Übereinkommen, Nr. 9/1992; Ur. l. RS, 35/1992.

16 Veröffentlicht in Ur. l. SFRJ, Nr. 7/1971; Ur. l. RS, Internationale Übereinkommen, Nr. 9/1992; Ur. l. RS, 35/1992.

- Internationaler Pakt über die staatsbürgerlichen und politischen Rechte von 1966;[17]
- Übereinkommen über die zivilrechtlichen Gesichtspunkte der internationalen Kindesentführung von 1980.[18]

Alle diese Übereinkommen sind für Slowenien sehr wichtig, da gemäß der Verfassung »ratifizierte und veröffentlichte internationale Übereinkommen unmittelbar angewendet werden« (Artikel 8 Absatz 2).

Im Verfahren befindet sich derzeit die Diskussion über die Verabschiedung des Haager Übereinkommens über den Kinderschutz und die Zusammenarbeit bei internationalen Annahmen an Kindes Statt.

II. Heutige Situation

Zur Darstellung der Situation in Slowenien sollen die nachfolgenden statistischen Angaben über geschlossene Ehen, Ehescheidungen, eheliche und nichteheliche Kindergeburten, Vaterschaftsanerkennungen und -feststellungen dienen.

Zunächst betrachten wir uns die Daten von 1989 bis 1994 über die Anzahl der Eheschließungen in Slowenien:

Tabelle 1: Anzahl der Eheschließungen

Jahr	1989	1990	1991	1992	1993	1994
Anzahl der geschlossenen Ehen	9776	8517	8173	9119	9022	8314

Auf dem Gebiet der Republik Slowenien wurden im sechsjährigen Zeitraum 52.921 Ehen geschlossen, d.h. jährlich im Schnitt 8820. Die meisten Ehen wurden 1989 (9776) geschlossen, das ist der Zeitraum vor der Vereigenstaatlichung, danach dann in den ersten zwei Jahren nach der Vereigenstaatlichung der Republik Slowenien, und zwar 1992 – 9119 Ehen, 1993 – 9022 Ehen. Das ist dem bewegten grenzüberschreitenden Verkehr und auch dem Anstieg gemischtnationaler Ehen (worüber leider keine Daten erhältlich waren) zuzuschreiben.

Im Vergleich dazu hier die Daten über die Ehescheidungen:

17 Veröffentlicht in Ur. l. SFRJ, Nr. 7/1971; Ur. l. RS, Internationale Übereinkommen, Nr. 9/1992; Ur. l. RS, 35/1992.

18 Veröffentlicht in Ur. l. RS, Internationale Übereinkommen, Nr. 31/1993.

Tabelle 2: Anzahl der Ehescheidungen

Jahr	1989	1990	1991	1992	1993	1994
Anzahl der geschiedenen Ehen	2161	1858	1828	1966	1962	1923

Aus Tabelle 2 ist ersichtlich, daß im sechsjährigen Zeitraum in der Republik Slowenien 11.698 Ehen geschieden wurden, d.h. jährlich im Schnitt 1949. Die meisten Ehen wurden 1989 (2161) geschieden, danach dann 1992 (1966) Ehescheidungen, was 108 Ehescheidungen mehr sind als 1990. Als Ursache wird zunächst die wachsende Anzahl der Eheschließungen, und zwar 9119, was 602 geschlossene Ehen mehr sind, und auch der schon unter Tabelle 1 genannte Grund angeführt. Leider zeigt die Statistik nicht das Verhältnis zwischen einvernehmlichen und strittigen Ehescheidungen. Aus einer Studie des Amtsgerichts Maribor vor 10 Jahren folgt, daß von den damals 600 Ehescheidungen nur ca. 30 bis 40 einvernehmlich waren.

Tabelle 3 zeigt uns die Koeffizienten der Eheschließungen und -scheidungen:

Tabelle 3: Koeffizienten der Eheschließungen und -scheidungen

Jahr	1989	1990	1991	1992	1993	1994
Geschlossene Ehen auf 1000 Einwohner	4,9	4,3	4,1	4,6	4,5	4,2
Scheidungen auf 1000 Einwohner	1,1	0,9	0,9	1,1	1,0	1,0
Scheidungen auf 1000 Eheschließungen	221,1	218,1	223,7	215,6	217,5	231,3

Aus Tabelle 3 ist zunächst der Koeffizient der Eheschließungen auf 1000 Einwohner für den sechsjährigen Zeitraum ersichtlich. Dieser ist 1989 mit 4,9 am höchsten, nach der Vereigenstaatlichung dann 1992 – 4,6, in den übrigen Jahren liegt er stets etwas über 4. In zweiter Linie ist der Koeffizient der Ehescheidungen auf 1000 Einwohner ersichtlich. Dieser ist mit 1,1 in den Jahren 1989 und 1992 am größten, in den übrigen Jahren beträgt er 1 bzw. 0,9. In der dritten Spalte wird der Koeffizient der Ehescheidungen auf 1000 Eheschließungen für denselben Zeitraum aufgezeigt. Der höchste Koeffizient war 1994, und zwar 231,3, was bedeutet, daß ca. jede 4. Ehe geschieden wurde.
Daraus schließen wir, daß es im Zeitraum von 1989 bis 1994 in der Republik Slowenien die meisten Ehescheidungen pro 1000 Einwohner 1989 und 1992 gab und die meisten Ehescheidungen pro Anzahl der geschlossenen Ehen 1994. Ansonsten sind in diesem Zeitraum keine wesentlichen Abweichungen hin-

sichtlich der Anzahl der Eheschließungen und der Anzahl der Ehescheidungen festzustellen.

Um die ehelichen Kindesgeburten mit den nichtehelichen zu vergleichen, betrachten wir Tabelle 4:

Tabelle 4: Anzahl der ehelich und nichtehelich geborenen Kinder

Jahr	1989	1990	1991	1992	1993	1994
Anzahl der geborenen Kinder	23447	22368	21583	19982	19793	19463
Anzahl der nicht ehelich geborenen Kinder	5451	5488	5702	5529	5536	5600

Aus Tabelle 4 ist ersichtlich, wieviele Kinder in den einzelnen Jahren des sechsjährigen Zeitraums geboren wurden. Die meisten Kinder wurden 1989 (23.447) geboren, in den darauffolgenden Jahren stetig weniger. Im genannten Zeitraum wurden insgesamt 126.633 Kinder geboren. Davon waren 33.306 Kinder nichtehelich, was 26,3% aller bedeutet. Die meisten nichtehelichen Kinder wurden 1991 (5702) geboren, die wenigsten 1989 (5451). In Verbindung mit der Anzahl der Geburten von nichtehelichen Kindern kann aber nicht geschlossen werden, wieviele Kinder in anerkannten außerehelichen Lebensgemeinschaften geboren wurden und wieviele Kinder derjenigen Eltern, die tatsächlich nicht zusammenleben. Die außereheliche Gemeinschaft ist im slowenischen Rechtssystem anerkannt und hinsichtlich der Verhältnisse zwischen den außerehelichen Partnern geregelt, nicht aber hinsichtlich der Verhältnisse zwischen ihnen als Eltern in der Beziehung zu ihren Kindern. In jedem Fall ist also die Anerkennung der Vaterschaft (oder vielleicht sogar die gerichtliche Feststellung derselben) notwendig, da die Rechtsvermutung der Vaterschaft, wie sie für den Ehegatten der Mutter der Kinder gilt, hier nicht gilt.

Nun betrachten wir uns die Angaben zu den Vaterschaftsanerkennungen bzw. -feststellungen:

Tabelle 5: Anerkennung der Vaterschaft und Feststellung der Vaterschaft

Jahr	1989	1990	1991	1992	1993	1994
Vaterschafts-anerkennungen	4544	6150	4575	5062	4952	5072
Vaterschafts-feststellungen	keine Angaben	133	59	82	50	40

Aus Tabelle 5 erkennen wir, daß 1989 4544 Vaterschaftsanerkennungen vorkamen, was 83,4% aller außerehelich geborenen Kinder (5451) darstellt. Leider

fehlt die Angabe der Feststellungen der Vaterschaft in diesem Jahr. 1990 gab es 6150 Vaterschaftsanerkennungen und weniger außerehelich geborene Kinder (5488). Neben diesem gab es 133 gerichtliche Vaterschaftsfeststellungen. 1991 gab es 4575 Vaterschaftsanerkennungen, was 80,2% von allen außerehelich geborenen Kindern dieses Jahres (5702) darstellt. In diesem Jahr gab es 59 gerichtliche Vaterschaftsfeststellungen. 1992 wurden 5062 Vaterschaften anerkannt, das sind 91,5% aller außerehelich geborenen Kinder (5529) dieses Jahres. Es gab darüberhinaus 82 gerichtliche Vaterschaftsfeststellungen. 1993 erkannten 4952 Männer ihre außerehelichen Kinder an, das sind 89,5% aller Fälle (5536). Neben den Anerkennungen gab es 50 gerichtliche Feststellungen der Vaterschaft. 1994 gab es 5072 Vaterschaftsanerkennungen und 40 Vaterschaftsfeststellungen, das sind 90,6% aller Fälle.
Aus diesen Daten folgt, daß es in der Republik Slowenien einen sehr hohen Prozentsatz von Vaterschaftsanerkennungen gibt. In allen diesen Fällen, in denen die Vaterschaft anerkannt oder gerichtlich festgestellt wird, kommt das Elternrecht beiden Eltern zu (außer, wenn es einem von ihnen entzogen wurde, wofür wir keine statistischen Daten besitzen). Das Elternrecht übt derjenige Elternteil aus, bei dem das Kind lebt. Sofern die Eltern nicht übereinkommen können, bei welchem von ihnen das Kind leben soll, entscheidet darüber das Zentrum für Sozialarbeit. Es entschied auch über die Art und Weise der Ausübung des Umgangs zwischen dem Kind und dem Elternteil, mit dem das Kind nicht lebt. In der Anzahl der nichtehelichen Kinder sind (wie schon erwähnt) auch die Kinder aus außerehelichen Gemeinschaften enthalten, bei denen die Bedingung dafür, daß eine außereheliche Gemeinschaft rechtlich anerkannt wird, das Zusammenleben der Eltern ist. Wir sind der Ansicht, daß das Zentrum für Sozialarbeit in solchen Fällen nicht in die Verhältnisse zwischen den Eltern und ihren Kindern eingreifen muß, da begründet anzunehmen ist, daß sie fähig sein werden, dies selbst zu regeln.

Zuletzt schauen wir uns noch die Anzahl der Kinder, die aus geschiedenen Ehen stammen und Unterhalt erhalten, an:

Tabelle 6: Geschiedene Ehen nach Zahl der Kinder aus dieser Ehe, die Unterhalt erhalten

Jahr	1990	1991	1992	1993	1994
Anzahl der Kinder mit Unterhalt	2161	1858	1966	1962	1923

Aus Tabelle 6 ist ersichtlich, wieviele Kinder aus geschiedenen Ehen Hilfe benötigen. Die statistischen Daten zeigen lediglich »die Anzahl der Kinder mit Unterhalt«. Die größte Zahl gab es 1990 (2161) Kinder, was bei 1858 Ehescheidungen in diesem Jahr bedeutet, daß diese Ehen im Schnitt 1,16 unterhaltsbedürftige Kinder hinterlassen haben.

So viel zur derzeitigen Lage bzw. dem Trend der letzten Jahre auf den aufgezeigten Gebieten.

III. Derzeit geltendes Recht im Bezug auf die elterliche Sorge, insbesondere nach der Scheidung und das Umgangsrecht

1. Das Elternrecht

Das EheFamG kennt den Begriff des Elternrechts und definiert seinen Inhalt vor allem im 3. Teil des Gesetzes unter Punkt 3 mit dem Titel »Rechte und Pflichten der Eltern und Kinder« (Artikel 102 bis 112), in einigen anderen Teilen des Gesetzes, zum Beispiel unter Punkt 9 »Unterhaltspflicht«, in den Einführungsbestimmungen sowie noch in einigen anderen Gesetzen. Aus Artikel 4 Absatz 2 und Artikel 102 folgt, daß die Eltern ihren Kindern die Bedingungen für ein gesundes Heranwachsen, eine ausgeglichene Persönlichkeitsentwicklung und eine Befähigung zu einem selbständigen Leben und zur Arbeit ermöglichen müssen. Um diesen Zweck zu erreichen, haben sie Rechte und Pflichten, für das Leben, die Persönlichkeitsentwicklung sowie für die Rechte und Nutzen ihrer minderjährigen Kinder zu sorgen. Alle diese genannten Rechte und Pflichten der Eltern stellen das Elternrecht dar.
Das Elternrecht wird zum Vorteil der Kinder ausgeübt und es fällt gemäß der ausdrücklichen Bestimmung des EheFamG dem Vater und der Mutter gemeinsam zu (Artikel 4 Absatz 3). Eheliche und uneheliche Kinder sind vollkommen gleichgestellt (Artikel 54 Absatz 2 Verfassung). Die Rechte und Pflichten der Eltern und Verwandten gegenüber den Kindern und die Rechte und Pflichten der Kinder gegenüber ihren Eltern und Verwandten sind also gleich, ohne Rücksicht darauf, ob das Kind ehelich oder unehelich geboren wurde (vgl. Artikel 5 EheFamG). Das EheFamG kennt das Institut der »Legitimation« nicht mehr. Durch die Annahme an Kindes Statt erwirbt der Angenommene an Kindes Statt gemäß slowenischem Recht die Stellung eines natürlichen Kindes des Annehmenden (oder beider Annehmenden, wenn dies Ehegatten sind) mit allen Rechten und Pflichten im Verhältnis zum Annehmenden und seinen Verwandten. Es gibt nur die vollkommene Annahme an Kindes Statt, durch die der Angenommene vollkommen und endgültig aus der Familie der natürlichen Eltern losgelöst wird und vollkommen und endgültig in die Familie des Annehmenden eintritt. Das bedeutet, daß alle gegenseitigen Rechte und Pflichten des Angenommenen gegenüber seinen natürlichen Eltern und den anderen Verwandten enden.

Das Elternrecht ist das persönliche Recht der Eltern, das nicht abgetreten werden kann. Gemäß der ausdrücklichen Bestimmung der Verfassung kann es demjenigen Elternteil, der es mißbraucht, entzogen oder beschränkt werden, jedoch nur aus Gründen, die das Gesetz wegen dem Schutz der Interessen des Kindes bestimmt (Artikel 54 Absatz 1 der Verfassung).

Das Elternrecht hat in den folgenden Fällen nur einer der Eltern:

- wenn der andere Elternteil unbekannt ist, was mehrzählig bei nichtehelichen Kindern vorkommen wird. In diesem Fall fällt das Elternrecht nur der Mutter zu, die in der Regel bekannt ist. Wenn der nichteheliche Vater bekannt wird (wenn er eine gültige Anerkennung der Vaterschaft abgibt oder wenn seine Vaterschaft durch eine rechtskräftige Gerichtsentscheidung festgestellt wurde) kommt das Elternrecht auch ihm zu. Von dann an haben beide Eltern, also Mutter und Vater, das Elternrecht inne;
- wenn der andere Elternteil nicht mehr lebt;
- das Elternrecht kommt nur einem Elternteil zu, wenn das Elternrecht dem anderen Elternteil entzogen wurde;
- wenn dem anderen Elternteil die Geschäftsfähigkeit entzogen wurde. Wird dem Elternteil die Geschäftsfähigkeit zurückgegeben, so erhält er auch das Elternrecht zurück. Gemäß slowenischem Recht hat der Entzug der Geschäftsfähigkeit im Unterschied zu einigen anderen fremden Rechtsordnungen automatisch auch den Verlust des Elternrechts zur Folge.

In allen aufgezählten Fällen kommt das Elternrecht als Ganzheit nur einem Elternteil zu (vgl. Artikel 115).[19] In einigen fremden Rechtsordnungen wird dem Kind in solchen Fällen ein besonderer Vormund bestellt.

Gemäß dem ehemaligen jugoslawischen Recht hatte die minderjährige Mutter oder aber der minderjährige Vater eines nichtehelichen Kindes kein Elternrecht. Im slowenischen EheFamG besteht die besondere Bestimmung, gemäß der ein Minderjähriger, der ein Elternteil wurde, die volle Geschäftsfähigkeit erlangt, wenn dafür wichtige Gründe bestehen. Mit der Erlangung der Geschäftsfähigkeit erwirbt der Minderjährige also das Elternrecht; darüber entscheidet das Gericht auf Vorschlag des Zentrums für Sozialarbeit (Artikel 117 Absatz 3).

Der Inhalt des Elternrechts kann eingeteilt werden in:

a) die Rechte und Pflichten, die die Sorge für die Person des Kindes bedeuten (Schutz und Erziehung der Kinder, die Bildung und Ausbildung sowie der Unterhalt);
b) die Rechte und Pflichten, die die Sorge für das Vermögen des Kindes bedeuten;

---

19 Siehe dazu Miroslava Geč-Korošec/Suzana Kraljić: Družinsko Pravo (Familienrecht), Institut für bürgerliches Recht, Rechtsvergleichung und internationales Privatrecht der Juristischen Fakultät in Maribor, Maribor 1996, S. 122 ff.

c) die Vertretung des Kindes (vor Gericht und vor anderen Behörden und Organisationen, die Schließung von Geschäften im Namen und auf Rechnung des Kindes);
d) andere Rechte und Pflichten der Eltern gegenüber den Kindern (aus dem EheFamG und anderen Gesetzen);
e) gesondert (extra) über Umgangsrecht.

Die Lehre vertritt den Standpunkt, daß das Recht auf persönlichen Umgang nicht als Bestandteil des Elternrechts qualifiziert werden kann, da dieses Recht sogar im Fall des Entzugs des Elternrechts als selbständiges Element der Elternschaft bestehen kann. Es wird betont, daß das Recht auf persönlichen Umgang aus der Elternschaft, die gemäß Artikel 54 Absatz 2 der Verfassung den Status eines Menschenrechts hat, entspringt.[20] Jedoch haben die Eltern dieses Recht nur dann, wenn dies nicht im Gegensatz zum Nutzen des Kindes ist. Die Eltern können durch die Ausübung des persönlichen Umgangs nicht auf die Erziehung des Kindes Einfluß nehmen, da sie dieses Recht und diese Pflicht durch den Entzug des Elternrechts verloren haben.[21] Mehr über das Umgangsrecht werden wir später erläutern (3-c).

2. Ausübung des Elternrechts

Wenn das Elternrecht beiden Eltern zukommt, üben es beide Eltern einvernehmlich aus. Ihr Einvernehmen kann ausdrücklich sein oder ein Elternteil kann stumm mit den Maßnahmen des anderen Elternteils übereinstimmen. Können die Eltern bei der Ausübung des Elternrechts kein Einvernehmen erreichen, so gilt weder der Wille des Vaters oder der Mutter, sondern unter strenger Berücksichtigung des Prinzips der Gleichberechtigung der Eltern gegenüber ihren Kindern entscheidet dann in Streitfällen das Zentrum für Sozialarbeit (vgl. Artikel 113 Absatz 2).[22]

Diese Allgemeinregel hat einige Ausnahmen. Nur ein Elternteil übt das Elternrecht dann aus, wenn der andere Elternteil an der Ausübung des Elternrechts gehindert ist (vgl. Artikel 113 Absatz 3). Das trifft z.B. dann ein, wenn er krank ist, wenn er wegen Arbeitspflichten abwesend ist, wenn er den Wehrdienst leistet oder eine Strafe verbüßt oder ähnliches. Nur ein Elternteil übt das Elternrecht auch dann aus, wenn die Eltern getrennt leben. Das tritt vor allem dann

20 So Karel Zupančič, Nekateri problemi izvrševanja osebnih stikov med otrokom in starši (Einige Probleme der Ausübung des persönlichen Umgangs zwischen Kindern und Eltern), Pravna praksa, Nr. 1/95, S. 3, der sich in Bemerkung 8) auf das deutsche Recht gemäß J. Gernhuber – D. Waltjen Coester: Lehrbuch des Familienrechts, 1994, S. 1062 ff. bezieht.

21 So Karel Zupančič, Bemerkung 20, S. 2.

22 Siehe dazu Miroslava Geč-Korošec/Suzana Kraljić, Bemerkung 19, S. 154.

ein, wenn es sich um ein Kind handelt, das außerhalb der Ehe geboren wurde und die Eltern nicht in einer außerehelichen Gemeinschaft leben, wenn die Eltern die Ehegemeinschaft aufgelöst haben, ohne sich zu scheiden. In diesen Fällen übt derjenige Elternteil das Elternrecht aus, bei dem das Kind lebt (Artikel 114 Absatz 1). Die Eltern haben natürlich vorher ein Einvernehmen erreicht darüber, bei wem von ihnen das Kind leben wird. Konnten sie darüber kein Einvernehmen erreichen, so entscheidet das zuständige Zentrum für Sozialarbeit, das auch die Wünsche des Kindes berücksichtigt, wenn es fähig ist, diese zu äußern (vgl. Artikel 105).

In allen genannten Ausnahmen übt nur einer der Eltern das Elternrecht aus. Der andere Elternteil verliert damit aber nicht das Elternrecht, wie das in der slowenischen Praxis vor den Behörden des Sozialschutzes falsch geschlossen wird, sondern es ist lediglich die Art und Weise der Ausübung des Eltenrechts anders.[23] Slowenien führte eine wichtige Neuheit ein, die die ehemalige jugoslawische Gesetzgebung nicht kannte, daß dann, wenn es um Entscheidungen geht, die wesentlich auf die künftige Entwicklung des Kindes Einfluß nehmen, beide Eltern einvernehmlich entscheiden; also auch jener Elternteil, bei dem das Kind nicht lebt, jedoch unter der besonderen Bedingung, daß er seine Pflichten gegenüber dem Kind erfüllt (vgl. Artikel 114 Absatz 3). Solche einvernehmlichen Entscheidungen wären zum Beispiel: Abgabe des Kindes in Pflegschaft durch die Eltern, Änderung der Bildung, Bestimmung des Berufs u.a. Wenn die Eltern bei solchen Entscheidungen, die wesentlich auf die Entwicklung des Kindes Einfluß nehmen, kein Einvernehmen erreichen, entscheidet darüber das Zentrum für Sozialarbeit (Artikel 114 Absatz 4).[24]

3. Ausübung des Elternrechts bei der Ehescheidung (Ungültigkeitserklärung der Ehe) und bei anderen Arten des Getrenntlebens der Eltern

a) Ehescheidung

Das EheFamG kennt zwei Arten der Ehescheidung: die einvernehmliche Ehescheidung (Artikel 64) und die Scheidung durch Klage eines oder beider Ehegatten (Artikel 65).

Kommt es zu einer Ehescheidung, so treten Fragen auf, deren Lösungen manchmal einfach sind, manchmal ist zu ihrer Lösung ein langjähriger Streit notwendig. Sicherlich leiden bei einer Scheidung vor allem die Kinder. Viele verfolgen

23 So Alojzij Finžgar: Rodbinsko Pravo (Familienrecht), 2. geänderte und ergänzte Ausgabe, herausgegeben von der Universität Ljubljana 1970, S. 155, 156.

24 Siehe dazu Miroslava Geč-Korošec/Suzana Kraljić, Bemerkung 19, S. 154, 155.

nämlich schon lange die ungeregelten Beziehungen zwischen den Eltern, ihre Passivität in den gegenseitigen Beziehungen, ihre Streitereien oder sogar physischen Auseinandersetzungen. Das Kind ist oft nur stummer Zeuge der Auseinandersetzungen, die sich zwischen den Personen, die ihm Vorbilder sein sollten, ihm Sicherheit und eine fehlerlose Kindheit bieten sollten, abwickeln. Alle diese Vorkommnisse nisten sich oft tiefer, als sich die Eltern bewußt sind, in die Psyche des Kindes ein und sie begleiten das Kind auch, wenn es schon selbst erwachsen ist, wenn es schon eine eigene Familie besitzt. Es stellt sich auch die Frage, ob es für das Kind besser ist, daß es mit beiden Eltern in einer »zerfallenden« Ehe lebt, wo die Beziehungen zwischen den Eltern – den Ehegatten – schon so gestört sind, daß kein geregeltes Zusammenleben möglich ist, oder ob es besser ist, daß eine solche Ehe geschieden wird und das Kind einem der Eltern oder einer dritten Person zugeteilt wird. Jedoch, bevor die Ehe geschieden wird, sei es auf der Grundlage eines Einvernehmens der Ehegatten (Artikel 64 EheFamG) oder auf der Grundlage der Klage eines der Ehegatten (Artikel 65 EheFamG), muß die Antwort auf die folgenden wesentlichen Fragen gefunden werden:

- bei welchem der Eltern werden ihre gemeinsamen Kinder leben bzw. welchem von ihnen wird das Kind zum Schutz und zur Erziehung zugeteilt und
- wie wird die Unterhaltspflicht gegenüber den gemeinsamen Kindern und das Umgangsrecht zwischen den Eltern geregelt?

Wenn die Ehegatten wünschen, daß das Gericht ihre Ehe aufgrund eines Vorschlags auf einvernehmliche Scheidung scheidet, müssen sie alle Bedingungen, die für die einvernehmliche Ehescheidung notwendig sind, erfüllen. Die Ehegatten – Antragsteller der einvernehmlichen Scheidung – müssen ein Einvernehmen treffen:

- über den Schutz, die Erziehung und den Unterhalt der gemeinsamen Kinder (wo auch der persönliche Umgang der Eltern mit den Kindern beinhaltet ist);
- über den Unterhalt für den unversorgten Ehegatten, der keine Mittel zum Leben hat und arbeitsunfähig ist oder arbeitslos ist und keine Arbeit findet;
- über die Teilung des gemeinsamen Vermögens (schriftliches und notariell beglaubigtes Übereinkommen über die Teilung des gemeinsamen Vermögens) und
- welcher der Ehegatten Mieter der gemeinsamen Wohnung bleibt.

Die Ehegatten sind also verpflichtet, im Einvernehmen über den Schutz, die Erziehung und den Unterhalt für die gemeinsamen Kinder zu sorgen. Das Gericht ist bei der einvernehmlichen Scheidung von Amts wegen verpflichtet festzustellen, ob der Vorschlag auf einvernehmliche Scheidung zum Vorteil des Kindes ist, und es holt dabei auch das Gutachten des Zentrums für Sozialarbeit ein.[25] Da es sich um eine einvernehmliche Scheidung handelt, kann das Gericht nicht von Amts wegen über den Schutz, die Erziehung und den Unterhalt für die Kinder entscheiden. Stellt das Gericht also fest, daß der Vorschlag auf einvernehmliche Scheidung nicht zum Vorteil der Kinder ist, weist es die Ehegatten – Antragstel-

ler – darauf hin, daß sie den Vorschlag ändern oder ergänzen müssen. Ändern die Ehegatten darauf den Vorschlag auf einvernehmliche Scheidung nicht entsprechend, so entscheidet das Gericht nicht selbst, sondern es weist den Vorschlag auf einvernehmliche Ehescheidung ab.[26]
Scheidet das Gericht die Ehe aber aufgrund einer Klage auf Ehescheidung eines der Ehegatten oder beider,[27] so entscheidet es im Urteil auch über den Schutz, die Erziehung und den Unterhalt für die Kinder (Artikel 78 Absatz 1 EheFamG). Trotzdem, daß es sich in diesem Fall um eine Ehescheidung aufgrund einer Klage handelt, ist es den Eltern überlassen, darüber übereinzukommen, bei wem ihre gemeinsamen Kinder bleiben werden und wie der Unterhalt und der Umgang ablaufen wird. Das Gericht wird dem Übereinkommen der Eltern folgen, wenn dieses zum Vorteil der Kinder ist, was das Gericht von Amts wegen feststellen muß. Stellt es fest, daß das Übereinkommen nicht zum Vorteil der Kinder ist oder wenn die Eltern kein Einvernehmen erreicht haben, entscheidet es selbst über den Schutz, die Erziehung und den Unterhalt der gemeinsamen Kinder. Das Gericht entscheidet also durch Urteil, welcher Elternteil die Kinder zum Schutz und zur Erziehung erhält und wie die Unterhaltspflicht zwischen ihnen geteilt wird. So kann das Gericht entscheiden, daß alle Kinder bei einem Elternteil oder einige bei einem und die übrigen beim anderen zum Schutz und zur Erziehung bleiben. Jedoch traf diese Entscheidung auf Kritik, da sie negativ auf die seelische Entwicklung des Kindes Einfluß nehmen kann, da diese Kinder bisher gemeinsam aufwuchsen und sich zwischen ihnen eine gegenseitige Liebe entwickelt hat. Trotz der Entscheidung des Gerichts, daß die gemeinsamen Kinder bei einem der Eltern bleiben werden, darf es im Prinzip keinen von ihnen bevorzugen, da das Elternrecht beiden Ehegatten zukommt (Artikel 4 Absatz 3).[28] Bei der Entscheidung, welchem der Eltern das Kind anvertraut wird muß das Gericht feststellen, welcher Elternteil die besseren Bedingungen für die weitere Entwicklung des Kindes bietet. Damit die Entscheidung richtig wird, kann das Gericht das Zentrum für Sozialarbeit und verschiedene Sachverständige (Psychiater, Sozialarbeiter, Pädagogen und andere), die nach sorgfältiger Untersuchung ein Gutachten abgeben, welcher der Eltern für die künftige Entwicklung mehr Bedingungen für die Erziehung des Kindes in physischer, moralischer und intellektueller Hinsicht bietet, um Hilfe bitten.[29] In der Rechtsprechung und der einheimischen und fremden Lehre erlangte die überwiegende Meinung Geltung, daß ein Kleinkind in der Regel der

25 Siehe dazu auch Slavko Rupel: Otroci in starši ..., S. 56.

26 So Miroslava Geč-Korošec/Suzana Kraljić, Bemerkung 19, S. 92, 93.

27 Artikel 65 EheFamG bestimmt: »Ist die Ehe aus irgendeinem Grunde zerrüttet, so darf jeder Ehegatte die Ehescheidung verlangen.«

28 So Karel Zupančič: Oris družinskega Prava (Beschreibung des Familienrechts), ČZ Uradni list RS, Ljubljana 1993, S. 80.

29 Vgl. Vojislav S. Bakić: Porodično Pravo u SFRJ (Familienrecht in der SFRJ), Savremena administracija, Beograd 1982, S. 213.

Mutter anzuvertrauen ist und nur ausnahmsweise dem Vater.[30] Dieser Standpunkt gründet auf der Vermutung, daß die Mutter diejenige ist, die dem Kind in größtem Maße Vorteile gewährleistet und für das Kind die festeste Unterstützung in den wichtigsten Jahren darstellt.[31] Jedoch können auf die Entscheidung des Gerichts über die Zuteilung des Kindes auch andere Eigenschaften des Kindes Einfluß nehmen: das Geschlecht, der Charakter, die Verbundenheit des Kindes, der Gesundheitszustand des Kindes, die Lebensumgebung des Kindes. Sind die Kinder älter als 10 Jahre, so kann das Gericht auch ihren Wunsch berücksichtigen, wenn sie fähig sind, diesen auszudrücken und sie verstehen, worum es geht (vgl. Artikel 105 Absatz 2 EheFamG).[32]

Stellt aber das Gericht fest, daß keiner der Ehegatten für die künftige Entwicklung des Kindes geeignet ist, so kann das Kind auch einer dritten Person, die in der Regel ein näherer Verwandter oder eine Person, zu der das Kind eine besondere Verbundenheit fühlt, ist, oder einer Anstalt zugeteilt werden. Wird das Kind einer dritten Person zum Schutz und zur Erziehung übergeben, so kommt es zu einem Pflegschaftsverhältnis, dessen Zweck es ist, daß dem Kind bei Personen, die nicht seine Eltern sind, ein gesundes Heranwachsen, eine Bildung, eine ausgeglichene Persönlichkeitsentwicklung und Befähigung zum selbständigen Leben und zur Arbeit ermöglicht wird (Artikel 154 EheFamG). Diese beiden Maßnahmen stellen die Ausnahme dar und sie werden vom Gericht nur ergriffen, wenn es keine Möglichkeit gibt, daß das Kind bei einem der Eltern leben könnte, bzw. wenn das im Gegensatz zu seinen Vermögens- und anderen Rechten und Vorteilen wäre (Artikel 119 EheFamG).

Das Kind wird den Eltern entzogen und einer dritten Person oder einer Anstalt zur Erziehung und zum Schutz übergeben, wenn die Eltern die Erziehung und den Schutz des Kindes vernachlässigt haben, oder wenn dies aus anderen Gründen zum Vorteil des Kindes ist (Artikel 120 Absatz 1 EheFamG). Diese Maßnahme bedeutet jedoch nicht, daß die anderen Rechte und Pflichten der Eltern gegenüber den Kindern enden (vgl. Artikel 156 EheFamG). Die Eltern haben trotz dem, daß ihnen das Elternrecht entzogen wurde und das Kind einer dritten Person oder einer Anstalt anvertraut wurde, die Unterhaltspflicht und das Umgangsrecht (vgl. Artikel 125 EheFamG). Der Entzug des Elternrechts ist keine dauerhafte Maßnahme, da das Elternrecht durch Gerichtsentscheid auch zurückerkannt werden kann, wenn der Grund, weswegen es ihm entzogen wurde, endet. Bevor aber das Gericht über die Übergabe an eine dritte Person oder eine Anstalt entscheidet, holt es das Gutachten des Zentrums für Sozialarbeit ein (Artikel 78 Absatz 2 EheFamG).

Das Gericht entscheidet also in seinem Urteil, welchem Elternteil das Kind zur Erziehung und zum Schutz zugeteilt wird. Derjenige der Eltern, dem das Kind

30 So Karel Zupančič, Bemerkung 28, S. 80 und Slavko Rupel, Bemerkung 25, S. 55.
31 So Slavko Rupel, Bemerkung 25, S. 57, 58.
32 So auch Alojzij Finžgar, Bemerkung 23, S. 90.

nicht zur Erziehung und zum Schutz zugeteilt wurde, verliert damit das Elternrecht nicht, er ist in seiner Ausübung lediglich eingeschränkt. Der Elternteil behält so das Recht auf persönlichen Umgang, das ihm gesetzlich zukommt (Artikel 78 Absatz 3 EheFamG), jedoch kann es ihm durch das Zentrum für Sozialarbeit oder das Gericht beschränkt oder entzogen werden.
Die Entscheidung des Gerichts über die Zuteilung des Kindes einem der Eltern bedeutet aber keine endgültige Entscheidung, da es zu einer Umzuteilung der Kinder kommen kann. So kann das Gericht auf Antrag des geschiedenen Ehegatten oder des Zentrums für Sozialarbeit seine Entscheidung über den Schutz, die Erziehung und über das Verhältnis der geschiedenen Ehegatten zu ihren gemeinsamen Kindern ändern, wenn dies die veränderten Verhältnisse und Nutzen des Kindes verlangen (Artikel 78 Absatz 4 EheFamG). Um wesentliche Änderungen handelt es sich, wenn der Elternteil, dem das Kind zum Schutz und zur Erziehung anvertraut wurde, verstorben ist, wenn ihm das Elternrecht oder die Geschäftsfähigkeit entzogen wurde. Das Recht auf Schutz und Erziehung geht aber nicht automatisch auf den anderen Elternteil über, sondern das Gericht muß darüber entscheiden. Es entscheidet aufgrund eines Antrags, den die Berechtigten in der Form einer Klage stellen, dabei wird das Gericht auch das Gutachten des Zentrums für Sozialarbeit einholen, an das es allerdings nicht gebunden ist. Das Gericht kann das Kind auch einer dritten Person oder einer Anstalt zum Schutz und zur Erziehung zuteilen.[33]
Das slowenische EheFamG kennt auch das Rechtsinstitut der Ungültigkeitserklärung der Ehe. Diese kommt dann in Betracht, wenn bei der Eheschließung die Bedingungen für diese und ihre Gültigkeit nicht gegeben sind. Hinsichtlich der Verhältnisse der Eltern zu den Kindern gilt nach der Ungültigkeitserklärung der Ehe all das, was schon bei der Ehescheidung erwähnt wurde.

b) Andere Arten des Getrenntlebens der Eltern

1) Die Ehegatten – Eltern – können auch schon vor ihrer Entscheidung, sich einvernehmlich oder durch Klage scheiden zu lassen bzw. die Ehe für ungültig erklären zu lassen, getrennt leben, oder sie können sich auch gegen eine Scheidung der Ehe entscheiden.
2) Es kann sich aber auch um einen Fall der außerehelichen Gemeinschaft (die im slowenischen Rechtssystem anerkannt ist) handeln, die die Partner aufgelöst haben, wobei im Fall eines fehlenden Übereinkommens die Frage offenbleibt, bei welchem von ihnen ihre gemeinsamen minderjährigen Kinder (oder Kinder, über die das Elternrecht verlängert wurde) zum Schutz, zur Erziehung und Versorgung bleiben werden.

33 Siehe dazu Miroslava Geč-Korošec/Suzana Kraljić, Bemerkung 19, S. 98, 99.

3) Schließlich handelt es sich um ein nichteheliches Kind und das Verhältnis desjenigen Elterteils zum Kind, bei dem das Kind nicht lebt.
4) Es kann sich auch um solche Fälle handeln, in denen ein Kind einem der Eltern oder beiden entzogen wird (Artikel 120) oder wenn es in eine Erziehungsanstalt (Artikel 121) oder in Pflegschaft (Artikel 179) gegeben wird.

c) Persönlicher Umgang zwischen Kindern und Eltern (Übereinkommen über persönlichen Umgang, Entscheidung darüber, die Art und Weise der Ausübung, Probleme bei der Ausübung)

Das slowenische Recht geht bei der Regelung des persönlichen Umgangs zwischen dem Kind und den Eltern von der Tatsache aus, daß der Umgang nicht nur ein Recht der Eltern ist, sondern auch ein Recht des Kindes. Dabei müssen wir uns noch besonders auf das Übereinkommen der UNO über die Kinderrechte stützen, das in Artikel 9 Absatz 3 bestimmt, daß das Kind, das von einem der Eltern oder von beiden getrennt ist, das Recht hat, regelmäßigen Umgang und einen direkten Kontakt mit beiden Eltern zu unterhalten, außer wenn dies im Gegensatz zu seinen Interessen ist.
Dieses Recht der Eltern und gleichzeitig des Kindes kommt in allen Fällen in Betracht, die unter a) und b) dieses Kapitels angeführt werden, also in allen Fällen, wenn das Kind von einem der Eltern oder von beiden getrennt lebt, ohne Rücksicht auf den Grund eines solchen Getrenntlebens.[34]

In den Fällen unter a):

- bei der einvernehmlichen Scheidung kommen die Ehegatten – Eltern – darüber überein. Ein solches Übereinkommen ist Voraussetzung für eine einvernehmliche Scheidung. Das Gericht überprüft mit der Hilfe des Zentrums für Sozialarbeit, wie schon erwähnt, selbst, ob ein solches Einvernehmen zum Vorteil des Kindes ist. Wenn nicht, können die Ehegatten nicht einvernehmlich geschieden werden.
- bei der Scheidung durch Klage eines oder beider Ehegatten (Artikel 65), wie auch bei der Ungültigkeitserklärung der Ehe, entscheidet das Gericht, welchem der Ehegatten die gemeinsamen Kinder zum Schutz und zur Erziehung und Versorgung anvertraut werden (Artikel 78 Absatz 1). Die Eltern können darüber auch übereinkommen. Kommen die Eltern zu keinem Übereinkommen oder ist ihr Übereinkommen nicht zum Vorteil des Kindes, so entscheidet, wie schon erwähnt, das Gericht. Das Gericht kann so entscheiden, wie es schon oben in diesem Beitrag angeführt wurde (alle Kinder bei einem oder einige hier, andere dort oder alle Kinder an eine dritte Person oder An-

34 Siehe dazu Karel Zupančič, Bemerkung 20, S. 2.

stalt). Bevor das Gericht darüber entscheidet, holt es das Gutachten des Zentrums für Sozialarbeit ein (Artikel 78 Absatz 2).

Gemäß der ausdrücklichen Bestimmung des EheFamG behält derjenige der Eltern, dem die Kinder nicht anvertraut wurden, das Recht auf persönlichen Umgang mit ihnen, außer wenn das Gericht hinsichtlich der Interessen der Kinder nichts anderes entscheidet (Artikel 78 Absatz 3). Das Gericht kann also bei der Scheidung oder Ungültigkeitserklärung der Ehe den Eltern das Umgangsrecht entziehen oder beschränken, wenn der Umgang nicht im Interesse des Kindes wäre. Das Gericht kann aber später (auf Antrag des geschiedenen Ehegatten, des Ehegatten aus der für ungültig erklärten Ehe oder des Zentrums für Sozialarbeit) eine neue Entscheidung über den Schutz und die Erziehung der Kinder fällen, wenn dies die veränderten Verhältnisse und Interessen der Kinder verlangen (Artikel 78 Absatz 4). Sofern das Gericht bei der Scheidung (oder Ungültigkeitserklärung) der Ehe über den persönlichen Umgang entschieden hat, kann es später, wie schon erwähnt, eine neue Entscheidung über den persönlichen Umgang fällen.[35]

In den unter b) genannten Fällen der Trennung von den Eltern

entscheidet über die Zuteilung des Kindes zum Schutz, zur Erziehung und Versorgung und über den persönlichen Umgang (sofern die Eltern darüber nicht übereinkommen) der Sozialschutz. Das sind die Zentren für Sozialarbeit, die den Umgang im Interesse des Kindes verbieten oder einschränken können (Artikel 106). Sie entscheiden durch Entscheidung im Verwaltungsverfahren; die Beschwerdeinstanz ist das Ministerium für Arbeit, Familie und soziale Angelegenheiten der Republik Slowenien. Dieselben Behörden können bei veränderten Verhältnissen und wenn dies die Interessen des Kindes gebieten, eine neue Entscheidung fällen, durch die sie die Erstentscheidung ändern.

Art und Weise der Ausübung des persönlichen Umgangs

Das Recht auf persönlichen Umgang umfaßt das Recht, das Kind zu besuchen (auf die Erziehung des Kindes Einfluß zu nehmen?), das Recht auf Mitentscheidung bei Ereignissen, die auf das Leben des Kindes Einfluß nehmen könnten, das Recht, das Kind in die Ferien mitzunehmen und anderes. So, wie die Fortsetzung des persönlichen Umgangs dem Kind nutzen kann, so ist es auch für den Elternteil nützlich, dem das Kind nicht zugeteilt wurde, da ihm das die Fortsetzung der Beziehungen mit dem Kind, die Fortsetzung der Verfolgung der Entwicklung des Kindes und die Aufsicht über die Erziehung des anderen Elternteils ermöglicht, gleichzeitig ermöglicht sie ihm, die Trennung vom Kind besser zu verschmerzen.

35 Siehe Karel Zupančič, Bemerkung 20, S. 2.

Die Art und Weise der Ausübung des persönlichen Umgangs bestimmen die Eltern einvernehmlich, wenn sie aber kein Einvernehmen erreichen, entscheidet darüber der Sozialschutz – das Zentrum für Sozialarbeit, das nur über den Umfang und den Inhalt des Umgangs entscheidet. Das Recht auf persönlichen Umgang hat der Elternteil auch dann, wenn das Kind einer dritten Person oder einer Anstalt anvertraut wird. So ist zum Beispiel der Pfleger verpflichtet, den Eltern des Pflegekindes Besuche bei dem Kind zu ermöglichen und Kontakte zwischen dem Pflegekind und den Eltern zu ermöglichen und zu fördern, außer in Fällen, wenn der Umgang mit den Eltern verboten ist (Artikel 169).

Der Sozialschutz – das Zentrum für Sozialarbeit – entscheidet üblicherweise über den persönlichen Umgang auch dann, wenn das Gericht bei der Scheidung oder Ungültigkeitserklärung der Ehe über die Zuteilung des Kindes zur Erziehung, zum Schutz und zur Versorgung entschieden hat. Wie schon erwähnt, bestimmt das EheFamG ausdrücklich, daß derjenige der Eltern, bei dem das Kind lebt, dem anderen Elternteil den Umgang zu ermöglichen hat (Artikel 106 Absatz 2).

Zwangsweise Ausübung des persönlichen Umgangs

Oft kommt es in der Praxis vor, daß der Elternteil, bei dem das Kind lebt, nicht gemäß der Entscheidung des Sozialschutzes über die Art und Weise der Ausübung des Umgangs des anderen Elternteils handelt oder den Umgang sogar verhindert. In solchen Fällen ist gemäß dem Gesetz über das Verwaltungsverfahren die zwangsweise Vollstreckung einer solchen rechtskräftigen Entscheidung, also die zwangsweise Vollstreckung des persönlichen Umgangs durch Geldstrafen oder durch direkten Zwang möglich.[36] In der Praxis hat sich der Standpunkt gebildet, daß solche Fälle durch Geldstrafen gelöst werden sollen, und dies auch dann, wenn der Elternteil den Umgang ermöglicht, aber das Kind ihn ablehnt. Die Geldstrafe soll einen solchen Elternteil deswegen treffen, weil er »das Kind seelisch nicht auf den Umgang vorbereitet hat«.[37]

Ein solcher Standpunkt ist in der Lehre strittig. Es wird betont, daß bei der Vollstreckung in erster Linie die Interessen des Kindes zu schützen sind. Der direkte Zwang ist wirklich nicht im Interesse des Kindes und ist deshalb kein entsprechendes Vollstreckungsmittel. Die Geldstrafen könnten vielleicht den Zweck dann erreichen, wenn der Elternteil sich gegen den Umgang sträubt. Wenn ihn aber das Kind ablehnt, ist es nicht nur die Frage, ob der Elternteil trotz der Geldstrafen den Widerstand des Kindes überhaupt brechen könnte, sondern und vor allem das, ob ein solches Handeln des Elternteils im konkreten Fall im Einklang mit den Interessen des Kindes wäre. Das sind die Standpunkte der besonderen

36 So Artikel 285 und 286 des Gesetzes über das Verwaltungsverfahren.

37 Die Feststellungen und Anstöße der Beteiligten der Beratung über die Durchführung der Vollstreckungen von Entscheidungen des Sozialschutzes vom 12. November 1993, veröffentlicht in FIRIS, fachrechtlicher Informator, Nr. 12/93, S. 24, 25.

Beratung über die Durchführung der Vollstreckungen des Sozialschutzes.[38] Bei einer ablehnenden Haltung des Kindes gegenüber dem persönlichen Umgang müßte der Sozialschutz die Gründe untersuchen und das Gutachten von Sachverständigen einholen und auf der Grundlage dessen feststellen, ob die Aufrechterhaltung und das Festhalten am persönlichen Umgang überhaupt im Interesse des Kindes ist. Mit dem Elternteil, dem das Kind anvertraut ist, ausgesprochenen Geldstrafen kann in diesen Fällen das Kind selbst bestraft werden, insbesondere, wenn ihn dies als grobe Ungerechtigkeit gegenüber dem bestraften Elternteil treffen würde. Aus den Standpunkten der genannten Beratung folgt auch, daß in jenen Fällen, in denen der Elternteil, der das Kind nicht bei sich hat, an der Aufrechterhaltung des persönlichen Umgangs mit dem Kind festhält und gegen den das Kind eine tiefe, begründete Abneigung empfindet, ihm zum Schutz der Interessen des Kindes das Umgangsrecht entzogen werden soll.[39]

Schließlich muß noch hervorgehoben werden, daß wir die Ansicht vertreten, daß eine solche Ausübung des Umgangs im Gegensatz mit den Bestimmungen und Richtlinien des Übereinkommens der UNO über die Kinderrechte ist, die dem Kind das Recht gibt, Umgang mit beiden Eltern zu haben, ihm aber gleichzeitig die Berechtigung gibt, daß es sich aus berechtigten Gründen gegen den Umgang sträubt. In Fällen unterschiedlicher Interessen (Kollisionen) zwischen dem Elternteil, der sein Recht auf persönlichen Umgang mit dem Kind geltend macht, und dem Kindesrecht (bzw. der Berechtigung), sich dem Umgang zu widersetzen, ist nur das Interesse des Kindes entscheidend.[40]

Geltendmachung persönlichen Umgangs anderer Personen

Es stellt sich auch die Frage der Möglichkeit der Geltendmachung des persönlichen Umgangs anderer Personen, die mit dem Kind verbunden sind (z.B. volljährige Geschwister, Großeltern, vorige Pflegeeltern). Wir sind der Ansicht, daß die derzeitige, bereits erwähnte Bestimmung des Artikels 119 EheFamG, notwendig sei, de lege ferenda ausdrücklich vorzuschreiben, daß das Kind das Recht auf Umgang mit Personen hat, die ihm nahe stehen (ebenso auch diese Personen), außer wenn dies im Gegensatz mit den Interessen des Kindes ist, es diese Möglichkeit gibt.[41]

---

38 Siehe Karel Zupančič, Bemerkung 20, S. 3.

39 So Karel Zupančič, Bemerkung 20, S. 3, wo er sich auf die vorgeschlagenen Lösungen aus »Ugotovitve in pobude udeležencev posveta o opravljanju izvržb odločb socialnega varstva« (Feststellungen und Anstöße der Beteiligten der Beratung über die Durchführung der Vollstreckungen von Entscheidungen des Sozialschutzes) bezieht, Bemerkung 34, S. 24, 25.

40 Vgl. Artikel 113 Absatz 2 EheFamG und Karel Zupančič, Bemerkung 20, S. 3.

41 Siehe dazu Karel Zupančič, Bemerkung 20, S. 4; Mateja Končina-Peternel: Situacijska analiza ..., Ljubljana 1996, S. 71.

Wer und wie soll das Interesse des Kindes feststellen?

Im EheFamG gibt es neben den bereits erwähnten besonderen Bestimmungen noch die Allgemeinbestimmung, gemäß der der Sozialschutz – das Zentrum für Sozialarbeit – verpflichtet ist, die notwendigen Maßnahmen, die die Erziehung und der Schutz des Kindes oder der Schutz seiner Vermögens- oder anderen Rechte und Interessen verlangen, zu ergreifen (Artikel 119). Das gilt so für Entscheidungen über den Schutz und die Erziehung des Kindes, wie auch für die Entscheidung über das Recht auf persönlichen Umgang. Darüber entscheidet also eine öffentliche Behörde, was auch im Einklang mit dem Übereinkommen der UNO über die Kinderrechte ist.

Kann das Kind sein Recht auf persönlichen Umgang zwangsweise geltend machen, wenn der Elternteil derjenige ist, der keinen Wunsch zeigt, diesen Umgang zu erhalten, oder wenn er ihn sogar ablehnt?

Der Standpunkt der slowenischen Lehre ist, daß das Kind seine Berechtigung, Umgang mit beiden Eltern aufrecht zu erhalten, nicht zwangsweise geltend machen kann. Dabei beruft sie sich auf fehlende Bestimmungen im EheFamG und übernimmt Standpunkte aus fremden Rechtssystemen, die die kindliche Prozeßunfähigkeit als Hindernis anführen und in Verbindung damit auch die Frage, ob demnach der andere Elternteil oder ein besonderer Anwalt das Kind vertreten soll oder ob ein angemessenes Kindesalter bestimmt werden soll, in dem es dieses Recht schon allein geltend machen könnte.[42]

IV. Schlußfolgerungen und Vorschläge

Vorschläge zur Änderung und Ergänzung des jetzt gültigen EheFamG und anderer Vorschriften, die mit ihm in direkter Verbindung stehen, befinden sich bereits im Verfahren. Die Initiative geht vom Ministerium für Arbeit, Familie und soziale Angelegenheiten aus, das dem Institut für bürgerliches Recht, Rechtsvergleichung und internationales Privatrecht der Juristischen Fakultät der Universität Maribor vorgeschlagen hat, eine fachliche Analyse der Durchführung der Gesetze in der Praxis durchzuführen.

Unter anderem gibt es bisher schon Vorschläge (die die Gerichte, die Zentren für Sozialarbeit, das Ministerium und Sachverständige gemacht haben) für die folgenden Änderungen:

1) Wegen der bisherigen Teilung der Zuständigkeit zwischen den Gerichten und den Zentren für Sozialarbeit (und manchmal auch der Möglichkeit paralleler Verfahren) wird vorgeschlagen, die Entscheidungskraft in familienrechtlichen Angelegenheiten auf die Gerichte zu übertragen und dem Zentrum für Sozialarbeit die Vertretung der Kinder in den genannten Verfah-

42 Karel Zupančič, Bemerkung 20, S. 3 und 4.

ren zu überlassen. Die Zentren für Sozialarbeit sollen auch in Zukunft die beraterische und therapeutische Arbeit ausüben.[43] Die Zuständigkeit der Zentren für Sozialarbeit hat sich nämlich durch die Novelle des EheFamG 1989 erweitert, da sie neben der bis damaligen beraterischen und therapeutischen Arbeit und des Angebots anderer Formen der Sozialhilfe, die Zuständigkeit zur Führung von Verwaltungsverfahren in Verbindung mit der Durchführung von Maßnahmen, die in Familienverhältnisse eingreifen, insbesondere wegen der Wahrung der Kindesinteressen, erworben haben (vgl. Artikel 119, 120, 121 und 122). Die Zentren sind aber fachlich nicht ausreichend zur Führung von Rechtsverfahren befähigt.

2) Es wird auch die Einführung besonderer »Familiengerichte«, die über die Maßnahmen, mit denen der Staat wegen der Wahrung der Kindesrechte in die Verhältnisse zwischen den Eltern und den Kindern bzw. in die Rechte des Einzelnen (z.B. über die Unterbringung der Kinder, auch über die Unterbringung der Kinder in Einrichtungen wegen seelischer oder Persönlichkeitsstörungen, über den Entzug und die Zurückerkennung des Elternrechts, desweiteren über Annahmen an Kindes Statt, ...) eingreift, entscheiden sollen. Sofern dies aber nicht durchführbar wäre, soll wenigstens die Einführung von spezialisierten Richtern und Senaten bei den Gerichten erfolgen, womit ein besserer Rechtsschutz der Kindesrechte gewährleistet wäre. Diese Richter sollen mit besonderen Kenntnissen, die für so anspruchsvolle Lösungen von Lebensverhältnissen notwendig sind, besonders befähigt sein. Die bisherige Arbeit der Gerichte in ehe- und familienrechtlichen Angelegenheiten ist nicht zufriedenstellend, da die Verfahren langwierig sind (oft auch wegen der notwendigen Kontakte mit den Zentren für Sozialarbeit) und nicht gut genug. Besonders gibt es zum Beispiel Schwierigkeiten in Fällen des Entzugs des Elternrechts, worüber die Gerichte im Verfahren der freiwilligen Gerichtsbarkeit in der Regel auf Antrag der Zentren für Sozialarbeit entscheiden (vgl. Artikel 116).[44]

3) Desweiteren wird die Einführung eines besonderen Verfahrens in Familienangelegenheiten und die Ausarbeitung eines Maßnahmensystems zum Schutz der Interessen des Kindes vorgeschlagen. In Verbindung mit dem Vorschlag zur Einführung eines solchen Verfahrens wird auch vorgeschlagen, daß klare Regeln für das Sachverständigentum in familienrechtlichen

---

43 Vgl. noch Mateja Končina Peternel, Ali praksa centrov za socialno delo kaže, da bi bilo treba pristojnosti za odločanje o ukrepih za varovanje otrokovih koristi v celoti prenesti na sodišča? (Zeigt die Praxis der Zentren für Sozialarbeit, daß es notwendig ist, die Entscheidung über Maßnahmen zum Schutz der Kindesinteressen gänzlich auf die Gerichte zu übertragen?), Pravna praksa, Nr. 8/94, S. 26.

44 Siehe dazu Mateja Končina-Peternel, Bemerkung 43, S. 26, 27; Damijan Škofič, Odvzem roditeljske pravice v razmerju med starši in otroki (Entzug des Elternrechts im Verhältnis zwischen Eltern und Kindern), unveröffentlichte Diplomarbeit an der Juristischen Fakultät der Universität Maribor, verteidigt am 19.4.1994.

Angelegenheiten erarbeitet werden. Es ist nämlich nicht klar, wer alles ein Sachverständigengutachten ausarbeiten kann und wie es auszuarbeiten ist.[45]

4) Es wird vorgeschlagen, einen besonderen »Kinderanwalt« bzw. besonderen Vertreter einzuführen.[46]
5) Einen wichtigen Vorschlag gibt es auch hinsichtlich der Entscheidung über die Erziehung und den Schutz der Kinder. Die bisherige Gesetzgebung, der auch die Praxis folgt, kennt nämlich keine Zuteilung des Kindes an beide Eltern zum Schutz und zur Erziehung. Es wird daher vorgeschlagen, die Gesetzgebung dementsprechend zu ändern und zu ermöglichen, daß die slowenischen Gerichte bei der Scheidung (und Ungültigkeitserklärung) der Ehe das Kind beiden Eltern zur Erziehung und zum Schutz zuteilen können.[47]
6) Wiederholt zu erwähnen ist der Vorschlag zur Änderung der Regelung des persönlichen Umgangs zwischen den Eltern und den Kindern, aber auch zwischen den Kindern und anderen Personen, mit denen diese enger verbunden sind.
7) Das Übereinkommen der UNO über die Kinderrechte, wie schon erwähnt, ist auch in der Republik Slowenien in Kraft. Die slowenischen Gesetze, die die Rechtsstellung des Kindes, seine Rechte und Verpflichtungen regeln, sind aber noch nicht mit dem Übereinkommen in Übereinstimmung gebracht, obwohl Artikel 8 der Verfassung bestimmt, daß die Gesetze und andere Vorschriften im Einklang mit internationalen Verträgen, die Slowenien binden, sein müssen und daß ratifizierte und veröffentlichte internationale Übereinkommen direkt angewandt werden.

---

45 Vgl. noch Mateja Končina-Peternel, Bemerkung 43, S. 27.

46 So Mateja Končina-Peternel, Bemerkung 43, S. 26; vgl. noch Karel Zupančič, Bemerkung 20, S. 4.

47 Siehe dazu Karel Zupančič, Bemerkung 28, S. 80; Mateja Končina-Peternel: Odločanje o vzgoji in varstvu otrok ob razvezi zakonske zveze (Entscheidung über die Erziehung und den Schutz der Kinder bei der Ehescheidung), Pravna praksa, Nr. 8/93, S. 9.

Marco Bouchard

Konferenz zur Praxis des Sorgerechts im europäischen Vergleich

I. Bisherige Situation

Obwohl Sexualität, Ehe und Zeugung künftig auch in Italien getrennt sind, hat eine Untersuchung aus der Mitte der achtziger Jahre ergeben (die aber auch noch heute gültig ist), daß die Ehe mit 80,5%, die bevorzugte Beziehungsart der meisten Italiener ist, gegen 15%, die ein Zusammenleben ohne Trauschein bevorzugen und 4%, die die Einsamkeit vorziehen.

Aber die Auffassung und die Gestaltung der Ehe haben sich mit Sicherheit geändert, da seit der Novellierung des Familienrechts im Jahre 1975, die Vorstellung des Mannes als Familienoberhaupt verschwunden ist und die Eheleute nicht mehr gezwungen sind dieselbe Wohnung zu teilen. Aus gesetzlicher Sicht nimmt die Eheschließung eine symetrischere Form an und ist offener für Konflikte und Verhandlungen. Aber die wichigste Änderung ist, daß seit 1970 die Eheschließung keine irreversible Entscheidung mehr ist.

In dem Land wo der Papst seinen Sitz hat, ist eine der offensichtlichsten Veränderungen das stete Anwachsen der Eheschließungen, die nur für das Zivilrecht gelten und eine entsprechende Senkung der kirchlichen Eheschließungen. Aber mit Sicherheit ist es noch der religiöse Aspekt, der die Akzeptanz des Zusammenlebens ohne Trauschein bremst: Die praktizierenden Katholiken lehnen das Zusammenleben, sowohl als Alternative zur Eheschließung, als auch als Vorbereitungsphase zur Ehe selbst ab. Nach den statistischen Daten, die im Laufe der achtziger Jahre erhoben wurden, bleibt in der Praxis das einfache Zusammenleben eine seltene Erfahrung (1,3–1,4%). Der Grund warum das Zusammenleben eine sehr seltene Erscheinung ist, ist nicht eindeutig. Eine der angesehensten Soziologin legt die Meinung nahe, daß die Jungfräulichkeit der wichtigste Faktor für das Ansehen und die Heiratswürdigkeit der nicht verheirateten Frau bleibt.

Schließlich ist das Zusammenleben ohne Trauschein (und nicht nur eines Paares) eine weit verbreitete Erfahrung bei den anderen Jugendlichen in Europa, während man in Italien einen mehr oder weniger langen Aufenthalt der Jugendlichen in den Familien feststellt. Dieses Phänomen hängt nicht nur von kulturellen Faktoren, sondern auch stark von wirtschaftlichen Schwierigkeiten ab (man darf daran erinnern, daß in Süditalien die Jugendarbeitslosigkeit bis zu 30% erreichen kann).

Wie viele Scheidungen pro Jahr?

Nachdem 1970 die Scheidung eingeführt wurde, hat sich Italien sozial und kulturell den anderen westlichen Ländern angepaßt, aber es scheint sich durch zwei Aspekte zu unterscheiden:

- nach einer Explosion der Scheidungen, gleich nach der gesetzlichen Einführung der Scheidung 1970, scheint sich die Scheidungsrate bei 1/10 im Verhältnis zu der englischen Scheidungsrate und 1/8 zu der österreichischen und französischen Rate zu stabilisieren;
- das Scheidungsverfahren bleibt schwierig, da die Scheidung erst drei Jahre nach der legalen Trennung und Unterbrechung des gemeisamen Lebens während desselben Zeitraums erhalten werden kann; diese Eigenart gestattet uns die Trennung – und nicht die Scheidung – als den besten Indikator der ehelichen Unbeständigkeit zu betrachten.

Die Situation in Zahlen:

	1980	1988	1991
Trennungen	29.462	37.224	44.920
– *Paare ohne Kinder (%)*	27,8	27,3	31,8
Scheidungen	11.844	30.778	27.350
– *Paare ohne Kinder* (%)	37,6	42,2	39,8

Zahl der Kinder und Jugendlichen, die davon betroffen sind?

In den letzten Jahren ist die Zahl der minderjährigen Kinder, die von Trennungen und Scheidungen betroffen sind, mehr oder weniger stabil geblieben:

Minderjährige betroffen	1991	1992	1993
– *durch die Trennung der Eltern*	34.667	33.242	33.695
– durch die Scheidung der Eltern	11.955	12.588	11.013

Zahl der alleinerziehenden Familien?

Auch was die alleinerziehenden Familien betrifft, kann man sagen, daß Italien sich – wenn auch mit ein wenig Verspätung – an die anderen westlichen Länder angepaßt hat. Nach der Volkszählung von 1991 stellen die alleinerziehenden Familien mit minderjährigen Kindern 9% der Familien mit minderjährigen Kindern dar (d.h. ca. 500.000 Familien). Und wie in den anderen westlichen Ländern ist in 90% der Fälle der Elternteil die Mutter.
Aus soziologischer Sicht ist, immer noch nach der Volkszählung von 1991, die Typologie der italienischen Familie folgendermaßen dargestellt, ohne Scheidung oder Trennung.

Paare ohne Kinder	26,5
Paare mit Kindern	61,7
Vater mit Kind	2,8
Mutter mit Kind	9,0
Summe	100,0

II. Reaktion des Gesetzgebers / geltendes Recht zur elterlichen Sorge nach einer Scheidung und das Sorgerecht

Es ist schwer zu sagen, ob die Gesetzgebung in Trennungs- und Scheidungsfragen in Italien eine Reaktion auf die sozialen Veränderungen ist oder, ob im Gegenteil ein Katalysator derselben. Ich bin mir sicher, daß es ein vorreiterisches Gesetz ist – im Verhältnis zu den üblichen Klischees der italienischen Bevölkerung – wie wir es, abgesehen von einigen wichtigen Ausnahmen, besser in bezug auf das gemeinsame Sorgerecht feststellen werden.
Allgemein gesprochen, muß man auf einer rein juristischen Ebene beim Sorgerecht zwischen verheirateten und unverheirateten Eltern unterscheiden.
Wenn die Eltern verheiratet sind, muß im Falle einer Trennung oder einer Scheidung das Gericht obligatorisch eine Entscheidung über das Sorgerecht treffen. Hierfür ist das ordentliche Gericht zuständig. Wir verfügen noch nicht über Gerichte, die in »Familienfragen« spezialisiert sind, obwohl schon heute die meisten der Gerichte der großen italienischen Städte Kammern haben, die für die Behandlung der Trennungs- und Scheidungsakten zuständig sind.
Wenn die Eltern nicht verheiratet sind, und es tritt eine Trennung oder, wie es oft vorkommt, eine Beendigung des Zusammenlebens ein, dann fällt das Sorgerecht sofort dem Elternteil zu, der mit dem Kind lebt. Der andere Elternteil, der nicht sorgeberechtigt ist, übt keine elterliche Autorität aus, aber er darf *über die Ausbildung, die Erziehung und die Lebensbedingungen des minderjährigen Kinds wachen.* Man kann nicht wissen, wie die unverheirateten Eltern konkret

die elterliche Sorge organisieren, ob konsensual oder hierarchisch. Aber im Falle eines Konflikts können diese Eltern den Richter anrufen. Dieser Richter ist nicht Richter am ordentlichen Gericht, sondern am Jugendgericht.
1987 hat der italienische Gesetzgeber das Scheidungsgesetz verändert und unter einigen Veränderungen hat er verfügt, daß das Gericht im ausschließlichen Interesse des Kindes das gemeinsame oder das alternierende Sorgerecht festlegen kann. Zweifellos ist die Möglichkeit, ein gemeinsames Sorgerecht auszusprechen nicht auf die Phase der Scheidung begrenzt. Das gemeinsame (oder alternierende) Sorgerecht kann von dem gewöhnlichen Gericht zum Zeitpunkt der Trennung festgelegt werden und von dem Jugendgericht für die Minderjährigen, wenn die Eltern nicht verheiratet sind.
Ich kann Ihnen die Statistik für das gemeinsame Sorgerecht geben, die vom *gewöhnlichen* Gericht erstellt wurde, von dem Zeitpunkt an wo diese neue Art von Sorgerecht bedeutend wurde. Ich habe nicht die Möglichkeit, Ihnen die entsprechenden Zahlen für die unverheirateten Eltern zu geben, da die Karteien für die Statistik beim Jugendgericht diese Rubrik nicht enthalten.

Die Zahlen betreffen die Zahl der Kinder je nach Typologie des Sorgerechts

	1991	1992	1993
Trennung			
– Sorgerecht des Vaters	2.260	2.440	2.093
– Sorgerecht der Mutter	31.958	30.101	30.849
– **gemeinsames Sorgerecht**	319	528	462
– Sorgerecht Dritter	130	173	291
Scheidung			
– Sorgerecht für den Vater	904	1.006	942
– Sorgerecht für die Mutter	10.905	11.414	9.887
– **gemeinsames Sorgerecht**	83	103	138
– Sorgerecht für Dritte	63	65	66

III. Das gemeinsame Sorgerecht: Art der Probleme

Die Möglichkeit eines gemeinsamen Sorgerechts des Kindes zum Zeitpunkt der Trennung oder der Scheidung der Eltern war der italienischen Rechtsprechung auch vor der Novellierung von 1987, die formell die zwei Möglichkeiten des gemeinsamen und abwechselnden (oder alternativen) Sorgerechts eingeführt hat, nicht unbekannt. Aber selbstverständlich war diese Möglichkeit mit der Fähigkeit der Eltern verbunden, sich über alle Aspekte der Ausübung der elterlichen Sorge zu einigen. Und tatsächlich erinnert die Unterscheidung zwischen der elterlichen Sorge und des ausschließlichen Sorgerechts des Kindes an die Unterscheidung zwischen der Ausübung des Sorgerechts im Alltag und der Aufteilung der elterlichen Verantwortung nur in bezug auf wichtige Entscheidungen für das Kind.

Die Verteilung der elterlichen Verantwortlichkeiten nur in bezug auf die wichtigsten Momente im Leben des Kindes entsprach (und tut es heute noch in manchen italienischen Regionen oder in manchen Schichten der italienischen Bevölkerung) der Rollenaufteilung zwischen dem Vater und der Mutter: Dem einen fiel die Befugnis zu, wichtige Entscheidungen zu treffen und relativ desinteressiert an den täglichen Fragen zu sein; der andere trug die Last der dauerhaften materiellen und affektiven Präsenz.

Im Gegenteil, jedesmal und auch vor der Novellierung von 1987, wenn die Eltern zum Zeitpunkt der Trennung dem Richter ein Familienleben und zwischenmenschliche Kompetenzen nachweisen konnten, die auf ein Minimum an Gegenseitigkeit gegründet sind, konnte dem Vorschlag eines gemeinsamen Sorgerechts keine Ausnahme entgegebracht werden. In diesem Falle war und bleibt es die Pflicht des Richters, die Konfliktlosigkeit zwischen den Eltern zu überprüfen oder zumindest ihre Fähigkeit, damit umzugehen. Aber wie man es an den statistischen Daten sieht, die ich ihnen gezeigt habe, bleibt das gemeinsame Sorgerecht eine elitäre Lösung und genauso elitär ist die Familie mit geteilten Pflichten.

Seit jüngstem kann ich mit guten Nachrichten aufwarten, zwar noch nicht auf statistischer Ebene, aber auf der Ebene der kulturellen Modelle der Fachleute, die mit dem Phänomen der Familienauflösung vertraut sind. Um ein Beispiel zu geben: Während bis in die neunziger Jahre die Aktivität der Familienmediation in den größten italienischen Städten (Mailand und Rom) als bahnbrechend galt, sind wir seit drei Jahren Zeugen einer beeindruckenden Entwicklung der Stellen für Familienmediation. Ich möchte nicht gemeinsames Sorgerecht und Familienmediation gleichstellen. Ich möchte hier nur feststellen, daß die Verbreitung einer Haltung, die auf den Erhalt der gemeinsamen Ausübung des Sorgerechts über die Trennung hinaus abzielt, sehr von den Signalen der Fachleute und der Experten (Sozialarbeiter, Anwälte, Richter, Psychologen usw.) abhängt. Und diesem Sinne kann also die positive Resonanz, die der Mediation entgegengebracht wird, als Zeichen für eine neue Tendenz zur Verantwortung der Eltern im Konflikt, als Teilnahme an den Entscheidungen zum Wohle des Kindes gewertet werden, nicht nur während einer Trennung oder nach einer Scheidung sondern auch im täglichen Familienleben.

Es scheint mir wichtig, Ihnen folgende Beobachtungen mitzuteilen.

1) Eine gesetzliche Vorschrift die das gemeinsame Sorgerecht als wünschenswerte Lösung für das Kind ansieht.

Aber es ist klar, daß zwei Bedingungen erfüllt sein müssen:

a. das Einvernehmen der Eltern (und des Kindes ab einem bestimmten Alter),
b. eine minimale Fähigkeit der Eltern, mit Konflikten umzugehen.

Als durch den Richter aufgezwungene oder vorgeschriebene Lösung können wir das gemeinsame Sorgerecht nicht akzeptieren; eine solche Macht wäre meiner Meinung nach Ausdruck eines Widerspruchs. Gleichzeitig kann das gemeinsame Sorgerecht nicht das technische Mittel werden um das Ungleichgewicht in der Rollenverteilung der Eltern zu decken. Ich kann nicht vergessen, daß in Italien die eifrigsten Verfechter des gemeinsamen Sorgerechts die Verbände der getrennten Väter sind, die Verbände, die bei uns eine kulturelle Infrastruktur sind, von der man nicht behaupten kann, daß sie sehr zum Dialog und zur Verhandlung geneigt sind.

2. Eine negative Auswertung des alternierenden Sorgerechts

Das alternierende Sorgerecht, das für das Kind hauptsächlich Zeit- und Ortsveränderungen bedeutet, macht eine Anpassung an die verschiedenen Umgebungen der Eltern schwierig und, je kleiner das Kind ist, umso deutlicher kann es zu Verwirrungen kommen.
Diese Art Sorgerecht scheint nicht die zentrale Bedeutung der Interessen des Kindes zu berücksichtigen; im Gegenteil, diese Interessen werden zweitrangig, um das Bedürfnis der Eltern zu befriedigen nicht auf das Kind verzichten zu müssen.

3. Das gemeinsame Sorgerecht kann das wichtigste und normale Modell der Ausübung der Sorge der getrennten Eltern werden, vorausgesetzt, es setzt sich ein Familienmodell durch, das die Delegation der Lösungen ablehnt.

Andererseits, bevor das gemeinsame Sorgerecht Gegenstand von Gesetzen wurde, hatte es in Italien, wie in Frankreich und in Deutschland, die Praxis entdeckt.

4. Ausgehend von einem positiven Familienmodell, kann die gemeinschaftliche Politik den Umgang mit der Krise und der Familienauflösung beeinflussen.

Es trifft zu, daß auf der Ebene der europäischen Gemeinschaft die Freiheit der Bewegung und des Austausches zu einer einheitlichen Gesetzgebung zwingt, um u.a. das Problem der binationalen Familien anzugehen. Aber gleichzeitig glaube ich auch, daß diese Bewegungsfreiheit (für die Völker Osteuropas und der Dritten Welt ist es eher eine Notwendigkeit) Verbindungen nach sich zieht, derart, daß die Unterschiede innerhalb der nationalen Gebiete akuter sind als die Unterschiede zwischen Städten und Ländern. Turin in Italien, Lyon in Frankreich und Manchester in England haben vielleicht dieselben sozialen und familiären Phänomene und diese Städte sind sich sicherlich näher als es z.B. Turin und Palermo im selben Land sind.
Daher ist es, so glaube ich, wichtiger, daß europäische Programme zur positiven Kenntnis der konkreten Formen der Familienorganisationen und der Förderung

eines partizipativen und solidarischen Modelles angestrebt werden, als nur der Forderung einer Regelung des Sorgerechts zum Zeitpunkt der Trennung und der Scheidung nachzugehen.
Eine in den USA durchgeführte Studie (Weizman: »The Divorce Revolution« New York, The Free Press 1985) hat erklärt, wie die Gesetzgebung, die die Eltern gleichstellt, entweder unter materiellen Aspekten, als auch unter der Verantwortung für die Kinder, die Ursache für eine wirtschaftliche Pleite der Frauen war, die ein asymetrisches Ehemodell akzeptiert hatten (d.h. sie haben sich für eine Ehe entschieden, die auf der Teilung der Kompetenzen basiert; und das bedeutet für die Frau Hausfrau oder zweitrangige Arbeit).
Die Unmöglichkeit, den Mann für die »Entlassung« nach der Scheidung zahlen zu lassen, entspricht in der Tat einem Ideal der persönlichen Würde und tadelloser individueller Freiheit; gleichzeitig stößt diese Unmöglichkeit an soziale Ungleichheiten zwischen Mann und Frau. Die Scheidung ist somit zu einem der wichtigsten Gründe für Armut der Frauen in den USA geworden, da im Schnitt nach einer Scheidung der Mann seine Einkünfte um 42% erhöhte, während die der Frauen und die der Kinder um 73% gefallen sein sollen.

Claude Rossier

Historische und statistische Daten in der Schweiz

I. Einleitung

Jocelyne Dahan und ich danken Ihnen für Ihre Einladung und wir wünschen Ihnen eine fruchtbare Diskussion. Wir sind sicher, daß Ihre Arbeit von Erfolg gekrönt sein wird und es der europäischen Debatte ermöglichen wird, in Sachen Familienrecht sich weiterhin an die unumgängliche Entwicklung anzupassen, die ich »Für eine Kultur des nächsten Jahrtausends« nennen möchte.
Sich einige Gedanken über das Recht des Kindes, über das französische Recht in Scheidungsfragen zu machen, mag als Herausforderung angesehen werden für einen nicht europäischen Schweizer, der aber mit dem Herzen ein überzeugter Europäer ist. Das liegt einfach an der Tatsache, daß Frau Dahan und ich selber mit der Universität K. Boech und der Vertreter von Deutschland, Österreich, Spanien, Italien, Belgien und England uns in einem Prozeß engagiert haben, der eine europäische Ausbildung zur Mediation anstrebt.
Diese Ausbildung sucht ihre Anwendung nicht nur in dem Bereich der Familie, sondern auch in den Konflikten innerhalb von Betrieben, der Nachbarschaft, des Stadtviertels und im Strafrecht (Opfer und Täter), einerseits. Andererseits, entschuldigt sich meine Kollegin, daß sie aus beruflichen Gründen nicht kommen konnte.
Der Vortrag wird zwei Teile aufweisen:

- eine kurze Darstellung der Situation in der Schweiz,
- und die Wiedergabe des Vortrags von Frau Dahan, die auf eine zwanzigjährige Erfahrung im sozialen Bereich zurückblicken kann. In diesen Jahren konnte sie die familiären Dysfunktionen, die Schwierigkeiten der Kinder und die Unangemessenheit der »gesetzlichen« Antworten beobachten. Das alles hat dazu beigetragen, daß sie sich in den achtziger Jahren der Familienmediation gewidmet hat.

Bahnbrechende, kreative Antworten die auf eine Kultur des Friedens abzielen. Ich bin davon auch überzeugt, da ich seit 25 Jahren in der sozialen Welt, sowohl als Praktiker als auch als Ausbilder tätig bin.

II. Historische und statistische Daten in der Schweiz

Als Einleitung halte ich es für sinnvoll, Ihnen kurz einige historische und statistische Anhaltspunkte über Ihr Nachbarland zu geben.
Durch das Gesetz zum Personenstand vom 24. Dezember 1874 sind die entsprechenden Register eingeführt worden und die Eheschließung ist 1876 in Kraft getreten. Sie sehen die Scheidung in der Schweiz vor und zwar für alle Religionen gleichermaßen.
Das immer noch geltende Recht auf Scheidung aus dem Jahre 1907 wurde für die Zeit als fortschrittlich angesehen. In der Tat führt es eine im Ausland noch unbekannte Klausel ein: die unwiderrufliche Auflösung der Ehe (§ 142 Absatz C.C.) oder, wenn die Auflösung hauptsächlich die Schuld eines Ehegatten ist, kann nur der andere die Scheidung beantragen (§ 142, zweiter Absatz C.C.).
Die Folgen der Scheidung waren auch sehr großzügig gefaßt. So hatten die Richter Raum um ihres Amts als Gesetzgeber zu walten.
Die Regressansprüche, die Entschädigung moralischer Schäden usw. zählten zu den Leistungen im Scheindungsfall. Z.B., wenn es minderjährige Kinder gibt, muß die elterliche Sorge von Amts wegen an ein Elternteil übertragen werden. Die persönlichen Beziehungen und die Unterhaltsbeiträge müssen geregelt werden (§ 156, 273 f und 297, dritter Absatz).

In statistischer Hinsicht

Das Jahr 1967 ist eine Wende in der Entwicklung der Scheidungsraten in der Schweiz. In diesem Jahr hat man 5200 Scheidungen gezählt. Seitdem ist der Anstieg schnell und regelmäßig:

1970: 6400 Scheidungen
1975: 8900 Scheidungen
1983: 11700 Scheidungen

Von 15.634 im Jahre 1994 ausgesprochenen Scheidungen, haben 13.396 minderjährige Kinder die Scheidung ihrer Eltern erlebt.
Die wichtigsten Gründe, die von Fachleuten für die Entwicklung der Scheidungsraten genannt werden, haben die wirtschaftliche Wirkung als Korrelat; ob in Zeiten der Hochkonjunktur (Wachstum des materiellen Wohlbefindens) oder in Zeiten schwacher Konjunktur (Arbeitslosigkeit, usw.); aber es werden auch der Schwund der religiösen Bindungen und die Veränderungen des Eheverhaltens (das Suchen nach einer anderen Ordnung, auf der Ebene der Ehe oder der der Eltern) genannt.
Wir stellen fest, daß es in der Schweiz eine breite Kluft zwischen dem immer noch geltenden Scheidungsrecht von 1907 und der Realität gilt. Daher ist die

Frage der Schuld immer noch gegenwärtig und behält ihre Bedeutung. Diese Praxis zieht oft Scheidungskriege nach sich oder auch die Regelung des elterlichen Sorgerechts im Scheidungsfall, hauptsächlich die obligatorische Zuweisung dieser Pflicht an einen Elternteil, wobei die Eltern gleichgestellt sind. Dieses Gesetz ist weitgehend nicht zufriedenstellend.
Es ist nicht zufriedenstellend, da wir in der beruflichen Praxis feststellen, daß eine Abgrenzung der Verantwortlichkeiten unnötig die Feindseligkeit zwischen den Ehegatten schürt und eine harmonische Zusammenarbeit der elterlichen Funktion nach der Scheidung verhindert.
Diese Entwicklung, die man in den Nachbarländern antrifft, hat der Gesetzgeber berücksichtigt.
In der Tat, schon 1968 hat der Bundesrat beschlossen, das Familienrecht in Etappen zu revidieren:
Am 1. April 1973 ist das Adoptionsrecht in Kraft getreten. 1978 tritt das neue Kindschaftsrecht in Kraft. Das Sorgerecht, das die Privatisierung der Freiheit betrifft, ist an die Europäische Konvention der Erhaltung der Menschenrechte und der grundsätzlichen Freiheiten angepaßt worden.
Schließlich, das neue Eherecht (allgemeine Wirkung der Eheschließung und des ehelichen Güterrechts), das durch einen Volksentscheid am 22. September 1985 angenommen wurde, tritt 1988 in Kraft.
Der nächste Schritt besteht in einer Novellierung des Scheidungsrechts. Dieser Schritt ist in Arbeit, da die ersten Diskussionen in den Kammern eingeleitet wurden. Diese Diskussionen werden im Herbst wieder aufgenommen.
Der Inhalt dieser Debatten folgt dem Aufruf des Bundesrats und wird drei große Novellierungsblöcke haben:

- Akten des Personenstands
- Eheschließungen
- Scheidungen

Dieses Projekts des neuen Scheidungsrechts wird hauptsächlich und positiv – wenn das Parlement es genehmigt – folgendes einführen:

1) Die Aufnahme der Scheidungen durch gemeinsames Einvernehmen, d.h. der Scheidungen durch Konvention (VE 115).
2) Den Willen, vom Prinzip Verantwortung loszukommen, sowohl was die Ursachen der Scheidung betrifft, als auch ihre Wirkungen (Alimente) (VE 115 + 118).
3) Die Anerkennung der geteilten Verantwortung für die Kinder (VE 138 Absatz 3).
4) Die Empfehlung der Familienmediation (VE 151: »Die Kantone verpflichten sich den Paaren, Mediatoren zur Verfügung zu stellen, die ihnen dabei helfen, sich in Fragen der Scheidung und ihrer Folgen zu verständigen«).

Wie schon erwähnt und als Zusammenfassung sind wir zur Zeit in der Schweiz mit zwei Arten von Gesetzen konfrontiert:

- Das erste ist das Gesetz von 1907, das immer noch gilt.
- Das zweite existiert in Gestalt eines Projekts (eines neuen Scheidungsrechts), das, auch wenn es gute Ansätze zeigt, in seiner endgültigen Fassung und seiner Anwendung noch einige Zeit in Anspruch nehmen wird.

Glücklicherweise – und das dank der persönlichen Initiative von Fachleuten, die davon überzeugt sind, daß die Mediation und die Treffpunkte gute Wege sind um Paare zu begleiten, die ein Trennungs- oder Scheidungsverfahren erleben und damit sie einen kreativeren Weg finden als den der geltenden Gesetze. Ich möchte diese als alternativ geltenden Sozialhandlungen nennen:
Der Schweizerische Verband für die Mediation wurde 1992 gegründet. Unter anderem verfügen wir über: 4 Ausbildungszentren für Mediation, davon ein europäisches Ausbildungsprojekt, in Zusammenarbeit mit einer Kollegin (Jocelyne Dahan) und das Universitätszentrum K. Boech in Sion (CH), den kantonale Verband für die Mediation und Treffpunkte, den kantonalen Verband für die Gleichstellung der Eltern, usw.
Persönlich glaube ich nicht, daß es eine Schlußfolgerung geben kann, denn diese Entwicklung, die in der Schweiz stattfindet, um angemessene Lösungen zu finden für die genannten Konflikte wie die Scheidung, hat einen Synergieeffekt. Wir hoffen jedoch, daß dieses neue Gesetz die Mediation aufnehmen wird, die, wie Sie wissen, ein Begriff der interdisziplinären Intervention ist, die Richter, Anwälte, Psychologen, Familientherapeuten, Mediatoren, Psychiater umfaßt, damit die Kinder von morgen mit klaren Anhaltspunkten aufwachsen, die unerläßlich für ihre bio-psycho-soziale Entwicklung sind.
Vielleicht werden sie übermorgen in der Lage sein, in dieser Friedenskultur konstruktive Alternativen für ihre eigenen Konflikte zu finden, damit sie sich solcher Werte wie Autonomie, Akzeptieren von Unterschieden, Verhandlung, Versöhnung, Befriedung bewußt werden.

Bibliographie

»Office fédéral de la justice«, étude par l'Institut d'études sur le mariage et la famille 1980.
»Pratiques judiciaires du divorce«, Approche sociologique et perspectives de réforme. B. Bastard, L. réalités sociales 1987.
Message concernant la révision du Code Civil Suisse du 15 novembre 1995 – Berne.

Jocelyne Dahan

Die Rechte des Kindes, die Gesetzgebung in Scheidungsfragen

I. Einleitung

Über die Rechte des Kindes, die Gesetzgebung in Scheidungsfragen zu sprechen ist keine gewöhnliche Übung.
Meine über zwanzigjährige Erfahrung im sozialen Bereich, die Beobachtung der familiären Dysfunktionen, die Schwierigkeiten der Kinder, die Unangemessenheit der gesetzlichen Antworten haben mich in den achtziger Jahre zu der Familienmediation geführt.
Um Ihnen die verschiedenen Modalitäten der Organisation der Familie nach der Trennung, namentlich das Sorgerecht der Kinder, zu schildern, schien es mir wichtig, den sozialen und wirtschaftlichen Kontext zu betrachten, der zu den gesetzlichen Veränderungen geführt hat.
Dieser Vortrag hat nicht den Anspruch, das Thema erschöpfend zu behandeln aber er spiegelt meine Praxis und meine beruflichen Beobachtungen wider.

II. Sozialer und wirtschaftlicher Kontext

Die letzten fünfzig Jahre haben wichtige Veränderungen des wirtschaftlichen Kontextes mit sich gebracht und als Konsequenz auch die Organisation der Familie.

Die Jahre 1950–1960

Das sind die Jahre des Wohlstands; die Kaufkraft nimmt ständig zu, es entstehen neue Arbeitsplätze und mit ihnen Familien. Die Jahre des Baby-Booms symbolisieren diese Zeit des wiedergefundenen Glücks und allmählich entsteht das Recht auf Freizeit, das Recht auf eine zweite Berufschance durch dauernde Weiterbildung.
Die Organisation der Familie verändert sich: Man kehrt dem ländlichen Leben den Rücken und geht in die Industriegebiete und frönt dem städtischen Leben.

Die Jahre 1970–1980

Diese Jahre sind durch die direkten Folgen der Ereignisse von Mai 1968 geprägt, die das Land erschüttern und die Traditionen und die zeitgenössischen Werte in Frage stellen: Die Ehe baut sich nach dem Modell des Zusammenlebens auf, als Reaktion auf das traditionelle und als solches verworfene Leben.
Es sind die Jahre der feministischen Bewegungen, der Geburtenkontrolle und einer bedeutenden Veränderung der Mentalitäten in bezug auf die Rolle der Eltern. Es entstehen ebenfalls Verbände von geschiedenen Vätern. Eine ihrer wichtigsten Forderungen ist die Gleichstellung der Eltern und die Abschaffung des Erziehungsmonopols der Mutter.
1970 ist durch die wirtschaftliche Wende nach der ersten Ölkrise geprägt und den Beginn eines zunehmenden gesellschaftlichen Phänomens: der Arbeitslosigkeit mit ihren Konsequenzen für die Familie.
Bis in die sechziger Jahre hatte die Ehe oft die Form eines Vertrags angenommen, in dem sich die Eheleute für unbestimmte Zeit verpflichten, und manchmal unter der Form einer wirtschaftlichen Verbindung; so konnten durch die Eheschließung Betriebe und Güter zusammengeführt werden.
Heutzutage haben diese Verbindungen vertragliche Formen und die Entscheidung wird aus Liebe getroffen: *Le mariage n'est plus considéré comme un lien engageant un homme et une femme pour une durée indéterminée (...). Cette évolution donnée au sens du mariage se traduit par une diversification des manières d'être en couple,* explique B.Bastard *(»Le divorce Autrement: la médiation familiale«* B.Bastard et L. Cardia-Vonéche, Ed. Syros).
Die Scheidungsrate steigt und mit ihr die Zahl der Verfahren. Verfahren, die um so heikler sind wo es sich um Kinder handelt, die außerehelich geboren wurden. Auch wenn es den Anschein hat, daß sich die so »Zusammenlebenden« auf diese Weise die moralischen Schwierigkeiten eines gesetzlichen Verfahrens ersparen können, so bleibt doch die Frage der elterlichen Koverantwortung offen, da die Mutter, gemäß § 374 des Zivilrechts von 1970, die einzige gesetzliche Referenz blieb mit der ganzen elterlichen Sorge.

Die Jahre 1980–1990

Alle sozialen und wirtschaftlichen Veränderungen haben eine Anpassung der Organisation der Familie nach sich gezogen: von der Kernfamilie der sechziger Jahre bis zur Netz -oder Mosaikfamilie von heute.
Mit den eheähnlichen Gemeinschaften haben die außerehelichen Geburten deutlich zugenommen und erreichen heute eine Zahl von 33% der nationalen Gesamtzahl.

Zu den wirtschaftlichen Schwierigkeiten kommen die Anforderung der Kommunikation und einer qualitativen Beziehung und dadurch werden die Dysfunktionen verstärkt. Die Zahl der Trennungen und der Scheidungen nimmt ständig zu.

Zusammenfassung

Die offiziellen Zahlen in Frankreich zeigen:
Die Standesämter verzeichnen eine Scheidung für drei Ehen und diese Zahlen steigen in den großen Städten: eine Scheidung für zwei Ehen.
Es sind ca. 115.000 Scheidungen dieses Jahr ausgesprochen worden, während 170 000 Anträge gestellt wurden, davon drei Viertel von Frauen.
Von fünf Scheidungen kommen drei wieder vor den Familienrichter, um eine Änderung zu beantragen. Diese Verfahren werden allgemein zwei bis drei Jahre nach der Scheidung eingeleitet.
70% der Scheidungen werden ausgesprochen, wenn die Kinder zwischen drei bis sechs Jahre sind.
2.000.000 Kinder sind durch diese Familiensituationen betroffen und die offiziellen Zahlen zeigen, daß jedes zweite Kind jeglichen Kontakt mit dem Elternteil verlieren wird, mit dem es nicht den Alltag teilt, und dabei handelt es sich meistens um den Vater.
Ca. 87% der Kinder leben mit der Mutter.
Mehr als 43% der finanziellen Beiträge für die Erziehung der Kinder werden nicht, kaum oder wenig gezahlt. Das ist sicher ein Zeichen einer wirtschaftlichen Konjunktur, aber auch Zeichen von Blessuren und nicht geheilter Verbitterung. Wie hat sich das Gesetz in Scheidungs- und Trennungsfragen allmählich verändert.

III. Die Entwicklung des Scheidungsrechts

Vom göttlichen Recht über die väterliche Macht und 1993 zum Begriff der elterlichen Verantworung; so läßt sich in einer vereinfachten Form die Entwicklung des Familienrechts in Scheidungsfragen beschreiben.
Seit dem Ende des 18. Jahrhunderts hat die französische Gesetzgebung die Veränderungen der Organisation der Familie berücksichtigt, indem das Scheidungsrecht angepaßt wurde. Dazu möchte ich Ihnen die wichtigsten Daten nennen.

1718

Montesquieu schreibt in den *Lettres Persanes:*
Man muß auf die Französische Revolution warten, damit die Scheidung legal wird.

Der 20. September 1792

Die Assemblée Législative führt offiziell die Scheidung in Frankreich ein. Man konnte die Scheidung beantragen und nach effektiver Trennung erhalten oder man konnte sich sogar durch ein gemeinsames Einvernehmen, das durch einen städtischen Beamten aufgenommen wurde, über eine Scheidung verständigen.

1804

Der Code Napoléon bündelt die verschiedenen Gesetze, die die Familien betreffen. Bei dieser Gelegenheit werden im Zivilbuch die sozio-ökonomischen Rollen der Familienkompetenzen aufgeführt: für den einen die Erziehung und für den anderen die finanzielle Verteilung, die Autorität; es entsteht die Figur des Pater Familias, die die väterliche Autorität festlegt und ihr dadurch das Recht über Leben und Tod der Kinder gibt. So entstanden die Grundfesten der traditionellen Familie.

Am 8. Mai 1816

Mit der Rückkehr der Monarchie kehrt man zu einer »gesünderen« Moral zurück und die Scheidung wird wieder verboten; nur die Trennung von Tisch und Bett bleibt erlaubt.

Der 27. Juli 1884

Die Fünfte Republik stellt die Scheidung wieder her ... aber damit diese diesmal ausgesprochen werden kann, muß die Moral mit Füßen getreten werden. Es ist »Die Scheidung durch Verschulden«, wie es Karikaturen zeigen: Der Gerichtsvollzieher öffnet die Tür des Zimmers, in dem gerade der Ehebruch vollzogen wird, oder auch die am Boden zerstörte Familie befleckt durch den »Unwürdigen«, der zwischen zwei Gendarmen ins Gefängnis abgeführt wird.

Die direkte Folge dieser Beschuldigung ist, daß das Kind demjenigen zugesprochen wird, der die Scheidung »gewinnt«.
Während dieses langen Zeitraums (von 1884 bis 1975) ist die Kurve der Eheschließungen leicht angestiegen und parallel dazu stellt man einen ebenfalls konstanten Anstieg der Scheidungen fest und erreicht ein Durchschnittstempo, das konstant zu den heutigen Zahlen führt.

Der 11. Juli 1975

Die Veränderungen von Mai 1968 prägen nach und nach die Mentalitäten und so entsteht 1975 das Rechtsinstitut der Scheidung durch gemeinsames Einvernehmen. Die Einführung dieser Art der Scheidung kommt zwei Jahrhunderte nach der Niederschrift des während der Französischen Revolution verabschiedeten Textes.
Diese Novelle spiegelt die Entwicklung der Mentalitäten wider. Fortan entsteht eine Vielfalt von Modellen, die von der Scheidung aus Verschulden oder »Bankrottscheidung« zur »angenommenen Scheidung« führt.
Diese Maßnahmen, die künftig auf eine tatsächliche Veränderung hoffen lassen können, sind 1980 stark durch die Klausel angegriffen worden, die die Zusprechung der Ausübung des Sorgerechts an einen Elternteil vorsieht, und zwar demjenigen, dem das Sorgerecht zufällt.
Ein anderes gesellschaftliches Phänomen ist in den letzten Jahren verstärkt aufgetreten: Die Zahl der unverheirateten Paare nimmt deutlich zu und auch die Zahl der Kinder, die außerehelich geboren werden; zur Zeit beläuft sich diese Zahl auf 33% der Geburten.
Eine Untersuchung vom Institut National des Etudes Démographiques (INED), die im Auftrag der Caisse Nationale d'Allocations Familiales (CNAF) gemacht wurde, zeigt, wie der Elternteil, der sich durch das Gesetz aus der elterlichen Verantwortung ausgeschlossen fühlt, je nach gebrauchter Terminologie der jeweiligen sozialen Stellen, oft zu einem »abwesenden Vater«, »ausfallenden Vater« oder zu einem »nicht zahlenden Vater« wird. Diese Untersuchung ist von Henri Leridon und Catherine Villeneuve-Gokalp gemacht worden (»Enquête sur les situations familiales INSEE/CNAF - Februar 1987«).

Der 22. Juli 1987

Unter dem Druck u.a. der geschiedenen Eltern wird das Gesetz geändert. Es legalisiert das Prinzip der gemeinsamen Ausübung des gemeinsamen Sorgerechts, das sich ebenfalls auf unverheiratete Familien bezieht.

Der Sinn der gemeinsamen Ausübung der elterlichen Sorge ist es, die elterliche Kontinuität beizubehalten, die zuständig ist für das effektive und materielle Leben und für das Führen ins Erwachsenenalter.
Die Beibehaltung des Begriffs des »gewöhnlichen Auftenthalts« des Kindes bei einem der beiden Eltern steht im Widerspruch mit dem wünschenswerten Erhalt des elterlichen Gleichgewichts und man fragt sich heute, ob das einer der Gründe für die hohen Zahl der Anträge nach der Scheidung oder für die hohe Zahl der Kinder ist, die den nicht verantwortlichen Elternteil nach einigen Jahren der Trennung nicht mehr wiedersehen.

Der 8. Januar 1993

Ein neues Gesetz verallgemeinert die Möglichkeiten der gemeinsamen Ausübung der elterlichen Autorität und zwar für die Kinder, die außerehelich geboren wurden (1992 +33%), führt das Amt des Familienrichters ein und vereinigt so in der Person eines einzigen Richters die wichtigsten Kompetenzen für die Familie.
Der § 287 scheint zu zeigen, daß das neue Gesetz es den Eltern ermöglichen soll den Kindern, deren Eltern getrennt oder geschieden sind, nicht nur einen Aufenthalt aufzuzwingen.
Der § 374, der die außerehelichen Kinder betrifft, ist verändert: Er weitet das Prinzip der gemeinsamen Sorgepflicht auf die unverheirateten Eltern aus. Dafür müssen vier Bedingungen erfüllt sein:

1. Das Kind muß bei der ersten Anerkennung anerkannt worden sein;
2. Das Kind muß zwölf Monate nach der Geburt anerkannt worden sein;
3. Zum Zeitpunkt der Anerkennung müssen die Eltern zusammenleben;
4. Dieser Antrag wird vor den Familienrichter getragen, der dafür zuständig ist; die Entscheidung ist unwiderruflich.

Das ist eine verkürzte Darstellung der gesetzlichen Entwicklung und der Berücksichtigung der Entwicklung und der Veränderungen der modernen Organisation der Familie.
Dem Sinn nach regt das Gesetz zur elterlichen Verantwortung an: Nach bestem Einvernehmen der Eltern; aber generell sichern die Scheidungsentscheidungen, das Beziehungsminimum, das dem Kind mit beiden Eltern zu Gute kommen soll.
Diesem Minimum, das oft durch einen von beiden als ein Maximum empfunden wird, wollen wir uns jetzt zuwenden.

IV. Vom Gesetz zur Praxis ... eine ganz andere Geschichte!

Wir haben es eben gesehen, der Gesetzgeber hat in den verschiedenen Texten die gesellschaftliche Entwicklung berücksichtigt und namentlich das Recht der außerehelich geborenen Kinder, die heute den Rechten der ehelichen Kinder fast gleichgestellt sind. Aber wie sieht es in der Realität aus: Wie erleben die Kinder diese Anpassungen, diese Veränderungen des Gesetzes?

Wie haben es schon erwähnt, daß jedes zweite Kind, das von einer Scheidung oder einer Trennung betroffen ist, den anderen Elternteil nicht mehr sehen wird. Diese Beziehung wird unterbrochen, weil Trennungen nicht einfach wirtschaftliche oder gesetzliche Anpassungen sind. Die Scheidung und die Trennung sind Ereignisse mit starken emotionellen Auswirkungen, stark selbstverständlich für die Kinder, aber auch für die betroffenen Männer und Frauen.

Obwohl die Zahlen zeigen, daß es sich um ein gesellschaftliches Phänomen handelt, so ist das für die Betroffenen keine banale Situation.

Der Umgang mit den Gefühlen und der Verbitterung vermischt sich mit der Liquidation der Güter und der Schulden; vor dem Hintergrund von Verfahren begleichen die Ehepaare über den Anwalt ihre effektiven Rechnungen.

Die Aufgabe des Richters ist vielseitig; es wird von ihm verlangt, Gerechtigkeit widerfahren zu lassen, Recht auszusprechen, da wo Emotionen und Blessuren das Bild verzerren.

Das französische Recht gibt den Richtern die Möglichkeit den Rat von Fachleuten einzuholen, um ihnen in ihrer Entscheidungsfindung zu helfen, um die Familiensituation auszuwerten und um schließlich den besten Kontext im Namen des **Wohles des Kindes** herzustellen.

Seit Ende der achtziger Jahre häufen sich die Familienkonflikte und alle Fachleute der Familienbetreuung kommen darüber ein, daß die Antworten, die durch das Verfahren angeboten werden, nicht befriedigen.

Man kann es nur begrüßen, daß Frankreich 1989 die Internationale Konvention der Rechte der Kinder ratifiziert hat, Recht auf seine Geschichte, Recht auf seine Abstammung und ... das Recht auf beide Eltern.

Mit Hinweis auf diesen Paragraphen sind fast überall in Frankreich Verbände entstanden, die sich Anlaufstellen oder Treffpunkte nennen.

Das Ziel dieser Stätten ist es die Auflösung der Beziehung zu vermeiden, das Kind vor dem Elternteil zu schützen, der die Beziehung abbrechen will und das Kind vor einem Konflikt zu bewahren, der nicht seiner ist, auch wenn er es auch betrifft.

Da ich selbst vor einigen Jahren so eine Stelle gegründet habe, möchte ich diese Einrichtung hinterfragen und Ihnen meine Gedanken mitteilen.

Dieser Ort, der eine offene Aufnahmestätte sein wollte, der es auch Eltern mit psychologischen oder wirtschaftlichen Schwierigkeiten gestatten sollte über einen geselligen Ort zu verfügen, ist sehr schnell zu dem Ort geworden, wo einer der Elternteile, zu 80% Väter, sich gezwungen sahen, den Besuch auf einige Stunden zu reduzieren, weil viele von ihnen der sexuellen Belästigung beschuldigt wurden.

Dieser Ort, der Sicherheit geben will, wird zu einer zweischneidigen Waffe und verschließt sich, und ich möchte wissen, wie diejenigen Kinder diese Situation erleben, die den »schlechten Elternteil« besuchen kommen, oder der zumindest so vom anderen Elternteil dargestellt wird.

Wenn wir weiterhin jeden Mißbrauch des Kindes verurteilen müssen, müssen wir es nicht vermeiden, daß es immer wieder die Geisel ist, das Lösegeld eines unbewältigten Konflikts, dessen Preis schwerwiegende Konsequenzen für sein seelisches Gleichgewicht haben wird?

Innerhalb dieser Struktur haben die Fachleute eine Verhärtung der jeweiligen Standpunkte der Eltern und des Konfliktes festgestellt von dem Moment an, wo die Entscheidung eines begrenzten Besuchsrechts fiel; mehr denn je sind die Kinder in einem Loyalitätskonflikt gefangen, eilen dem Elternteil zur Hilfe von dem sie wissen, daß er verletzt ist und vergessen in diesem Verelterlichungsprozeß ihr Kinderleben.

Das Gesetz von 1993 bestätigt, daß das Kind während der Scheidung oder der Trennung seiner Eltern die Möglichkeit hat, durch einen Richter angehört zu werden; manchmal haben die Kinder sogar das Recht auf einen Anwalt des Kindes, der ihre Meinung dem Richter zuträgt. Auch wenn das Kind nicht Teil dieser Prozedur ist, ist die Konsequenz, das Gewicht seines Wortes, schädlich.

Denn gerade dort liegt der Unterschied, der in dem Ursprung des Wortes »Kindheit« selbst anklingt; das Kind ist dasjenige, das noch das Recht hat sich zu irren, trotz des bekannten Sprichworts: Die Wahrheit kommt aus dem Mund der Kinder. Es geht tatsächlich um diese Wahrheit, um dieses Wort, wenn das Kind durch den Konflikt der Eltern zur Geisel gemacht wird und sein Wort einbringt im Rahmen einer Prozedur, die auf den Konflikt begrenzt bleiben müßte.

Man sollte es anderes tun, wenn sein Wort den ganzen Familienraum eingenommen hat und wenn die Macht seiner Worte Gesetz wird.

Gibt es eine Lösung um diese Entgleisungen zu vermeiden? Es wäre ehrgeizig oder illusorisch, wenn die Fachleute den Glauben verbreiten würden, sie hätten die Lösung, aber es wird immer offensichtlicher, daß man mehr Stätten gründen sollte, die die Wiederherstellung der inneren Beziehung der Familie und das Verständnis der Krisen förden sollen. Der Umgang mit Krisen kann die Organisation der Familie stärken, indem jedem die Möglichkeit geboten wird seinen Raum abzugrenzen, den er gerne einnehmen möchte, und den er bereit ist mit dem anderen zu teilen.

Wenn wir die Notwendigkeit unterstreichen, die impliziten Botschaften der Kinder zu hören, dann scheint es wichtig, daß wir uns Zeit lassen, um die Bedürfnisse der Eltern zu erkunden um daraufhin die beste Betreuung vorzuschla-

gen und um es dem Wort des Kindes zu ermöglichen in einem Raum aufgenommen zu werden, der ihm spezifisch ist.
Ich erinnere mich an dieses kleine Mädchen, das seinem Vater, einige Stunden nach dem Wiedersehen, gesagt hat:
»Papa, ich muß dir sagen, daß Mama traurig wäre zu wissen, daß ich glücklich bin dich zu sehen, also jedesmal wenn ich ankomme, werde ich weinen und ihr sagen, daß ich dich nicht sehen will, du verstehst, sie ist so traurig!«
Oder auch andere, die aus Treue zum Leid des verletzten Elternteils es ablehnten, stundenlang auch nur einen Blick auf den verbannten Elternteil zu werfen.
Aus dieser Erfahrung entstand die Notwendigkeit eine Sprech- und Betreuungsgruppe für Kinder zu gründen, deren Eltern sich trennen oder sich scheiden lassen, damit sie, ohne Gegenstand von Erpressung zu werden, ihre Schwierigkeiten ausdrücken, orientierenden Anhalt und Ressourcen finden können und nicht Schuldgefühle und Nöte zurückdrängen, die erst viel später wieder auftauchen können.
Glücklicherweise sind nicht alle Trennungen so dramatisch und sie haben mich gefragt etwas zur Praxis des alternierenden Sorgerechts in Frankreich zu sagen; ich möchte ihnen hiermit einige Antworten geben.

V. Das gemeinsame Sorgerecht

Wird der Begriff des alternierenden Aufenthalts wieder von den der Fachleuten gebraucht, so wurde er doch lange für alle Übel verantwortlich gemacht.
Landläufig in den angelsächsischen und den nordischen Ländern, gehört er nicht zur vertrauten Scheidungslandschaft in Frankreich.
Vor einigen Jahren hatte ein Beschluß des Kassationsgerichts ihn an den Pranger gestellt; im Schatten dieser Verbote hatten viele Eltern weiterhin ihre Kinder zusammen empfangen.
Nach meiner Kenntnis gibt es keine Zahl über diese Art des Empfangs der Kinder im Rahmen der Familie nach der Trennung. Daher werde ich von meiner Berufspraxis in den verschiedenen Stellen oder Verbänden ausgehen, die ich geleitet habe.
Sich auf 75 Akten beziehend, die im Rahmen von Mediationenberatungen Gegenstand der Verfassung eines Verständigungsprojekts waren, ist die Aufnahme der Kinder bei dem Elternteil, mit dem sie nicht täglich leben, für eine Aufnahme verteilt über vier Wochen d.h. 28 Nächte folgender:

- in 18 Fällen: die Kinder wurden 6 Nächte aufgenommen;
- in 25 Fällen: die Kinder wurden 8 Nächte aufgenommen;
- in 15 Fällen: die Kinder wurden 12 Nächte aufgenommen;
- in 17 Fällen: die Kinder wurden 14 Nächte aufgenommen.

Man kann also feststellen, daß weniger als 20% der Eltern sich für diese Lebensgestaltung entscheiden. Ich möchte daran erinnern, daß diese Auswahl

nicht auf nationaler Ebene repräsentativ ist. Der Begriff des gemeinsamen Sorgerechts hat nicht für jeden dieselbe Bedeutung; es gibt kein ideales System oder eine typische Aufnahmeart; je nach Gewohnheiten muß jede Familie ihren Lebensstil entwickeln.
Die wichtigsten sozialen und beruflichen Schichten, die von einer lockeren Aufnahme der Kinder betroffen sind, sind die mittleren Schichten: Angestellte, Lehrer, Sozialarbeiter.
Die wichtigsten von den Familien beachteten Zwänge sind:
- Die Notwendigkeit einer nahen Unterkunft;
- Die Einschulung und der Zugang für das einzelne Kind zur sozialen Welt;
- Ein Einvernehmen über den Rhythmus und die Gewohnheiten des Kindes;
- Eine Lockerung für alles was die Ausstattung des Kindes betrifft: Kleider, Spielzeuge, Lehrmaterial.

Die wichtigsten Vorteile für die Erwachsenen:
- Man fühlt sich mit den Schwierigkeiten nicht alleine gelassen;
- Man kann sein Leben als Mann oder Frau gestalten;
- Man kann ständig die Lebensabschnitte des Kindes erleben;
- Man kennt die soziale Welt des Kindes.

Was halten die Kinder davon?
Ich brauche mich nicht zwischen Papa und Mama zu entscheiden.Wenn ich etwas Papa oder Mama sagen will, dann brauche ich nicht zu lange warten.
In den Wohnungen ist es nicht gleich, aber vorher waren meine Eltern auch nicht gleich.
Nach der Meinung von Huber Montagner, Universitätsprofessor und u.a. Autor von *»L'enfant acteur de son développement«*, ist die größte Schwierigkeit der Kinder, daß während der Trennung ihr Lebensrhythmus durcheinander gebracht wird.
Der Autor weist uns auf die Notwendigkeit des Biorhythmus der Kinder hin und es sieht so aus, daß das System, das den Kindern die Starrheit des zweimonatigen Rhythmus aufzwingt, schädlich ist. Denn kaum hat das Kind während dieses Zeitraums, der eigentlich eher 36 als 48 Stunden ist, die Zeit sich mit dem Lebensrahmen, seinen Gerüchen, seinen Gegenständen vertraut zu machen, muß es schon wieder zum anderen Elternteil aufbrechen.
Und das sind die Kinder, deren ein Elternteil oft sagt:
»Der andere hat es schon wieder krank gemacht, er und sie achten nie auf das Kind, das Kind ist immer krank wenn er zu ihm oder ihr geht.«
Und das obwohl es den Anschein hat, daß es sich wissenschaftlich um eine Verschiebung des Biorhythmus handelt.
Die Lebensgestaltung, die vom Autor ins Auge gefaßt wird, ist ein Zweiwochenwechsel.
Auf einer Fachtagung am 1. Dezember 1996 erklärte Hubert Montagner:
»Man muß den Eltern helfen, ihre Affekte zu defokalisieren um sie auf ihre Kinder zu refokalisieren.«

Eine jüngst vom Soziologen Gérard Neynard veröffentlichte Untersuchung, (*»La Résidence alternée«*, Syros Verlag), zeigt die Vorteile und Schwierigkeiten dieser Lebensgestaltung der Kinder.
Nach Meinung des Autors haben nordamerikanische Kinder, die einen Teil ihrer Kindheit so gelebt haben, diesen familiären Übergang mit weniger Traumen überstanden.
So haben die Kinder ihre Lebensgewohnheiten und ihre Kultur durch Referenz an die Eltern fest verwurzelt. Es scheint, daß trotz aller Gegenmeinungen diese Lebensgestaltung den jüngeren Kinder mehr zusagt, als Kindern, die fast im Jugendalter sind.
In dieser Zeit brauchen sie mehr Unabhängigkeit und wünschen oft sich etablieren zu können; das werden sie um so einfacher tun, als sie wissen, daß sie eigene Wünsche ausdrücken können, ohne den anderen Elternteil zu verletzen.
Man darf jedoch nicht annehmen, daß sich dieses Schema in Frankreich ausbreiten wird, da zu viele Traditionen sich ihm entgegensetzen.
Wenn es einleuchtet, daß es normal ist, daß ein Vater jede zweite Woche Zugang zu seinem Kind hat, was soll man von der Mutter denken, die nicht das Sorgerecht ihres Kindes hat? Was hat sie sich zu Schulden kommen lassen?
Die Frage des Sorgerechts des Kindes muß von den beiden Eltern lange diskutiert werden, um sich die Zeit zu lassen seine Wünsche und Erwartungen zu analysieren, bevor man sich entscheidet und weiß, daß Veränderungen sich an die Entwicklung anpassen, aber daß sich das nicht dadurch regelt, daß man zu dem Kind einige Augenblicke Zugang hat.
Die Rechnungen werden oft auf dem Rücken der Kinder beglichen, aber auch auf Kosten der Wirtschaft:
»Wer zahlt, wenn du genauso lange mit dem Kind lebst wie ich?«
Die Geldfrage kommt zwangsläufig. Die Frage des finanziellen Beitrags zur Erziehung des Kindes muß ausdiskutiert, detailliert, vorweggenommen und geklärt werden bevor es zu Entgleisungen kommt.
In Frankreich gibt es keine Möglichkeit für die Eltern, die für ihre Kinder gemeinsam sorgen, Sozialleistungen in Anspruch zu nehmen, die ihre Situation berücksichtigen: Caisse d'Allocation Familiale, Sécurité Sociale, Einschreiben in Schulen, Steuern.
Um diesem Mangel entgegenzuwirken, müssen die Eltern gemeinsam aufkommen. Im Bereich des Beitrags zur Erziehung der Kinder gibt es kein Rechnungsverfahren. Seit einigen Jahren jedoch kann die Caisse Nationale d'Allocations Familiales, angesichts der hohen Beitragsausfälle und der steigenden Verarmung für den ausfallenden Elternteil einspringen und einen Beitrag für das Kind zahlen. Der Elternteil, der diese Leistung bezieht, akzeptiert, daß die Behörden Eintreibungsmaßnahmen gegenüber dem Schuldner in die Wege leiten.
Kann man aber annehmen, daß die Konflikte dadurch geregelt sind? Ist es normal, daß der Staat die Pflicht der Eltern übernimmt?

Aber verschiedene Elterntrennungen werden unterschiedlich gehandhabt und namentlich durch die Intervention eines Familienmediators, und es wäre mir schwergefallen von Trennung zu sprechen, ohne selbstverständlich die Familienmediation zu erwähnen!

VI. Die Mediation: eine Entjudizierung der Scheidung oder eine Frage der elterlichen Verantwortung?

Mir geht es nicht darum zu überzeugen oder die Mediation vorzustellen, aber einfach nur Denkanstöße, Alternativen für den Umgang mit innerfamiliären Konflikten zu geben.

Am 7. Februar 1995 hat das Gesetz die Mediation in das gesetzliche System eingeführt. Die Vorschriften dieses Gesetzestextes zeigen für den Richter die Möglichkeit:

– den Konfliktparteien eine Mediationsmaßnahme vorzuschlagen und zu nennen;
– das Verfahren zu verschieben;
– gegebenenfalls auf das Gesetz zurückzugreifen.

Noch vor kurzem hat es der § 21 des Neuen Gesetzes der Prozeßordnung den Magistraten erlaubt, sich ihrer Aufgabe zu widmen, Parteien zu versöhnen.

Die wichtigsten Verbände, die die Familienmediation vertreten, haben auf diesen Text reagiert, der sehr vage blieb, was die notwendigen Kompetenzen für diese Funktion betrifft; am 26. Juli 1996 hat ein Anwendungsdekret stimuliert, daß die Mediatoren entweder Berufserfahrung nachweisen müssen mit Beziehung zu der Art des Konflikts, oder eine Mediationsausbildung.

Man stellt fest, daß dieser Text von der Mediation im weitesten Sinn handelt. Obwohl die Mediation einen vertraulichen Raum bietet, indem sie trennt, indem sie den Konflikt der Eltern unabhängig von den Kindern behandelt, indem sie es den Kindern ermöglicht ihr Kinderleben weiterzuleben.

Wenn ein Paar einen Familienmediator einschaltet, ist die Entscheidung sich zu trennen nicht immer klar gefallen; innerhalb eines vertraulichen Rahmens und mit der Betreuung durch einen qualifizierten Fachmann, der einem Ehrenkodex unterliegt, bietet die Mediation die Möglichkeit zu prüfen, ob diese Entscheidung gegenüber der Ehekrise die einzige ist. Jedesmal wenn es notwendig ist, kann er die Betreuung durch einen Ehe- und Familienberater, oder einen Therapeuten vorschlagen.

Für die Eltern, die dabei sind sich zu trennen oder schon getrennt sind, bietet die Mediation eine Pause innerhalb des Konflikts. Dadurch soll der Konflikt analysiert werden und die Verbitterung und Blessuren, die einer Verständigung im Wege stehen, sollen zur Sprache kommen. Die Mediation lehrt auch ein Paar, auf den idealen Partner zu verzichten. Schritt für Schritt werden die Eltern die

Bedürfnisse ihres Kindes sondieren, sie werden alle Entscheidungen treffen, die für sein Lebensrhythmus notwendig sind und die zu seinem Alltag gehören.
Diese Entscheidungen werden durch das Kind »auf die Probe gestellt«, das die effektive Koverantwortung der Eltern prüfen wird, um zu sehen, ob die Grenzen die ihm aufgezwungen sind, stabil genug sind und ob es sich darauf stützen kann, um weiterhin in einem abgegrenzten und Sicherheit bietenden Raum aufzuwachsen.
Die Mediation ist auch der Ort, wo die Beziehungen erwähnt werden, die für das Kind von Bedeutung sind: Großeltern, Onkel und Tanten, Paten, aber auch neue Ehegatten, neue Freunde; alle Personen, die für das Kind wichtig sind und die in seiner Familienkonstellation auftreten.
Mehr und mehr werden die Mediatoren von Großeltern eingeschaltet, die von ihren Enkelkindern als Folge der Trennung oder der Scheidung getrennt sind, aber auch von Großeltern, deren Beziehungen mit ihren eigenen Kindern und zwangsläufig von ihren Enkelkindern unterbrochen sind.
Diese Betreuung hat sich heute Mittel gegeben, die die allmähliche Konstruktion einer neuen beruflichen Funktion bestätigen, die sich behauptet. Eine Ausbildung, die auf europäischer Ebene definiert ist mit einem Ehrenkodex und heute mit einem Gesetz.
In einer Zeit, wo wir auf die Gewalt an den Schulen, auf die Demonstrationen von Jugendlichen aufmerksam werden, müssen wir feststellen, daß es notwendig ist Familien zu helfen, den Eltern Orientierungsmöglichkeiten zu geben, damit die Kinder nicht mehr Elternrollen übernehmen und auch nach ihrem eigenen Rhythmus leben.
Es ist notwendig, daß die Betreuungsstrukturen sich entfalten und daß die Vorbeugung der Familiendysfunktionen dabei hilft eine familiäre Harmonie wiederzufinden.
Die Entwicklung der Mediation macht eine Artikulation zwischen den verschiedenen Fachleuten notwendig, eine Artikulation und keinen Wettkampf.

VII. Schluß: Kinder von heute, Eltern von morgen – welche Muster werden übermittelt?

Die schwierige Frage der Situation der Aufnahmestellen für Kinder und namentlich der Praxis in Fragen des gemeinsamen Sorgerechts haben es notwendig gemacht einen Umweg über den juristischen, psychologischen, soziologischen und wirtschaftlichen Standpunkt zu machen, und natürlich besteht das Familenleben aus diesen verschiedenen Parametern, zu denen noch die Kultur und die Traditionen kommen.
Ich haben nicht die Frage der bikulturellen und binationalen Trennungen angesprochen, da dieses Thema nicht auf der Tagesordnung stand.

Das Leben der Kinder zu besprechen ohne von der Frage ihrer Identitätskonstruktion zu reden, scheint riskant; aber können wir das Recht der Kinder erwähnen, ohne über die Pflichten der Eltern zu sprechen?
Die Möglichkeit, daß ein Kind während der Familienauflösung mit beiden Eltern aufwächst, scheint einem wichtigen Bedürfnis des Kindes zu entsprechen: dem Zugang zu beiden Eltern, zu seiner Abstammung, zu seiner Kultur!
Die Weitergabe der elterlichen Muster sind die Grundlage, die Stütze der Kinder, damit es sich in Sicherheit entwickelt, denn die Kinder von heute, Erwachsene des 21. Jahrhunderts, werden auch ihre Kinder betreuen.
Also können wir vielleicht auf dem Recht des Kindes bestehen, von beiden Eltern großgezogen zu werden und fordern, daß dieses Recht respektiert wird; aber wir können auch den Eltern helfen ihre Verantwortung auszuüben, ohne sich hinter irgendeiner Autorität zu verstecken.

Peter Jeffries

»Ein Kind hat das Recht auf beide Eltern«

I. Einleitung

Ich möchte meinen Vortrag mit einer Metapher einleiten – der Metapher des Geschichtenerzählens. Als man mich zur Teilnahme an dieser Konferenz einlud, schien mir das eine gute Gelegenheit zu sein, in größerem Maßstab Geschichten über Familien, Trennung und Scheidung zu erzählen und zuzuhören. Aus diesen Geschichten und auf der Grundlage unserer gemeinsamen Erfahrungen und der gewonnenen Einsichten könnten wir dann neue und bessere Geschichten für Kinder und Familien in unserern jeweiligen Ländern schaffen.

Meine Aufgabe ist es demnach, die Geschichte in Großbritannien zu vermitteln, oder vielmehr meine Fassung der Geschichte in Großbritannien. Hierzu habe ich eine Reihe von Kontexten entwickelt, innerhalb derer die politische Linie und die Praxis des Familienrechtssystems erkennbar wird.

Beginnen möchte ich mit

(1) dem politischen Kontext, da Regierung und Familienpolitik schon immer etwas unbequeme Bettgenossen waren.

Danach möchte ich Sie bitten,

(2) mir in die abstruse Welt der Fakten und Zahlen zu folgen, um einen statistischen Kontext herzustellen.

(3) Daraufhin werde ich den Rechtskontext darlegen, indem ich das rechtliche Umfeld beschreibe, in dem Trennungen und Scheidungen stattfinden.

Danach werde ich

(4) die zur Zeit in Großbritannien geführte öffentliche Debatte über »das Recht des Kindes auf beide Eltern« umreißen und versuchen aufzuzeigen, wie diese Debatte durch die »Entdeckung« häuslicher Gewalt beeinflußt wurde. Dies soll danach überleiten in eine eingehendere Betrachtung der

(5) wichtigsten Probleme in der Praxis.

Ich werde danach abschließen, indem ich

(6) die Notwendigkeit einer neuen und differenzierten Familiensozialpolitik aufzeige.

Ich habe gar nicht erst versucht, die Konvention der Vereinten Nationen über die Rechte des Kindes oder die Themenkreise Rasse und Ethnien im Detail anzusprechen; dies sind nämlich zwei wichtige Kontextelemente – zwei von zahlreichen anderen (beispielsweise die Diskussion über Kindesmitnahme oder die

Haager Konvention), deren Behandlung jedoch den Rahmen dieses Vortrags sprengen würden.

II. Der politische Kontext

In Großbritannien sehen wir uns zur Zeit im Anlauf auf die nächsten Wahlen mit dem damit einhergehenden Kampf um die »moralische Lufthoheit« mit Bezug auf Familie und Familienwerten. Dadurch ist eine recht starke und ausgeprägte politische Führung zum Teil ins Hintertreffen geraten. Familienpolitik wurde im überspannenden Rahmen des »Thatcherismus« entwickelt, der sich (wenigstens anscheinend) zum Ziel gesetzt hatte, den Staat »zurückzuschrauben« und die Ausgaben der öffentlichen Hand zu senken. Dabei kamen drei Hauptanliegen zum tragen:
(1) die Notwendigkeit, das Problem der Familienzerrüttung und den Anstieg in der Zahl der alleinerziehenden Eltern anzusprechen;
(2) die Notwendigkeit, die elterliche Verantwortung zu stärken;
(3) die Notwendigkeit, die Ehe zu stärken.
Obwohl es sich bei den drei Anliegen im Grunde um drei Aspekte eines einzigen Anliegens handelt, ist es zweckmäßig, sie für die Zwecke dieses Vortrags getrennt zu betrachten.

1. Familienzerrüttung und alleinerziehende Eltern

Seit den späten achtziger Jahren wächst die (von der populistischen Presse orchestrierte) öffentliche Besorgnis über das, was als ein Anstieg in der Zerrüttung der Familie und der Ehe wahrgenommen wird. Zerrüttete Familien und alleinerziehende Eltern stellten für die Regierung angeblich ein dreifaches Problem dar:
(1) Nach einer Reihe von praxisgestützten Forschungsuntersuchungen[1] kann davon ausgegangen werden, daß ein Kausalzusammenhang besteht zwischen Jugendkriminalität und Familienzerrüttung; zu einer Zeit, in der in der Regierung der Ruf nach Recht und Ordnung laut wird;
(2) je mehr Eltern sich scheiden lassen oder sich trennen, desto höher die Zahl der Väter, die ihren finanziellen Verpflichtungen nicht mehr nachkommen, mit der Folge, daß die Verantwortung in steigendem Maße an den Staat fällt;
(3) im gleichen Maße, in dem mehr und mehr Frauen zu alleinerziehenden Eltern werden und mehr und mehr Männer ihre Rolle als Väter und Ehemänner

1 Z.B. Graham, J. Bowling, B. 1995. Young People and Crime Home Office Research Study.

ablegen oder verweigern, fällt dem Staat die Rolle des finanziellen Versorgers zu.

2. Elterliche Verantwortung

In konsequenter Übereinstimmung mit ihren Reaktionen in anderen Bereichen hat sich die Regierung sowohl in ihrer Rhetorik als auch in ihren gesetzgeberischen Programmen geweigert, sich in eine sogenannte Abhängigkeitskultur hineinmanövrieren zu lassen. In der Familienpolitik fand diese Haltung ihren Niederschlag in dem Ruf nach Stärkung und Unterstützung der elterlichen Verantwortung:

(1) In einem Regierungsweißbuch über Kriminalität wurde im Hinblick auf jugendliche Straftäter die folgende Aussage getroffen: »Eltern von Jugendlichen .... (werden) gehalten, eine Kautionszusage bis zu £ 1.000 als Sicherheit für die ordnungsgemäße Ausübung ihrer Sorgepflicht und der Kontrolle über ihre Kinder zu leisten.«[2]

(2) Das Kinderunterstützungsgesetz 1991 (Child Support Act) wurde erlassen, nach dem sichergestellt wird, daß Väter, die nicht mehr mit ihren leiblichen Kindern zusammenleben, die finanzielle Verantwortung für diese Kinder tragen.

(3) Im Kindschaftsgesetz 1989 (Children Act), auf das ich später im Detail eingehen werde, wird der Versuch unternommen, die elterliche Verantwortung neu zu definieren und zu bekräftigen. Das Gesetz legt die Betonung mehr auf Unterstützung der elterlichen Verantwortung als auf deren Übernahme durch den Staat, selbst in den Fällen, in denen das Kind staatlich verwahrt wird.

(4) Nach dem Familiengesetz 1996, das im Juli in Kraft trat, soll die vermittelte Übereinkunft (mediated agreement) zwischen Ehegatten und Eltern an die Stelle gerichtlich verfügter Beschlüsse treten.

3. Die Notwendigkeit zur Stärkung der Ehe

Mit ihrem Vorstoß zur Novellierung der Scheidungsgesetze (April 1995) hat die Regierung noch einmal ihren Willen bekräftigt, »die Institution der Ehe zu unterstützen und das Familienleben zu schützen«.[3] In dem Regierungsweißbuch wurden die sozialen, wirtschaftlichen Kosten, die Ausgaben für das Gesundheitswesen, sowie das Elend der Kinder aus zerrütteten Familien hervorgehoben.

2 Crime, Justice and Protecting the Public Cmnd. 965 February 1990. Section 8.10.
3 Looking to the Future (Cmnd 2799) 1995.

Weniger handlungswillig zeigte sich die Regierung jedoch bei defacto-Ehen / »Ehen« ohne Trauschein«, die weitgehend ignoriert werden. Regierungsanhänger gingen während der Debatte über den Gesetzentwurf zur häuslichen Gewalt und den Familienwohnungsbau sogar so weit, alternative Formen des Familienlebens als zweitranging einzustufen und gleiche Rechte für Ehefrauen und Lebensgefährtinnen zu verweigern.

III. Statistischer Kontext

Einige unter Ihnen sind zweifellos der Meinung, daß Statistik eher der Verzerrung als der Wiedergabe der Realität dient. Wenn ja, dann befinden Sie sich in bester Gesellschaft: Einem britischen Premierminister wird das Bonmot nachgesagt: »Es gibt Lügen, verdammte Lügen und Statistiken«.[4]

So weit würde ich persönlich nun auch wieder nicht gehen. Die Aussagekraft von Statistiken sollte vielleicht nicht überschätzt werden, doch sie stellen ein wichtiges Element im Rahmen unserer heutigen Aussprache dar.

Ich muß allerdings vorausschicken, daß die verfügbaren Informationen äußerst lückenhaft sind. Die Daten über gerichtliche Eingaben, an denen Kinder beteiligt sind, sind beispielsweise sehr unzuverlässig. Eine Aufgliederung nach Rasse oder Ethnie besteht so gut wie nicht, und es gibt keine umfassenden Folgestudien über die Ergebnisse von Familiengerichtsbeschlüssen.

Brauchbare und signifikante Daten gibt es jedoch in den folgenden Bereichen:

(1) Ehe/Beiwohnung/eheähnliche Beziehungen.
(2) Alleinerziehende Eltern.
(3) Uneheliche Geburten.
(4) Scheidung.
(5) Stieffamilien.
(6) Kinder.

1. Ehen und »wilde Ehen«/ (Beiwohnung, defacto-Ehen)

(a) Statistisch gesehen erreichten Eheschließungen im Jahre 1972 mit 426.000 den Höhepunkt ihrer Popularität. Im Laufe der letzten Jahre ist die Zahl der Eheschließungen langsam aber stetig auf 300.000 gesunken.[5]

Bei genauerer Betrachtung dieser Zahlen fällt auf, daß in jeder siebten Ehe mindestens einer der Ehepartner schon einmal verheiratet war. Daraus können zwei recht wichtige Schlußfolgerungen gezogen werden:

---

4 Zitat, Sir Winston Churchill zugeschrieben.

5 Haskey, J. Population Statistics No. 80, 1995. OPCS page 8.

(1) Wird die Zahl der Zweitehen von der Gesamtzahl im Jahre 1993 (300.000) abgezogen, stellt man fest, daß die verzeichnete Eheschließungsrate in Großbritannien die geringste seit 1889 ist.[6]

(2) Bedeutsamer für unsere heutige Diskussion ist vielleicht die Tatsache, daß etwa fünfzig Prozent aller Zweitehen ebenfalls wieder in die Brüche gehen, mit der Folge, daß es immer mehr Kinder gibt, die den Zusammenbruch ihrer Familie mehr als einmal erleben.

(b) Kohabitation[7]

Die von Haskey in OPCS-Erhebungen ermittelten Zahlen zeigen[8]:

(1) Mehr und mehr Menschen leben vor ihrer ersten Eheschließung zusammen.

(2) Getrenntlebende / Geschiedene neigen eher zur Kohabitation als Ledige in der gleichen Altersgruppe.

(3) Die meisten Männer und Frauen heiraten früher oder später.

(4) Eine wachsende Zahl von Männern und Frauen verzichtet gänzlich auf eine Partnerschaft.

2. Alleinerziehende Eltern

Das verfügbare Datenmaterial über alleinerziehende Eltern zeigt:

(1) Im Jahr 1991 gab es 1,27 Millionen alleinerziehende Eltern mit 2,2 Millionen unterhaltsbedürftigen Kindern.[9]

(2) Jedes fünfte Kind lebt mit einem alleinerziehenden Elternteil.[10]

(3) Das Familienoberhaupt jeder fünften Familie ist eine alleinerziehende Person.[11]

(4) 90% aller Alleinerziehenden sind Frauen.[12]

(5) Nicht nur ein allgemeiner Anstieg in der Zahl der alleinerziehenden Eltern ist zu verzeichnen:

1986:	jede 7. Familie
1991:	jede 5. Familie[13]

---

6 Ibid page 6.

7 Die Zahlen für Kohabitation sind zwangsläufig komplexer, da sie sich qualititativ von den Ehestatistiken unterscheiden: Die Eheschließung bedeutet eine Veränderung des Personenstandes (im statistischen Sinne eine »Fließvariable«), während Kohabitation in der Regel als die Population gemessen wird, die sich bereits in diesem Personenstand befindet (Stammvariable).

8 Haskey, J. op cit (1995)

9 Haskey, J. Population Statistics, No. 78, 1994. OPCS page 5.

10 Haskey, J. op cit page 5.

11 Stepfamilies in England and Wales. National Association of Stepfamilies. Fact File 1 July 1994.

12 Ibid.

13 Haskey, J. op cit 1994 page 7.

(6) auch unter ledigen Frauen steigt die Zahl der Alleinerziehenden:

1986–1991	ledige Frauen	16% Anstieg
	getrenntlebende Frauen	10% Anstieg[14]

(7) Die verfügbaren Informationen sind gleichermaßen bedeutsam für das, was sie vermitteln als auch für das, was sie verbergen. Wir haben beispielsweise keine endgültigen Daten darüber,

(8) wie lange alleinerziehende Eltern alleinerziehend bleiben (hierüber haben wir lediglich Schnappschüsse, schlaglichtartige Informationen zu verschiedenen Zeitpunkten);

(9) welche sozio-ökonomischen Merkmale diese Familien auszeichnen;

(10) wie hoch der Anteil jener Familien ist, die auf staatliche Beihilfe angewiesen sind.

3. Uneheliche Geburten

(1) Seit den frühen achtziger Jahren ist ein starker Anstieg in der Zahl der außerehelichen Geburten zu verzeichnen.

1900–1960	4–5%
1979	11%
1992	30% (215.186 Geburten)[15]

(2) 70% dieser Geburten wurden gemeinsam gemeldet.

(3) Dagegen wurde mehr als die Hälfte dieser Geburten (52%) mit gleicher Anschrift gemeldet. Aus (2) and (3) geht hervor, daß die meisten nichtehelichen Babys von kohabitierenden Eltern hervorgehen.[16]

4. Scheidung

Die steigende Scheidungstendenz im Lauf der letzten zwanzig Jahre ist allgemein bekannt. Diese Tendenz ist gut dokumentiert und birgt selbst keine größeren Überraschungen, vor allem nicht für eine europäische Zuhörerschaft. Bei einer etwas anderen Aufgliederung der Daten treten allerdings einige interessante Merkmale hervor:

(1) Im Jahr 1993 gab es 165.000 Scheidungen.[17]

14 Haskey, J. op cit (1994) page 6.

15 Roberts, C. in Women Men and Marriage. Ed. Clulow, C. 1995 page 22.

16 Ibid page 23.

17 Walter, J. and Horrick, J. ed. 1996. Communication in Marriage and Divorce. Page 14.

(2) 1989: bei 150.872 Scheidungen mit Kindern gab es 24.765 Paare, bei denen ein Erwachsener schon einmal geschieden war und 12.455 Paare, bei denen beide Partner schon einmal geschieden waren.[18]
(3) Bleibt die Scheidungsrate auf diesem Niveau, wird jedes vierte Kind in Großbritannien noch vor Erreichen des 16. Lebensjahres eine Scheidung erleben.[19]

5. Stieffamilien

(1) Im Jahr 1991 gab es 500.000 Stieffamilien.
(2) Im Jahr 1991 lebten 770.000 Kinder in Stieffamilien;
(280.000 Kinder von neuen Partnern).
(3) Im Jahr 2000 werden voraussichtlich drei Millionen Kinder in Stieffamilien leben.[20]

6. Kinder

Man sollte sich vielleicht vergegenwärtigen, daß für viele Kinder das Familienleben, ob sie nun mit ihren leiblichen Familien, in Stieffamilien oder in anderen Beziehungen leben, kein sicherer Zufluchtsort ist:
(1) Im Jahr 1993 befanden sich 50.000 Kinder im Kinderschutzregister des Vereinigten Königreichs.
(2) 60.000 Kinder wählten einen anderen Wohnort als ihr Zuhause.
(3) 98.000 Kinder liefen von Zuhause weg.[21]

7. Zusammenfassung

Diese Daten vermitteln uns einen Einblick in die britische »Familienlandschaft« in den neunziger Jahren. Wenn wir von den Einzelheiten nun etwas zurücktreten und Abstand gewinnen, wie sieht diese »Landschaft« nun aus?
Die »Topographie« wird bei wechselnden Größen, Formen, Rollen und Verantwortungsbereichen innerhalb der Familien immer vielfältiger. Kinder wachsen in Familien mit einem leiblichen Elternteil, einem Stiefelternteil und mit Stiefgeschwistern heran – die Permutationen sind schier endlos. Einige Kinder

18 Ibid page 14.
19 Ibid page 14.
20 Stepfamilies in England and Wales op cit.
21 Stein et al 1994.

wachsen sogar in Familien auf, in denen beide Eltern in ihrer ersten und einzigen Ehe leben!
Eltern und vor allem Kinder, die diese komplexen und vielfältigen Zusammensetzungen durchleben, sehen sich überwältigenden Aufgaben und Herausforderungen gegenüber. Wir erwarten von immer mehr Kindern, daß sie die Zerrüttung einer Ehe und den Neuaufbau einer neuen Ehe überwinden; wir erwarten von ihnen, daß sie mit einem Elternteil oder gar mit bis zu vier Eltern / Stiefeltern leben und sich gleichzeitig in einem undurchsichtigen Wirrwarr von erweiterten Familiensystemen zurechtfinden. Und nach all dem erwarten wir von ihnen, daß sie zu gesunden, integrationsfähigen und produktiven Mitgliedern unserer Gesellschaft heranwachsen.

IV. Der rechtliche Kontext

Die Bestrebungen der Regierung finden ihren Ausdruck in der Gesetzgebung. Im Laufe der letzten fünf Jahre hat es tiefgreifende und weitreichende gesetzliche Veränderungen gegeben, die Kinder und Familien betreffen. Im Jahre 1987 setzte die Regierung zur Überraschung vieler den reformfreudigen Lord Chancellor (Vorsitzender des Gerichtswesens im Parlament) Lord MacKay of Clashfern ein. Lord MacKays Vision war die eines integrierten Familienrechtssystems, das er durch Einbindung des Kindschaftsrechts, der Scheidungsreform und des Adoptionsrechts schrittweise zu verwirklichen suchte.
Das rechtliche Umfeld, in dem Trennungen und Scheidungen heutzutage stattfinden, unterscheidet sich wesentlich von dem, das erst fünf Jahre zurückliegt. Die »Rechtslandschaft« für trennungswillige Familien wird von drei Segmenten der Rechtsprechung beherrscht:
(1) The Children Act (Kindschaftsgesetz) 1989.
(2) The Family Law Act (Familiengesetz) 1996.
(3) The Child Support Act (Kinderunterstützungsgesetz) 1991.

1. The Children Act (Kindschaftsgesetz) 1989

The Children Act (Kindschaftsgesetz) 1989, das im Oktober 1991 in Kraft trat, schuf völlig neue rechtliche Rahmenbedingungen für Kinder und ihre trennungs- oder scheidungswilligen Eltern. (Es findet zudem Anwendung in Situationen, in denen der Staat zum Schutz der Kinder vor Vernachlässigung oder Mißbrauch eingreift).
In den achtziger Jahren wuchs das Bewußtsein, daß sich das bisher angewandte Sorgerechts-, Zugangs- und Aufsichtssystem als wenig nützlich erwies, wenn sich Eltern nach der Trennung oder Scheidung zum Wohle des Kindes zusammenfanden. Der nicht sorgeberechtigte Elternteil (meistens der Vater) fühlte

sich häufig übergangen und entrechtet. Dieser Zustand schuf oder verschärfte Konflikte zwischen den Eltern noch mehr und führte zu Auseinandersetzungen, die noch lange nach der Scheidung oder Trennung nachwirkten.
Interessanterweise war in den späten achtziger Jahren ein starker Anstieg in Gerichtsbeschlüssen zu verzeichnen, in denen auf gemeinsames Sorgerecht (im Gegensatz zum alleinigen Sorgerecht) erkannt wurde:
1985 13%
1989 20%.[22]
Es wurde jedoch zunehmend offenbar, daß nur eine grundlegende Gesetzesreform ausreichen würde, um Eltern die Gelegenheit zu geben, ihre Rolle nach der Scheidung zu überdenken und konstruktiver in ihre Überlegungen einzubeziehen.
Durch die Children Act (Kindschaftsgesetz) wurden auch neue Rechtskonzepte und Begriffe eingeführt, die nach einem neuen Lexikon verlangten. Dieser Umstand allein wurde zu einem mächtigen Symbol der Veränderung.
Das neue Gesetz beruht (hinsichtlich Trennung und Scheidung) auf den folgenden Eckpfeilern:
(a) Elterliche Verantwortung.
(b) Prinzip der Nichteinmischung.
(c) Die Begriffe »Kontakt« und »Wohnsitz« (an Stelle von »Zugang« und »Sorgerecht«).

a) Elterliche Verantwortung

Das Gesetz definiert elterliche Verantwortung als »alle Rechte, Pflichten, Vollmachten, Verantwortungen und Befugnisse, die den Kindeseltern bezüglich des Kindes und dessen Eigentum/Vermögen rechtlich zustehen«.[23]
Verheiratete Eltern stehen automatisch in der elterlichen Verantwortung, genauso wie verheiratete oder ledige Mütter. Unverheiratete Väter können sie erlangen, indem sie sich formgerecht und vertraglich mit der Mutter einigen oder eine gerichtliche Eingabe machen. Die elterliche Verantwortung kann auch nichtelterlichen Personen übertragen werden, wenn diese Person eine Wohnsitzverfügung bezüglich des Kindes innehat.
Das Gesetz legt den Schwerpunkt insbesondere auf zwei Punkte:
(1) Die Eltern verfügen weniger über Rechte bezüglich ihrer Kinder, sondern stehen vielmehr in der Verantwortung für die Bedürfnisse und Erziehung ihrer Kinder, wobei das Wohl des Kindes im Vordergrund steht.

22 Gerichtliche Sorgerechtsbeschlüsse pro Jahr: Lord Chancellor's Department in Simpson, B. et al – Being There: Fathers After Divorce 1995. Page 5.
23 The Children Act 1989 (Section 3).

(2) Die gemeinsame Verantwortung erstreckt sich auch auf die Zeit nach der Scheidung.
Mit dieser Regelung hoffte man, den Weg zu ebnen für eine gemeinsame und kooperativere elterliche Betreuung.

b) Nichteinmischung

Das Konzept der elterlichen Verantwortlichkeit beruht auf der Annahme, daß Eltern am besten wissen, was für ihre Kinder gut ist und daß Kinder am besten innerhalb der eigenen Familie aufgehoben sind. Die Rolle des Staates beschränkt sich auf Hilfe bei der Ausübung dieser Verantwortung. Die Betonung liegt folglich auf Nichteinmischung oder auf der erforderlichen Mindestintervention, die erforderlich ist, das Wohl des Kindes sicherzustellen. Dies kommt in dem Gesetz am eindringlichsten im folgenden Auszug zum Ausdruck:
»Erwägt ein Gericht, nach dem Gesetz einen oder mehrere gerichtliche Beschlüsse bezüglich eines Kindes zu erlassen, so wird von einem Beschluß Abstand genommen ... es sei denn, das Gericht gelangt zu der Überzeugung, daß ein Beschluß mehr dem Wohle des Kindes dient als der Verzicht auf einen Beschluß.«[24]
Dies ist eine bewußte Abkehr von der früheren Praxis, als Gerichtsbeschlüsse an der Tagesordnung waren. Jetzt gilt, daß ein Gerichtsbeschluß ein nachweislich positiver Beitrag zum Wohle des Kindes zu sein hat.

c) Kontakt und Wohnsitz

Als logisches Ergebnis der Stärkung der elterlichen Verantwortung mußten die Fragen neu beantwortet werden, wo das Kind nach der Scheidung wohnen und wo es den nicht sorgeberechtigten und nicht zuhause lebenden Elternteil treffen sollte. Um die neuen Regelungen so neutral wie möglich zu umschreiben, stützte sich das Gesetz dabei auf die neuen Rechtsbegriffe »Kontakt« und »Wohnsitz«.[25]
Im Oktober 1991 hieß es also »Bühne frei« für die kooperative elterliche Fürsorge. (Wir werden später sehen, ob die Eltern nach nunmehr fünf Jahren ihre Rolle so gespielt haben, wie sie der Gesetzgeber gewollt hat.)

24 Children Act 1989 (Section 1.(5)).
25 Children Act 1989 (Section 8).

2. Family Law Act (Familiengesetz) 1996

Das Familiengesetz (The Family Law Act) trat erst kürzlich, im Juli 1996, in Kraft. Es durchlief das Parlament mit einigen Schwierigkeiten, seine zentralen Grundsätze blieben jedoch unberührt. Drei dieser Grundsätze sind von besonderer Bedeutung im Rahmen dieses Vortrags:
(1) »Schuldlose« Scheidung.
(2) Förderung der Vermittlung.
(3) Kindeswohl und regelmäßiger Kontakt.

a) Scheidung ohne Schuldprinzip

Nach dem früheren Scheidungsrecht (Matrimonial Causes Act 1973) konnte eine Ehe nur bei »unheilbarer Zerrüttung« geschieden werden. Die unheilbare Zerrüttung konnte nur anhand klar definierter Merkmale nachgewiesen werden:
(a) Nachweis des Ehebruchs seitens des Ehegattens.
(b) Nachweis des unzumutbaren Verhaltens seitens des Ehegattens.
(c) Verlassen eines Ehegatten für zwei Jahre.
(d) Einvernehmliches Getrenntleben für zwei Jahre.
(e) Getrenntleben für fünf Jahre.
Diese Regelung führte dazu, daß die meisten Ehen (75%) damit endeten, daß ein Ehegatte dem anderen Ehebruch oder unzumutbares Verhalten nachwies – in anderen Worten: durch nachweisliche »Schuld« des anderen.[26]
Nach den Worten des Regierungsweißbuchs »Looking to the Future« (Blick in die Zukunft, 1995) schuf diese Regelung »einen Hintergrund von Vorwürfen und Gegenvorwürfen«,[27] der es allen Beteiligten extrem schwierig machte, die Frage der Kinder und andere Angelegenheiten, die der Regelung harrten, einigermaßen vernünftig zu besprechen. Das neue Gesetz reflektiert nicht nur die Ansicht, daß das Schuldprinzip nicht justiziabel ist, es geht sogar so weit zu sagen, daß dieses Prinzip Konflikte verstärkt und betont. Durch Abschaffung der Schuldfrage soll daher die Diskussions- und Verhandlungsbereitschaft der Ehegatten gefördert werden.

b) Mediation/Vermittlung

Das Gesetz soll Ehegatten davon abhalten, gleich die Gerichte zu beschäftigen und nur durch Dritte (Anwälte) zu verkehren, statt sich von Angesicht zu Angesicht zu treffen, sich auszusprechen und die künftigen Regelungen zu vereinba-

26 Looking to the Future (Cmnd. 2799) 1995. Section 2.4.
27 Ibid. 2.14.

ren. Auch hier kommt das Prinzip der Mindestintervention und der elterlichen Verantwortung zum Tragen, das wir auch beim neuen Kindergesetz (Children Act) gesehen haben.

c) Kontakt zwischen Kindern und Eltern

Als das Familiengesetz (Family Law Bill) die parlamentarischen Instanzen durchlief, wurde mit wachsender Besorgnis festgestellt, daß die Kinder einer elterlichen Trennung oder Scheidung fast »unsichtbar« waren; erst ganz am Ende des parlamentarischen Prozesses wurde eine Klausel eingefügt, die das Wohl des Kindes zum Gegenstand hat.[28]

Nach dieser Klausel ist das allgemeine Wohlergehen des Kindes vorgesehen, obwohl (für uns heute vielleicht am bedeutsamsten) sie sich mit dem spezifischen Problem des Kindeskontakts befaßt:

»Das Gericht berücksichtigt insbesondere ... das generelle Prinzip, daß ... dem Wohle des Kindes am besten gedient ist, wenn:

(1) es *den regelmäßigen Kontakt mit jenen Personen pflegen kann, die die elterliche Verantwortung für das Kind tragen*, sowie mit anderen Familienmitgliedern ....«[29]

Dies ist das erste Mal, daß das Recht des Kindes auf beide Eltern zumindest vordergründig in die Rechtsprechung eingeflossen ist. Doch, wie wir sehen werden, hat diese Frage hitzige Debatten im Fallrecht ausgelöst.

3. Child Support Act (Kinderunterstützungsgesetz) 1991

In diesem Gesetz wird unzweideutig zum Ausdruck gebracht, daß zur elterlichen Verantwortung auch die finanzielle Verantwortung gehört. Eltern (normalerweise Väter), die nicht mehr bei ihren ursprünglichen Familie wohnen, können nun gerichtlich ausfindig gemacht und gegebenenfalls gezwungen werden, Unterhalt zu zahlen. Das Gesetz ist die direkte Folge einer wachsenden Besorgnis darüber, daß Väter, die ihre finanziellen Pflichten gegenüber ihren Kindern vernachlässigen, eine ständig wachsende Belastung für den Steuerzahler verursachen:

1989 erhielten 70% aller alleinerziehenden Mütter keinen Regelunterhalt für ihre Kinder, was dem Staat Kosten in Höhe von £ 3,2 Milliarden verursachte.[30]

---

28 Family Law Act 1996. Section 11.

29 Ibid.

30 Roberts, B. op cit. Page 7.

Die Rechtsprechung war allein schon in sich nicht schlüssig, da die Prozesse, die in Familien nach der Scheidung abliefen, nicht berücksichtigt worden waren.
(1) alleinerziehende Mütter erhielten keinerlei zusätzliche Unterstützung, da jede Zuwendung seitens des Vaters mit staatlichen Beihilfen und Leistungen verrechnet wurde.
(2) da das Gesetz darauf bestand, daß der Vater in erster Linie seiner ersten Familie gegenüber zahlungs- und leistungspflichtig war, wurden die zweiten Familien benachteiligt.
(3) In Situationen, in denen der frühere Partner / Ehemann gewalttätig gewesen war, war keine Möglichkeit für eine klare Trennung gegeben.
Im Gegensatz zu den beiden früheren Gesetzen, in denen eine Abschwächung der Feindschaft und eine verstärkte Zusammenarbeit der Ehepartner angestrebt wurde, hat das Kinderunterstützungsgesetz (Child Support Act) nicht nur einen fruchtbaren Boden für Bitterkeit zwischen den Ehegatten geschaffen, sondern auch dort Feindschaft gesät, wo vorher Frieden herrschte.

V. Die öffentliche Debatte

Die verschiedenen Parameter, die ich gerade beschrieben habe, stehen alle in einer direkten und reflexiven Wechselbeziehung zu der vorherrschenden öffentlichen Debatte, die sich im wesentlichen um die Frage dreht, warum Kindern der Kontakt mit beiden Eltern zugestanden werden sollte.
Die Gerichte bekräftigen vermehrt
(1) das Recht eines jeden Kindes auf elterlichen Kontakt;[31]
(2) die Notwendigkeit, dem Kind nicht den Beitrag des außer Haus lebenden Elternteils zum emotionalen und materiellen Wohlergehen und Wachstum des Kindes zu verweigern;[32]
(3) das Recht des Kindes, seinen Vater und seine Geschwister kennenzulernen.[33]
Sie wird bejaht durch Forschungsarbeiten, die eine direkte Beziehung setzen zwischen Kontaktmangel und negativen Folgen für das Kind.[34]
Sie wird weiter bekräftigt durch Studien, die einen Zusammenhang herstellen zwischen elterlicher Abwesenheit und den allgemeinen Scheidungsfolgen. Andere Studien, aus denen vermehrtes Fehlverhalten, Delinquenz, Bedarf nach emotionaler Fürsorge oder Verhaltensbehandlung bei Kindern nach einer Schei-

31 R (1993) 2 Family Law Reports 762.
32 H (1992) Family Law Reports 148.
33 S (1990) FLR 166.
34 e.g. Wallestein J.S. and Kelly J.B. 1980. Surviving the Break-up: How Children and Parents Cope with Divorce.

dung hervorgeht, lassen ebenfalls den Schluß zu, daß diese Auswirkungen durch Kontakt mit dem nicht residenten, leiblichen Elternteil abgeschwächt werden können.[35]
Die öffentliche Befürwortung eines größeren Engagements seitens der geschiedenen leiblichen Eltern ist überwältigend. Doch auch in dieser öffentlichen Debatte werden immer einflußreichere Stimmen laut, die sich in erster Linie besorgt zeigen über Gewalt in der Familie.

1. Gewalt in der Familie

Obwohl es bereits seit den siebziger Jahren fundierte und detaillierte Studien über die Verbreitung und das Wesen von Gewalt in der Familie in Großbritannien gibt und es seit zwanzig Jahren Frauenhäuser gibt, ist Gewalt in der Familie erst in den letzten vier oder fünf Jahren »entdeckt« worden. Neuere Untersuchungen über die Auswirkungen häuslicher Gewalt auf Kinder[36] und fortdauernde Gewaltanwendung nach der Trennung[37] hat bei Sozialarbeitern, die mit Familien in der Trennung arbeiten, zu einer Neueinschätzung der herkömmlichen Unterstellungen über den Kontakt geführt.
Kelly beschreibt, wie Kinder ermutigt oder gezwungen werden können, sich an körperlichen oder verbalen Angriffen auf ihre Mütter zu beteiligen.[38]
Bei Barron et al.[39] wird beschrieben, wie Drohungen mit dem Ziel eingesetzt werden, den Kindern Schaden zuzufügen oder sie von ihren Müttern zu trennen.
Hester[40] beschreibt, wie der Kontakt mit Kindern mißbraucht werden kann, um Frauen einzuschüchtern oder sie in die Gewalt zu bekommen.
Nach meiner eigenen, beschränkten Erhebung der gerichtlichen Fürsorgeberichte in Inner-London liegt häusliche Gewalt in 46% aller Fälle vor.
Während sich also die öffentliche Debatte weiterhin auf das Recht des Kindes auf beide Eltern konzentriert, werden immer mehr Stimmen laut, die zu bedenken geben, daß das Wohl des Kindes erheblich gefährdet werden kann, wenn die Verbreitung und die Folgen der Gewalt in der Familie ignoriert werden.

---

35 Eine Zusammenfassung der relevanten Forschungsarbeiten, siehe Ed. F. McAllister – Marital Breakdown and the Health of the Nation 1995.
36 Morley, R., Mullender, A. (1995) Domestic Violence and Children.
37 Hester, M. and Radford, L. (1996) Domestic Violence and Access Arrangements for Children in Denmark and Britain.
38 Kelly, L. (1994) in Morley, R. and Mullender, A. 1995 op cit.
39 Written evidence to House of Commons Home Affairs Committee Inquiry into Domestic Violence 1992.
40 Hester, M. and Radford, L. op cit.

VI. Vom Kontext zur Praxis

Die Praxis des Familienrechts hat eine Reihe von Streitfragen aufgeworfen, die uns zumindest nachdenklich stimmen sollten. Ich möchte mich heute auf nur drei dieser Streitpunkte beschränken:
(1) Die Notwendigkeit, sich zu bekennen und differenziert zu arbeiten.
(2) Der Umfang, in dem der rechtliche Rahmen das elterliche Verhalten geändert hat. Zu diesem Zweck müssen
(a) die Entwicklungstendenzen bei Anträgen auf Gerichtsbeschlüsse
(b) die elterliche Verantwortung
untersucht werden.
(3) Die Faktoren, die die Häufigkeit und Qualität des elterlichen Kontakts seitens des nicht residenten Elternteils nach der Scheidung beeinflussen. Dazu müssen
(a) die Scheidungsgründe
(b) Meinungsverschiedenheiten und Konflikte
(c) elterliche Nähe
(d) gesellschaftliche Klasse und Einkommen
(e) finanzielle Unterstützung
(f) das Geschlecht des Kindes
untersucht werden.

1. Differenziertes Arbeiten

Unsere Konferenz steht, vielleicht zwangsläufig, unter dem eurozentrischen Motto »Das Kind hat das Recht auf beide Eltern«. In unserem Beruf befassen wir uns mit verschiedenartigen Familienstrukturen, verschiedenen elterlichen Rollenmodellen und verschiedenartigen Auffassungen über Elternschaft. In zahlreichen Kulturen obliegt die elterliche Verantwortung nicht allein den leiblichen Eltern oder Ehepartnern. Auch die Rechte des Kindes in unserem Sinne werden anders definiert. »Das Recht des Kindes auf beide Eltern« kann beispielsweise für eine bengalische Familie im Osten Londons etwas ganz anderes bedeuten (wie Ihnen meine Fürsorgebeamten bestätigen können). So, wie man sagen kann, daß es eine vorherrschende Debatte über Trennung und Scheidung gibt, so kann man auch davon ausgehen, daß es eine vorherrschende Kultur gibt. Die Wechelsbeziehung und der Dialog zwischen den verschiedenen Kulturen ist nicht nur von wesentlicher Bedeutung, sondern auch bereichernd für alle Beteiligten. Nur dadurch, daß wir die Unterschiede auch verstehen und wertschätzen, können wir Familien aus anderen Kulturkreisen und verschiedener ethnischer Herkunft einfühlsame und hilfreiche Dienste anbieten und angedeihen lassen. Es ist daher unumgänglich, in unserer Diskussion auch Fragen der ethnischen Herkunft anzusprechen.

a) Anträge auf Gerichtsbeschlüsse

Bedenkt man, daß das Gesetz beabsichtigte, Konflikte zu entschärfen und Übereinkünfte zu erleichtern, könnte man meinen, daß die Zahl der Parteienanträge auf Gerichtsbeschlüsse und dementsprechend auch die Zahl der ergangenen gerichtlichen Verfügungen zurückgeht.
(1) Im Jahr 1995 stieg die Zahl der Anträge auf Wohnsitz und Kontakt um 2% verglichen mit 1994.
(2) Im Jahr 1995: Wohnsitzverfügungen + 7% im Vergleich zu 1994[41]
Kontaktverfügungen + 12% im Vergleich zu 1994.
Man kann sich aufgrund dieser Zahlen des Eindrucks nicht erwehren, daß die Eltern auch mit der neuen Gesetzgebung ihre Probleme haben, ohne gerichtliche Verfügungen zu einer Einigung zu gelangen.
Auch die Zahl der gerichtlichen Fürsorgeberichte (court welfare report) – ein weiterer Indikator für fehlende Übereinkunft – ist seit 1992 stetig im Anstieg begriffen.
(3) In Inner-London1992 + 20%
1992–95 +5% jährlich[42],
doch auch hier müssen diese Zahlen vor dem Hintergrund steigender Anträge betrachtet werden.

b) Elterliche Verantwortung

Die elterliche Verantwortung hat in der Praxis eine Reihe von Problemen aufgeworfen. Seit 1991 ist die Zahl der Anträge auf elterliche Verantwortungsverfügungen Jahr für Jahr gestiegen:
1995 +15% im Vergleich zu 1994.[43]
Das Gesuch eines Vaters um elterliche Verantwortungsverfügung wird vom geschiedenen Partner häufig als unwillkommener und aufdringlicher Eingriff wahrgenommen. Unter diesen Umständen wird seitens der Frauen häufig versucht, ihre Position durch Antrag auf eine Wohnsitzverfügung zu sichern. Damit wird de facto die Position des »alleinigen Sorgerechts« der alten Rechtsprechung wiedereingeführt, was dem Sinn und Zweck der elterlichen Verantwortungsverfügung entgegenläuft.

41 Jahresbericht, Children Act Advisory Committee 1995.
42 Statistik, Inner London Probation Service 1995.
43 Children Act Advisory Committee Annual Report 1995.

2. Kontakterhebliche Faktoren

In Ermangelung anderer britischer Studien über elterlichen Kontakt nach der Scheidung beziehe ich mich hier weitgehend auf die Arbeit B. Simpsons et al. 1995 mit dem Titel »Being There: Fathers After Divorce«. Ich bin in den folgenden Ausführungen dieser Studie zu Dank verpflichtet. Als Hintergrundinformation zu diesem Abschnitt muß festgehalten werden:
(1) daß 90% aller nicht residenten Eltern Väter sind
(2) daß 39–50% aller Väter binnen drei Jahren nach der Trennung kaum Kontakte oder keinen Kontakt mehr mit ihren Kindern haben.[44]

a) Scheidungsgründe

Trotz der Tatsache, daß das Verschuldensprinzip im neuen Familiengesetz entfällt, scheinen die Scheidungsgründe (d.h. wer »schuldig« geschieden wurde) keinen Einfluß auf das Kontaktergebnis zu haben. Zudem ist der »Sorgestatus« weniger bedeutsam als das Niveau der Meinungsverschiedenheiten.[45]

b) Meinungsverschiedenheiten und Konflikt

Auf den ersten Blick könnte man annehmen, daß Meinungsverschiedenheiten eine befriedigende Kontaktvereinbarung beeinträchtigen oder gar verhindern könnten; in der Realität ist diese Sachlage etwas komplexer: Während sich die Meinungsverschiedenheiten vieler Geschiedener um die Kontakthäufigkeit drehen, hat sich das Niveau der Meinungsverschiedenheit bei der Festlegung des endgültigen Kontaktmusters als nicht signifikant herausgestellt. Schwere Konfliktsituationen im frühen Stadium haben sich häufig in sehr befriedigenden Kontaktvereinbarungen gelöst. Meinungsverschiedenheiten über einen neuen Partner oder mit der erweiterten Familie haben sich als signifikant erwiesen.[46]
Die Exeter-Studie[47] gelangt zu dem Schluß, daß es nicht der eigentliche Konflikt ist, der den Kindern am meisten zu schaffen macht, sondern der Verlust eines Elternteils durch Trennung oder Scheidung.

---

44 Haskey, J. 1994 op cit. Page 5. Families Need Fathers – How to deal with Court Welfare Officers 1995.

45 Simpson, B. (1995) op cit. Page 18. Donnelly D. and Fakelhar D. 1992. Journal of Marriage and the Family 54.4.837.

46 Simpson, B. 1995 op cit. Page 21.

47 Cockett, M. and Tripp, J. (1995). The Exeter Family Study: Family breakdown and its impact on children.

c) Elterliche Nähe

Offensichtlich, doch entscheidend, ist die Feststellung, daß nicht residente Väter ihre Kinder häufiger treffen, wenn sie in der Nähe wohnen.

d) Gesellschaftliche Klasse und Einkommen

Die gesellschaftliche Klasse scheint sowohl für die Kontakthäufigkeit als auch für den Kontaktort von Bedeutung zu sein. Bei arbeitslosen Vätern ist die Kontaktpflege am wenigsten stark ausgeprägt. »Bürgerliche« Väter pflegen den häufigsten »bleibenden« Kontakt.[48]

e) Finanzielle Unterstützung

Befunde darüber, ob finanzielle Leistungen bei der Kontaktpflege von wesentlicher Bedeutung sind, sind widersprüchlich. Seltzer[49] fand eine hohe Korrelation. Simpson et al.[50] fand dagegen, daß finanzielle Leistungen keinen entscheidenden Faktor darstellten.

f) Geschlecht des Kindes

Väter pflegen eher Kontakt mit Jungen als mit Mädchen.[51]

VII. Die Notwendigkeit einer Familiensozialpolitik

In dem vor der Konferenz zur Verfügung gestellten Material wurde Bezug genommen auf »Kindersorgerechtsmodelle« und die Aussicht auf eine Konvergenz in rechtlicher und praktischer Hinsicht in der Europäischen Union auf praktikable Modelle hin. Die in Großbritannien gemachten Erfahrungen umreißen meiner Meinung nach die Grenzen dieser Modelle; das britische Familienrecht beruht überwiegend auf einem umgreifenden, prinzipiengetreuen und integriertem Ansatz mit Sicht auf Kinder und die Familie. Doch die obigen Aus-

48 Simpson, B. 1995 op cit. Page 18 ff.
49 Seltzer, J. et al (1989). Family ties after divorce. Journal of marriage and the family 53.79.
50 Simpson, R. (1995) op cit. Page 18.
51 Ibid. Page 20. Bronstein, P. et al 1994. Fathering after separation and divorce – Family Relations 43.4.

führungen haben gezeigt, daß auch dieser Ansatz das Verhalten scheidungswilliger Eltern nicht wesentlich zu ändern vermag. Was benötigt wird ist eine ergänzende Sozialpolitik, die sich sowohl den allgemeinen als auch den spezifischen Aspekten des Familienlebens vor und nach der Scheidung widmet.

Allgemeines

Auf der Makroebene müssen die Art und Weise, in der die Elternschaft aufgebaut ist, überdacht und neue Strukturen geschaffen werden, die unsere gesellschaftlichen Bestrebungen bezüglich der Elternschaft und des Familienlebens wiedergeben. In Großbritannien müssen Heim und Arbeit von Einzelpersonen in Einklang gebracht und bewältigt werden; die Vorschulversorgung ist schlecht und der Zugang vorwiegend einkommensabhängig; Mutter- und Vaterschaftsurlaub ist eingeschränkt und inkonsequent in der Anwendung. Der Anteil werktätiger Frauen steigt ständig (bei entsprechend sinkender Zahl der männlichen Beschäftigten), doch von Frauen wird nach wie vor erwartet, daß sie weiterhin ihre Rolle als primäre Betreuer der Kinder und der älteren Angehörigen wahrnehmen.

Väter

Das Konstrukt der Vaterschaft muß ebenfalls einer Neubewertung unterzogen werden. Vor allem in Großbritannien werden Männer dazu ermutigt, sehr viel Zeit am Arbeitsplatz zu verbringen – das Familienleben wird der Arbeit untergeordnet (nach einem Beitrag im britischen »Guardian« verbringen 95% der arbeitenden Väter lediglich fünf Minuten täglich mit ihren Kindern).[52]
Wir erwarten kein gegenseitiges Bewußtsein der Ehepartner; Väter werden bestärkt, ihre emotionalen Bedürfnisse vom Ehepartner befriedigen zu lassen, ohne daß von ihnen erwartet wird, einen angemessenen emotionalen Beitrag zu leisten.
Die gesellschaftliche Schablone für Elternschaft heißt eine ungleiche Verteilung der Rechte und der Verantwortung zwischen Ehepartnern. Das Gleichgewicht kann nur strukturell, nicht individuell wiederhergestellt werden.

Geschiedene / getrennt lebende Väter

Männer lernen im großen und ganzen von ihren Ehefrauen, was es heißt, Familienvater zu sein. Aus diesem Grund kommen viele Männer so schlecht zurecht mit Trennung und Scheidung.[53] Sie sehen sich gezwungen, Vaterschaft in einem neuen Kontext mit anderen Regeln und Anforderungen zu definieren. Das tun sie ohne ihre natürlichen Verbündeten und Ratgeber: ihren Ehefrauen. Ohne die zweifellos bestehenden sozialen Bedürfnisse der Frauen und Kinder schmälern

52 The Guardian, Digitations 10th August 1996.
53 McAllister, F. (1995) Marital Breakdown and the Health of the Nation Second Edition. Page 10 ff.

zu wollen, besteht ein noch weitgehend vernachlässigtes Bedürfnis nach Hilfe und Unterstützung für geschiedene / getrennt lebende Männer, das seinen Niederschlag in Informationen, Selbsthilfegruppen und Beratung nach der Scheidung finden kann.

Kinder

Dringend benötigt wird Sozialpolitik, welche die Bestrebungen der UN-Kinderkonvention wiedergibt und sich unzweideutig über die Rechte der Kinder bei gestörten Familienbeziehungen äußert. Die überwältigende Mehrheit der Kinder ist bei Scheidung oder Trennung unsichtbar und stumm, während ihre Eltern Vorkehrungen für ihre einvernehmliche Sorge treffen. Alle Kinder haben das Recht auf Informationen, damit sie verstehen, was um sie herum geschieht; auch das Recht, gehört zu werden, ihre Meinung vertreten und berücksichtigt zu wissen, steht ihnen zu.

Trennungs- und scheidungsspezifische Sozialeinrichtungen

Eine vernünftige Sozialpolitik muß auch auf die spezifischen Bedürfnisse der Familien eingehen, die eine Scheidung oder Trennung durchlaufen. Scheidung muß mehr als Vorgang als ein Ereignis betrachtet werden und verlangt daher nach Einrichtungen und Diensten zu verschiedenen Zeitpunkten. Kontaktqualität und Kontakthäufigkeit müssen im Rahmen der Verfügbarkeit und Bereitstellung bestimmter Grundressourcen verstanden werden: Geld, Verfügbarkeit von Kontaktzentren, Unterkunft, Transport, sowie der Rapport und die Mitwirkung der Eltern. Die Auswirkungen einer Scheidung oder Trennung können nicht abgeschwächt werden, ohne daß finanzielle Kosten entstehen. Der Staat muß sich die Entwicklung und Umsetzung eines strategischen Ansatzes für getrennte oder geschiedene Familien einiges kosten lassen; doch was sind diese Kosten schon im Vergleich zu jenen, die zur Zeit durch Krankheit, Produktionsverluste und verlorenem Potential bei zerrütteten Familien entstehen.

Schlußbemerkung

Die Konvergenz des Familienrechts hat uns unabwendbar auch einer Konvergenz der Sozialpolitik nahegebracht: Das Gespenst einer europäischen Sozialcharta geht im Konferenzraum um. Höre ich die Euroskeptiker in London schon ihre Messer wetzen ...?

Agneta Björklund

Das Schwedische Sorgerechtsmodell nach Trennung und Scheidung

I. Einleitung

Die schwedische Regierung hat an dem hier in Freiburg zur Diskussion gelangenden Themenkreis großes Interesse gezeigt. Die diesbezügliche Gesetzgebung wurde in Schweden sowohl in den siebziger als auch den achtziger und neunziger Jahren novelliert.
Die schwedische Familienpolitik setzt sich zum Ziel, beide Elternteile am ersten Lebensjahr des Kindes aktiv zu beteiligen. Eltern können sich den Mutter- bzw. Vaterschaftsurlaub (in der Regel 12 plus 6 Monate) teilen, wobei jeweils ein Monat für die Mutter und ein Monat für den Vater vorgesehen sind.
Die letzte größere Novellierung wurde 1991 vorgenommen und im Oktober 1993 einer Bewertung unterzogen. Die von der Regierung hierfür eingesetzte Kommission führte eine eingehende Untersuchung der Vorschriften und der vorherrschenden Praxis im Sorge- und Zugangsrecht durch. Die Ergebnisse der Untersuchung wurden im August 1995 in einem regierungsamtlichen Bericht unter dem Titel »Sorgerecht, Beherbergung und Zugang« vorgelegt. Die Vorschläge, die im Rahmen dieses Berichts unterbreitet wurden, werden zur Zeit im Justizministerium bearbeitet.
Am 20. September, gleichzeitig mit der Vorlage des Etats für das Haushaltsjahr 1997 im Parlament, wird die Regierung einen Bericht unter dem Titel »Kinder heute« veröffentlichen. Von dieser Vorlage wird erwartet, daß sie ein möglichst umfassendes Bild der Art und Weise vermittelt, wie Kinder und ihre Familien heute leben. Der Bericht stützt sich dabei auf amtliche Berichte, Statistiken, Forschungsergebnisse, Gespräche mit namhaften Forschern und natürlich auch mit Kindern, um festzustellen, wie Kinder ihre eigenen Lebensumstände wahrnehmen.
Die Fakten und Zahlen, die ich in meinem heutigen Vortrag unterbreiten möchte, stützen sich folglich auf diese beiden Quellen, die Berichte des Staatlichen Gesundheits- und Sozialamtes und meine eigenen langjährigen Erfahrungen auf dem Gebiet der Sozialarbeit.

II. Historischer Überblick

Rechtsvorschriften bezüglich der Beziehung zwischen Eltern und Kindern finden sich im schwedischen Recht erstmals im Jahre 1734. Die väterliche Autorität und das Verfügungsrecht über die aus der Ehe hervorgegangenen Kinder waren zu jener Zeit noch sehr stark ausgeprägt.

Sorge und Sorgerecht waren gesetzlich weitgehend ungeregelt. Es galt als in der Natur der Dinge liegend, daß die Eltern berechtigt und verpflichtet waren, für ihre Kinder zu sorgen. Das Gesetz regelte, wer im Falle einer Scheidung mit dem Kind wohnen und das Sorgerecht ausüben durfte.

Uneheliche Kinder wurden die ersten drei Jahre ihres Lebens (in der Kleinkindphase) von der Mutter versorgt und betreut. Danach war vorgesehen, daß der Vater das Kind bis zu dessen siebtem Lebensjahr versorgt. Hernach übernahmen beide Eltern die Verantwortung für das Kind. War der Vater unbekannt, trug die Mutter die Verantwortung auch nach den ersten drei Lebensjahren des Kindes.

Diese Gesetzesvorschriften blieben bis Anfang dieses Jahrhunderts in Kraft. Im Jahre 1917 wurde ein Gesetz verabschiedet, das den Status der unehelichen Kinder regelte, um 1920 folgte ein entsprechendes Gesetz für eheliche Kinder. Die Gesetzgebung legte strenge Maßstäbe an die Herkunft der Kinder an und betonte die Bedeutung der Vaterschaftsfeststellung. Das Sorgerechtskonzept wurde anhand dieser Gesetze eingeführt. Ein weiterer Schwerpunkt dieser Gesetze lag auf der elterlichen Verantwortung für das Wohlergehen des Kindes. Nach dieser Gesetzgebung war vorgesehen, Fragen des Sorgerechts und des Zugangsrechts gerichtlich beizulegen.

1973 wurde das Sorgerecht reformiert. Danach stand beiden Eltern nach einer gerichtlichen Anhörung das gemeinsame Sorgerecht zu. Dabei wurde auch Vätern, die mit der Mutter des gemeinsamen Kindes nicht verheiratet waren, das Recht zugesprochen, einen gerichtlichen Antrag auf Übertragung des Sorgerechts auf den Vater zu stellen.

Nach 1977 konnten unverheiratete Eltern auf gerichtlichen Beschluß hin das gemeinsame Sorgerecht beantragen.

Nach 1983 wurde es Eltern ermöglicht, ohne Gerichtsbeschluß das gemeinsame Sorgerecht nach der Scheidung zu beantragen. Das Antragsverfahren auf gemeinsames Sorgerecht für unverheiratete Eltern wurde vereinfacht, um das Recht des Kindes auf Umgang mit beiden Elternteilen zu stärken. Bei alleinigem Sorgerecht eines Elternteils nach Scheidung oder Trennung obliegt diesem Elternteil die Verantwortung dafür, dem Bedürfnis des Kindes nach Umgang mit dem anderen Elternteil Sorge zu tragen. Etwa zu dieser Zeit trat allmählich die Idee in den Vordergrund, daß das Kind ein Recht auf beide Eltern hat und nicht umgekehrt, was sich in der Praxis jedoch noch häufig als sehr schwierig gestaltet.

III. Die heutige Situation

Die letzten Jahrzehnte haben in Schweden zu tiefgreifenden Veränderungen in der Familie geführt. Eine Familie gilt als Familie, wenn die Eltern zusammenleben, gleichgültig, ob sie verheiratet sind oder nicht.

Als Verheiratete oder Unverheiratete zusammenzuleben und eine Familie zu gründen gilt heutzutage als normal und akzeptiert. Ca. 50% aller Neugeborenen haben Eltern, die nicht miteinander verheiratet sind. Die meisten dieser Paare – über 90 Prozent – leben zum Zeitpunkt der Geburt des Kindes zusammen. Im Jahre 1991, das Jahr, für welches mir zuverlässige Zahlen vorliegen, durchlebten 46.000 Kinder aus 26.000 Familien die Trennung ihrer Eltern. 29.000 dieser Kinder hatten verheiratete Eltern, während 17.000 Kinder aus nichtehelichen Lebensgemeinschaften stammten. Aus den gleichen Zahlen geht hervor, daß 39.000 Kinder mit der Mutter und 7.000 mit dem Vater lebten.

Das Trennnungsrisiko ist weitgehend davon abhängig, ob die Eltern verheiratet sind oder nicht. Die Ehe scheint ein größeres Engagement zu sein als das nichteheliche Zusammenleben. Kinder verheirateter Eltern sind daher zu einem geringeren Umfang der Gefahr einer Trennung ausgesetzt. Im Jahr 1991 trennten sich Eltern in nichtehelicher Gemeinschaft dreimal häufiger als verheiratete Eltern, wobei das Risiko umso höher ist, je jünger das Kind ist.

Kinder aus Einwandererfamilien (bei denen ein oder beide Elternteile nicht schwedischer Abstammung sind) erleben die Trennung ihrer Eltern häufiger als schwedische Kinder. Eine statistische Erhebung der Zeitung Svenska Dagbladet im Februar 1995 vermittelt auf der Grundlage der Scheidungszahlen interessante Zahlen im Hinblick auf die Scheidungsrate bei Ausländerfamilien. Danach scheint das Scheidungsrisiko in jenen Familien am größten zu sein, in denen beide Eltern aus dem Ausland kommen. Im Jahre 1991 gingen 6,5 Prozent aller lateinamerikanischen Ehen in die Brüche. Bei Ehepaaren iranischer Abstammung betrug dieser Prozentsatz 5,2. Die entsprechende Zahl für schwedische Ehepaare ist 1,2 Prozent.

Bemerkenswert in diesem Zusammenhang ist die Tatsache, daß Ehen zwischen Schweden und Ausländern bessere Aussichten auf Bestand haben als Ehen, in denen beide Partner aus dem Ausland stammen. Die demographische Erklärung hierfür liegt mit aller Wahrscheinlichkeit darin, daß Immigranten, die mit Schweden zusammenleben, besser in die Gesellschaft eingebunden sind und folglich mit ehelichen Schwierigkeiten besser zurecht kommen. Familien, in denen der Ehemann Schwede und die Ehefrau Ausländerin ist, haben eine bessere Überlebenschance als Ehen, in denen der Ehemann Ausländer und die Ehefrau Schwedin ist. Ganz allgemein kann davon ausgegangen werden, daß das Scheidungsrisiko umso größer ist, je größer die kulturellen Unterschiede zwischen Schweden und dem Herkunftsland sind.

Statistiken für den Zeitraum 1992–93 zeigen, daß 450.000 Kinder (etwas über 20 Prozent aller Kinder unter 18) mit lediglich einem Elternteil leben. Davon leben 85 Prozent mit der Mutter.

IV. Die wichtigsten Grundsätze der bestehenden schwedischen Rechtsprechung mit Bezug auf Sorge- und Zugangsrecht

Die Bestimmungen über das Sorge- und Zugangsrecht finden sich in einem Kapitel des Familiengesetzbuches. In der Einleitung zu dem Kapitel werden die Grundrechte des Kindes definiert: Recht auf Fürsorge, Geborgenheit und eine gute Erziehung. Zudem soll das Kind mit Respekt für seine Person und seine Individualität behandelt werden und darf keiner körperlichen Züchtigung oder ähnlichen erniedrigenden Behandlung ausgesetzt werden.

Von Geburt an befindet sich ein Kind unter der Sorge beider Eltern, wenn die Eltern miteinander verheiratet sind. Ist dies nicht der Fall, trägt die Mutter allein das Sorgerecht. Unverheirateten Eltern, die später heiraten, steht automatisch das gemeinsame Sorgerecht für das Kind zu. Eltern können bei Gericht einen gemeinsamen Antrag auf gemeinsames Sorgerecht stellen. Unter bestimmten Voraussetzungen kann das gemeinsame Sorgerecht nach einem gemeinsamen Antrag an die örtliche Steuerbehörde zugesprochen werden, die in Schweden für das Personenstandsregister zuständig ist.

Ein Kind bleibt auch nach der Scheidung unter der gemeinsamen Sorge der Eltern, es sei denn, ein Elternteil ersucht um Aufhebung des gemeinsamen Sorgerechts.

In den Fällen, in denen ein Elternteil das Sorgerecht ausübt und der andere Elternteil eine Änderung der bestehenden Vereinbarung wünscht, wird gerichtlich entschieden, welchem Elternteil das Sorgerecht zugesprochen wird. Das gemeinsame Sorgerecht wird bei Einwand eines Elternteils verweigert.

Bei der Entscheidung über das Sorgerecht läßt sich das Gericht von der Überlegung leiten, welche Vereinbarung im besten Interesse des Kindes liegt. Das Gesetz sieht nicht vor, daß ein Elternteil allein aufgrund seines Geschlechts zur Ausübung des Sorgerechts besser geeignet sei als der andere. Der Oberste Gerichtshof hat bestimmt, daß die Vorschriften des Familiengesetzes über Sorge- und Zugangsrecht unter Berücksichtigung der Tatsache angewandt werden müssen, daß ein Kind gute und enge Beziehung zu beiden Eltern benötigt. Bei seiner Entscheidung muß das Gericht daher das Bedürfnis des Kindes nach Kontakt mit beiden Eltern würdigen.

Das Kind hat das Recht auf Umgang mit dem Elternteil, dem das Sorgerecht nicht zusteht. Das Umgangsrecht gilt auch für andere Personen, denen das Kind nahesteht, zum Beispiel Pflegeeltern oder Großeltern. Der sorgeberechtigte El-

ternteil hat dafür Sorge zu tragen, daß dem Bedürfnis des Kindes nach Kontakt mit diesen Personen in größtmöglichem Umfang Rechnung getragen wird. Diesem Elternteil obliegt es auch, die zur Kontakterleichterung nötigen Informationen über das Kind zu geben, sofern besondere Gründe nicht dagegen sprechen. Erhebt der sorgeberechtigte Elternteil Einwände gegen den vom anderen Elternteil gewünschten Kontakt zum Kind, wird auf Antrag des kontaktsuchenden Elternteils gerichtlich und unter Berücksichtigung des Kindeswohles entschieden. Das Gericht würdigt dabei alle rechtserheblichen Tatsachen – zum Beispiel, daß das Kind unter Umständen mißhandelt, entführt, gesetzeswidrig zurückbehalten oder anderweitig mißbraucht wird. Mit Wirkung vom 1. Januar diesen Jahres muß auch das Kind selbst angehört werden.
In den Fällen, in denen eine gerichtliche Entscheidung über Sorge- und Zugangsrecht angestrebt wird, wird das Verfahren durch Klage eines Elternteils gegen das andere oder, bei gütlicher Übereinkunft, durch gemeinsamen elterlichen Antrag eingeleitet.
Bei Sorge- und Zugangsrechtsfällen kann das Gericht das örtliche Sozialamt beauftragen, sogenannte »Kooperationsgespräche« mit den Eltern zu führen, um auf diese Weise zu einer gütlichen Einigung oder Übereinkunft zwischen den Eltern zu gelangen. Bei diesen Kooperationsgesprächen handelt es sich um Gespräche unter der Leitung ausgebildeter Fachkräfte, mit dem Ziel, den Eltern in diesen schwierigen Fragen Unterstützung und Hilfe zu bieten und sie zu einer Regelung gelangen zu lassen. Schwerpunkt dieser Gespräche ist natürlich immer das Wohl des Kindes.
Bevor ein Gerichtsbeschluß in Sorge- und Zugangsrechtsfragen ergeht, wird dem Sozialamt Gelegenheit gegeben, dem Gericht ein Gutachten über die betreffende Familie vorzulegen. Das Gericht kann gegebenenfalls auch verfügen, daß ein umfassender Sorgerechtsbericht erstellt wird.
Bei Vorlage besonderer Gründe kann das Gericht das Kind auch persönlich anhören. In der Praxis gelangt diese Regelung aber selten zur Anwendung. Der Standpunkt des Kindes soll im Sorgerechtsbericht berücksichtigt werden.

V. Sorge- und Zugangsrecht in der Praxis

Die schwedische Gesetzgebung mit Bezug auf Sorgerecht, Beherbergung und Zugangsrecht geht von der grundlegenden Annahme aus, daß grundsätzlich beiden Elternteilen das Sorgerecht eingeräumt werden sollte, es sei denn, daß besondere Umstände gegen diese Form des Sorgerechts sprechen oder ein Elternteil ausdrücklich Einwände dagegen erhebt. Die speziellen Umstände eines jeden Falles müssen selbstverständlich berücksichtigt werden. Diese Regelung gilt seit 1983. Im Zeitraum zwischen 1992 und 1993 verfügten Eltern, die nicht zusammen lebten (ob verheiratet oder nicht) über das gemeinsame Sorgerecht von knapp über 40 Prozent der Kinder unter 18 Jahren, die nicht mit beiden Eltern zusammenlebten. Diese Zahlen stehen im Vergleich zu denen einer Untersuchung aus den Jahren 1984/1985, als lediglich 27 Prozent über das gemeinsame Sorgerecht verfügten.

Eine Untersuchung des Sorgerechtsmodells nach Scheidung, die in der ersten Hälfte des Jahres 1983 durchgeführt und im gleichen Zeitraum im Jahre 1992 wiederholt wurde, hat gezeigt, daß die gemeinsame Sorge von 37 Prozent im Jahr 1983 auf 82 Prozent im Jahr 1992 angestiegen war.

Trotz der Tatsache, daß geschiedene Familien in zunehmendem Maße das gemeinsame Sorgrecht in Anspruch nehmen, zeigen sich Unterschiede in den verschiedenen Bevölkerungsgruppen. Aus der Erhebung geht beispielsweise hervor, daß die gemeinsame Sorge in der bürgerlichen Schicht weitaus üblicher ist als in Familien der Arbeiterklasse.

Wir können weiterhin erkennen, daß 86 Prozent der Kinder bei ihren Müttern leben, obwohl mehr und mehr Eltern über das gemeinsame Sorgerecht verfügen. Seit Mitte der achtziger Jahre ist sogar ein Anstieg dieser Zahlen zu verzeichnen.

Etwa 17.000 Kinder (oder 4,3 Prozent) leben nach der Scheidung bei beiden Eltern. Fast die Hälfte dieser Kinder wohnt in Großstädten, und wiederum zwei Drittel dieser Kinder stammen aus bürgerlichen Familien. Seit Mitte der achtziger Jahre gibt es vermehrt Anzeichen dafür, daß die Kinder häufiger bei beiden Eltern wohnen, zum Beispiel eine Woche beim Vater und die nächste Woche bei der Mutter. Dies scheint besonders in den Fällen zuzutreffen, in denen der Vater nach der Scheidung allein lebt. Man geht davon aus, daß die Inanspruchnahme des Vaterschaftsurlaubs diese Zahlen beeinflußt hat.

Die nicht mit ihren Kindern zusammen lebenden Eltern (in den meisten Fällen die Väter) stellen eine Personengruppe dar, die wenig auffällig ist und in den Statistiken kaum angesprochen wird. Etwa 200.000 Männer und 35.000 Frauen in Schweden haben Kinder unter 18 Jahren, mit denen sie nicht zusammenleben. Diese Väter haben insgesamt 270.000 Kinder. Ein Fünftel dieser Kinder ist im Vorschulalter. Die meisten dieser Kinder haben bei ihrem Vater gewohnt, doch etwa die Hälfte nur für 1 bis 6 Jahre. 16 Prozent der Kinder haben nie bei ihrem Vater gelebt.

In den meisten Fällen wohnen diese Väter geographisch relativ nahe zum Kind, in jedem zweiten Fall weniger als 10 km entfernt. Alleinlebende Väter leben in der Regel näher an ihren Kindern als Väter, die eine neue Familie gegründet haben.

Die Zahl der Kinder, die ihre Väter mindestens einmal wöchentlich treffen, hat sich im Lauf des letzten Jahrzehnts erhöht, während sich die Zahl der Kinder, die überhaupt keinen Kontakt pflegen, verringerte. Jüngere Kinder haben in der Regel engere Kontakte zu ihren Vätern als Teenager. Alleinlebende Väter sehen ihre Kinder häufiger als Väter einer neuen Familie. Väter, die in der neuen Beziehung wieder Kinder haben, sehen ihre Kinder aus der vorhergegangenen Beziehung seltener als solche, die keine »neuen« Kinder haben. Der Vater-

Kind-Kontakt steht in Relation zu der Anzahl von Jahren, die Vater und Kind zusammengelebt haben. In diesem Fall gibt es keine wesentlichen Abweichungen zwischen den sozio-ökonomischen Gruppen.
Nach schwedischem Recht können Pflegeeltern das Sorgerecht für ihr Pflegekind erwerben, obwohl davon sehr selten Gebrauch gemacht wird. Genaue Zahlen hierzu konnte ich nicht ausfindig machen. Nach einem Bericht des staatlichen Gesundheits- und Sozialamtes aus dem Jahr 1995 ist diese Zahl jedoch sehr gering, obwohl sie im Laufe der letzten Jahre im Anwachsen begriffen war.

VI. Erkennbare Probleme

Auf der problematischen Seite sollte vielleicht einleitend eine Komplikation erwähnt werden, die in unserer bestehenden Gesetzgebung begründet liegt: Eltern mit gemeinsamem Sorgerecht können zur Zeit keinen Gerichtsbeschluß über den Wohnort des Kindes erwirken. Bei Eltern, die das Sorgerecht gemeinsam ausüben, geht der Gesetzgeber davon aus, daß sie in dieser Frage zu einer Einigung gelangen. Diese Mutmaßung ist jedoch nicht in jedem Falle zutreffend.
Ebenso wenig können Eltern mit gemeinsamem Sorgerecht einen Gerichtsbeschluß bezüglich des Zugangsrechts erwirken, wenn die Kontakte zwischen dem Kind und dem entfernt lebenden Elternteil nicht funktionieren. Das heißt, daß, wenn die Eltern zu keiner Lösung dieses Problems gelangen, der zugangsbegehrende Elternteil das Gericht anrufen und um Aufhebung des gemeinsamen Sorgerechts und um einen Gerichtsbeschluß bezüglich des Zugangsrechts ersuchen muß.
In der Praxis kann dieses Problem durch die oben erwähnten Kooperationsgespräche im Sozialamt gelöst werden. Diese Gespräche helfen den Eltern in der Regel, zu einer Einigung bezüglich des Zugangsrechts zu gelangen. Nach meiner Kenntnis ist das schwedische Konzept der Kooperationsgespräche weltweit einmalig; ähnliche Ansätze finden sich unter Umständen auch in Ihren jeweiligen Ländern. Bei diesen Kooperationsgesprächen handelt es sich um strukturierte Diskussionen unter Anleitung erfahrener und speziell ausgebildeter Sozialarbeiter mit Eltern, die während oder nach der Trennung wegen der Sorgerechts- und Zugangsfrage miteinander im Streit liegen. Zweck dieser Gespräche ist es, den Eltern zu einer Einigung zu verhelfen. Dieser Dienst wird von den Kommunen getragen. Eltern können diesen Dienst aber auch direkt in Anspruch nehmen. Kooperationsgespräche können auch nach einem Gerichtsbeschluß geführt werden. Die Erfolgschancen der Gespräche stehen gut, wenn die Eltern aus eigener Überzeugung und frühzeitig vorsprechen, noch bevor sich die Fronten verhärtet haben.
In der einleitend erwähnten Untersuchung wurde der Versuch unternommen, die Auswirkungen dieser Kooperationsgespräche zu bewerten. Danach stellten

sie sich sowohl im wirtschaftlichen als auch im psychosozialen Sinne als nützliche Instrumente bei der Konfliktlösung im Falle von Sorgerechts- und Zugangsrechtsauseinandersetzungen heraus. In dem Umfang, in dem diese Gespräche Prozesse abwenden, verfügen sie auch über eine präventive Funktion. Annähernd 25 Prozent aller Eltern, die sich 1993 trennten oder scheiden ließen, nahmen im Zuge ihrer Sorgerechtsauseinandersetzungen mit den örtlichen Sozialämtern Kontakt auf. Die Kooperationsgespräche haben bewirkt, daß immer mehr Eltern zu einer Einigung bezüglich des Sorge- der Zugangsrechts gelangen. Insbesondere die Kooperationsgespräche, die noch vor Einleitung von Gerichtsverfahren gehalten werden, haben zu befriedigenden Ergebnissen geführt und Ressourcen geschont. Etwa 80 Prozent dieser Diskussion führten 1993 zu elterlicher Übereinstimmung. Kooperationsgespräche führten zu einer Verringerung der Sorgerechtsberichte, die von den Sozialämtern nach einem Gerichtsbeschluß erstellt werden müssen.

Bei Trennung und Scheidung in kulturellen Mischehen und Beziehungen sehen sich alle Beteiligten mit großen Problemen und Komplikationen konfrontiert. Jede der trennungs- oder scheidungswilligen Personen bringt ihre eigenen kulturellen Verhaltensmuster und rechtlichen Bezugssysteme in die Beziehung ein, wobei bei einer Scheidung in Schweden auch noch schwedisches Recht zur Anwendung gelangen muß.

Mit dem gleichen Problem sehen sich Immigranten und Flüchtlinge konfrontiert, deren Beziehungen häufiger als bei der schwedischen Bevölkerung in Trennung oder Scheidung enden. Der schwedische Weg der Problemlösung ist in diesen Fällen nicht immer von Erfolg gekrönt. Im Laufe der letzten Jahre haben wir in diesem Bereich einiges dazugelernt, und ich möchte Ihnen einige dieser neuen Erfahrungen nicht vorenthalten.

Unter der Federführung des Staatlichen Gesundheits- und Sozialamtes wurde im Februar 1995 eine Anhörung bezüglich jener speziellen Probleme durchgeführt, mit denen sich Sozialarbeiter in ihrem täglichen Kontakt mit multikulturellen Familien konfrontiert sehen. Die Protokolle dieser Anhörung enthalten eine Reihe interessanter Punkte, die ich Ihnen hier mitteilen möchte. Die Zahl der Trennungen und Scheidungen in multikulturellen Familien ist im Ansteigen begriffen und wir müssen herausfinden, wie wir diese Konflikte besser handhaben und lösen können.

- Hat sich ein Konflikt dieser Art festgefahren, ist es wichtig, erst einmal Abstand zu nehmen und sich auf die Kinder zu konzentrieren, um die Dinge aus ihrer Sicht zu sehen. Das gibt den Eltern in der Regel zu denken und bewegt sie zurück auf den Pfad der Kooperation. Und dieser Ansatz kann helfen, das Scheidungsrisiko einzudämmen, indem bisher nicht bedachte konstruktive Lösungen zumindest versucht werden.
- Für die Konfliktlösung in multikulturellen Familien sind besondere Methoden erforderlich, und diese Methoden müssen dem kulturellen Hintergrund und den spezifischen Erfahrungen dieser Familie Rechnung tragen. Wenn

wir versuchen, unsere herkömmlichen schwedischen Methoden auf unsere zugewanderten Bevölkerungsgruppen anwenden, vertiefen sich die Differenzen eher noch weiter. Als Beispiel für den neuen Ansatz gelten Vorgehensweisen wie: Arbeit mit dem weiteren Familienverband, Einbeziehung der Verwandten und Involvierung wichtiger Autoritäten, wie beispielsweise religiöse Führungspersonen. Es ist obendrein sehr wichtig, das Wertesystem der eigenen Personengruppe unangetastet zu lassen. Manchmal hilft auch ein informelles und »nichtamtliches« Umfeld bei der Herstellung von Kontakten und Konfliktlösungen.

- Es ist von unschätzbarem Wert, wenn die Personen, die sich beruflich mit diesen Fragen befassen, über eingehende Kenntnisse über die Kulturen verfügen, die sie bei ihrer Arbeit antreffen. Hierbei sollten Dolmetscher und andere Sachverständige herangezogen und konsultiert werden. Ebenso wichtig ist es, in den verschiedenen Ämtern und Behörden Personen zu beschäftigen, welche die verschiedenen Kulturkreise vertreten.
- Von größter Bedeutung ist, daß die schwedischen Behörden und Ämter eine klare Linie bei der Vorstellung unserer Regeln und Erwartungen an den Tag legen. Eltern dürfen nicht nur über ihre Rechte informiert werden – sie müssen auch über ihre elterlichen Pflichten aufgeklärt werden.
- Zu guter Letzt legen wir den größten Wert darauf, daß die Perspektive des Kindes in diesen schwierigen Fragen berücksichtigt und daß das Kind einbezogen und angehört wird.

Kindesmitnahmen kommen vor, und sie verursachen in der Regel sehr viel Streß und Arbeit. Wir alle wissen wie lange es dauern kann, diese Fälle auf dem offiziellen Rechtsweg zu lösen und wie extrem schmerzhaft diese Erfahrung für die Betroffenen sein kann. Aus diesem Grund hat das Staatliche Gesundheits- und Sozialamt im Jahr 1993 eine Studie über Kindesmitnahmen durchgeführt. Amtliche Statistiken über diese Kinder fehlen noch, aber die Studie untersuchte die Fälle von insgesamt 113 Kindern, die bis 1992 entführt oder widerrechtlich entfernt worden waren. Der am weitesten zurückliegende Fall geht auf das Jahr 1970 zurück.

34 dieser Kinder wurden im Zeitraum 1989–92 entführt. Davon waren 21 in der Altersgruppe 1–6 Jahre. 39 Kinder aus der Gesamtzahl von 113 sind nach Schweden zurückgebracht worden.

18 Kinder waren von ihren Müttern entführt worden, der Rest war von den Vätern mitgenommen worden. 18 der entführenden Elternteile sind von schwedischen Gerichten einmalig oder auch wiederholt verurteilt worden, weil sie das Recht in die eigene Hand genommen hatten. Dabei handelte es sich durchweg um Väter und, mit einer Ausnahme, um Väter ausländischer Herkunft.

Wir müssen lernen, mit unseren Einwohnern aus anderen Kulturen besser umzugehen, damit Entführungen vermieden werden. Einige der von mir aufgezeigten Methoden könnten sich sehr wohl als präventiv herausstellen. Wenn die Gewißheit vermittelt wird, daß eine allseits befriedigende Lösung gefunden werden kann, besteht keine Notwendigkeit mehr, das Recht in die eigene Hand zu nehmen.

VII. Künftige Veränderungen

Aus der von der Regierung eingesetzten Untersuchungskommission für Auseinandersetzungen im Sorgerecht sind einige Vorschläge zur Änderung des Kindschaftsrechts hervorgegangen. Der Bericht dieser Untersuchungskommission wurde vom Justizministerium den beteiligten Organen unterbreitet. Diese Kommentare werden zur Zeit zu einer Gesetzesvorlage umgearbeitet, die das Justizministerium im Jahr 1997 dem Parlament vorlegen will. Ich möchte Ihnen einige der Veränderungsvorschläge zum Kindschaftsrecht vorstellen, die von den beteiligten Organen begrüßt wurden.

Die meisten Beteiligten sind für eine Regelung, nach der verheirateten oder unverheirateten Eltern automatisch das gemeinsame Sorgerecht eingeräumt wird. Ausnahmen sind zulässig, beispielsweise bei Schwangerschaften nach einer Vergewaltigung.

Ein weiterer, ursprünglich aus Finnland kommender Vorschlag, wird ebenfalls weitgehend begrüßt. Danach soll es Eltern unter gegenseitigem Einverständnis ermöglicht werden, Sorgerecht, Zugangsrecht, Beherbergung und Kontaktpflege mit dem anderen Elternteil mittels eines formellen Vertrags zu regeln. Die örtliche Gemeinde soll demnach die Verantwortung dafür übernehmen, daß die Eltern Unterstützung bei dieser Vereinbarung erfahren und auch billigen, was vereinbart wird. Diese Verantwortung soll einem zuständigen Beamten übertragen werden. Dies wäre in den meisten Fällen unzweifelhaft die Person, die auch die Kooperationsgespräche geführt und die elterliche Übereinkunft herbeigeführt hat. Bei dem Beschluß, ob der Vertrag gebilligt werden kann, sollen das Wohl des Kindes und dessen Wünsche im Vordergrund stehen.

In Zukunft müssen auch jene Verfahren weiter verbessert werden, die von den beruflich in der Familienpolitik engagierten Gruppen und Personen bei Konflikten über das Sorge- und Zugangsrecht eingesetzt werden. Kinder brauchen beide Eltern. Und sie brauchen den Zugang zu den erweiterten Familien auf beiden Seiten.

Jan Piet de Man

Das Wohl des Trennungs- und Scheidungskindes in der Praxis
»Gemeinsames Sorgerecht« Ja oder Nein. Erfahrungsbericht

I. Das Wohl des Kindes

»Gemeinsames Sorgerecht«: Ja oder Nein?
Um eine gerechtfertigte Antwort auf diese Frage zu geben, sollte man sich nach dem Kriterium des Kindeswohles richten. Dieses Kindeswohl ist in der Tat und mit Recht das fundamentale Kriterium, das von allen »westlichen« und internationalen Gesetzen für jede Gerichtsentscheidung – und in manchen Gesetzbüchern auch für elterliche Entscheidungen – über ein Kind vorgeschrieben wird. Was fördert in Wirklichkeit das Wohl des Trennungs- und Scheidungskindes? Welches sind die objektiven Faktoren, die bei einer Trennung der Eltern das Wohl des Kindes fördern – oder beeinträchtigen?
Auf diese Frage suche ich seit mehr als zehn Jahren gut fundierte Antworten. Was können wir aus den Erfahrungen, die mit vielen Trennungskindern gemacht worden sind, lernen? Das heißt: was sind die Ergebnisse aus den empirischen wissenschaftlichen Untersuchungen? Was haben solche Untersuchungen in bezug auf das Wohl des Trennungskindes in Erfahrung gebracht?

1. Übliche alleinige Sorge

Welches sind, laut den Erkenntnissen aus diesen Untersuchungen, die Bedingungen einer erfolgreichen alleinigen Beherbergung? – Das ist die meist übliche Art der Sorgerechtsregelung, bei der das Kind hauptsächlich (oder ausschließlich) bei einem Elternteil wohnt.
Die Erfahrungen mit Trennungskindern sind schon in vielen empirischen wissenschaftlichen Untersuchungen beschrieben worden. Von allen diesen Ergebnissen ist am meisten bestätigt worden, daß der wichtigste Faktor, der die positive Entwicklung des Kindes am meisten fördert, folgender ist:

1.1 Ein niedriges Niveau elterlicher Konflikte vor und nach der Scheidung[1]

»Die Konflikthaftigkeit der elterlichen Beziehung nach der Scheidung ist ein eindeutiger Risikofaktor für die psychische Entwicklung der Kinder.«[2]

- Welche Schlußfolgerungen sollte man aus dieser immer wieder bestätigten Tatsache ziehen?
- Eltern sollen so viel wie möglich dazu angeregt werden, ihre Elternschaft ohne Konflikte zu gestalten, d.h. so viel wie möglich Vereinbarungen zu erarbeiten.
- Der Gesetzgeber sollte jeden Streit zwischen den Eltern vor Gericht überflüssig machen, zumindest nicht ankurbeln. Dabei gilt als erstes Grundprinzip: »Über dasjenige was man selber mitentschieden hat, streitet man sich nicht mehr.« Das bedeutet, daß zu dem »gemeinsamen Sorgerecht«, im juristischen Sinne des elterlichen Entscheidungsrechtes oder Bestimmungsrechtes, d.h. zu dem Recht, Entscheidungen über das Kind gemeinsam zu treffen, grundsätzlich Ja gesagt werden sollte. Das gemeinsame Entscheidungsrecht sollte die allgemeine Grundregel sein, die vor und nach der Trennung sowie für verheiratete und unvermählte Eltern gilt. So bestimmt es auch der neue Paragraph 374 des Belgischen Bürgerlichen Gesetzbuches: *»Wenn die Eltern nicht zusammenleben, üben sie die elterliche Autorität weiterhin gemeinsam aus (...).«*

---

1 Kurdek, L.A.: »An Integrative Perspective on Children's Divorce Adjustment.« American Psychologist 36 (1981), 856–866.
– zitiert von: W.E. Fthenakis e.a.: Ehescheidung; Konsequenzen für Eltern und Kinder. München–Wien–Baltimore: Urban & Schwarzenberg, 1982, p. 161.
– sich basierend auf:
– Berg & Kelly: »The Measured Self-Esteem of Children from Broken, Rejected, and Accepted Families.«
Journal of Divorce 2 (1979), 363–370;
– Jacobsen, D.S.: »The Impact of Marital Separation/Divorce on Children: II. Interparent Hostility and Child Adjustment.« Journal of Divorce 2 (1978), 3–19;
– Lowenstein & Koopman: »A Comparison of the Self-Esteem Between Boys Living with Single-Parent Mothers and Single-Parent Fathers.« Journal of Divorce 2 (1978), 195–208;
– Rosen, R.: »Some Crucial Issues Concerning Children of Divorce.« Journal of Divorce 3 (1979), 19–25;
– Wallerstein & Kelly: Surviving the Breakup: How Children and Parents Cope with Divorce.«
New York: Basic Books, 1980.

2 Norbert Hofmann-Hausner & Reiner Bastine (Psychologische Institut der Universität Heidelberg): Psychische Scheidungsfolgen für Kinder; Die Einflüsse von elterlicher Scheidung, interparentalem Konflikt und Nach-scheidungssituation; öberblicksarbeit. Zeitschrift für Klinische Psychologie, 24 (4), 285–299, 1995; p. 295.

- Für die Praxis der RichterInnen bedeutet dies, daß sie eine Vereinbarung der Eltern immer respektieren müssen, d.h. dieses in einem Urteil auch rechtsgültig und vollstreckbar machen.
- Für den Gesetzgeber impliziert dieses, daß die »Ausführbarkeit« der Vereinbarungen so leicht wie möglich gemacht werden sollte. Diese Rechtsgültigmachung sollte durch das meist zugängliche Gericht (in Belgien ist das der »Friedensrichter«, in Deutschland das Amtsgericht), den Notar, oder gar (wie z.B. in Skandinavischen Ländern) die Stadtbehörde erfolgen.
- Für die Praxis der Beratungsstellen, Jugendämter usw. bedeutet das Minimieren von elterlichen Konflikten, daß sie den Eltern soviel wie irgend möglich Hilfestellung geben sollten sich zu einigen und nicht zu streiten (bei Streit z.B. Abreaktion mittels kathartischer Ventilation der negativen Gefühle, wie zu einem symbolischen Stuhl reden, auf Kissen schlagen, ein Telefonbuch zerreissen, ...). Zur Konfliktbewältigung ist die Scheidungsmediation eine sehr geeignete Methode. Wenn o.g. Stellen es selber nicht können, sollten diese die Eltern an kompetente Therapeuten oder Mediatoren verweisen.
- Dieses gilt auch für die RichterInnen und den Gesetzgeber: diese sollten die Eltern ebenfalls an Mediatoren verweisen – und sei es nur darum, daß die Eltern wenigstens gute Informationen über diese Möglichkeit bekommen, oder es ausprobieren können. Dieses impliziert ebenso, daß den Eltern die benötigte Zeit gegeben wird, um alle notwendigen Vereinbarungen zu erarbeiten, und daß die inzwischen erreichten Teilvereinbarungen schon rechtskräftig und vollstreckbar gemacht werden können.

1.1.1 Aber . . . : »Notausgang«

Aber was soll – wenn das gemeinsame elterliche Entscheidungsrecht gilt – dann geschehen, wenn die Eltern es nicht rechtzeitig schaffen sich über irgend eine zu treffende Entscheidung einig zu werden?
Das Belgische Bürgerliche Gesetzbuch schreibt in diesem Fall vor, daß die Eltern sich an den Richter wenden sollen.
Wie sieht ein solcher Gerichtsgang in der Praxis aus? Diese Praxis – die in allen »westlichen« Ländern offenbar sehr ähnlich verläuft – wird von Robert F. Cochran (Associate Professor an der Pepperdine University School of Law in Malibu, Kalifornien, USA) gut beschrieben. Er konstatiert, daß das Prinzip, nach dem in jedem einzelnen Fall festgestellt werden soll, was das Beste für das Wohl des Kindes ist, viele unerwartete Konsequenzen hat: *»Wegen diesem »case-by-case best interests«-Prinzip (...) wissen die (sich scheidenden) Eltern nicht, welches von den vielen der Kriterien, die ein Richter verwenden könnte,*

ausschlaggebend sein wird.«[3] Deshalb werden der Vater und die Mutter soviel wie möglich negative Argumente in bezug auf den anderen Elternteil anführen und soviel wie möglich positive auf sich selbst. Auf diese Weise *»bringt diese Unsicherheit Konflikte und Gerichtsprozeduren hervor. Elterliche Konflikte sind emotionell zerstörerisch für die Kinder*[4]*, besonders, wenn der Konflikt nach der Trennung der Eltern stattfindet«.*[5, 6]

1.1.1.a. Allgemein: Gleichgewicht im Entscheidungsrecht von Vater und Mutter

Wenn das »Sorgerecht« einem der beiden Elternteile zugesprochen wird, erhält dieser Elternteil das ganze Entscheidungsrecht, das dann leicht mißbraucht werden kann: z.B. um den anderen zu verletzen (z.B. ihm den Kontakt zu seinen Kindern verweigern oder unmöglich machen) oder um ihn unter Druck zu setzen (z.B. den Unterhalt nicht zahlen). Um diesen Mißbrauch der Macht, der für die Beziehungen zwischen Eltern und Kindern und damit für die Kinder schädlich ist, zu vermeiden, kann man die verschiedenen Elemente des elterlichen Entscheidungsrechtes möglichst gleichmäßig auf beide Elternteile verteilen. Ein solches Gleichgewicht ist am einfachsten herzustellen, wenn zwei Kinder da sind. Für den Fall, daß die Eltern sich nicht einigen können, könnte man, wenn sie einen Sohn und eine Tochter haben, dem Vater die ausschlaggebende Stimme für den Sohn und der Mutter für die Tochter geben. Aber auch dann, wenn beide Eltern sich einig sind das Sorgerecht gemeinsam fortzusetzen, stelle ich immer die Frage: »Und wenn Sie einmal – ich wünsche für Sie und Ihre Kinder, daß es selten oder nie vorkommen wird – nicht zu einer gemeinsamen Entscheidung kommen, was würden Sie dann tun?«.
Eltern mit zwei Kindern gebe ich dann zu überlegen, was sie z.B. von dem o.g. Vater-Sohn/Mutter-Tochter-«Notausgang« halten würden.

---

3 Robert F. Cochran: »Reconciling the Primary Caretaker Preference, the Joint Custody Preference, and the Case-by-Case Rule.« in: Jay Folberg (ed.): »Joint Custody & Shared Parenting.«, New York & London, The Guilford Press, 1991, p. 221.

4 cf. Hetherington: »Family Interaction and the Social, Emotional, and Cognitive Development of Children After Divorce.« The Family: Setting Priorities 71 (V.Vaughn & T.Brazelton eds. 1979);
Jacobson: »The Impact of Marital Separation/Divorce on Children: II. Interparent Hostility and Child Adjustment.« 2 J. Divorce 3 (1978);
Emery: »Interpersonal Conflict and the Children of Discord and Divorce.« 92 Psychological Bull. 310 (1982).

5 cf. Hetherington, 1979, o.c., p. 74, note 13.

6 Robert F. Cochran:
»Reconciling the Primary Caretaker Preference, the Joint Custody Preference, and the Case-by-Case Rule.«
in: Jay Folberg (ed.): »Joint Custody & Shared Parenting.«, New York & London, The Guilford Press, 1991, p. 221–222.

Für den Fall, daß es sich um ein Einzelkind handelt, könnte man zum Beispiel folgende Lösungsmöglichkeiten in Betracht ziehen:

- gibt es keine Einigung zwischen den Eltern, könnte die Mutter das Entscheidungsrecht bis zum neunten Geburtstag des Kindes ausüben und der Vater anschließend;
- die Mutter könnte das Entscheidungsrecht für die Person des Kindes bekommen und der Vater für die Verwaltung der Sachwerte und das Recht es zu vertreten.

Die ersten Schlußfolgerungen in bezug auf das gemeinsame »Sorgerecht« nun in Kurzfassung:
Ja für das gemeinsame elterliche Entscheidungs- oder Bestimmungsrecht (als automatisches – d.h. ohne Antrag – allgemein gültiges Prinzip für verheiratete sowie für unverheiratete Eltern, sowohl wenn sie zusammen – als auch getrennt leben. So wie es das neue belgische Gesetz eingeführt hat.),
Aber mit einem »Notausgang«, der von vornherein im Gesetz (oder vom Richter, in der Mediation oder von den Eltern oder dem Notar) festgeschrieben wird.
Dieses wäre also die beste Regelung für den ersten Aspekt des »Sorgerechtes«, dem elterlichen Entscheidungs- oder Bestimmungsrecht.
Dieses Bestimmungsrecht ist besonders wichtig für den »abwesenden« (nicht »sorgeberechtigten«) Elternteil – und damit auch für seine Beziehung zu dem »alleinerziehenden« Elternteil und somit für die Kinder.
Für die Kinder selbst ist aber ein zweiter Aspekt des »Sorgerechtes« sehr wichtig und zwar, wann sie bei ihrer geliebten Mutter und wann sie bei ihrem auch geliebten Vater sind.

1.1.1.b Aufenthalt des Kindes

»Wenn der Streit um das Sorgerecht durch die case-by-case-rule sich noch steigert, leidet das Kind nicht nur unter dem Konflikt beider Eltern, es wird damit auch riskiert, daß es in den Konflikt vor Gericht mit hineingezogen wird. Die Rolle des Kindes im Prozeß kann für das Kind schwere Folgen haben und auch seiner Beziehung zu einem Elternteil oder zu beiden schaden. (...) Die Schwierigkeit festzustellen, was das Beste für das Wohl des Kindes ist, beschreibt Oberrichter Hood (...): »Dieses Prinzip [das Beste zum Wohle des Kindes] ist leicht aufgestellt, doch die Anwendung für den einzelnen Fall ist für einen Richter eine der größten Schwierigkeiten. (...) Er kann sich vorstellen, daß ein gleich fähiger und gewissenhafter Richter, auf Grund der gleichen Tatsachen, zu einer anderen Entscheidung kommen kann.« (...) Die Aufenthaltsregelung muß zu einem Zeitpunkt entschieden werden, wenn von dem Richter oder Gutachter eine zuverlässige Beurteilung der Eltern schwierig, wenn nicht sogar unmöglich ist. Es ist eine abnormale und streßvolle Zeit für Eltern und Kinder und das Verhal-

ten der Kinder und Eltern zueinander mag nur wenig Ähnlichkeit haben zu dem in der Vergangenheit oder in der Zukunft. [7, 8]

1.1.2 Aber . . . : Streit um das Kind

Was geschieht in der Praxis, wenn beide Eltern die Kinder für sich fordern? Oft wird dann einem Gutachter der Auftrag gegeben, herauszufinden wer der »fähigste« Elternteil ist. Manche[9] denken in der Tat, daß man den »psychologischen Elternteil« suchen muß, der mit dem Kind die engste gefühlsmäßige Bindung hat.

Welches sind die diesbezüglichen Erfahrungen in Wirklichkeit?

»Wir haben keinen Beweis gefunden für die Existenz eines »psychologischen Elternteils«, mit dem die Bindung enger ist als mit dem Rest des familialen Netzwerkes. Die Beziehungen mit Mutter und Vater, Großeltern und anderen bilden ein emotionelles Universum, das speziell in den frühen Jahren ein Muster für die späteren Beziehungen des Kindes formt. (...) Die genannten wissenschaftlichen Untersuchungen zeigen, wie schädlich es für ein Kind ist, von einem seiner psychologischen Eltern getrennt zu werden. Das Kind braucht beide Eltern.«[10]

In der Praxis zeigt sich also, daß das »case-by-case«-Prinzip, (d.h., daß man in jedem einzelnen Fall untersuchen soll, was das Beste für das Wohl des Kindes ist) eine entgegengesetzte Auswirkung hat. Für das Kind wäre es also besser eine allgemeine Regel für die Aufenthaltsregelung festzusetzen: dadurch würde die Unsicherheit genommen, die alle Parteien zu einem so traumatisierenden Streit führt.

Wie sollte diese Regel für den oft strittigen Punkt der Aufenthaltsregelung der Kinder aussehen?

»Wenn die Eltern sich über die Aufenthaltsregelung nicht einigen können (...), sollte man der gleichmäßig abwechselnden Beherbergung den Vorzug geben. (...) Der vorgeschlagene Vorzug für die Doppelresidenz kann umgangen werden

---

7 Chambers: »Rethinking the Substantive Rules for Custody Disputes in Divorce« 83 Mich. L. Rev. 477, 484 (1985).

8 Robert F. Cochran: »Reconciling the Primary Caretaker Preference, the Joint Custody Preference, and the Case-by-Case Rule.« in: Jay Folberg (ed.): »Joint Custody & Shared Parenting.«, New York & London, The Guilford Press, 1991, p. 221–222.

9 Z.B. Goldstein, J., A. Freud & A.J. Solnit: Beyond the Best Interest of the Child. The Free Press, New York, 1973.

10 Committee on the Family of the Group for the Advancement of Psychiatry: *New Trends in Child Custody Determinations.* Group for the Advancement of Psychiatry; v. 10, no. 106. Harcourt Brace Jovanovich, USA, 1980; p. 80.

indem klar und deutlich bewiesen wird, daß eine andere Aufenthaltsregelung für das Kind besser wäre.«[11]
Dieser Jurist schlägt also die gleichmäßig abwechselnde Betreuung als gesetzliche Vorzugsregelung für die Fälle vor, in denen beide Eltern sich nicht über die Aufenthaltsregelung ihrer Kinder einig werden; d.h., wenn entweder beide Eltern die alleinige »Sorge« für sich beantragen, oder einer von beiden die o.g. abwechselnde Betreuung vorschlägt, die aber vom anderen nicht gebilligt wird. Diese gleichmäßig abwechselnde Betreuung bzw. Beherbergung bedeutet, daß die Kinder ungefähr die Hälfte der Zeit bei jedem Elternteil leben. In Belgien und in den Niederlanden ist die meist vorkommende Doppel-Residenz-Regelung: eine Woche bei der Mutter und eine Woche beim Vater.

1.1.3 Abwechselnde oder alleinige Beherbergung?

Ist die oben zitierte Schlußfolgerung, die sich auf die schädliche Praxis des »case-by-case«-Prinzips stützt, wirklich zum Wohle des Kindes vorzuziehen? Ist die abwechselnde Unterbringung und Betreuung wirklich besser für das Kind, als das traditionelle System, welches dem einen Elternteil das »Sorgerecht« zuspricht und dem anderen das »Besuchsrecht«?
Was lehrt die Erfahrung für diesen Fall, wenn der eine Elternteil die abwechselnde Betreuung vorschlägt, der andere Elternteil jedoch das Kind für sich alleine beansprucht?
Suchen wir die Antwort auf diese Fragen wiederum in den Ergebnisberichten der empirischen wissenschaftlichen Untersuchungen von den Erfahrungen, die in der Praxis gemacht worden sind. Wenden wir uns zuerst zurück zu der üblichen alleinigen »Sorge« und deren Erfolgsbedingungen.

11 Robert F. Cochran: »Reconciling the Primary Caretaker Preference, the Joint Custody Preference, and the Case-by-Case Rule.« in: Jay Folberg (ed.): »Joint Custody & Shared Parenting.«, New York & London, The Guilford Press, 1991, p. 229 & 232, note 82.

1.2 Regelmäßige Kontakte des nichtsorgeberechtigten Elternteils zum Kind[12]

»Die Konflikthaftigkeit der elterlichen Beziehung nach der Scheidung ist ein eindeutiger Risikofaktor für die psychische Entwicklung der Kinder. Napp-Peters (1983)[13] *hält darüberhinaus zwei weitere Bedingungen für wesentlich, nämlich die sozioökonomische Lebenssituation in der reduzierten Familie sowie die Beziehung des Kindes zum getrennt lebenden Elternteil.«*[14]

12 Kurdek, L.A.: »An Integrative Perspective on Children's Divorce Adjustment.« American Psychologist 36 (1981), 856–866.
- zitiert von: W.E. Fthenakis e.a.: Ehescheidung; Konsequenzen für Eltern und Kinder.

München–Wien–Baltimore: Urban & Schwarzenberg, 1982, p. 161.
- based upon:
- Hess & Camara: »Post-Divorce Family Relationships as Mediating Factors in the Consequences of Divorce for Children.« Journal of Social Issues 35 (1979), 79–96;
- Hetherington, Cox & Cox: »Divorced Fathers.« Family Coordinator 25 (1976), 417–428;
- Hetherington, Cox & Cox: The Aftermath of Divorce.

In: Stevens, J., Jr., & Mathews, M. (Eds.): *Mother-Child, Father-Child Relationships.* Washington, DC: National Association for the Education of Young Children 1978, 149–176.
- Jacobsen: »The Impact of Marital Separation/Divorce on Children: I. Parent-Child Separation and Child Adjustment.« Journal of Divorce 2 (1978), 341–360;
- Rosen: »Some Crucial Issues Concerning Children of Divorce.« Journal of Divorce 3 (1979), 19–25;
- Wallerstein & Kelly: »Surviving the Breakup: How Children and Parents Cope with Divorce.«

New York: Basic Books 1980;
- Wallerstein & Kelly: »Effects of Divorce on the Visiting Father-Child Relationship.« American Journal of Orthopsychiatry 137 (1980), 1534–1539.

13 Napp-Peters, A. (1988). *Scheidungsfamilie – Interaktionsmuster und kindliche Entwicklung*. Schriftenreihe des Deutschen Vereins für öffentliche und private Fürsorge, Frankfurt.

14 Norbert Hofmann-Hausner & Reiner Bastine (Psychologische Institut der Universität Heidelberg): Psychische Scheidungsfolgen für Kinder; Die Einflüsse von elterlicher Scheidung, interparentalem Konflikt und Nachscheidungssituation; Überblicksarbeit. Zeitschrift für Klinische Psychologie, 24 (4), 285–299, 1995; p. 295.

1.2.1 Wie erlebt das Kind diese Beziehung, diese Besuche bei dem »nicht-sorgeberechtigten« Elternteil (meistens bei dem Vater), im üblichen Falle der Einzel-Residenz (meistens bei der Mutter)?

»Während unserer ersten Interviews äußerten die Kinder, mit erstaunlicher und ergreifender Intensität, den Wunsch nach mehr Kontakt mit ihrem Vater. (...) Klagen über nicht genügende Besuche äußerten nicht nur die Kinder, die ihren abwesenden Elternteil selten sahen, sondern auch diejenigen, die ziemlich oft Besuch bekamen. Neben der Bitte, ihre Eltern wieder zu vereinigen, war die dringendste Frage, mit der Kinder zur Beratung kamen, die nach mehr Besuchen. (...) Dieses intensive Verlangen nach mehr Kontakt blieb während vieler Jahre unvermindert, auch noch lange nachdem die Ehescheidung als eine unveränderbare Tatsache des Lebens akzeptiert worden war.«[15]

1.2.2 »Die Zeit, die die Eltern ohne Sorgerecht im direkten und exklusiven Kontakt mit ihren Kindern verbringen, hat eine erhebliche Einwirkung auf die Anpassung der Kinder an die Scheidung.«[16] »Die Qualität der Beziehung mit dem Vater ist wichtig, ist aber mehr eine Funktion der Länge als der Häufigkeit der Besuche.«[17]

Viele Untersuchungen mit Kindern, die die traditionelle Aufenthaltsregelung mit alleinigem »Sorgerecht« und »Besuchsrecht« erleben mußten zeigen also, daß lang dauernde und regelmäßige Kontakte mit dem »abwesenden« Elternteil dem Kinde zugute kommen. (Es ist also einzusehen, daß in California das Prinzip gilt, daß der Elternteil, der am meisten den Kontakt mit dem anderen Elternteil fördert, die Betreuung der Kinder zugesprochen bekommt. Auch das Belgische Bürgerliche Gesetzbuch, daß in seinem neuen Paragraphen 371 u.a. bestimmt, daß die Eltern ihre Kinder respektieren müssen, könnte man so interpretieren, daß derjenige, der keinen Respekt hat für die affektive Beziehung des Kindes mit dem anderen Elternteil, gegen diesen Paragraphen verstößt; und es würde dem Wohl des Kindes zugute kommen, wenn diesem respektlosen Elternteil dann die Hauptbetreuung des Kindes entnommen würde zugunsten des respektvolleren Elternteils.)
Diese Bedingung von lang dauernden Kontakten mit dem »abwesenden« Elternteil ist in der gleichmäßigen Verteilung der Zeit zwischen Vater und Mutter,

15 Wallerstein & Kelly: »Surviving the Breakup: How Children and Parents Cope with Divorce.« 1980, p.134.

16 Kurdek and Berg: »Correlates of Children's Adjustment to Their Parents' Divorce.«, New Directions for Child Development, Children and Divorce, 19, 47–60, 58 (1983).

17 Hess & Camara: »Post-Divorce Family Relationships as Mediating Factors in the Consequences of Divorce for Children.« 35 J. of Soc. Issues 79, 92–94 (1979).

wie sie von Prof. Cochran vorgeschlagen wurde (s.o., am Ende von 1.1.2), sicher erfüllt.
Was können wir nun aus den Erfahrungen aus der Praxis der abwechselnden Betreuung lernen?

II. Gleichmäßige abwechselnde Beherbergung

Bei dem Gespräch mit der Jugend am Ende der Freiburger Europäischen Konferenz »Ein Kind hat das Recht auf beide Eltern« haben diese »Jugendlichen«, als das Thema des »gemeinsamen Sorgerechtes« angesprochen wurde, nicht nur an das gemeinsame elterliche Entscheidungsrecht gedacht, sondern spontan auch an die gleichmäßig abwechselnde alltägliche Versorgung und Betreuung, bei der das Kind (etwa) gleich viel Zeit bei jedem Elternteil verbringt. In Europa besteht die meist übliche Doppel-Residenz-Regelung darin, daß das Kind abwechselnd eine Woche bei seiner Mutter und eine Woche bei seinem Vater verbringt und nicht nur alle 14 Tage ein Wochenende bei einem Elternteil.
Das zuerst besprochene gemeinsame elterliche Entscheidungsrecht ist für die Juristen und manche Eltern der wichtigste Aspekt des »gemeinsamen Sorgerechtes«. Für die (kleinen) Kinder ist die gleichmäßig abwechselnde Beherbergung durch beide Eltern aber der wichtigere Aspekt.

2.1 Kontroverse

»Die Frage der gleichmäßig abwechselnden Beherbergung ist bekannterweise sehr umstritten, und hat zu sehr verschiedenen Haltungen und Verhaltensweisen geführt. (...) Die Haltung gegenüber diesem Problem muß immer wieder neu, im Licht der ständig steigenden Anzahl der sich damit beschäftigenden wissenschaftlichen Studien gesehen werden.«[18]
»Die Untersucher haben lange geglaubt, daß die Stabilität der Beziehung zwischen dem Kind und einem Elternteil – im allgemeinen die Mutter – genügt, damit die Entwicklung des Kindes normal verläuft. Diese Auffassung ist von Untersuchungen im Gebiet der Kinderpsychologie, die in den letzten Jahren durchgeführt wurden, ungültig gemacht worden. Diese Untersuchungen haben in der Tat gezeigt, daß das Kind differenzierende und qualitativ unterschiedliche

18 Johnston et al.: »Ongoing Postdivorce Conflict: Effects on Children of Joint Custody and Frequent Access.«, Amer. J. Orthopsychiat. 59(4), October 1989, p.589–590.

Beziehungen mit seinen beiden Elternteilen entwickelt, so daß es sowohl seine Mutter als auch seinen Vater braucht um sich voll zu entfalten.«[19]

2.2 Objektive Fakten

Suchen wir in den empirischen Untersuchungen also nach objektiven Fakten, die realistischer sind als diese ungültigen subjektiven Auffassungen.

2.2.1 Vergleiche von Untersuchungen

Der größte Teil der Untersuchungen im Rahmen der traditionellen Einzel-Residenz stellte fest, daß »*Scheidungskinder tatsächlich bedeutende Anpassungsprobleme haben. (...) Im Gegensatz dazu fand man in den* (in 1988) *nur wenigen Untersuchungen der wirklich »ko-elternschaftlichen« Beziehungen, auf der Seite der Kinder nur minimale Probleme. Steinman*[20] *fand heraus, daß Kinder in diesen Situationen nicht von den Treuekonflikten gestört wurden, die Goldstein, Freud und Solnit*[21] *vorhergesagt hatten; sondern daß eine kleine Anzahl dieser Kinder ein starkes Bedürfnis hatte, gegenüber beiden Eltern fair zu sein und genau darauf achteten, ihre Zeit gleichmäßig auf ihre Eltern zu verteilen. Vielleicht noch wichtiger ist, daß diese Kinder, obwohl sie die Scheidung ihrer Eltern als unerwünscht erfuhren, (...) trotzdem nicht das überwältigende Gefühl der Abweisung erlebten, das man bei den Kindern aus der üblichen Aufenthaltsregelung mit einer alleinerziehenden Mutter und einem abwesenden Vater vorfand.*[22, 23]

---

19 Prof. Dr. W. Fthenakis, Direktor des Staatsinstitutes für Frühpädagogik und Familienforschung in München, in der S.W.F.-Sendung »Wir wollen friedlich auseinandergehen. Über ein erfolgreiches Modell von Scheidungs- und Trennungsberatung zum Wohle der Kinder.«, 1.6.1991.

20 Steinman, S. »The experience of children in a joint-custody arrangement: A report of a Study.«
American Journal of Orthopsychiatry 51: 403–414, 1981, p. 409: »*En général, les enfants de ce groupe* (avec un hébergement alterné) *n'étaient pas déchirés par des conflits de loyauté rabougrissants, comme on les voit souvent chez des enfants dont les parents se querellent pour eux ou au-dessus de leurs tàtes.*«

21 Goldstein, J., A. Freud, & A.J. Solnit: Beyond the best interest of the child.
The Free Press, New York (USA) 1973.

22 – Abarbanel, A.: »Shared parenting after separation and divorce: A study of joint custody.«
American Journal of Orthopsychiatry 49: 320–329, 1979.
– Steinman, S.: The experience of children in a joint-custody arrangement: A report of a study.
American Journal of Orthopsychiatry 51: 403–414, 1981.

23 Coller, David: »Joint Custody: Research, Theory, and Policy.« Fam. Proc. 27: 459–469, 1988, p. 462.

»Zwei Feststellungen kommen beständig in den wenigen Untersuchungen, in denen Daten über Kinder erhoben wurden, vor: eine Minderheit der Kinder zeigte ein gewisses Maß an Schwierigkeiten, sich an die Forderungen der abwechselnden Beherbergung anzupassen, und: der Prozentsatz solcher Kinder und die Härte ihrer Probleme waren nie schlechter, sondern manchmal sogar besser, als die der Kinder, die von nur einem Elternteil versorgt wurden. Z.B. notieren mehrere Autoren eine »gute« Anpassung an die abwechselnde Unterbringung, zusammen mit einer hohen Zufriedenheit des abwechselnd betreuten Kindes und mit nur »geringen« Übergangsschwierigkeiten.[24] *Die Schwierigkeiten, die wegen dem Wechsel zwischen den Haushalten und dem Leben in den verschiedenen Lebensstilen der Eltern erwartet wurden, haben sich in den meisten Fällen einfach nicht bewahrheitet.«*[25]

Die unheilvollen Konsequenzen, die von den Gegnern der gleichmäßig abwechselnden Beherbergung gefürchtet werden, wiegen also nicht schwerer als seine Vorteile –, wie z.B. die Tatsachen,

a) daß die Kinder keinen von ihren beiden Elternteilen, die doch ihre wichtigsten Quellen von »Streicheleinheiten« sind, verlieren müssen
b) und nicht für einen von beiden Partei ergreifen müssen,
c) daß beide Eltern weniger frustriert sind, usw.

Alle diese Ergebnisse führen zu der Feststellung, daß die gleichmäßig abwechselnde Beherbergung im allgemeinen mit dem Wohl des Kindes übereinstimmt, – was von der traditionellen Aufenthaltsregelung mit einem alleinerziehenden Elternteil nicht behauptet werden kann.

2.2.2 Allgemeine vergleichende Untersuchungen

Wird diese Schlußfolgerung aus dem Vergleich von Untersuchungen von Einzel-Residenz-Fällen mit Untersuchungen von Doppel-Residenz-Fällen durch Untersuchungen bestätigt, die beide Aufenthaltsregelungen direkt mit einander vergleichen?

---

24 – Abarbanel, A. »Shared parenting after separation and divorce: A study of joint custody.«
American Journal of Orthopsychiatry 1979, 49, 320-329.
– Nehls, N.M. & Morgenbesser, M. »Joint custody: An exploration of the issues.«
Family Process 1980, 19, 117–125.
– Watson, M.A. »Custody alternatives: Defining the best interests of the children.«
Family Relations 1981, 30, 474–479.

25 Benjamin, Michael & Howard H. Irving: Shared parenting: Critical review of the research literature.
Family and conciliation courts review / volume 27, number 2 / december 1989, 21–35, p. 24.

a) *Eine Studie hat gezeigt, daß abwechselnd betreute Jungens im Latenz-Alter besser angepaßtes Verhalten zeigten und durch die Scheidung und Konflikte ihrer Eltern weniger erschüttert waren als solche, die bei einem Elternteil wohnten.*[26, 27]

b) *Auf Grund der vorhandenen Untersuchungsergebnisse ist der primäre Vorteil der abwechselnden Unterbringung, das Risiko eines Mißlingens weniger groß und gibt damit mehr Kindern eine positive Erfahrung nach der Scheidung.*

c) Außerdem stellt Shiller fest, daß Doppel-Residenz-Mütter ihren Ex-Mann öfter als verständnisvoll und als Stütze erfahren und seine Fähigkeit Vater zu sein mehr respektieren. (...)

d) Die Doppelresidenz-Väter fühlen sich nach der Scheidung mehr mit einbezogen in ihre Rolle als Vater [28]*; ihre Einbezogenheit ist bedeutend größer (65%) als bei Vätern mit Besuchsrecht (23%)*[29]*; und es zeigt sich auch, daß es die Norm ist, daß sie als Vater mit einbezogen bleiben.*[30]

e) Außerdem stellen sowohl Luepnitz als auch Irving und Benjamin fest, daß Doppel-Residenz-Mütter ihre Sorge für die Kinder weniger als Last empfinden und zufriedener über den Einfluß sind, den sie auf die Kinder haben.[31]

f) Schließlich fand Shiller (1986), daß die abwechselnd betreuten Kinder ihre (positiven wie auch negativen) Gefühle besser ausdrücken konnten und sich weniger mit Fantasien über eine Wiedervereinigung beschäftigten.

---

26 – Shiller, V.M.: Joint versus maternal physical custody for families with latency age boys: Parent characteristics and child adjustment. *American Jouirnal of Orthopsychiatry, 56,* (1986), 486-489.
– Shiller, V.M.: Loyalty conflicts and family relationships in latency boys: A comparison of joint and maternal custody. *Journal of Divorce,* 9(4), (1986*b*), 17-38.

27 Johnston, Janet R., Marsha Kline, Jeanne M.Tshann: »Ongoing Postdivorce Conflict: Effects on Children of Joint Custody and Frequent Access.«, *Amer. J. Orthopsychiat. 59(4), October 1989,* 576-592, p. 577.

28 Greif, J.B. »Fathers, children, and joint custody.« *American Journal of Orthopsychiatry* 1979, 49, 311-319.

29 Irving, H.H. & Benjamin, M. »Shared parenting in Canada: Questions answers, and implications.« *Canadian Family Law Quarterly* 1986, 1, 79-103.
– Bowman, M.E. & Ahrons, C.R. »Impact of legal custody status on father's parenting postdivorce.«
Journal of Marriage and the Family 1985, 47, 481-488.

30 Greif, J.B. »Fathers, children, and joint custody.« *American Journal of Orthopsychiatry* 1979, 49, 311-319.

31 Irving, H.H. & Benjamin, M. »Shared parenting in Canada: Questions answers, and implications.« *Canadian Family Law Quarterly* 1986, 1, 79-103.
– Bowman, M.E. & Ahrons, C.R. »Impact of legal custody status on father's parenting postdivorce.«
Journal of Marriage and the Family 1985, 47, 481-488.

g) *(...) Wegen der Intensität der Konflikte, die typisch ist für Eltern mit einer Einzel-Residenz-Regelung*[32]*, ist es beachtenswert, daß die meisten Eltern mit einer gleichmäßig abwechselnden Beherbergung das Vereinbaren der Aufenthaltsregelung bedeutend weniger oft als ein »ernstes Problem« ansahen.*[33] *(...)*

h) *Das Thema der Zufriedenheit von den Doppel-Residenz-Eltern und -Kindern ist weitgehend untersucht worden. Übereinstimend fand man, daß die abwechselnd betreuenden Eltern sowie ihre Kinder einen »hohen« Grad von Zufriedenheit ausdrückten, in Prozentsätzen von 67%*[34] *bis 84%.*[35] *(...)*
Auch hängt die Zufriedenheit der Kinder in großem Maße mit der Zufriedenheit der Eltern zusammen. Häufig waren Eltern und Kinder aus unterschiedlichen Gründen zufrieden: die Eltern über die positive Anpassung der Kinder nach der Scheidung, die Kinder darüber, daß die Spannungen zwischen den Eltern vermindert waren, so daß sie nicht mehr das Gefühl hatten, ein Spielball in dem Streit der Eltern zu sein, und darüber, daß sie ihre Freunde behalten konnten. In einem Punkt waren Eltern und Kinder sich einig: die bleibende Elternschaft. Für die Väter bedeutete dies, das Weiterbestehen ihrer Beteiligung als Erzieher und ihrer Eltern-Kind- Interaktion. Für die Kinder bedeutete dies, daß sie das Gefühl hatten gewünscht zu sein und zwei Eltern zu haben. (...)

---

32 Irving, H.H. & Benjamin, M. *Family Mediation: Theory and Practice of Dispute Resolution.*
Toronto: Carswell, 1987.

33 – Irving, H.H. & Benjamin, M. »Shared parenting in Canada: Questions, answers, and implications.«
Canadian Family Law Quarterly 1986, 1, 79–103.
– Irving, H.H. & Benjamin, M. »Shared parenting project: Overview and implications.«
In: J. Folberg (ed.) *Joint Custody and Shared Parenting.*
2nd Ed. Washington, D.C.: Bureau of National Affairs and Association of Family & Conciliation Courts, 1989.

34 Rothberg, B. »Joint custody: Parental problems and satisfaction.« *Family Process* 1983, 22, 43–52.

35 – Ahrons, C.: Joint custody arrangements in the post-divorce family.
Journal of Divorce 3(3): 189-205, 1980.
– Irving, H.H. & Benjamin, M. »Shared parenting project: Overview and implications.«
In: J. Folberg (ed.) *Joint Custody and Shared Parenting.*
2nd Ed. Washington, D.C.: Bureau of National Affairs and Association of Family & Conciliation Courts, 1989.

Außerdem waren die Doppel-Residenz-Eltern, (vor allem die Väter,) bedeutend zufriedener als die Einzel-Residenz-Eltern.[36] *Während Irving und Benjamin in der allgemeinen Zufriedenheit (beider Elterngruppen) keinen Unterschied fanden, sprachen die abwechselnd betreuenden Eltern von viel weniger und von weniger ernsten Problemen. Sie stellten auch fest, daß die abwechselnd betreuenden Väter bedeutend zufriedener waren, als die Einzel-Residenz-Väter (87% gegenüber 64%.) (...)*
Folglich wurde die gleichmäßig abwechselnde Unterbringung und Betreuung von der Mehrheit der Eltern und Kinder empfohlen.[37]

i) Bei den allein erziehenden Frauen ist die unregelmäßige oder nicht eingehaltene Bezahlung des Unterhaltsgeldes ein häufiges Problem [38], *das oft zur Armut vieler dieser Frauen und Kinder beiträgt*[39] *(...) Dementgegen zeigen die meisten Studien bei Doppel-Residenz-Eltern, daß die Väter regelmäßig ihren Beitrag bezahlen, obwohl es manchmal eine Quelle von Konflikten war.*[40] *Irving und Benjamin berichten, daß die Doppel-Residenz-Eltern öfter als die Einzel-Residenz-Eltern von regelmäßiger Bezahlung sprachen (Väter: 88% gegenüber 61%; Mütter 83% gegenüber 61%).*[41]

---

36 – Ahrons, C.: Joint custody arrangements in the post-divorce family. *Journal of Divorce 3*(3): 189–205, 1980.
– D'Andrea, A. »Joint custody as related to paternal involvement and paternal self-esteem.« *Conciliation Courts Review* 1983, 21, 81–87.
– Greif, J.B. »Fathers, children, and joint custody.« *American Journal of Orthopsychiatry* 1979, 49, 311–319.

37 – Rothberg, B. »Joint custody: Parental problems and satisfaction.« *Family Process* 1983, 22, 43–52.
– Irving, H.H. & Benjamin, M. »Shared parenting in Canada: Questions answers, and implications.« *Canadian Family Law Quarterly* 1986, 1, 79–103.

38 – Weitzman, L.J. *The Divorce Revolution: The unexpected Social and Economic Consequences for Women and Children in America.* New York: Free Press, 1985.
– Wallerstein, J.S. & Blakeslee, S. *Second Chances: Men, Women, and Children a Decade after Divorce.* NY: Ticknor & Fields, 1988.

39 Irving, H.H. & Benjamin, M. *Family Mediation: Theory and Practice of Dispute Resolution.* Toronto: Carswell, 1987.

40 – Rothberg, B. »Joint custody: Parental problems and satisfaction.« *Family Process* 1983, 22, 43–52.

41 Benjamin, Michael & Howard H. Irving: Shared parenting: Critical review of the research literature. *Family and conciliation courts review* / volume 27, number 2 / december 1989, 21–35, p. 24–26.

Nur die Hälfte der alleinerziehenden Mütter berichteten in dieser Studie, daß sie regelmäßig Unterhaltsgeld für ihre Kinder von Ihrem Mann bekamen. Die andere Hälfte erhielten es nur teilweise, unregelmäßig oder gar nicht. Dieses haben andere Untersuchungen bestätigt.(...) In dieser Studie unterhielten die Doppel-Residenz-Väter im Gegensatz zu den Einzel-Residenz-Vätern, ihre Kinder zuverlässig. Von den gleichmäßig abwechselnd betreuenden Müttern brauchte sich keine wieder an das Gericht zu wenden, um den Kindes-Unterhalt zu bekommen, obwohl sie gerne mehr gehabt hätten. Es ist möglich, daß abwechselnd betreuende Väter aus dem Grund besser bezahlen, weil sie sich voll beteiligt fühlen, und nicht das Gefühl haben, die Kinder an ihre Ex-Frau verloren zu haben.(...)

j) Diese Studie zeigte jedoch auch, daß abwechselnd betreuende Eltern weniger Konflikte mit ihrem Ex-Partner hatten. Sie wandten sich weniger an das Gericht. [Tatsächlich hatten sich keine der Doppel-Residenz-Eltern an das Gericht gewandt, während 56% der Einzel-Residenz-Eltern mindestens einmal vor Gericht gingen, um sich über Geld oder Besuchsrecht zu streiten. Diese Tatsachen werden in einer anderen Studie bestätigt.[42] (...) Sie stellt fest, daß Eltern mit abwechselnder Beherbergung nur halb so viel wieder vor Gericht gingen, als Einzel-Residenz-Eltern. Zu einem gleichen Ergebnis kamen Illfeld et al.: sie fanden, daß von den Doppel-Residenz-Eltern, über eine Periode von 2 Jahren, nur halb so viel (16%) einen neuen Streit vor Gericht anfingen wie von den Einzel-Residenz-Eltern (32%).[43, 44]
»Außerdem hatten sie laut einem Fragebogen weniger Konflikte.
Das bedeutet nicht, daß die abwechselnd betreuenden Eltern keine Meinungverschiedenheiten hatten, (...) doch waren sie in der Lage, ihre Mei-

---

42 Ilfeld, F.W., Ilfeld, H.Z., & Alexander, J.R.: Does joint custody work? A first look at outcome data of relitigation. *American Journal of Psychiatry 139:* 62–66, 1982.
See also:
- Ahrons, C.: Joint custody arrangements in the post-divorce family. *Journal of Divorce 3*(3): 189–205, 1980.
- Frankel, S.A.: Joint custody awards and children: A theoretical framework and some practical considerations. *Psychiatry 48:* 318–328, 1985.
- Leupnitz, D.: A comparison of maternal, paternal and joint custody: Understanding the varieties of post-divorce family life. *Journal of Divorce* 9(3): 1–12, 1986.

referred to in:
Coller, David R.: »Joint Custody: Research, Theory, and Policy.« Fam. Proc. 27: 459–469, December 1988, p. 461.

43 Luepnitz, D.A. *Child Custody: A Study of Families After Divorce.* Lexington, MA: Lexington, 1982.

44 Benjamin, Michael & Howard H. Irving: Shared parenting: Critical review of the research literature.
Family and conciliation courts review / volume 27, number 2 / december 1989, 21–35, p. 24.

nungsverschiedenheiten auf eine zivilere Art auszutragen als die Einzel-Residenz-Eltern. (...)«

k) *»Mehr als 1/3 der Haushalte mit abwechselnder Unterbringung erklärten, daß sie sich fast ausschließlich an den anderen Elternteil wandten, um die Kinder mal abends oder tagsüber zu betreuen. Die allein erziehenden Eltern gaben dagegen zu, daß die Betreuung ihrer Kinder, während des Tages, eines ihrer größten Probleme sei. Besonders die alleinerziehenden Mütter waren durch ihr niedriges Einkommen oft gezwungen, sich wegen der Kinderbetreuung während sie arbeitete, an ihre Familie zu wenden; dieses überlastete die Großeltern oft. (...) Im Gegensatz dazu war es für die abwechselnd betreuenden Eltern eine große Erleichterung zu wissen, daß es während ihrer Arbeit und Freizeitbeschäftigung für ihre Kinder einen Platz gab, der sie nichts kostete. (...)*

l) *Alle Eltern mit alleinigem Sorgerecht erklärten, daß sie sich oft überlastet fühlten durch den Druck der alleinigen Erziehung, ohne jemanden um Rat fragen zu können und ohne Freizeit zu haben. Bei den Doppelresidenz-Eltern ist die Freizeit ein Teil der Aufenthaltsregelung. Ohne jemanden fragen oder spezielle Pläne machen zu müssen, verfügen sie über einen Teil der Woche (oder des Tages oder des Jahres) ohne elterliche Pflichten. (...)*

»Es ist eine vernünftige Schlußfolgerung, daß die optimale abwechselnde Unterbringung besser ist als die optimale alleinige Betreuung.«[45]

Man kann sich fragen, was Ursache und Folge ist: haben die Eltern, die ihre Kinder abwechselnd beherbergen, durch diese Aufenthaltsregelung dann weniger Konflikte und daher weniger traumatisierte Kinder, oder sind es die konfliktloseren Eltern, die sich öfter für die abwechselnde Unterbringung entscheiden? *»Mann kann nicht ausschließen, daß die Doppel-Residenz-Familien* (in dieser Untersuchung) *eine Auswahl von den Familien ist, die die Fähigkeit haben vernünftiger zu verhandeln.«*[46]

Es gibt Untersuchungen, die diese Schwierigkeit lösen, indem sie nur Eltern untersuchen, bei denen die Schwierigkeiten am Anfang der Scheidung gleich groß waren. Auch diese zeigen, daß die Entwicklungen bei abwechselnder Unterbringung günstiger waren. Das beweist, daß die Art der Aufenthaltsregelung selbst – Doppel- oder Einzel-Residenz – einen Unterschied macht.

Der Beweis wäre noch überzeugender, wenn es nicht die Eltern, sondern die Richter sind, die diese Aufenthaltsregelung wählten und zwar auch in den Fäl-

---

45 Deborah Anna Luepnitz: »A Comparison of Maternal, Paternal, and Joint Custody: Understanding the Varieties of Post-Divorce Family Life.« Journal of Divorce, 9:3, Spring 1986; reprinted in: Jay Folberg (ed.): »Joint Custody & Shared Parenting.«, New York & London, The Guilford Press, 1991, p.109–110 & 113.

46 Deborah Anna Luepnitz: »A Comparison of Maternal, Paternal, and Joint Custody: Understanding the Varieties of Post-Divorce Family Life.« Journal of Divorce, 9:3, Spring 1986; reprinted in: Jay Folberg (ed.): »Joint Custody & Shared Parenting.«, New York & London, The Guilford Press, 1991, p.109.

len wo die Konflikte sehr groß sind. In Nordamerika ist dies möglich. In bestimmten Staaten schreiben die Gesetze vor, daß der Richter der abwechselnden Beherbergung den Vorzug geben soll.

2.2.3 *Vergleichende Untersuchungen über vorgeschriebene abwechselnde Beherbergung.*

Was geschieht bei nicht optimalen Umständen, d.h. wenn die Eltern sich nicht über eine abwechselnde oder einseitige Beherbergung einigen können? Wenn sogar professionelle Familien-Mediatoren die Eltern nicht zu einer Einigung bringen können und der Richter einen Beschluß fassen und seine Entscheidung auferlegen muß? Ist in diesem Fall die abwechselnde Beherbergung im Interesse der Kinder?

Die Untersuchung die ich jetzt zitieren werde, umfaßt 100 Kinder, die am Anfang des Konfliktes ihrer Eltern zwischen 1 und 12 Jahre alt waren. »*Die Familien waren von 4 Familien-Gerichten in San Francisco für Beratung oder Mediation an 3 Beratungsstellen verwiesen worden. Viele Eltern stritten sich über das Sorge- und Besuchsrecht und auch ihre Anwälte konnten in ihren Verhandlungen diese Meinungsverschiedenheiten nicht beilegen; sogar die kurzen Mediationen, die bei den Kalifornischen Gerichten obligatorisch sind, erzielten keine Einigung. In anderen Fällen hatten die Familien trotz einer Regelung mittels Mediation doch noch weitere Schwierigkeiten und brauchten zusätzliche Beratung. Sie befolgten, zum Teil unfreiwillig, die Aufenthaltsregelungen, die von Gerichts-Mediatoren oder einem Gutachter empfohlen wurden, oder die ein Richter vorgeschrieben hatte. Es sind deshalb die Familien mit den meist verwickelten und fortdauernden Scheidungskonflikten. Bei der Nachuntersuchung, durchschnittlich 29 Monate später, waren die Kinder zwischen 4 und 15 Jahre alt und die Eltern im Durchschnitt 4 Jahre und 5 Monate geschieden. (...) Zur Zeit der Nachuntersuchung lebten 28 (80%) der Doppel-Residenz-Kinder unter einer halbwöchentlichen, wöchentlichen oder werktags/Wochenende-Aufenthaltsregelung.*«[47]

Wie auch aus nachstehender Tabelle ersichtlich ist, sind die amerikanischen Unterbringungsperioden im Durchschnitt kürzer als die in Belgien: hier dauern sie meistens eine Woche.

»*Die gleichmäßig abwechselnd betreuten Kinder sahen den Elternteil, bei dem sie am wenigsten waren, durchschnittlich 12,11 Tage im Monat, während die Kinder, die bei einem Elternteil wohnten, den anderen Elternteil nur 4,05 Tage im Monat sahen ($t(98)=8{,}16$, $p<0{,}001$). Die abwechselnd beherbergten Kinder wechselten durchschnittlich 1,97 mal pro Woche von einem Elternteil zum ande-*

47 Johnston, Janet R., Marsha Kline, Jeanne M.Tshann: »Ongoing Postdivorce Conflict: Effects on Children of Joint Custody and Frequent Access.«, *Amer. J. Orthopsychiat. 59(4), October 1989*, p. 579–581.

ren, während die Kinder, die bei einem Elternteil wohnten dies nur 1,17 mal taten (t(98)=2,45, p<0,05).«[48]

2.2.3.1 Entwicklung der Kinder.

Vergleich von klinisch Gestörten und nicht gestörten Kindern: Besuchsregelungen und Agressionen zwischen den Eltern				
Variable	Gestörte Gruppe		Nicht gestörte Gruppe	
	Total Verhaltens-probleme	Soziale Kompetenz	Total Verhaltens-probleme	Soziale Kompetenz
Übergänge/ Woche	2,33	2,00	1,29	1,18
Verbale Agressionen/Jahr	22,23		12,47	
Physische Agressionen/Jahr	2,99		0,27	

Aus dieser Tabelle ersieht man, daß Kinder die etwa 2mal pro Woche von einem zum anderen Elternteil wechselten, häufiger soziale und andere Verhaltensstörungen aufwiesen als die, die nur etwa 1mal pro Woche wechselten.Trotzdem *»gab es keinen Beweis dafür, daß die ›klinisch gestörten‹ Kinder bei der Doppel-Residenz öfter vorkamen als bei der Einzel-Residenz, oder daß sie den Kontakt mit einem Elternteil öfter verloren hatten. Aber (...) ›klinisch gestörte‹ Kinder wechselten öfter von einem Elternteil zum anderen als die nicht gestörten Kinder.«*[49]

Die negativen Folgen des häufigen Wechsels werden also offenbar durch die positiven Folgen der abwechselnden Unterbringung ausgeglichen. Die abwechselnde Unterbringung pro Woche, d.h. mit nur einem Wechsel pro Woche während des Schuljahres, führt also nicht zu Verhaltensstörungen.

48 Johnston, Janet R., Marsha Kline, Jeanne M.Tshann: »Ongoing Postdivorce Conflict: Effects on Children of Joint Custody and Frequent Access.«, *Amer. J. Orthopsychiat. 59(4), October 1989*, p. 582.

49 Johnston, Janet R., Marsha Kline, Jeanne M.Tshann: »Ongoing Postdivorce Conflict: Effects on Children of Joint Custody and Frequent Access.«, *Amer. J. Orthopsychiat. 59(4), October 1989*, p. 583.

2.2.3.2 Verschwinden eines Elternteils.

»Nur 1 Elternteil (3%) mit abwechselnder Betreuung, hat den Kontakt zu ihrem Kind aufgegeben, wogegen 12 Einzel-Residenz-Eltern (18%) ausgeschieden sind.«[50] (...)

2.2.3.3 Konflikte zwischen den Eltern.

»Obgleich Eltern, bei jeder unterschiedlichen Art von Aufenthaltsregelung, am Anfang von gleichartigen verbalen Konflikten berichteten, wurde bei der Nachuntersuchung (durchschnittlich 29 Monate später) festgestellt, daß Doppel-Residenz-Eltern bedeutend vernünftiger argumentierten.«[51]

2.2.3.4 Neue Streitigkeiten vor Gericht.

»Sogar wenn die abwechselnde Beherbergung, ohne Einverständnis der Eltern, vom Gericht vorgeschrieben worden war, wendeten sich diese Eltern später nicht häufiger wieder an das Gericht (33%), als Einzel-Residenz-Eltern.[52] *Übereinstimmend berichten Irving und Benjamin*[53]*, daß die Doppel-Residenz-Eltern öfter zu ihrer Aufenthaltsregelung kamen, indem sie sich einigten, und daß sie fähiger waren, deren Inhalt später informell, ohne Rechtsstreit zu ändern.«*[54]

---

50 Ähnliche Ergebnisse im Falle der nicht vom Richter auferlegten abwechselnder Betreuung:
Wallerstein, Judith S. & Sandra Blakeslee:
Nieuwe Kansen; Mannen, vrouwen en kinderen tien jaar na de scheiding. Het Spectrum BV (Scala-reeks), 1989; p. 314;
Original: Second chances. Ticknor & Fields, New York, 1989:
»Nicht ein Vater hat sich von seinen Kindern abgewendet, während bei Regelungen mit einem hauptsächlich betreuenden Elternteil 7% von den Vätern aufgehört hat, ihre Kinder zu besuchen.«

51 Johnston, Janet R., Marsha Kline, Jeanne M.Tshann: »Ongoing Postdivorce Conflict: Effects on Children of Joint Custody and Frequent Access.«, *Amer. J. Orthopsychiat. 59(4), October 1989*, p. 582–583.

52 Ilfeld, F.W., Ilfeld, H.Z., & Alexander, J.R.: Does joint custody work? A first look at outcome data of relitigation. *American Journal of Psychiatry 139:* 62–66, 1982.

53 Irving, H.H. & Benjamin, M.: Shared parenting in Canada: Questions answers, and implications.
Canadian Family Law Quarterly 1986, 1, 79–103.

54 Benjamin, Michael & Howard H. Irving: Shared parenting: Critical review of the research literature.
Family and conciliation courts review / volume 27, number 2 / december 1989, 21–35, p. 24.

2.3 Schlußfolgerungen

2.3.1 Allgemeine Schlußfolgerungen

»Die heutigen wissenschaftlichen Untersuchungen zeigen deutlich, daß die meisten Eltern und Kinder gut mit dem Schema der abwechselnden Unterbringung und Betreuung fertig werden. Sie gehen weniger vor Gericht in bezug auf die Nicht-Bezahlung der Alimente, was weniger Kosten für den Staat bedeutet. Die genannten Untersuchungen zeigen weiter, daß die beste abwechselnde Beherbergung mindestens ebenso gut, und oft besser ist als die alleinige Betreuung. Trotz all diesen Ergebnissen, so stellt Coller[55] fest, bevorzugen die meisten Richter die alleinige Betreuung.[56]

Die Antwort, schlägt Coller vor, und wir und andere stimmen dem zu, ist die Enscheidungsfreiheit des Gerichts zu begrenzen, indem man die gleichmäßig abwechselnde Beherbergung als gesetzlich vorgeschriebene Vorzugsregelung einführt (...) ohne daß eine gute Kooperation der Eltern eine Bedingung sein soll für eine abwechselnde oder alleinige Beherbergung der Kinder.

Die Debatte geht oft darum, ob die abwechselnde Beherbergung, im Vergleich zur alleinigen, durchführbar und wirksam ist. Die hier zusammengetragenen Tatsachen zeigen, daß die abwechselnde Beherbergung sowohl realisierbar als auch im Vergleich wirksamer ist, als die einseitige Beherbergung. (...) Das heißt, daß man in erster Linie für abwechselnde Beherbergung und gemeinsames Entscheidungsrecht entscheiden sollte, an zweiter Stelle nur für das gemeinsame Entscheidungsrecht und erst an letzter Stelle für das einseitige Entscheidungs- und Beherbergungsrecht (mit oder ohne Besuchsrecht).

Dazu gehörende Fragen sind: 1., ob man die gleichmäßig abwechselnde Beherbergung nur den Eltern zusprechen soll, die es beide wünschen, oder auch in den Fällen, in denen einer oder beide Elternteile eine einseitige Beherbergung vorziehen; und 2. wie man unangebrachtes Verhalten eines oder beider Elternteile, im Fall von abwechselnder Unterbringung behandeln soll?

Was die erste Frage betrifft, zeigen die wenigen Ergebnisse der heutigen Untersuchungen, daß die abwechselnde Beherbergung sich ebenso gut oder besser auswirken kann als die einseitige Beherbergung. Erinnern wir uns an den Befund von Illfeld et al.: sie stellten fest, daß Eltern, denen die gleichmäßig abwechselnde Aufenthaltsregelung ohne beider Genehmigung vorgeschrieben wurde, gleich oft wieder vor Gericht gingen wie die Einzel-Residenz-Eltern (33% und 32%). Auch, wenn die gleichmäßig abwechselnde Beherbergung den Eltern gegen ihren Willen aufgezwungen wird, wird sie also oft schlimmsten-

55 Coller, David: »Joint Custody: Research, Theory, and Policy.« Fam. Proc. 27: 459–469, 1988.

56 Kelly, J.B.: Examining resistance to joint custody. In: J. Folberg (ed.): *Joint Custody and shared parenting.* Washington, D.C.: Bureau of National Affairs & Association of Family & Conciliation Courts, 1984.

falls nicht mehr schaden als die einseitige Beherbergung; Einigen wird sie sogar eine unerwartet positive Betreuungserfahrung bringen. (...) Erst wenn die abwechselnde Beherbergung gescheitert ist, sollte man eine einseitige Beherbergung als eine angebrachte Möglichkeit in Erwägung ziehen.(...)
›Risiko-Ehepaaren‹ könnte es mehr Probleme bringen, wenn sie keine Hilfe bekommen. Hier gibt es verschiedene Möglichkeiten, unter denen wir die Einschaltung von Scheidungs- oder Familien-MediatorInnen bevorzugen«.[57, 58]
Wiederholen wir: der gesetzliche Vorzug für die gleichmäßig abwechselnde Beherbergung muß natürlich nur angewendet werden, wenn die Eltern keine andere Aufenthaltsregelung vereinbaren; d.h. wenn nur einer der beiden Eltern die gleichmäßig abwechselnde Beherbergung möchte, oder wenn beide Eltern die alleinige Beherbergung für sich beantragen. Aber Eltern die sich darüber einigen, wer von Ihnen hauptsächlich für das Kind sorgen wird, denen soll diese einseitige Beherbergung selbstverständlich zuerkannt werden. Denn eine gute Beziehung zwischen den Eltern ist die allerbeste Garantie für das Wohl des Kindes. Wenn sich also Eltern über eine andere Aufenthaltsregelung als die abwechselnde Beherbergung einigen, ist diese Vereinbarung besser als eine abwechselnde Beherbergung, die gegen ihren Willen vorgeschrieben würde.
Was in der Praxis geschehen wird, wenn man diesen gesetzlichen (oder gerichtlichen) Vorzug für die gleichmäßig abwechselnde Beherbergung einführt, kann man aus den Untersuchungsergebnissen anderer Länder, wo eine solche Vorzugsregelung bereits schon besteht, ersehen. Hierzu z.B. die folgende Tabelle. Sie stammt von einer longitudinalen Untersuchung in Californien, welche Analysen von Dossiers und verschiedene Interviews mit Kindern zwischen 10 und 18 Jahren und ihren Eltern umfaßt.[59]
Diese Tabelle zeigt, daß sogar, wenn das gemeinsame Entscheidungsrecht die allgemeine Regel wird (mehr als ¾ der Fälle), dann immer noch die gleichmä-

57 Irving, H.H. & Benjamin, M. *Family Mediation: Theory and Practice of Dispute Resolution.*
Toronto: Carswell, 1987.

58 Benjamin, Michael & Howard H. Irving: Shared parenting: Critical review of the research literature.
Family and conciliation courts review / volume 27, number 2 / december 1989, 21–35, pp. 28-29.

59 nach: Prof. E. E. Maccoby (Psycholog., Stanford University) & Prof. H. Mnookin (Jur., Harvard Law School) (Übersetzung: U.Stopfel): Die Schwierigkeiten der Sorgerechtsregelung. *Zeitschrift für das gesamte Familienrecht*, 42. Jahrg., Heft 1, 1. Januar 1995, S. 1–16 (S. 1). Gekürzte übersetzung des Schlusskapitels aus:
E. E. Maccoby & H. Mnookin : *Dividing the Child – Social & Legal Dilemnas of Custody.*
Cambridge Mass., Harvard University Press, 1992 (pocket book 1994).

\ Entscheidungsrecht Aufenthaltsregelung: \	Mutter: 18,6–22,6%	Gemeinsam: 75,6–79,6%	*Wenn unmöglich: verteilt:*	Vater: 1,8–5,8%
Mutter: 67,2–71,2%	18,6%	48,6%		
Abwechselnd: 20,2–24,2%		20,2%		
Vater: 8,8–12,8%		6,8%		1,8%
Andere: 0– 4,0%	4,0%			

ßig abwechselnde Beherbergung nur eine Minderheit darstellt (weniger als ¼ der Fälle), und die meisten Eltern (mehr als ⅔) immer noch eine Hauptbetreuung durch die Mutter vereinbaren werden. Die traditionellen Auffassungen üüber die Rolle von Vater und Mutter werden also ohne Zweifel noch sehr lange vorherrschen.

Das von mir hinzugefügte dunkelgraue Feld in dieser Tabelle stellt die gesetzliche – oder gerichtliche – »Notausgangsregelung« des gleichmäßig verteilten Entscheidungsrechtes dar (siehe unten, Paragraph 3.1.2), symbolisiert von der kleinen Zeichnung, die eine Waage darstellen soll. Das + in diesem Feld weist auf die gesetzliche – oder gerichtliche – Vorzugsregelung der gleichmäßig abwechselnden Beherbergung hin.

III. Schlußfolgerungen für die Praxis

3.1 Gleichmäßig abwechselnde Beherbergung

Wie sieht laut diesen vielen wissenschaftlich, objektiv festgestellten Erfahrungen schlußendlich die Regelung aus, die das Wohl der Kinder am wenigsten beeinträchtigt, auch wenn die Eltern es nicht fertigbringen sich zu einigen (sogar nicht mit der Hilfe einer Mediation)?

3.1.1 Aufenthaltsregelung

Bei Nicht-Einigung der Eltern über die Aufenthaltsregelung ist die beste Regelung doch die gleichmäßig abwechselnde Betreuung von je mindestens eine Woche durch den Vater und eine Woche durch die Mutter, wie oben ausführlich dokumentiert wurde.

3.1.2 Entscheidungsrecht

In Deutschland ist es bisher das Üblichste, daß die Mutter das alleinige Entscheidungsrecht bekommt. Wie die meisten Menschen in einer Machtsituation, kann sie dann leicht in die Versuchung kommen, diese Entscheidungsmacht rücksichtslos so auszuüben, daß sie damit ihre persönlichen Wünsche erfüllt.
Bei einer Trennung kommt es allzu häufig vor, daß diese Mutter so tief enttäuscht und frustriert ist, daß sie den Wunsch hat, ihren Mann völlig aus ihrem Leben zu verbannen. Und dabei kann sie ihren eigenen Wunsch so auf die Kinder übertragen, daß diese diesen Mann ebenso hassen wie sie selbst es tut, und somit auch die Kinder ihren Vater nicht mehr sehen möchten. (Es kommt tatsächlich vor, daß das Kind, weil es seine Mutter nicht kränken will, oder weil es von ihr abhängig ist und es also zu lebensbedrohlich wäre, sie zu frustrieren, diesen Wunsch seiner Mutter übernimmt – und ihr sagt, daß es nicht zum Vater gehen mag – oder mindestens in ihrer Anwesenheit nicht widerspricht – und ihr nicht [aber ihm wohl] gesteht, daß es eigentlich öfter zu ihm gehen möchte).[60]
Außerdem ist die Mutter durch die emotionale Krise des Zusammenbruchs ihrer Ehe oft so auf ihr eigenes emotionales (und manchmal auch materielles) Überleben konzentriert, daß sie gar nicht im Stande ist, die Bedürfnisse ihrer Kinder zu erkennen, die z.B. ihren geliebten und sie liebenden Vater nicht verlieren wollen.
So kommt es allzu oft vor, daß sie bewußt oder unbewußt, ihre Kinder und deren (ihr oft nicht bekannte) Bedürfnisse nicht berücksichtigt, und dadurch die Kinder in der Verarbeitung der Krise in bezug auf dieTrennung von ihrem Vater behindert und ihre weitere Entwicklung sehr gefährdet.
Um dieser Gefährdung des Kindeswohles vorzubeugen, ist es gut, nicht diese alleinige Macht zu schaffen. Die Gefahr des Mißbrauches ist kleiner, wenn ein Gleichgewicht zwischen der Macht von Vater und Mutter gesetzt wird. (In zwischenstaatlichen Beziehungen ist dieses Gleichgewichtsprinzip schon öfter zur Anwendung gekommen. Z.B. das Macht-Gleichgewicht zwischen den USA und der UdSSR: hiermit wurden einem Krieg zwischen diesen 2 Großmächten vorgebeugt. Oder: damit der Krieg zwischen Serbien und Bosnien nach dem Abzug der UNO-Truppen nicht von neuem beginnt, sollen die Bosnier so aufgerüstet werden, bis sie gleich stark sind wie die Serben.)
Wenn die beiden Eltern sich über irgend eine Entscheidung, die sie treffen müssen (z.B. welche Schule das Kind besuchen, oder welches Instrument es in der Musikschule lernen soll), nicht rechtzeitig einig werden, sollte für solche »Notfälle« der Nicht-Einigung das Entscheidungsrecht so gleichmäßig wie möglich auf Vater und Mutter aufgeteilt sein, damit ein Elternteil nicht mächtiger ist als der andere und so in die Versuchung kommt, diese Macht zu mißbrauchen.

60 Siehe oben, Paragraphen 1.2.1 und 1.2.2

Grundsätzlich kommt es darauf an, die »Ehe-Partner-Beziehung« und die zwei »Eltern-Kind-Beziehungen« als zwei verschiedene Sachen anzusehen, die möglichst getrennt bleiben sollten. Wer das Negative in der Partnerbeziehung auch auf die Beziehung des Kindes mit seinem anderen Elternteil einwirken läßt, schafft Probleme für das Kind! Darum sollte auch das elterliche Entscheidungsrecht bei einer Beendigung der Ehe nicht automatisch anders gestaltet werden, sondern bleiben wie es war, d.h. weiter gemeinsam ausgeübt werden.

3.2 Vorsichtsmaßnahmen

Bei schweren Konflikten zwischen den Eltern muß der Gesetzgeber oder Richter im Interesse des Kindes Vorsichtsmaßnahmen treffen. Es wäre gut, allen Eltern (u.a. auch in der Mediation) vorbeugend folgende Vorsichtsmaßnahmen vorzuschlagen.

3.2.1 Kontakte zwischen den Eltern vermeiden.

»Klinisch gestörte« Kinder wechselten häufiger (durchschnittlich 2,00 bis 2,33 mal pro Woche, also z.B. halbwöchentlich) *von einem Elternteil zum anderen, als nicht gestörte Kinder* (durchschnittlich 1,18 bis 1,29 mal, also z.B. wöchentlicher Wechsel). *Außerdem hatten Kinder, die laut den Total-Resultaten auf dem Fragebogen bezüglich Verhaltensprobleme »klinisch gestört« waren, Eltern, die häufig verbal und physisch agressiv gegeneinander waren. (...)*
(Siehe die erste Tabelle unter 2.2.3.1)
Wir fanden, daß sowohl die Häufigkeit, mit der das Kind seine Eltern sah, als auch die Weise in der es in ihre Konflikte hineingezogen wurde, wichtige Prediktoren von Verhaltensschwierigkeiten waren: es war zurückgezogen, verschlossen, hatte somatische Beschwerden, auch wenn seine Eltern sich nicht schlugen.«[61]
Es ist also wichtig, daß die Eltern, die schnell in Streit geraten, sich vor allem nicht im Beisein der Kinder treffen. Im schulpflichtigen Alter ist dies leicht zu ermöglichen: *»Einige abwechselnd betreuende Väter erzählten, daß sie schlechte und feindselige Beziehungen zu ihrer Ex-Frau hatten. Deshalb brachten manche Eltern ihre Kinder lieber in die Schule als zur Wohnung des anderen Elternteils, so daß viele Monate vorbeigehen konnten, ohne daß die Eltern sich sahen oder miteinander sprechen mußten. Auf diese Weise wurde vermieden, daß die Kinder eventuellen elterlichen Szenen ausgesetzt wurden.«*[62]

61 Johnston, Janet R., Marsha Kline, Jeanne M.Tshann: »Ongoing Postdivorce Conflict: Effects on Children of Joint Custody and Frequent Access.«, *Amer. J. Orthopsychiat. 59(4), October 1989,* p. 583, & 584, Table 2, & 587 & 588.
62 Greif: »Fathers, Children, and Joint Custody« 49(2) Am. J. Orthopsychiatry 311, 318 (1979).

Das Gesetz oder die RichterInnen würden das Wohl des Kindes also schützen, wenn es bzw. sie bestimmen würden: »*Am Unterrichtsende des letzten Schultages der Woche wird der Elternteil, von dem das Kind anschließend beherbergt werden soll, dieses von der Schule abholen oder abholen lassen.*« Geht ein Kind noch nicht in die Schule, könnte man es über einen Kindergarten, eine Tagesmutter, ein Familienmitglied oder eine(n) Bekannte(n) regeln.

3.2.2 Scheidungs- und Familien-Mediation.

Eine andere Art um Konflikte, die die Kinder zerstören, zu vermeiden ist, die Eltern so viel wie nur möglich zu ermutigen Vereinbarungen auszuarbeiten. Es käme dem Wohl des Kindes zugute, wenn das Gesetz die Richter dazu verpflichten würde – wie es in vielen Ländern schon der Fall ist –, die Eltern in eine (Information über) Familien-Mediation und/oder andere Form der Hilfe oder Ausbildung für getrennte Eltern zu schicken.

Die Scheidungsmediation will schlußendlich auch die Kommunikation und die gegenseitige Stütze zwischen den Eltern verbessern und ihren Streß abbauen, der bei den Kindern sehr oft ein Trauma und entsprechende unerwünschte Reaktionen verursacht. Oft werden diese Reaktionen von den Eltern als abnormal angesehen. Wenn ein Vater oder eine Mutter mir dieses erzählt, erkläre ich ihnen, daß es eigentlich »normale« Reaktionen auf eine »abnormale« Situation sind, d.h. auf eine schwierige Lebenskrise.

IV. Der emanzipatorische Charakter gleichmäßig abwechselnder Beherbergung

»*Die Emanzipation ist wichtig, aber auch ganz und gar ungerecht, solange sie einseitig aufgefaßt wird.*« Das war die Schlußfolgerung von Frau Hammerstein-Schoonderwoerd (Prof. Familienrecht an der katholischen Universität Nijmegen) auf dem Kongreß »Sich ändernde Familien in einer sich ändernden Gesellschaft«, die von dem Internationalen Frauenrat in 1992 organisiert wurde. Sie hatte festgestellt: »*Geschiedene Frauen tragen heute ausschließlich die Folgen der Emanzipation, die sie sich gewünscht hatten. Sowohl während der Ehe als auch nach der Scheidung verlangt man das Doppelte von Ihnen.*«[63]

Und Lily Boeykens, Präsidentin des Internationalen Frauenrates, kam in dem gleichen internationalen Frauenkongreß zu der Schlußfolgerung: »*Die Rolle des Vaters muß unbedingt aufgewertet werden. Es sind hauptsächlich die Män-*

63 Hammerstein-Schoonderwoerd, Prof. Mr. W.: »Het gezin en de rol van de overheid, de wetgever en de rechterlijke macht in Nederland.« in: International Council of Women: »Veranderende families in veranderende maatschappijen.« Libelle, februari 1992, p. 21 & 18.

ner selbst, die die Vaterschaft neu überdenken müssen, aber die ganze Gesellschaft muß ihnen dabei helfen, speziell die Frauenorganisationen, die vielleicht sogar die Initiative ergreifen müßten.«[64]

V. Ein Kind hat das Recht auf beide Eltern

5.1 Grundprinzipien

Das grundlegende Prinzip zum Wohl des Kindes ist, daß man Eltern, die sich trennen, so viel wie irgend möglich dazu bringen sollte, sich nicht oder nicht mehr zu streiten. Konkreter bedeutet dies – insofern die beiden Eltern (und ihre Kinder) nichts anderes vereinbaren – eine gleichmäßige Verteilung auf beide Eltern von:

- dem Entscheidungsrecht (z.B. der Vater über die Söhne, die Mutter über die Töchter)
- und der Betreuung (z.B. je eine Woche).

Nur mit dieser gleichmäßig abwechselnden Betreuung wird das Thema dieser Konferenz

»Das Kind hat das Recht auf beide Eltern«

konkrete Realität in dem Erleben des Kindes werden und zu seinem Wohl wirken.

5.2 Konkrete Möglichkeiten

5.2.1 Jugendamt und andere Sozialarbeiter, Sozialpädagogen, Psychologen und andere Berater

sollten den Eltern von den – oben beschriebenen und noch weiteren – Erfahrungen von vielen anderen Familien berichten und deutlich machen daß ihre Kinder am glücklichsten sein werden:

- mit Eltern die sich nicht um das Kind streiten, wie um einen Besitz oder einen »Glücksbringer« ohne den sie angeblich nicht leben können, und den sie als Therapie brauchen gegen ihre eigene Einsamkeit.
- mit Eltern die beide »Wurzeln« ihrer Kinder, beide lebenswichtigen Quellen der Achtung und von »Streicheleinheiten« (die wir alle – auch die Erwachsenen – brauchen) respektieren.
- und sehr wahrscheinlich mit einer gleichmäßig abwechselnden Betreuung durch ihre Mutter und ihren Vater.

64 Boeykens, Lily: »De verloren vader.« in: International Council of Women: »Veranderende families in veranderende maatschappijen.« Libelle, 1992, p.5.

5.2.2

Auch Mediatoren müssen der sich trennenden Familie die Möglichkeit der gleichmäßig abwechselnden Betreuung durch beide Eltern zu überlegen geben.

5.2.3

Auch die Kinder muß man (bei ihrer Anhörung vor Gericht, Jugendamt oder durch Gutachter oder Mediator) auf diese Möglichkeit der gleichmäßig abwechselnden Betreuung durch Vater und Mutter hinweisen.

5.2.4

Es ist nicht zum Wohle der Kinder, wenn Gutachter (ob im Jugendamt oder anderswo) sich nur bemühen, den »besten« Elternteil ausfindig zu machen. Es ist besser sich alle Mühe zu geben, die eventuell bestehenden Konflikte zu lösen – z.B. durch Mediation – und zukünftigen Konflikten vorzubeugen – z.B. durch (obligatorische) Bildungsprogramme für sich trennende Eltern (wie in den USA und Australien[65] oder Broschüren (wie in Großbritannien) .

5.2.5

Auch Anwälte sollten in diese Richtung mitwirken.

---

65 Arbuthnot, Jack, & Donald A. Gordon: Does Mandatory Divorce Education for Parents Work? A Six-Month Outcome Evaluation. *Family and Conciliation Courts Review*, 34(1996)1, 60–81.
- Blaisure, Karen, & Margie J. Geasler: Results of a Survey of Court-connected Parent Education Programs in U.S. Counties. *Family and Conciliation Courts Review*, 34(1996)1, 23–40.
- Trecia Di Bias: Some Programs for Children. *Family and Conciliation Courts Review*, 34(1996)1, 112–129.
- Braver, Sanford L, Peter Salem, Jessica Pearson,& Stephanie R. DeLusÇ: The Content of Divorce Education Programs: Results of a Survey. *Family and Conciliation Courts Review*, 34(1996)1, 41–59.
- Salem, Peter, Andrew Schepard, & Stephen W. Schlissel: Parent Education as a Distinct Field of Practice: The Agenda for the Future. *Family and Conciliation Courts Review*, 34(1996)1, 9–22.
- Biondi, Eileen D.: Legal Implementation of Parent Education Programs for Divorcing and Separating Parents.
Family and Conciliation Courts Review, 34(1996)1, 82–92.
- Schwartz, Maria Serrano: Bringing Peace to the Latino Community: Implementing a Parent Education Prgram.
Family and Conciliation Courts Review, 34(1996)1, 93–111.
- Slezak, Ingrid & Amy Swift: Proposal for a Pilot Education Program for Divorcing and Separating Parents.
Family and Conciliation Courts Review, 34(1996)1, 130–139.

5.2.6

Richter werden ihre Pflicht, zum Wohle der Kinder zu entscheiden, am besten erfüllen indem sie:
- nach vorhandenen (Teil)Einigkeiten fragen, und diese rechtsgültig bestätigen und vollstreckbar machen;
- bei Uneinigkeiten die Eltern zum/r MediatorIn schicken, und die dazu benötigte Zeit in die Gerichtsprozedur einplanen;
- vorher die Eltern in Bildungsprogramme für sich trennende Eltern schicken;
- den Eltern Broschüren über das Wohl von Trennungskindern geben, und Informationen über Gruppen getrennter/geschiedener Eltern, Gruppen für deren Kinder, Erziehungsberatungsstellen, usw.

5.2.7 Der Gesetzgeber kann diese Prinzipien konkretisieren, indem er im Gesetz folgendes festschreibt:

- in Punkto »Sorgerecht«, d.h. »elterliches Entscheidungs-« oder »Bestimmungs-Recht«:

das gemeinsame Entscheidungsrecht als allgemein geltendes Prinzip, d.h. für getrennte sowie für zusammen lebende – verheiratete oder unverheiratete – Eltern, mit zwei Ausnahmen:
- wenn die Eltern sich über eine andere Regelung einigen, dann gilt diese Vereinbarung der Eltern;
- für die Entscheidungen, über die die Eltern sich nicht rechtzeitig einigen, hat die Mutter die ausschlaggebende Stimme für das Kind bis zu dessen 9. Geburtstag und der Vater anschließend (dieses ist die einfachste gleichmäßige Aufteilung der Entscheidungsmacht).
- in Punkto Aufenthaltsregelung:

wenn getrennt lebende (verheiratete, unverheiratete oder geschiedene) Eltern sich nicht über eine andere Regelung der alltäglichen Pflege und Betreuung ihrer Kinder einigen, kommt die gleichmäßig abwechselnde Betreuung durch Mutter und Vater zum Tragen. Das bedeutet dann, daß abwechselnd jeder Elternteil das Kind, am Ende des letzten Schultages jeder Woche, in der es vom anderen Elternteil betreut wurde, von der Schule oder vom Kindergarten oder bei der Tagesmutter abholt oder abholen läßt, um es dann während dem nächsten Wochenende und der folgenden Schulwoche oder Hälfte der (mindestens 2 Wochen dauernden) Schulferien zu betreuen.
- in Punkto Konfliktvorbeugung:
- das Gericht (und die Anwälte, Jugendämter, ...) sind dazu verpflichtet, den sich trennenden Eltern schriftliche Informationen zu geben über:
- wie sie das Wohl ihrer Kinder schützen können,
- die existierenden Möglichkeiten zur Mediation.

- eine obligatorische »Kostprobe« von einer Mediation im Gerichtsvorgang vorsehen – und zwar mit einer gleichen Beihilfe wie die Rechtsbeihilfe, oder völlig subventioniert –,
- Verweisung auf ein Bildungsprogramm für sich trennende Eltern (wie es in Nord-Amerika und Australien schon üblich ist).

Helmuth Figdor

Über die Befindlichkeit von Kindern nach Trennung und Scheidung im Rahmen unterschiedlicher Sorgerechtsmodelle

I. Einleitung

Seit vielen Jahren gilt mein hauptsächliches Forschungsinteresse der Frage, wie die reichen Erkenntnisse der *Psychoanalyse* über die menschliche Seele und ihre Entwicklung für die praktischen Erziehungsaufgaben des Alltages fruchtbar gemacht werden können. Vor fünf Jahren begann ich damit, junge Absolventen der Psychologie und Pädagogik zu »Psychoanalytisch-pädagogischen Erziehungsberatern« auszubilden[1]. Nun ist es soweit, daß dieses Unternehmen auch einen eigenen organisatorischen Rahmen erhält: Am 26. September 1996 findet die Gründungsversammlung der *Arbeitsgemeinschaft Psychoanalytische Pädagogik* statt. Gründungsmitglieder dieses Vereins sind – jetzt komme ich zu dem Grund, warum ich Ihnen diese ganze Geschichte erzähle – Gründungsmitglieder sind der *Wiener Arbeitskreis für Psychoanalyse*, die *Sigmund Freud-Gesellschaft* und das *Alfred Adler-Institut.* Den erstaunt-belustigten Gesichtern einiger von Ihnen entnehme ich, daß Ihnen das Besondere dieses Zusammenwirkens bewußt ist. Jenen, die mit der Geschichte der Psychoanalyse nicht so vertraut sind, sei erklärt: Alfred Adler war einer der ersten und engsten Schüler bzw. Mitarbeiter Sigmund Freuds. Theoretische und persönliche Unstimmigkeiten führten 1913 zum Bruch. Adler gründete die *Individualpsychologie* und seit diesem Tag leben beide tiefenpsychologischen Schulen (wie später auch die Schule C.G. Jungs) in Konkurrenz und gegenseitiger Abgrenzung nebeneinander[2], obwohl sich die ursprünglichen Differenzen zwischen Freud und Adler durch die Theorieentwicklung da und dort zum Teil seit langem überholt ha-

1 Zum Konzept der psychoanalytisch-pädagogischen Erziehungsberatung und zum Aufbau des (dreijährigen) Lehrganges vgl. FIGDOR 1995.

2 Eine Ausnahme bildeten die Jahre der nationalsozialistischen Herrschaft, in welcher die wenigen in Wien verbliebenen Analytiker und Individualpsychologen in persönliche und berufliche Verbindung traten.

ben[3]. Im Interesse der Kinder haben die seit Jahrzehnten Geschiedenen nun wieder zu einer Kooperation zusammengefunden.

Anmerkungen zum Narzißmus

Das ist natürlich eine völlig überzogene und außerdem rührselige Deutung, aber sie paßt so schön zum Tagungsthema. Der eigentliche Grund meiner Ab- bzw. Vorwegschweifungen ist jedoch ein anderer. Wissen Sie, wie ich die beiden zusammengebracht habe? Hätte ich den Präsidenten der Sigmund Freud-Gesellschaft gefragt, ob er an einer Kooperation mit dem Alfred Adler-Institut interessiert wäre, ich glaube, er hätte Nein gesagt. Aber ich habe ihn gefragt, ob *er Lust auf eine historische Geste* hätte. Und die hatte er. Und den Individualpsychologen – im gesellschaftlich-therapeutischen Prestige stets ein wenig im Schatten der (Freudschen) Psychoanalyse, sagte ich, daß ein solches Unternehmen – angesichts der pädagogischen Tradition der Individualpsychologie – ohne ihre Mitwirkung keinen Sinn machte. Ich habe sie also bei ihrem *Narzißmus* »genommen«. Und warum lag *mir* soviel an dieser Konstruktion? Weil ich nun stolz darauf hinweisen kann, daß der Verein, mein »Baby«, von beiden großen Tiefenpsychologie-Schulen getragen wird.

Der Narzißmus regiert zwar nicht die Welt aber *regiert mit*. Und das sollten wir gerade im Hinblick auf das Thema, das uns hier zusammengeführt hat, nicht vergessen. Frau Limbach erwähnte in ihrem Eröffnungsvortrag, daß die Gegner des *Gemeinsamen Sorgerechts* oft argumentieren, das gemeinsame Sorgerecht sei *lediglich* eine Forderung *narzißtisch gekränkter Väter*. Das allein ist das gemeinsame Sorgerecht sicher nicht, aber selbst wenn es so wäre: Ja und? Selbstbestätigung, das Streben nach narzißtischem Gleichgewicht ist ein Grundtrieb des Menschen. Kastrierte Väter mögen so manchem Schadenfreude entlocken, so manche Mutter mag auch ein (durchaus legitimes) Bedürfnis empfinden, dem Ex-Mann das, was er ihr angetan hat, zu vergelten. Aber eines ist von gänzlich entmachteten und entwürdigten Männern kaum zu erwarten: daß sie gute und verantwortungsvolle Väter bleiben.

Aber nicht nur die Väter haben seelisch tief verwurzelte Probleme, die sie hindern, mit der Scheidung so umzugehen, daß es zu einer für alle günstigen Entwicklung kommt. Ich bemühe mich daher in meiner Beratungstätigkeit immer wieder, die Eltern darauf aufmerksam zu machen, daß eine Scheidung von allen Beteiligten ein seelisches Opfer verlangt, dem man nicht entkommen kann, egal ob man derjenige ist, der die Scheidung will oder jener, der sich unschuldig fühlt oder sogar ist (wie jedenfalls das Kind): Wie auch immer die näheren Umstände der Trennung sein mögen, wie gut auch immer es gelingen mag, damit zurechtzukommen, an wenigstens *einer Last*, an einem unliebsamen

3 Vgl. dazu DATLER 1987 und DATLER/REINELT 1989.

»Packerl« (wie ich es gerne nenne) haben alle Beteiligten zu tragen, und zwar auf Jahre hinaus: *das Kind* an der Entbehrung, die beiden liebsten Menschen nicht mehr unter einem Dach bei sich zu haben; *die Mutter* am Umstand, daß der Vater trotz Trennung (zumindest) in Gestalt der Liebe des Kindes für alle Zukunft einen gewissen Raum im Leben einnehmen wird und somit auch sein Einfluß auf die Entwicklung des Kindes unverhinderbar ist – das ist selbst dann der Fall, wenn der Vater den äußeren Kontakt zum Kind einbüßt; schließlich muß sich *der Vater* damit abfinden, daß er dennoch einen Großteil seines Einflusses auf das Kind (und natürlich auf seine frühere Frau) verliert und selbst in den (zumeist) spärlichen Kontakten mit dem Kind von der Bereitschaft der Mutter, die nun die reale Macht hat, abhängig ist. Für die Kinder bedeutet das eine jahrelang (unbewußt mitunter lebenslang) unerfüllte Sehnsucht; für die Mutter die Desillusionierung, sich von der (unglücklichen) Vergangenheit völlig losmachen zu können; und für den Mann eine, wie schon gesagt, schwere narzißtische Kränkung. Die Frage, ob es den *Kindern* gelingt, mit dieser Entbehrung zurechtzukommen, hängt nicht zuletzt davon ab, ob und wie es *den Eltern* gelingt, ihr »Packerl« ertragen zu können. Das ist zwar schwierig aber möglich. Das Packerl darf nur nicht zu schwer werden, sonst droht Kampf: Kampf des Vaters um die Macht; Kampf der Mutter um den Ausschluß des Vaters; und Kampf des Kindes um eine nicht mehr zurückholbare Vergangenheit. Vielleicht ist die Frage des *richtigen Maßes* dieser unvermeidbaren Desillusionierungen überhaupt einer der wichtigsten Schlüssel zu einer positiven Scheidungsbewältigung: Kann der Vater seinen Verlust an Macht und Einfluß auf seine Frau, vor allem aber auf sein Kind hinnehmen, *ohne* sich kastriert zu fühlen? Kann die Mutter sich das Gefühl neuer Entwicklungsmöglichkeiten bewahren, *obwohl* der Vater nicht aus dem Leben verschwindet? Kann das Kind das Gefühl entwickeln, daß ein gutes Leben mit Vater und Mutter möglich ist, *obwohl* es sich nach wie vor deren Wiedervereinigung wünscht?

Über das Gemeinsame Sorgerecht in Österreich

Aber ich greife vor, ich wollte noch eine Vorbemerkung machen. Des öfteren wurde gestern und heute die *europäische Dimension* dieses Kongresses hervorgehoben. In diesem Zusammenhang machte Herr Willutzki eine für mich sehr beunruhigende Bemerkung, indem er meinte, im Bereich der Scheidungsgesetze sei Deutschland europäisches Schlußlicht. Wenn also Deutschland schon das Schlußlicht ist, frage ich mich ganz verzagt: Wo bleibt Österreich?
Zu Ihrer Information: Österreich befindet sich zur Zeit in der Situation, in welcher Deutschland 1982 war: Ein gemeinsames Sorgerecht ist bei uns gesetzlich nicht möglich, es gibt jedoch drei oder vier geschiedene Elternpaare, die das gemeinsame Sorgerecht bekamen – und zwar aufgrund eines oberstgerichtlichen Beschlusses. Anders als bei Ihnen hatten diese Sprüche bei uns keinerlei

praktische Konsequenz, ja, es würde mich gar nicht wundern, wenn eine Reihe von Rechtsanwälten und Familienrichtern von jener (grundsätzlichen) Möglichkeit des Gemeinamen Sorgerechts gar nichts wissen. Seit kurzem jedoch wird auch bei uns über ein neues Familien- und Scheidungsgesetz beraten. Und es gibt auch bei uns äußerst hitzige Debatten und Kontroversen – jedoch bei uns noch darüber, ob das Gemeinsame Sorgerecht *als Möglichkeit* vorgesehen werden soll. Sie können sich daher wohl vorstellen, daß die Österreichische Regierung – im Unterschied zur Schwedischen, wie uns Frau Björklund mitteilte – in keiner Weise »mit Interesse nach Freiburg blickt«, und zwar trotz gemeinsamer habsburgischer Vergangenheit. Dieses Desinteresse hängt auch mit einer bemerkenswerten Veränderung des österreichischen Selbstbewußtseins – zumindest des offiziellen – zusammen. Früher litten wir darunter, daß unseren Pionieren und Erfindern die internationale Anerkennung versagt blieb; 1938 haben wir die, welche diese Anerkennung sehr wohl gewannen, vertrieben; nach '45 war kaum mehr einer da, der etwas erfinden hätte können und wir blickten mit Neid ins Ausland. Nun haben wir das Problem offenbar mit einer genialen Synthese gelöst: Wir erfinden das, was es woanders schon gibt: Vor etwa einem Jahr waren die österreichischen Medien voll mit den stolzen Berichten über ein gemeinsames Projekt des Justiz- und Familienministeriums. Eine *ganz neue* Methode der Konfliktregelung und Scheidungsberatung wurde probiert und erforscht. Sie sind sicher gespannt, was das für eine Methode ist. Sie nennt sich *Mediation*. Da staunen Sie!

Also, lieber Herr Willutzki, ich muß leider darauf bestehen: *Wir* haben die Nase hinten. Ganz im Ernst: Ich beneide Sie um die Fortgeschrittenheit und das Niveau der Diskussion, die Sie zur Zeit führen; wahrscheinlich ebenso, wie jene Kollegin (aus Deutschland) in ihrem Diskussionsbeitrag mit Neid auf die schwedischen Verhältnisse schaute, wo schon Realität ist, woran hierzulande noch kaum jemand denkt. Aber vielleicht wird in zehn Jahren in Österreich das *Gemeinsame Sorgerecht als Regelfall* erfunden, wer weiß?

Das waren jetzt zwei Fliegen auf einen Schlag: Einmal habe ich Ihnen ein wenig über die Sorgerechtsregelung in Österreich erzählt. Und zum anderen habe ich ein wenig von meinen Frustrationen abgeführt. Nun aber zu meinem eigentlichen Referatthema.

Ich habe beschlossen, nicht mit einem fertigen Manuskript nach Freiburg zu kommen (zum Leidwesen der Dolmetscher) sondern mich auf das während des Kongresses Gesagte und Diskutierte zu beziehen. Allerdings habe ich diese Aufgabe unterschätzt und sehe mich außerstande, auf die Fülle gesetzlicher Varianten und auf alle erwähnten Probleme und Fragen einzugehen. Ich habe daher drei Themen bzw. Problemkreise ausgewählt, für deren Erhellung psychologische Erwägungen angebracht bzw. notwendig erscheinen:

1. Wie erleben Kinder verschiedene Sorgerechtsregelungen?
2. Zum Problem rechtlicher Zwangsmaßnahmen (insbesondere die Durchsetzung des Umgangsrechts sowie das Problem der verordneten Beratung).

3. Schließlich: Wie wichtig ist das Gemeinsame Sorgerecht im Gesamtkontext der Scheidungsproblematik?

Es gibt noch ein viertes Thema, das sich aufdrängt: In allen Ländern, über die wir hier gehört haben, ist das Gericht aufgerufen, in Fällen, in welchen die Eltern keine einvernehmliche Lösungen zuwegebringen, *im Namen des Kindeswohls* eine Entscheidung zu treffen. Was aber ist nun wirklich zum »Wohl« des Kindes und mit welchen Methoden ist es bestimmbar? Schweren Herzens verzichte ich auf dieses zentrale Problem, weil es zu komplex ist, um in der knappen Zeit einigermaßen differenziert dargestellt zu werden. (Aber vielleicht wäre das ein Thema für Ihre nächste Tagung?)

Auch auf die drei ausgewählten Themen kann ich nur thesenhaft eingehen und ich werde vor allem jene Aspekte herausgreifen, die mir die Möglichkeit zu Widerspruch oder zu provokanten Bedenken gegen herkömmliche Ansichten geben. Das macht die Sache spannender und forciert weiteres Nachdenken. So verhält es sich zumindest bei mir, ich hoffe auch bei Ihnen.

II. Wie erleben Kinder verschiedene Sorgerechtsregelungen?

Die Antwort ist klar, kurz und wohl auch einsichtig: *gar nicht!* Natürlich ist den Kindern nicht egal, wo sie *wohnen* werden, ob und wie oft sie *den Vater sehen können*, wie die *Eltern miteinander umgehen* usw. Aber das Sorgerecht im juristischen Sinn tangiert sie nicht und sie verstehen – sagen wir etwa bis zum Alter von zwölf, dreizehn Jahren – auch gar nicht, worum es sich dabei handelt.

Wenn wir nach dem *Erleben der Kinder* fragen, müssen wir vielmehr die Frage nach den *Auswirkungen* unterschiedlicher Sorgerechtsregelungen stellen; zum Beispiel Auswirkungen auf die Intensität des Kontaktes zum Vater (bzw. zum wegscheidenden Elternteil[4]) oder auf die Spannungen zwischen den Eltern usf. Im Hinblick auf das Tagungsthema haben wir also zu fragen: Welche Auswirkungen hat das *Gemeinsame Sorgerecht als Regelfall* im Vergleich zum alleinigen Sorgerecht als Regelfall auf jene Lebensbereiche, die für das Kind und seine Entwicklung bedeutsam sind?

Nun sind freilich die Ansichten darüber sehr geteilt und die diesbezüglichen Diskussionen werden mit großer Vehemenz geführt. Und zwar wohl auch deshalb, weil diese Frage in den letzten Jahren stark ideologisiert wurde: Auf der einen Seite wird argumentiert, es handle sich beim Gemeinsamen Sorgereicht um einen bedeutenden Fortschritt, um ein Stück auf dem (allseits geforderten) Weg zur kontinuierlichen Elternschaft trotz Scheidung, also geradezu um ein moralisches Gebot. Dagegen behaupten die anderen, das Gemeinsame Sorge-

4 Ich bezeichne in der Folge aus Gründen sprachlicher Einfachheit den Elternteil, der nicht mit den Kindern lebt, als »Vater«.

recht wäre ein unakzeptabler Rückschritt in der gesellschaftlichen Entwicklung: Die Zuteilung des Sorgerechts an jenen Elternteil, der auch die alltägliche und praktische Verantwortung für das Kind trägt, trage den neuen Lebensformen jenseits der traditionellen Familie Rechnung. Da es bei der Forderung nach einem Gemeinsamen Sorgerecht de facto um die Mitsprache der Väter geht, entlarve ich dieses als Forderung nach der Wiedereinführung patriarchaler Machtverhältnisse. Bei dieser Sichtweise spielt wohl der Gedanke eine Rolle, daß die Scheidung in vielen Fällen auch als Akt der Befreiung und Selbstfindung der Frau zu betrachten sei.

Beide Positionen meinen, sich auf die neuere Forschung berufen zu können. Die Befürworter des Gemeinsamen Sorgerechts verweisen auf die Erkenntnis, daß die Kontinuität einer intensiven Beziehung zum weggeschiedenen Elternteil für die psychische Entwicklung des Kindes von eminenter Bedeutung ist. Die Gegner befürchten, daß es dadurch zwangsläufig bei jeder noch so geringen Maßnahme, welche die Kinder betrifft, zu Auseinandersetzungen zwischen den Eltern kommt, und verweisen auf die Erkenntnis, daß Konflikte, welche die Eltern über ihre Kinder austragen, zu den größten Belastungen gehören, denen jene ausgesetzt sind.

Sehen wir uns einmal die Argumente pro und contra Gemeinsames Sorgerecht genauer an. *Gegen* das Gemeinsame Sorgerecht als Regelfall – das bedeutet in vielen Fällen: auch gegen den Willen eines Elternteils – sprechen nun freilich wirklich gewichtige Argumente:

a) Werden die Konflikte zwischen Vater und Mutter, die ja zur Scheidung führten, auf diese Art und Weise nicht jedenfalls prolongiert?
b) Statt daß sich die Beziehung zwischen den Eltern durch die Scheidung entspannen kann, werden die Auseinandersetzungen möglicherweise noch heftiger – und das in einem Bereich, in welchem die Kinder besonders miteinbezogen werden.
c) Werden jene Elternteile, welche das Gemeinsame Sorgerecht ablehnen, dann nicht dazu verführt, in der »Schmutzwäsche« des Partners zu wühlen, was heute glücklicherweise dank der einvernehmlichen Scheidung nicht mehr so oft vorkommt?
d) Sichert das Gemeinsame Sorgerecht, z.B. gegen den Willen der Mutter, nun nicht tatsächlich den Fortbestand von patriarchalen Machtverhältnissen trotz Scheidung?
e) Ist nicht die Gefahr sehr groß, daß diese Sorgerechtsregelung scheitert, nicht hält und sodann neu verhandelt werden muß? Statt einer einigermaßen beruhigten Nach-Scheidungs-Kontinuität könnte es also in verstärktem Ausmaß zu Endlos-Kämpfen zwischen den Eltern kommen – und die primär Leidtragenden wären zweifellos wieder die Kinder.

Also Hände weg von dieser Idee? Nun gibt es freilich auch einige bedenkenswerte Argumente, die *für* das Gemeinsame Sorgerecht als Regelfall sprechen:

a) Es gäbe nicht nur gut kooperierende geschiedene Eltern, könnte man sagen, oder solche im offenen Kriegszustand, die den Ex-Partner unbedingt ausschalten wollen. Eine nicht geringe »Mittelgruppe« komme aufgrund der herrschenden Gesetzeslage nur nicht auf die Idee fortgesetzter gemeinsamer elterlicher Verantwortung. Mit dieser (gesetzlich niedergelegten) Verpflichtung würden diese Eltern die gemeinsame Obsorge akzeptieren und zu leben versuchen, ohne dagegen von vornherein zu protestieren.
b) Gemeinsames Sorgerecht müsse ja nicht heißen, daß *jede*, die Kinder betreffende Entscheidung an die Zustimmung des nicht im Haushalt wohnenden Elternteils geknüpft ist. Das sei schließlich auch in intakten Ehen nicht der Fall. Mit der Festlegung des Lebensmittelpunktes des Kindes (Wohnort) könne sich auch eine Art »Alltags-Sorgerecht« des Elternteils, bei dem das Kind lebt, verbinden. Aber vor dem Gesetz und im Hinblick auf wichtige, das Kind betreffende Entscheidungen, wären beide Elternteile gleichberechtigt. Wo die Alltagsobsorge und wo das gemeinsame Sorgerecht zu gelten hätte, könnte bei der Scheidung – z.B. im Rahmen eines Mediationsverfahrens – festgelegt werden.
c) Die aufrechte Vaterschaft könnte bei vielen Männern die so schmerzliche narzißtische Wunde kühlen, welche durch den faktischen Einfluß- und Machtverlust gegenüber Frau und Kindern aufgerissen wird. Vielleicht müßten dann so manche von ihnen weniger verbissen gegen ihre Ex-Frauen kämpfen oder sich andere nicht so schnell von ihren Familien völlig zurückziehen.
d) Schließlich zu der Befürchtung, das gemeinsame Sorgerecht könne scheitern, und der ganze Streit von vorne losgehen: Hat nicht auch das Argument einiges für sich, daß die positiven Folgen gemeinsamer elterlicher Verantwortung geradezu fordern, es wenigstens *zu versuchen*; daß man eine Chance nicht auslassen dürfe, nur weil auch ein Scheitern denkbar ist?

Betrachtet man die beiden Argumentationsreihen, muß man zugeben, daß jeder der vorgebrachten Gedanken etwas für sich hat und psychologisch durchaus plausibel ist. Mit anderen Worten: Es kann so sein, aber es könnte auch anders sein. Also was tun?

Ich glaube, man darf nicht den Fehler machen, die Effizienz des *Gemeinsamen Sorgerechts als Regelfall* am Einzelfall nachweisen oder widerlegen zu wollen. Es geht hier um eine politische Entscheidung, die zumindest zwei Ziele verfolgt:

– Erstens: *Rahmenbedingungen* zu schaffen, die für die *große Mehrzahl* der betroffenen Familien bzw. deren Kinder bessere Entwicklungschancen eröffnen sollten. Weder können wir damit rechnen, daß es sich um die bessere Lösung für alle Fälle handelt, noch dürfen wir erwarten, daß günstigere Entwicklungschancen für die Kinder mit der Einführung eines Gesetzes allein schon gesichert wären. »Im Regelfall« impliziert ja die Möglichkeit der

Ausnahme. Und über die Wirksamkeit von Gesetzen werde ich im 2. und 3. Abschnitt noch etwas sagen.

- *Zweitens* käme der Einführung des Gemeinsamen Sorgerechts als Regelfall der Charakter einer *gesellschaftspolitischen Willensentscheidung* zu (wie in diesen zwei Tagen mehrmals betont wurde). Eine Willensentscheidung, die mittel- bis langfristig einen bewußtseinsverändernden Effekt zeitigen soll, das heißt: Sich scheidenden Eltern sollte durch das automatische Weiterbestehen des Gemeinsamen Sorgerechts die elterliche Verantwortung, die sie trotz Scheidung tragen, bewußter werden, und das sollte dazu führen, daß sie sich mehr anstrengen, zum Wohl des Kindes zu kooperieren.

Auch diese gesellschaftlichen Zielsetzungen verdanken sich psychologischen bzw. sozialpsychologischen Überlegungen. Aber es ist wohl einsichtig, daß auf individuellen Erfahrungen basierende *theoretische Überlegungen* die Frage, ob sich solche mittel- und langfristigen gesellschaftspolitischen Erwartungen tatsächlich erfüllen werden, nicht entscheiden läßt.

Damit freilich ist einer Ideologisierung der Diskussion Tür und Tor geöffnet, wozu es nur eine Alternative gibt: empirische Forschung. Es ist für mich immer wieder erstaunlich, mit welcher Selbstverständlichkeit es die Politik schafft, ihre Konzepte von wissenschaftlicher Überprüfung freizuhalten. Wie einst die spekulativen Philosophen über die Erklärung von Naturphänomenen diskutierten, es jedoch strikt ablehnten ihre Thesen im naturwissenschaftlichen Experiment zu überprüfen, wird mitunter jahrelang um Gesetze gestritten, ohne sich um wissenschaftliche Erkenntnisse zu kümmern oder vorhandene Methoden zur Entscheidungsfindung zu nützen. Allerdings werden in den Kontroversen immer wieder wissenschaftliche Befunde herangezogen, um eigene Argumente zu stützen. Diese Verwendung ist aber selbst ideologisch, da die Schlußfolgerungen einer methodenkritischen Prüfung nicht standhielten. Natürlich bin ich nicht so naiv zu glauben, Politik ließe sich de facto versachlichen. Politik ist Kampf um gesellschaftlichen Einfluß, Macht, ein Kampf, der jedoch hinter scheinbar bloß sachlicher Legitimation der eigenen Positionen versteckt wird. Das eigentlich Erstaunliche liegt für mich darin, mit welcher Selbstverständlichkeit sich die Gesellschaft das gefallen läßt und – so wissenschaftsgläubig unsere Zeit auch ist – ihren politischen Repräsentanten zu glauben bereit ist, daß sie ihre Entscheidungen kraft fachlicher Kompetenz treffen und darauf verzichtet, den wissenschaftlichen Beweis der Stimmigkeit der Argumente einzufordern.

Auch die Kontroverse um die Einführung des Gemeinsamen Sorgerechts, als Regelfall ist ein Beispiel für mangelhaft gesichertes Wissen, während es gleichzeitig durchaus Möglichkeiten gäbe, dieses Wissen zu schaffen, Möglichkeiten, die zu nützen aber offenbar niemandem einfällt. Man könnte zum Beispiel untersuchen, woran es liegt, daß der Anteil an gemeinsamen Sorgerechtsregelungen in Deutschland zwischen den einzelnen Gerichtsbezirken oft erheblich schwankt. Die Vermutung liegt nahe, daß einzelne Richter diese Regelung nur dann aussprechen, wenn sie von den Betroffenen ausdrücklich verlangt wird, während andere Richter es auch unternehmen, Eltern, die nicht von vornherein das gemeinsame Sorgerecht anstreben, für diese Lösungen zu gewinnen. Wie machen sie das? Haben sie Erfolg damit (offenbar schon)? Wie entwickeln sich diese Fälle? Vor allem jedoch müßte man nach Skandinavien fahren wo – wie wir gehört haben – das Gemeinsame Sorgerecht seit Jahren als Regelfall gehandhabt wird, und dort Väter, Mütter und Kinder – die es sich ja (fast) nicht mehr aussuchen konnten – interviewen: Welche Erfahrungen/Befürchtungen hatten sie? Welche Erfahrungen machten sie? Man müßte die Richter, die *einst* im gesetzlichen Rahmen des alleinigen Sorgerechts ihre Entscheidungen zu treffen hatten, *jetzt* hingegen im Rahmen des Gemeinsamen Sorgerechts, nach ihren Erfahrungen befragen – schließlich sind sie es ja auch, die bei der Wiederaufnahme von Sorgerechts-Verfahren wieder befaßt werden. Nehmen diese Wiederaufnahmen zu oder ab? Welche Erfahrungen haben sie bezüglich der Chance, daß diese Regelungen halten?

Schließlich bedürfte es einer *methodenkritischen* Aufarbeitung verfügbarer Statistiken bzw. der Erarbeitung von Statistiken über die Kontinuität von Gemeinsamen Sorgerechtsregelungen; die Kontinuität und Intensität der Beziehungen zum »abwesenden« Elternteil; das Ausmaß an elterlichen Konflikten bzw. Kooperation nach der Scheidung; über die subjektive Zufriedenheit der Betroffenen; über mittel- und langfristige Verhaltensauffälligkeiten, Symptome oder seelische Probleme der betroffenen Kinder; u.a.m.[5] Dann ließe sich ein Vergleich dieser Daten in Bezug auf unterschiedliche gesetzliche Rahmenbedingungen vornehmen. So – und nur so – ließe sich die (theoretische) Diskussion entscheiden. Ein paar Hinweise, daß die optimistischen Erwartungen an die Einführung des Gemeinsamen Sorgerechts als Regelfall nicht ganz unberechtigt sind, konnten wir gestern den Ausführungen von Frau Björklund entnehmen. Dennoch muß man sagen, daß das Defizit an Forschung in diesem Bereich bemerkenswert groß ist.

Man kann allerdings die beiden Argumentationsreihen »pro und contra Gemeinsames Sorgerecht als Regelfall« noch unter einem anderen Gesichtspunkt betrachten. Sie unterscheiden sich nämlich nicht nur hinsichtlich der Frage, wer denn nun (im empirisch-wissenschaftlichen Sinn) recht hat sondern setzen auch

5 Es gibt zwar bereits deutsche Untersuchungen, denen zufolge geschiedene Eltern mit Gemeinsamem Sorgerecht besser kooperieren. Soweit mir diese Arbeiten bekannt sind, erfüllen sie jedoch methodisch nicht die Kriterien, die es erlauben, die entsprechenden Schlußfolgerungen für die anstehende politische Entscheidung zu ziehen: Es bleibt nämlich offen, ob die bessere Kooperation zwischen den Eltern tatsächlich eine Folge des Gemeinsamen Sorgerechts darstellt oder ob nicht beide, Kooperation nach der Scheidung *und* Gemeinsames Sorgerecht abhängige Variable sind: nämlich die Folge eines geringeren Maßes an Feindschaft oder Mißtrauen der Geschiedenen bzw. einer besseren Kommunikationsfähigkeit trotz der Scheidung, die sich vielleicht auch ohne Gemeinsames Sorgerecht erhalten hätte.

unterschiedliche Gewichtungen im Hinblick auf die Lebensumstände, die für das Wohl des Kindes als entscheidend betrachtet werden. So weit ich sehe, besteht das Hauptanliegen der *Gegner* des Gemeinsamen Sorgerechts in der *Beruhigung der Konflikte* zwischen den Eltern, während die *Befürworter* des Gemeinsamen Sorgerechts in erster Linie die Sicherung *des Kontaktes der Kinder zu beiden Eltern* im Auge haben. Ob es *stimmt*, daß es zur Beruhigung der Spannungen beiträgt, wenn das Sorgerecht in der Hand eines Elternteils ist, mit dem das Kind lebt; ob es stimmt, daß das Gemeinsame Sorgerecht Rahmenbedingungen schafft, die die Chance erhöhen, daß das Kind den zweiten Elternteil nicht ganz verliert – das ist eine Frage, die es noch empirisch zu sichern gilt. Aber läßt sich nicht vielleicht die Frage, ob relativ beruhigte Lebensumstände *oder* die fortdauernde Beziehung zum Vater für eine »gesunde« Entwicklung des Kindes wichtiger ist, schon jetzt *theoretisch* entscheiden, und zwar auf der Grundlage unseres (empirisch gut gesicherten) Wissens über die seelischen Belastungen des Scheidungskindes?

Nun, ich glaube, im Einzelfall wird das wohl möglich sein. Eine allgemeine Aussage zu treffen, würde ich mich jedoch nicht trauen. Jedenfalls möchte ich davor warnen, die Präferenzfrage »Konfliktvermeidung versus Kontaktsicherung« vorschnell zugunsten der Kontaktsicherung zu entscheiden:

- Natürlich ist der Verlust des Vaters für das Kind traumatisch – darüber kann angesichts des gegenwärtigen Standes der Forschung kein Zweifel bestehen[6]. Ebenfalls unzweifelhaft steht fest, daß die *Chance*, die der Scheidung – wenigstens prinzipiell – innewohnt, gerade darin besteht, die *mindestens ebenso traumatisierenden* Konflikte zwischen den Eltern zu entspannen. Dies ist ja auch einer der Hauptgründe, warum die häufig geäußerte Forderung, Eltern sollten trotz gescheiterter Partnerschaft *ihren Kindern zuliebe* dennoch zusammenbleiben, abzulehnen ist[7].
- Aus der klinischen Praxis wissen wir, daß zu den größten Belastungen der »Scheidung« die Loyalitätskonflikte *nach der Scheidung* gehören, die umso größer sind, je intensiver die Konflikte zwischen den Eltern andauern.
- Schließlich wäre darauf hinzuweisen, daß es gerade die Unerträglichkeit dieser Loyalitätskonflikte ist, die Kinder dazu bringen, ihrerseits den Kontakt mit dem Vater zu meiden.

Also läßt sich auch diese Frage nicht theoretisch entscheiden? Strenggenommen: Nein! Dennoch neige ich vom psychoanalytischen Standpunkt her dazu, die Kontinuität einer einigermaßen guten Beziehung des Kindes zu beiden Elternteilen als höherwertig anzusetzen als eine relative Ruhe der äußeren

6 Vgl. u.a. die von FTHENAKIS 1985 zusammengetragenen Forschungsergebnisse über die entwicklungspsychologischen Funktionen des Vaters, sowie die psychoanalytischen Befunde über die »Triangulierungsfunktion« des Vaters in FIGDOR 1991.

7 Ich habe die Bedenklichkeit dieser Forderung mehrfach ausführlich diskutiert (z.B. FIGDOR 1991, Kap. 4–6 und 1987, Kap. 2)

Beziehungsverhältnisse. Und zwar aus theoretischen und pragmatischen Gründen:

- Die durch den Wegfall des Vaters (möglicherweise) erzielte Ruhe ist sehr, sehr oft trügerisch. Entweder verlagert sich der Konflikt auf die Ebene der Mutter-Kind-Beziehung. Dann kann von »Ruhe« ohnedies keine Rede mehr sein, wie viele alleinerziehende Mütter aus leidvoller Erfahrung wissen. Oder aber die Ruhe wird mit massiven Verdrängungsleistungen des Kindes erkauft, die sich vielleicht erst in der Adoleszenz oder im Erwachsenenalter auswirken, dann freilich die Gefahr neurotischer Störungen und großen seelischen Leides sehr erhöhen.
- Die Fähigkeit der Kinder, mit Loyalitätskonflikten in einer nicht oder wenig pathogenen Weise fertigzuwerden, nimmt mit dem Alter zu. Die Abwesenheit bzw. der Verlust des Vaters bleibt hingegen – oft bewußt, jedenfalls aber im Unbewußten – ein lebenslanges Problem und wirkt sich gerade in jenen Lebensphasen des Kindes, in welchen es um die Gewinnung von persönlicher Autonomie geht (wie z.B. in der Pubertät und Adoleszenz), besonders nachteilig aus.
- Schließlich kann man sagen (und vielleicht ist das sogar das stärkste Argument): Solange sich zwei streiten, besteht – zumindest theoretisch – immer noch die Chance, etwas zu unternehmen, um die Verhältnisse zu beruhigen und die Eltern für eine Kooperation zu gewinnen, die dem Kind günstige Entwicklungschancen (wieder) eröffnet. Ist der Vater jedoch erst einmal verschwunden, ist zumeist nichts mehr zu machen.

So erlaube ich mir am Ende – bei aller methodologisch und theoretisch begründeten Vorsicht – doch eine wertende Stellungnahme: Sollte sorgfältige empirische Forschung erweisen, was freilich heute schon abzusehen ist (ich verweise nochmals auf die Erfahrungsbericht aus Skandinavien), daß das *Gemeinsame Sorgerecht als Regelfall* tatsächlich die Chance erhöht, daß dem Kind auch nach der Scheidung beide Elternteile erhalten bleiben, so halte ich seine gesetzliche Verankerung für eine wichtige und dringend notwendige Maßnahme – jedenfalls dann, wenn das Entwicklungsinteresse des Kindes als oberstes Entscheidungskriterium gilt. Ebenso klar dürfte aus meinen Darlegungen jedoch hervorgegangen sein – und hier greife ich wieder den folgenden Abschnitten vor –, daß mit der gesetzlichen Einführung des Gemeinsamen Sorgerechts als Regelfall *allein* noch nichts erreicht ist. Die Chance, welche durch die neue Rechtslage eröffnet wird, muß durch begleitende Maßnahmen gewahrt werden. Und zu diesen gehört allen voran die fortlaufende Sicherung der Beziehung zwischen Kind und Vater durch *Beratung* und eventuell auch durch weitere *rechtliche Maßnahmen*, die das Recht des Kindes auf Kontakt mit beiden Eltern – auch gegen die Bedürfnisse von Mutter oder Vater – zu sichern, voraussetzen. Bevor ich darauf näher eingehe, möchte ich noch ein paar Bemerkungen zu zwei Sonderformen des Gemeinsamen Sorgerechts machen, die gestern hier angeschnitten wurden: das *alternierende Sorgerecht*, bei welchem das Kind eine Zeitlang bei der Mutter und dann wieder eine Zeitlang beim Vater lebt; und zweitens das sogenannte *Nestmodell*, bei welchem die Kinder am Wohnort – zumeist in der ehelichen Wohnung – verbleiben und abwechselnd von Mutter und Vater betreut werden.

Grundsätzlich spreche ich mich *gegen ein alternierendes Sorgerecht* aus. Es gibt zwar Untersuchungen aus den USA, die diesem Modell eine sehr hohe Zufriedenheitsrate auf Seiten der Eltern bescheinigen, nicht systematisch untersucht wurden meines Wissens nach aber die (objektiven) Auswirkungen auf die Kinder. Diese freilich dürften weniger gut sein, denn eines ist gewiß: Kinder sollen zwar das Gefühl haben, bei Mutter *und* Vater willkommen zu sein, aber sie brauchen auch das Gefühl, *an einem Ort zu Hause zu sein.* Erst vor wenigen Tagen wurde ich mit einem Fall bekannt, wo ein dreijähriges Mädchen im Dreitagesrhythmus zwischen Mutter, Vater und Großmutter pendelt und mit massiven Trotzanfällen reagiert, in deren Zentrum die regelmäßige Weigerung steckt, sich anziehen zu lassen. Es liegt nahe, dieses Symptom als Verweigerung des Weggehen-Müssens zu verstehen. Allerdings muß man auch angesichts eines solchen, für das Kind augenscheinlich ungünstigen Arrangements sehr behutsam vorgehen. Es stellte sich nämlich heraus, daß dies der einzige Weg war zu verhindern, daß sich Mutter, Vater und Großmutter um das Kind bekriegen. Mit anderen Worten: Mitunter kann es notwendig sein, auch Lösungen des Sorge- oder Umgangsrechts zuzulassen, die vom pädagogisch-entwicklungspsychologischen Standpunkt aus als nachteilig erscheinen, und zwar deshalb, weil sie die Chance der Kooperation wahren. Allerdings wird man es nicht dabei belassen dürfen: Man muß versuchen, die erst einmal ermöglichte Kooperation zwischen den Konfliktparteien dafür zu nutzen, gemeinsam mit den Betroffenen günstigere Lösungen zu erarbeiten.

Auf einen anderen Umstand möchte ich noch hinweisen: *Äußere* Beziehungsverhältnisse lassen nicht auf geradem Wege auf *innere* Beziehungsverhältnisse schließen. So ist nicht von vornherein auszuschließen, daß ein Kind, daß abwechselnd bei Vater und Mutter lebt, sich gefühlsmäßig dennoch bei dem einen zu Hause und beim anderen auf Besuch befindet. Diesen Gesichtspunkt gilt es auch bei der Festlegung des Besuchs- bzw. Umgangsrechts zu bedenken: die Kontinuität einer intensiven *inneren* Beziehung des Kindes vom Vater hängt nicht alleine von der Länge bzw. Kürze der Besuchsintervalle ab sondern noch mehr davon, wie sehr der Vater *im Erleben* des Kindes präsent ist – unabhängig davon, ob er körperlich anwesend oder abwesend ist. In meinem Freundeskreis gibt es z.B. einen Dreijährigen, der eine ausgesprochen innige Beziehung zu seinem im Ausland wohnenden Vater pflegt, obwohl dieser nur alle zwei Monate für ein bis zwei Tage mit ihm zusammen sein kann. Die Mutter freilich spricht oft von ihm, im Kinderzimmer gibt es ein Bild des Vaters und »Papa« gilt im privaten Sprachgebrauch als Synonym für »groß« und für »blau« (die Lieblingsfarbe des Vaters). Wird die Existenz des Vaters hingegen zu Hause tabuisiert, kann es durchaus passieren, daß das Bild des Vaters bei einem kleinen

Kind wie diesem verblaßt und das Vertrauen schwindet, auch wenn das Kind seinen Vater regelmäßig alle vierzehn Tage zu Gesicht bekommt.
Was das »*Nestmodell*« betrifft, fällt mein *Nein* noch klarer aus. Aber auch hier sind im Einzelfall Ausnahmen denkbar. Zum Beispiel dann, wenn die Kinder schon älter sind und die Kontinuität des sozialen Umfeldes (Schule, Balletgruppe, Sportverein, enge Freunde) für das Wohlbefinden und das seelische Gleichgewicht des Kindes sich als besonders bedeutungsvoll herausstellen sollte.

III. Zum Problem rechtlicher Zwangsmaßnahmen

Überall, wo es Gesetze gibt, sieht die gesetzgebende Autorität Sanktionen vor, die die Einhaltung der Gesetze gewährleisten sollen. Was die Familiengesetzgebung betrifft, ist die Sache aber komplizierter. Zum einen steht der rechtsstaatliche Grundsatz, daß gesetzliche bzw. gerichtliche Entscheidungen durchgesetzt werden müssen, dem Grundsatz, daß sich der Staat möglichst wenig in persönliche Lebensangelegenheiten einmischen soll, entgegen. Zum anderen treffen eventuelle Sanktionen nicht nur die Schuldigen sondern auch das Leben der mit ihnen Verbundenen, und so ist nicht immer sicher, ob staatliche Sanktionen die (vermeintlich) Unschuldigen bzw. die Opfer (und hier vor allem die Kinder) schützen oder mitstrafen. Aus diesem Grund muß in diesem Bereich sehr behutsam mit Zwangsmaßnahmen umgegangen werden. Das geschieht zum Teil auch. Mitunter ist die Behutsamkeit jedoch so groß, daß Elternteile ihre Kinder oft jahrelang nicht zu Gesicht bekommen, obwohl sie über ein aufrechtes Besuchs- bzw. Umgangsrecht, ja vielleicht sogar über das Sorgerecht verfügen. In diesen Fällen – und ihrer gibt es beileibe nicht wenige – erscheint das Recht ziemlich zahnlos, und läßt die Diskussion beginnen, wieviel an staatlicher Machtausübung tatsächlich den betroffenen Kindern zugutekommt bzw. wo die Einmischung gerade das Gegenteil erreicht.
Wenn man die Vorträge und Diskussionen der letzten beiden Tage betrachtet, gibt es fünf Bereiche, in denen der Staat in das persönliche bzw. familiäre Privatleben eingreift bzw. eingreifen könnte, und wo sich die Frage erhebt, ob er das soll und wenn ja, mit welchem Nachdruck er seine Entscheidungen durchzusetzen hätte. Ich habe diese fünf Bereiche »hierarchisch« gereiht. Ganz oben steht die Art von Einmischung, deren Gerechtfertigtheit, meinem Eindruck nach, von einem großen Konsens getragen wird, an letzter Stelle die Art von Einmischung, die man sich hier kaum traute, zu fordern. Diese fünf Bereiche sind:

a) *Das Gemeinsame Sorgerecht als Regelfall:* Es nimmt den Eltern das Recht, darüber autonom zu entscheiden, aus der Hand, indem es ein Sorgerechtsmodell vorgibt. Der Zwangscharakter dieses Gesetzes ist aber beschränkt, weil die Beteiligten das Recht haben, ein alternatives Modell vorzuschlagen.

b) *Die familiengerichtliche Entscheidung über das Sorgerecht gegen den Wunsch eines oder sogar beider Elternteile.* Hier ist der Grad der Einmischung wesentlich höher. Solche Entscheidungen finden zumeist dann statt, wenn sich die Eltern nicht einigen können. Dann nimmt das Gericht den Eltern ein Stück pädagogischer Verantwortung aus der Hand, indem es sich selbst die Kompetenz zuschreibt, zu wissen, was für das Kind am besten ist, wobei es sich häufig der Hilfe von psychologischen Gutachtern bedient. Dennoch herrscht kaum ein Zweifel daran, daß solche Einmischungen mitunter unabdingbar notwendig sind.

c) Nicht mehr so groß ist der Konsens darüber, wieviel Macht der Staat ausüben soll, um das *Umgangs- bzw. Besuchsrecht* zu sichern, dessen Verletzung heutzutage leider immer wieder passiert. Diesbezüglich ist auch die Gesetzeslage in den einzelnen Ländern sehr unterschiedlich. Das reicht von der strafrechtlichen Definition der Umgangsverhinderung als *Körperverletzung*, über die Definition als *Menschenrechtsverletzung* (im Sinne der UN-Charta), über mehr oder weniger hohe *Beugestrafen*, (die de facto bedeuten, daß man sich von der rechtlichen Verpflichtung, den Kontakt des Kindes zum anderen Elternteil zu ermöglichen, freikaufen kann) bis hin zu *sanktionslosen Ermahnungen.* Interessant finde ich, daß überhaupt nicht von der Variante die Rede ist, auch das *Nichtwahrnehmen des Besuchsrechts durch den Vater* unter Sanktionen zu stellen. Das hängt wohl damit zusammen, daß das Besuchs- bzw. Umgangsrecht offenbar überall (?) als Recht des weggeschiedenen Elternteils und nicht als Recht *des Kindes* formuliert ist.

d) Über eine andere Art der staatlichen Einmischung berichtete uns Herr Köksal aus der Türkei: Wenn ich recht verstanden habe, können sich Eltern in der Türkei nur dann scheiden lassen, wenn sie zu einer einvernehmlichen Regelung des Sorgerechts gelangt sind. Es ist dies eine recht massive Form, die Eltern zur Verantwortung gegenüber ihren Kindern zu rufen. Allerdings fehlt hier die staatliche Parteinahme für ein bestimmtes Sorgerechtsmodell. Mit der Einführung des Gemeinsamen Sorgerechts als Regelfall entfällt wohl auch die Notwendigkeit einer solchen Sanktionierung.

e) Und nun zum Schlußlicht dieser Reihe: den Bereich *der Beratung* (im weitesten Sinn) – handle es sich um ein Verfahren der außergerichtlichen Konfliktlösung (Mediation), um psychologisch-therapeutische Hilfen für Eltern und/oder Kinder oder um pädagogische Beratung der Eltern hinsichtlich des Umgang mit den Kindern. Obwohl mitunter in Diskussionen der Gedanke der *verordneten Beratung* auftaucht, herrscht doch zur Zeit ein großer Konsens darüber, daß jede Form professioneller Hilfeleistung *nur auf freiwilliger Basis* möglich ist, und dem Staat hier lediglich die Aufgabe zusteht, für entsprechende Angebote zu sorgen.

Betrachtet man diese fünf Interventionsbereiche, fällt der große Respekt vor den Wünschen der Eltern bzw. vor ihrer Bereitschaft, den rechtlichen Vorgaben auch tatsächlich Folge zu leisten, auf. Juristen so reden zu hören, tut wohl. Denn dieser Respekt zeugt nicht nur von demokratischer Gesinnung sondern auch von einer erfreulichen Bereitschaft, in Gesetzgebung und Rechtsprechung auf die Erkenntnisse der Psychologie Rücksicht zu nehmen: *Gelebte elterliche Verantwortung, Kooperation oder Vertrauen* (z.B. in den besuchenden Elternteil) lassen sich weder mit Paragraphen noch mit Urteilen erzwingen. Wo die Fähigkeit oder die Bereitschaft der Betroffenen fehlt, ist eine andere Kompetenz gefragt: die psychosozialen Dienste. Freilich kommen auch diese nur zum Zug, wenn die Eltern es wollen. Und wenn nicht? Tja dann sind wir offenbar mit unserem Latein am Ende. Hier fängt die Autonomie der Eltern an, hier endet aber auch der Schutz der Kinder.

Ich habe vorher gesagt, die Vorsicht bei Interventionen bzw. die Skepsis gegenüber der Möglichkeit, Leben verordnen zu können – und dazu gehört auch professionelle Hilfe – sei für mich so erfreulich. Das stimmt zwar, aber es stimmt nur halb. Denn in dieser Vorsicht und Skepsis verbirgt sich ein recht eindimensionales Modell von der menschlichen Persönlichkeit. Ein Persönlichkeitsmodell, das sich etwa so charakterisieren ließe: Menschen handeln nach ihren Einsichten, und zwar so gut, wie sie können. Wenn nun manche Eltern z.B. zu egoistisch sind, oder nicht einsehen können, was für ihre Kinder gut ist, oder daß Beratung ihnen helfen könnte – läßt sich eben nichts tun. Die Sache ist aber komplizierter, vielleicht dadurch aber auch wieder einfacher.

Zunächst: Menschen versuchen in erster Linie das zu tun, was sie *wollen. Wissen* und *können* tun sie meist viel mehr. Es passiert mir zum Beispiel heutzutage kaum mehr, daß ich, etwa anläßlich von öffentlichen Vorträgen vor geschiedenen Müttern, mit meinen Hinweisen, daß Scheidungskinder auch weiterhin ihre Väter brauchen, Erstaunen oder Widerspruch ernte. Was ich höre, ist: »Ja, selbstverständlich, aber bei meinem Exmann ist das leider nicht möglich!« Sie sehen auch, wie hier *Wollen* und *Können* verschwimmt. Wenn z.B. eine Frau auf ihren früheren Mann eine solche Wut hat, daß sie es nicht ertragen kann, wie *ihr* Kind mit *diesem* Vater innig verkehrt; wenn sie vielleicht Angst hat, das Kind könnte ihn lieber als sie haben, sodaß sie möglicherweise nach ihren Mann auch noch ihr Kind verliert... usw.[8] und aus diesen Gründen gegen den Kontakt des Vater mit dem Kind kämpft: *Will* eine solche Mutter den Kontakt nicht ermöglichen oder *kann* sie ihn nicht ermöglichen? Als Psychoanalytiker würde ich das folgendermaßen formulieren: *Libidinöse* Strebungen (z.B.: das geliebte Kind ganz für sich zu haben) plus *aggressive* Regungen (z.B.: sich am Vater zu rächen) plus *narzißtische* Regungen (z.B.: Stolz, Machtausübung, Wiederherstellung der Selbstachtung nach erlittener Kränkung) plus *Angst* (z.B.: das Kind an den Vater zu verlieren; oder davor, daß der Vater für das Kind schädlich sein könnte) führen zum *Bedürfnis*, den Kontakt zwischen Kind und Vater zu unter-

8 Zu den Gefühlen und Ängsten, die Eltern hindern, »gute Scheidungseltern« zu sein, vgl. FIGDOR 1991, 1994, 1997.

binden. Wenn die beteiligten (libidinösen, aggressiven, narzißtischen) Triebstrebungen und/oder die Angst sehr stark sind, wird dieses Bedürfnis *zwingend*. So gesehen läßt sich auch sagen, in welche Richtung professionelle Hilfe gehen müßte, soll sie dazu führen, daß sich eine solche Mutter anders verhält: Gelingt es uns, die beteiligten Triebstrebungen *bewußtzumachen*, verlieren sie (zumindest einen Teil) ihres imperativen Charakters. Vor allem aber können wir im Bereich der Ängste, die oft genug überzogen oder überhaupt unrealistisch sind, sehr viel tun[9].

Aber da gibt es noch etwas sehr Wichtiges: Nicht alle Regungen des Menschen spielen so zusammen, daß *sich ein einziges*, mächtiges Bedürfnis ergibt. Es gibt so gut wie immer auch *gegengerichtete* Kräfte. In ihrer *Liebe* mag die Mutter nicht nur den Wunsch haben, ihr Kind ganz für sich zu besitzen sondern auch, daß aus ihm ein autonomer, glücklicher Erwachsener werde; und sie möchte ihm natürlich auch kein Leid antun und ihm den Vater, den es liebt und der ihm so viel bedeutet, nicht wegnehmen. Den *Aggressionen* gegen den Vater mag auch ein Stück (freilich unausgesprochener) Einsicht entgegenstehen, daß am Scheitern der Beziehung vielleicht auch sie selbst einen Anteil haben könnte; auch mögen noch Reste von freundschaftlichen oder Liebesgefühlen ihm gegenüber da sein. Was den *narzißtischen* Bereich betrifft, könnte es auch eine Genugtuung sein, daß sich der Vater um seine Verantwortung nicht drücken kann, ja daß er sich jetzt vielleicht mehr um sein Kind kümmern muß als während der Ehe, um seine Liebe nicht zu verlieren. Vor allem aber eröffnet eine gute Beziehung zwischen Vater und Kind für die Mutter Freiräume und Zeit, um für sich selbst etwas tun zu können. Und auch ihre *Ängste* sind vielleicht nicht ganz widerspruchsfrei determiniert. Sie mag irgendwo auch spüren, daß die Liebe des Kindes zum Vater noch lange nicht heißt, daß das Kind sie, die Mutter, nicht mehr liebt; daß es recht unwahrscheinlich ist, daß es seine Mutter gegen die neue Freundin des Vaters eintauscht, nur weil diese es öfter Fernsehen läßt; und sie weiß wohl auch, daß der Vater – immerhin der Mann, den sie einst liebte – nicht durch und durch ein solches Scheusal ist, daß man das Kind vor ihm schützen muß.

Der Mensch tut also, was er will, aber er will zumeist Verschiedenes und oft genug Entgegengesetztes. In solchen Konflikten kommt es also offenbar darauf an, welche Seite gegenwärtig die stärkere ist. Stärker aber ist jene Seite, in welcher die im Augenblick wichtigen bzw. die größere Anzahl an Motiven aufgehoben ist. Veränderungen in diesen Stärkeverhältnissen können somit auch zu Veränderung im Handeln und Verhalten führen. (Nichts anderes versuchen wir durch Beratung oder Therapie zu erreichen.)

9 Zur Macht dieser »Geister« – Illusionen und unrealistische Ängste – über das Handeln von Eltern und über die Möglichkeiten ihres »Sturzes« durch Beratung vgl. FIGDOR 1994, 1995, auch 1997.

Und nun zurück zu den staatlichen Interventionen und gesellschaftlichen Rahmenbedingungen. Äußere Einflüsse, wie z.B. das öffentliche Bewußtsein, gesetzliche Regelungen des Sorgerechts, familiengerichtliche Sprüche, aber auch Strafandrohungen üben nämlich nicht bloß einen mehr oder minder großen Anpassungsdruck auf das Individuum aus, dem es sich letztlich entzieht, wenn ihm das Verlangte widerstrebt; solche äußeren Einflüsse wirken auch *direkt auf das Stärkeverhältnis der widerstrebenden Handlungsmotive:* Es könnte sein, daß das Wissen der Mutter um die Wichtigkeit der Vater-Kind-Beziehung (das allein jedoch nicht ausreicht, ihr Handeln zu bestimmen) durch das Gemeinsame Sorgerecht als Regelfall gewissermaßen *unterstrichen* wird; daß das Handeln *gegen* dieses Wissen *erschwert* wird, weil man erstens zu Gericht gehen und zweitens sich gegen eine gesellschaftliche Norm stellen muß. Vielleicht zögert sie etwas und läßt es eine Weile darauf ankommen. Und dann kann es passieren, daß sie nicht nur schlechte Erfahrungen macht: die weiterlaufende gute Vater-Kind-Beziehung kommt nun möglicherweise dem (egoistischen) Interesse nach Entlastung so entgegen, daß das (ebenso egoistische) Interesse, das Kind ganz für sich zu haben, etwas in den Hintergrund tritt; ebenso kann es sein, daß ihre Ängste , das Kind an den Vater zu verlieren, abnehmen, weil sie erstens erlebt, daß das Kind sie weiterhin liebt und zweitens, weil sich der Vater, der nicht um sein Kind kämpfen muß, sich möglicherweise weniger aggressiv benimmt usw. In der Theorie-Sprache der Psychoanalyse ausgedrückt, könnte man sagen: Gesetzliche Vorschriften, wie z.B. das Gemeinsame Sorgerecht als Regelfall, stärken zunächst durch (z.T. unbewußte) Androhung von Ächtung oder Strafe das *Über-Ich* (Wertvorstellungen, Bindung des Handelns an rationale Einsichten) gegenüber dem *Es* (libidinösen und aggressiven Strebungen). Aber nicht nur das: Handlungsweisen, die den Forderungen des Überich entgegenkommen, befriedigen unter Umständen auch eine Reihe von anderen, nämlich entgegengesetzten Es-Ansprüchen, sodaß sich das Gleichgewicht der Motivationskräfte nachhaltig verändern kann.

Was für das Gemeinsame Sorgerecht gilt, gilt auch für die Androhung von Sanktionen, wenn sich eine Mutter gegen den Besuchskontakt des Kindes mit dem Vater stellt. Je größer die drohende Strafe, desto wirksamer der Einfluß auf das Gleichgewicht der Kräfte. Daher scheint mir nicht nur von der Sache her sondern auch im Hinblick auf die Wirksamkeit die Definition solcher mütterlicher Haltungen als »Gewalt am Kind« durchaus angebracht. Dem Vergehen wird ja nicht gleich eine Gefängnisstrafe folgen (die dem Kind dann die Mutter wegnähme). Unsere Strafgesetze sehen da ja inzwischen Alternativen vor und die Zahl derartiger Verurteilungen wird nicht sehr hoch sein. Es wird in den allermeisten Fällen ausreichen, wenn die Mutter durch die Sanktionsdrohung das Gefühl bekommt: »Jetzt wird es ernst!«

Beeindruckt hat mich die, noch aus dem alten Jugoslawien stammende Regelung in Slowenien. Frau Geč-Korošec berichtete uns, daß die Sanktionsandrohung gegen die Mutter auch dann aufrecht bleibt, wenn die Weigerung, den

Vater zu besuchen, *vom Kind ausgeht*. Solche Ablehnungen entstammen nämlich entweder Ängsten der Kinder, die sich aus Schuldgefühlen speisen. Oder die Ablehnung ist das Resultat einer Identifizierung mit der Abneigung der Mutter, was dem Kind hilft, seinen Loyalitätskonflikt loszuwerden. Die Formulierung des Gesetzes – die Mutter hätte es versäumt, das Kind auf die Besuche entsprechend vorzubereiten – bringt die psychologischen Tatsachen in die Form einer persönlichen Schuld. Wir müßten hinzufügen, daß es eine Schuld ist, der sich freilich viele Mütter nicht bewußt sind. Aber es ist gerade die Einführung der Kategorie »Schuld«, die hier bewußtseinsstiftend wirken kann: Daß die Mutter – als diejenige, die mit den Kindern zusammenlebt und daher auch den größten emotionellen Einfluß auf sie hat – die Verantwortung trägt, und zwar sowohl für alle Handlungen und Verhaltensweisen, die zu einer Ablehnung des Vaters führen können als auch für die Unterlassung von Handlungen, die geeignet wären, um dem Kind Angst zu nehmen.

Natürlich kann es auch dann noch vorkommen, daß die Abneigung des Kindes trotz des aufrechten Kontaktes mit dem Vater bestehen bleibt, und die erhoffte Entlastung für das Kind – »Ich *muß* ja zum Vater, also kann mir die Mutter keinen Vorwurf machen!« – nicht eintritt. Dann werden die Umstände näher zu prüfen sein. Aber von der Abschaffung von Möglichkeiten der Anfechtung gesetzlicher oder richterlicher Regelungen war ja auch nicht die Rede. Aber in einer anderen Hinsicht müßten auch *die Väter* vom Gesetzgeber mehr ins Gebet genommen werden: Würde das Besuchs- bzw. Umgangsrecht nicht mehr – wie fast überall üblich – als Recht des Vaters sondern als *Recht des Kindes* formuliert, müßte man ebenso über Sanktionen für jene Väter nachdenken, die sich von sich aus nicht mehr um ihre Kinder kümmern. Ich bin mir bewußt, daß es sich dabei um ein sehr schwieriges Problem handelt und sich gegen eine solche Idee auch psychologische Einwände vorbringen lassen. Aber *zu diskutieren* könnte man beginnen, was in dieser Frage meines Wissens nämlich kaum geschieht – auch nicht hier, auf diesem Kongreß.

Natürlich reichen gesetzliche oder richterliche Regelungen des äußeren Beziehungsrahmens allein nicht aus, um dem Kind wirklich förderliche Entwicklungsbedingungen zu sichern. Sei es, daß das Gemeinsame Sorgerecht oder Umgangsregelungen angefochten werden, sei es, daß die Konflikte innerhalb des äußeren Rahmens sich nachteilig auf das Kind auswirken. Dort entsteht dann Bedarf nach *professioneller Hilfe durch Mediation, Beratung oder Therapie*. Diese scheint jedoch nur dann möglich zu sein, wenn die Betreffenden dazu von sich aus bereit sind. Über die Ablehnung jeder Form von Zwangsberatung herrscht heutzutage – auch unter den Juristen – ein großer Konsens. Hier wird offenbar ein Grundprinzip der Psychotherapie sehr ernst genommen: Daß jede psychotherapeutische Anstrengung letztlich vergeblich ist, wenn der Patient nicht aktiv mitarbeitet. Dieser Respekt vor psychotherapeutischen Grundsätzen freut mich natürlich. Dennoch stimme ich dieser Tabuisierung von Hilfeleistungen, die mehr verordnet als freiwillig erwünscht wurden, nicht zu.

Bestünde nämlich zwischen Psychotherapie und Freiwilligkeit ein absolutes Junktim, gäbe es kaum eine Kinderpsychotherapie und auch kaum eine Psychotherapie innerhalb stationärer Institutionen, wie Kliniken, Heime oder gar Gefängnisse. Es gibt sie aber, und sie ist oft genug erfolgreich, trotz der ungünstigen Ausgangsbedingungen. Und was für die Psychotherapie zutrifft, kann auch auf die Beratung angewandt werden. Allerdings muß man sich *methodisch* auf solche besonderen Ausgangsbedingungen einstellen. Und das heißt: die Psychotherapie – oder eben die Beratung – muß *vorbereitet* werden, indem man daran arbeitet, den Patienten/Klienten für unser Angebot zu interessieren, zu motivieren. Der Grund aber, warum das sehr oft – sicher nicht immer – gelingt, ist kein anderer als der, warum ein verordnetes Sorgerecht oder ein mit Sanktionen »erzwungenes« Besuchsrecht zum Erfolg führen kann: Ein großer Teil der Eltern, die von sich aus nicht bereit sind, professionelle Hilfe in Anspruch zu nehmen, sind keineswegs strikt gegen solche Hilfsangebote, sondern haben dazu – wie übrigens auch die freiwilligen Patienten – eine *ambivalente Einstellung*. Nur überwiegen im Gegensatz zu den freiwilligen Patienten die *gegen* die Beratung gerichteten Motive. Das können sein: Mißtrauen, daß mir dort kompetent geholfen wird oder ob der Berater zu mir hält; Scham- und Schuldgefühle, weil ich/wir es nicht alleine schaffen; der Einfluß von Freunden, die abraten; die Angst, einen Rat zu erhalten, den ich nicht wahrhaben will u.a.m. Das heißt aber nicht unbedingt, daß solche Menschen nicht auch unglücklich und hilflos seien; daß sie nicht sehr wohl die Sehnsucht hätten, jemanden zu finden, der sie versteht; daß sie sich nicht unsicher sind, ob ihre Entscheidungen für die Kinder wirklich gut waren usw. Wenn nun solche Eltern zur Beratung geschickt werden, kann es durchaus sein, daß sie sich nicht wehren oder ihre Zeit nur absitzen sondern – vielleicht nicht in der ersten oder zweiten Sitzung aber vielleicht in der dritten – die Gelegenheit, die sich bietet, über ihre Sorgen zu reden, sehr wohl ergreifen. Und hier spreche ich nicht nur aus theoretischen Überlegungen heraus sondern aufgrund oftmaliger persönlicher Erfahrung mit solchen »geschickten« Klienten: Jugendliche, die von den Eltern mehr oder minder zur Therapie gezwungen werden; Mütter, denen die Kindergärtnerin oder Schulpsychologin nahelegte, eine Beratung aufzusuchen, die das aber nur taten um sich nicht unwillig zu zeigen, von sich aus jedoch nie gekommen wären; aber auch geschiedene Eltern, die ich im Rahmen eines Begutachtungsauftrages sah, und bei denen es mir gelang, aus der Begutachtung eine Beratung zu machen, die ihnen ermöglichte, eine gemeinsame Lösung zu finden. In all diesen Fällen handelte es sich um *verordnete Kontakte*, die für die Einleitung einer Beratung genutzt werden konnten, weil *neben* der Skepsis oder Ablehnung auch ein großes Bedürfnis nach Hilfe bestand.

Im übrigen ist ja auch die freiwillige Psychotherapie so freiwillig nicht. Halten Sie sich einmal vor Augen, was einen Psychoanalysepatienten durch die sogenannte »Grundregel« abgefordert wird: Alles zu sagen, was einem einfällt, auch die unangenehmen Dinge; und das einem Menschen, den man nicht kennt und der einem auch keine Gelegenheit gibt, ihn kennenzulernen, weil er von sich nichts erzählt und auf Fragen antwortet: »Was fällt Ihnen dazu ein?«; das alles drei- bis fünfmal pro Woche; und zahlen tut man dafür auch noch. Kein normaler Mensch wäre doch so blöd, so etwas freiwillig zu tun! Man tut es, weil es einem *schlecht geht*, und man – wodurch auch immer – zu dem Schluß gekommen ist: »Es bleibt mir gar nichts anderes übrig, als mich dieser Prozedur zu unterziehen!« Oder man tut es, weil man selbst Analytiker werden will. Der hohe Stellenwert, den in der psychoanalytischen Technik die »Sicherung des Arbeitsbündnisses« einnimmt, deutet auf die stets ambivalente Einstellung unserer Patienten hin. In gewisser Hinsicht ist der Unterschied zwischen einer *Widerstandsdeutung* – mit welcher der Analytiker seinen Patienten darauf aufmerksam macht, daß dessen Kampf gegen die Analyse ein Kampf gegen die eigene Gesundung ist – und dem Hinweis eines *Erziehungsberaters:* »Wir haben uns unser Gespräch beide nicht ausgesucht. Wo sie aber nun schon einmal da sind, könnten wir vielleicht schauen, ob es nicht doch etwas gibt, was Ihnen oder Ihrem Kind helfen könnte...[10], nur gradueller Art.

Was mir vorschwebt, läßt sich vielleicht in folgenden drei Punkten zusammenfassen:

a) Es müßte uns gelingen, ein möglichst weitverbreitetes *Bewußtsein* zu schaffen, daß das Gemeinsame Sorgerecht, kindgerechte Besuchsvereinbarungen- und pflichten, sowie die Bereitschaft, sich dabei professionell beraten zu lassen, als unbequeme, vielleicht bittere, jedenfalls aber *unumgängliche Konsequenzen von Scheidung oder Trennung* darstellen, um die man nun einmal nicht herumkommt. Bei der Lösung der allermeisten Verträge sind Stornierungsgebühren, Entschädigungen oder sonstige Bedingungen fällig. Die auf das Kind bezogenen *Scheidungsbedingungen* müßten ähnlich selbstverständlich sein. Gewisse Illusionen, wie etwa »mit der Vergangenheit brechen zu können«, »das Kind nur mehr für mich haben« oder auch »frei sein und keine Kinder mehr haben« könnten sich dann nicht mehr so leicht ausbilden. (Der *Wunsch* mag ja durchaus bestehen, mit der *Illusion*, es könnte wirklich so sein, täte man sich jedoch schwerer.) Damit aber wären die egozentrischen Kräfte gegenüber den verantwortungsvollen Ich- und Über-Ich-Positionen deutlich geschwächt.
b) Um eine solche Bewußtseinsveränderung – und in der Folge eine Veränderung des Gleichgewichts der (widerstrebenden) psychischen Kräfte – zu erreichen, möchte ich den Gesetzgeber ermuntern, in diese Frage mehr Mut

10 Natürlich handelt es sich bei dieser Intervention nur um ein Beispiel, das keinesfalls als Modell gemeint ist: Was man wann und auf welche Art und Weise sagt, um mit dem Klienten zu einem Arbeitsbündnis zu gelangen, kann nur in der konkreten Situation entschieden werden. Darüber hinaus ist festzuhalten, daß die Herstellung dieses Arbeitsbündnisses zumeist nicht durch *eine* Intervention gelingt sondern nur über einen Prozeß, der eine Reihe von Sitzungen beanspruchen kann.

zur eigenen Autorität aufzubringen. Und was für das öffentliche Bewußtsein der Gesetzgeber, ist im Einzelfall mitunter der Richter. Ich erinnere mich noch gut an einen Wiener Richter, der sich die wütenden gegenseitigen Anklagen eines Elternpaares, das sich scheiden lassen wollte, und von denen beide das (alleinige) Sorgerecht beantragten, zwanzig Minuten lang anhörte, dann mit großer Geste den Akt schloß und sagte: »Das wird nichts. Was immer ich entscheide, wird für Ihren Sohn eine Katastrophe. Hier schreibe ich Ihnen eine Telefonnummer auf, dort gehen Sie hin und schauen Sie, daß Sie wie zwei verantwortungsvolle Erwachsene eine Regelung finden, die Ihr Kind nicht kaputt macht. Dann kommen Sie wieder!« Es war dies mein erster Fall von »Zwangsberatung«. Und er fand ein gutes Ende. Ich bin mir gar nicht sicher, ob dieser Richter zu dieser »Verweigerung der Scheidung« gesetzlich berechtigt war. Aber darum geht es mir hier ja nicht sondern darum, wie er seine Autorität einsetze, sich im Unbewußten der Eltern an die Stelle des strengen Vaters, der die streitenden Kinder zur Ordnung ruft, setzte und sie tatsächlich ein Stück zur Besinnung brachte, die ihnen dann auch ermöglichte, sich mit der *Notwendigkeit* einer Beratung abzufinden.

c) Drittens wende ich mich an die professionellen Helfer. Denn eine Beratung, die nicht ausschließlich freiwillig erfolgt, erfordert nicht nur eine große fachliche Kompetenz, weil das methodische Inventar erweitert und dann dem jeweiligen Fall sehr individuell angepaßt werden muß. Sie erfordert auch die Bereitschaft, von einem recht angenehmen Teil des beruflichen Selbstverständnisses – zumindest zeitweise – Abschied zu nehmen: nämlich ungefragt derjenige zu sein, der vom Klienten gewollt und benötigt wird, also das bequeme Nest, in welchem sich der Berater a priori geliebt fühlen darf, zu verlassen.

IV. Wie wichtig ist das Gemeinsame Sorgerecht im Gesamtkontext der Scheidungsproblematik?

Nach dem bisher Gesagten dürfte klar sind, daß es sich beim *Gemeinsamen Sorgerecht als Regelfall* um eine überaus wichtige Rahmenbedingung handelt, die Chance der Kinder auf eine fortgesetzte Beziehung zu beiden Elternteilen auch nach einer Scheidung zu erhöhen. Und ich versuchte zu zeigen, daß es sich dabei um mehr als einen nur äußeren Gesetzesrahmen handelt, der einfach neue Möglichkeiten eröffnet, sondern dank seiner normativen Funktion um eine Maßnahme, die unmittelbar psychologische Auswirkungen zu zeitigen vermag. Dennoch darf der Stellenwert einer solchen Gesetzesänderung nicht in der Weise überschätzt werden, daß damit schon der größte Teil der Probleme erledigt sei:

Erstens müssen wir davon ausgehen, daß die psychologische Auswirkung des Gemeinsamen Sorgerechts als Regelfall in vielen Fällen allein nicht ausreichen wird, die Beziehung des Scheidungskindes zu beiden Eltern auch langfristig zu sichern. Dazu bedarf es einer Ergänzung durch vermittelnde, beratende, oder therapeutische Angebote, um den Geist des Gesetzes auch Praxis werden zu lassen.
Zweitens dürfen wir nicht vergessen, daß sich die traumatischen Auswirkungen der elterlichen Trennung auf die Entwicklung der Kinder nicht ausschließlich von der häufigen Unterbrechung der Beziehung zum Vater herleiten[11]. Es kommt ganz wesentlich darauf an, *wie* die Beziehungen *gelebt und erlebt werden*. Auch diesbezüglich muß den Kindern wie den Eltern kompetente professionelle Hilfe bereitgestellt werden.
Wenn wir *drittens* bedenken, daß es in vielen Fällen notwendig und sinnvoll sein wird, Eltern bzw. Kindern professionelle Hilfe auch zu verordnen, wenn sie diese von sich aus nicht aufsuchen, läßt sich unschwer abschätzen, daß die zur Zeit bestehenden psychosozialen Angebote dafür nicht ausreichen. Das dürfte wohl für alle hier vertretenen Länder gelten, trotz der relativen Unterschiede in der bestehenden Versorgungslage.
Viertens – und damit komme ich zum Schluß meiner Ausführungen – ist mit allem Nachdruck darauf hinzuweisen, daß die gesellschaftliche Verantwortung selbst bei einer hinreichenden Versorgung mit professionellen Hilfsangeboten noch nicht erschöpft ist. Ich bin Frau Björklund, Herrn Bouchard und besonders Herrn Jeffries sehr dankbar, daß sie uns an konkreten Beispielen vor Augen führten, daß die Probleme, die unseren Kindern aus der Scheidung erwachsen, nicht nur ein individuelles Schicksal sondern ebensosehr ein gesamtgesellschaftliches Problem darstellen. Und zwar nicht in dem ja zur Genüge zitierten Sinn, daß die hohe Scheidungsrate die Scheidung zu einem gesellschaftlichen Problem mache. Vielmehr meine ich, daß ein großer Teil jener Bedingungen, die eine gute Bewältigung der Scheidung durch die Kinder heute erschweren bzw. dafür verantwortlich sind, daß soviele Kinder heutzutage durch die Scheidung ihrer Eltern traumatisiert werden – obwohl sich eine Scheidung durchaus nicht traumatisch auf die Kinder auswirken *muß* – auf ein Versagen der gegenwärtigen Gesellschaftspolitik in vielen Ländern zurückgeht. Dazu an dieser Stelle nur ein paar Stichworte:

- Innerfamiliäre Zerrüttung in Abhängigkeit (und teilweise als Folge) von sozioökonomischen Krisen.
- Die Scheidung als »Einstieg in die Armut«: (Was bleibt da noch an zeitlichen und psychischen Ressourcen übrig, den Kindern in *ihrer* Krise beizustehen?)
- In diesem Zusammenhang von besonderer Bedeutung: die sozioökonomische Diskriminierung der Frauen.

---

11 Vgl. dazu v.a. FIGDOR 1991 und WALLERSTEIN/BLAKESLEE 1989.

- Geschlechtsspezifische Rollenmuster, welche die Art und auch die Krisen im Zusammenleben von Frau und Mann präjudizieren als auch die durchschnittlich weit größere Nähe zwischen Kindern und Müttern bzw. die relative Distanz in den Beziehungen von Vätern zu ihren Kindern.
- Das Fehlen eines reifen, »erwachsenen« Bewußtseins über die Probleme, welche Partnerschaften und Elternschaft für den einzelnen mit sich bringen (Was auf das Versagen der Schule, die Kinder »auf das Leben vorzubereiten« hinweist, aber auch auf das Fehlen niederschwelliger Beratungs- und Unterstützungsangebote für junge Menschen, junge Paare und junge Eltern).

u.a.m.[12]

Von allen Maßnahmen, die ergriffen werden müßten, um das gegenwärtige Elend der meisten Scheidungskinder zu lindern und neue Entwicklungschancen zu eröffnen, ist die Verabschiedung eines neuen Gesetzes zweifellos die billigste. Paragraphen kosten nicht viel, und das ist in Zeiten, in welchen sich eine geradezu manisch ausufernde Budgetpolitik an die Stelle gesellschaftspolitischen Denkens und Handelns gesetzt hat, ein entscheidender Faktor. Wir sollten daher aufpassen, *daß unser Kampf um das Gemeinsame Sorgerecht als Regelfall nicht als politisches Feigenblatt mißbraucht wird:* als hätte mit der Erfüllung dieser Forderung die Politik ihre Verantwortung gegenüber den Kindern schon wahrgenommen.

Literatur

DATLER, W. (1987) (Hrsg.): Verhaltensauffälligkeit und Schule. Konsequenzen von Schulversuchen für die Pädagogik der »Verhaltensgestörten«. – Frankfurt/M. (P. Lang)

12 Näheres zur »gesellschaftlichen Produktion des Scheidungstraumas« in FIGDOR 1997.

Was Kinder in Trennung und Scheidung brauchen

Jugendliche diskutieren Tagungsverlauf und -ergebnisse

In der BRD waren im vergangenen Jahr mehr als 125.000 Kinder und Jugendliche von der Trennung bzw. Scheidung ihrer Eltern betroffen.
Während bis 1982 stets einem Elternteil das Sorgerecht zugesprochen werden mußte, wurde mit der Entscheidung des Bundesverfassungsgerichts 1982 möglich, die elterliche Sorge weiterhin – wie in der Ehe – beiden Eltern zu belassen. Dieses Modell der sogenannten »gemeinsamen elterlichen Sorge« war anfänglich – bedingt durch unterschiedlich begründete Skepsis der Fachleute, aber auch durch Vorurteile bei den Betroffenen selbst, selten durchsetzbar –, selbst wenn beide Elternteile dieses Sorgerechtsmodell praktizieren wollten.
Jedoch wurde in zunehmendem Maße in den folgenden Jahren in der Fachwelt darüber nachgedacht, ob es für die betroffenen Kinder nicht doch grundsätzlich besser wäre, die elterliche Sorge beiden Eltern zu belassen und in Ausnahmefällen einem Elternteil allein das Sorgerecht zu übertragen. Ein Gedanke, der auch deshalb um sich griff, weil in der sogenannten Trennungs- und Scheidungsberatung vor allem die betroffenen Kinder und Jugendlichen sich wünschten, daß doch beide Eltern in selbem Maße wie vorher für sie weiterhin verantwortlich sein sollten und dies vor allem deshalb, weil sie selber dann in geringerem Maße in Loyalitätskonflikte verwickelt würden und weniger die Rolle des Trösters übernehmen müßten für denjenigen Elternteil, der »nur« das Umgangsrecht erhalten würde.
Zunehmend sind immer mehr Kinder und Jugendliche eingebunden in Entscheidungen über das »passende« Sorgerechtsmodell und vor allem in die Umsetzung dieser gerichtlichen Entscheidungen in den Alltag.

Spät in der Planung der Konferenz »Ein Kind hat das Recht auf beide Eltern« erschien es den Veranstaltern dieser Tagung folgerichtig, Kinder und Jugendliche in die Tagung einzubeziehen. Dies, um es ihnen zu ermöglichen, über die verschiedenen Vorträge eine eigene Meinung zu bilden, über die Vorzüge der unterschiedlichen Sorgerechtsmodelle in Europa und diese in einer abschließenden Podiumsdiskussion dem Plenum der Veranstaltung vorzutragen.

Das Wort von Frau Dahan von den »Kindern von heute, Eltern von morgen« nennt einen weiteren Grund für die Einbeziehung von Kindern in unsere Tagung. Schließlich werden es die Eltern von morgen sein, die nicht nur selber möglicherweise in ihrer Kindheit Erfahrungen in einer Scheidungsfamilie gesammelt haben, sondern die insbesondere mit dem jetzt zu novellierenden Kindschaftsrecht in der Bundesrepublik ihre eigenen Familienverläufe gestalten müssen.

Kinder ernst zu nehmen, ist nicht nur ein Plädoyer der beratenden Fachwelt, sondern ihnen Stimme zu verleihen in wichtigen Entscheidungen, die ihr Leben betreffen, erscheint einer allgemeinen Verunsicherung von Kindern und Jugendlichen in dieser Zeit Rechnung zu tragen. Schließlich fiel den Veranstaltern auf, daß ähnlich wie Eltern, die sich scheiden lassen, auch die Fachwelt selbst versäumt hat, auf die betroffenen Kinder und Jugendlichen zu achten.

In der Scheidungsphase sind Eltern häufig so auf sich und ihre Problematik konzentriert, daß sie selber nicht merken, wie sehr ihre Kinder unter den Vorgängen in der Familie leiden.

Kinder und Jugendliche einzubeziehen, das ist schwerer, als es zunächst erscheint. Die folgenden Argumente der Kinder und Jugendlichen die an unserer Tagung teilnahmen, stammen aus einem Vorgespräch, welches sie mit Dr. Helmuth Figdor führten, aus der abschließenden Podiumsdiskussion, die sie unter seiner Leitung bestritten und sind außerdem das Resultat eines Nachgesprächs mit Christa Brauns-Hermann.

H. Figdor, Th. Vogt, S. Willutzki und Ch. Brauns-Hermann haben die Argumente nachträglich aufgezeichnet.

Zunächst beschwerten sich die Kinder und Jugendlichen über die Art ihrer Beteiligung an dieser Tagung, vor allem aber deshalb, daß ihnen der Fachjargon fremd und damit viele Referate für sie unverständlich gewesen seien.

Es wurde angeregt, bei zukünftigen Tagungen ein entsprechendes Kinder- und Jugendlichen-Begleitprogramm zu veranstalten, etwa in Form von Workshops, in denen sie in die Thematik eingeführt werden sollten.

Sie baten dringend darum, die Erwachsenen möchten, wenn sie sie erreichen wollten, eine kindgerechtere Sprache mit weniger Fremdvokabular benutzen.

Zum Thema der Tagung machten sie überraschend darauf aufmerksam, daß Trennung und Scheidung eigentlich für sie kein Thema seien.

Sie glaubten vielmehr, daß die jetzige Erwachsenenwelt von dieser Thematik wohl mehr betroffen sei, weil es in deren Kindheit noch nicht so viel Trennung und Scheidung gegeben hätte.

Heute sei es aber für Kinder- und Jugendliche klar: die Eltern lassen sich sowieso irgendwann scheiden. Dies sei ein ganz normaler Teil ihrer kindlichen Erfahrungen, ähnlich wie es Computer oder Fernsehen seien.

Was die Novellierung des deutschen Kindschaftsrechts anginge, zeigten sie sich erstaunt, daß sie davon überhaupt noch nichts gehört hätten. Sie seien sehr wohl der Auffassung, daß dies doch ein Thema im Gemeinschaftskundeunterricht sein müßte. Dann, so meinten die beteiligten Kinder und Jugendlichen, würden sich auch Freunde von ihnen mehr aufgefordert sehen, sich zu diesem Thema zu äußern.

Als Herr Figdor die Teilnehmer fragte, welche Themen denn sie derzeit besonders bewegten, erklärten die Teilnehmer der Vorbereitungsgruppe, daß sie derzeit die Schaffung von eigenen Räumen am meisten interessiere. So hätten sie im Stadtkern der Stadt Freiburg eine Unterführung, die derzeit wenig genutzt würde, ausgewählt und wollten versuchen, die Stadt zu gewinnen, ihnen diese Unterführung zu überlassen. Sie hätten vor, dort einen Jugendtreff einzurichten mit dem Titel Jugenddenkmal.

An dieser Stelle bemerkten die Teilnehmer des Workshops, daß sich zur Thematik der gesamten Tagung in verschiedener Hinsicht ein Bezug herstellen ließ.

In dem bis jetzt bestehenden Jugendtreff bzw. den Jugendeinrichtungen könnten sich Jugendliche nur unter der Anleitung von Erwachsenen (Sozialarbeitern) treffen. Sie selber fühlten sich auch dort nicht richtig ernst genommen. Erwachsene wüßten immer schon was für die Jugendlichen wichtig sei an Angeboten, ohne zu fragen, ob dies für die Kinder und Jugendlichen auch stimme. Auch bei der Tagung ginge es hauptsächlich um die Eltern-Kind-Beziehungen, und zwar aus der Sicht der Erwachsenen.

Wenig würde von den Erwachsenen verstanden, daß Kinder ein eigenes Leben, eigene Bedürfnisse jenseits der Familie hätten, die für ihre Entwicklung sehr wichtig seien, Erfahrungsaustausch mit den Gleichaltrigen gewinne doch immer mehr Bedeutung, während man das Zuhause schon langsam hinter sich ließe. Gerade im Falle von Trennung und Scheidung sei es so, daß die Freunde, die Klasse, die Kumpels immer wichtiger würden, und man bräuchte eigene Räume, um sich zu treffen, auszutauschen, vielleicht sogar um miteinander **nicht** mehr über das sprechen zu müssen, was zu Hause das Thema Nummer eins wäre: »Die Familie kracht auseinander«. Die Gruppe betonte noch einmal, daß sie sich in diesem Zusammenhang von den Erwachsenen zu wenig ernst genommen fühlten. Was ihren Jugendtreff angehe, so glaubt die Stadt Freiburg, dafür kein Geld zu haben, meinte fälschlich, daß Kinder in Trennung und Scheidung ein Angebot von einem Sozialarbeiter bräuchten, wie etwa Kanu fahren oder ähnliches, um das, was zu Hause passiere, heil zu überstehen.

Sie selber hätten das Gefühl, daß ihnen zu wenig zugetraut würde, schon gar nicht, daß sie ihre Dinge selbst in die Hand nehmen könnten. Wenn sie dann aber erwachsen wären, würde von ihnen erwartet, daß sie plötzlich die Probleme, die wir alle haben, lösen, Probleme, die wir Erwachsenen ihnen hinterlassen würden.

In der Gesprächsrunde tauchte an dieser Stelle die Frage auf, ob von dieser Entwicklung mehr größere Kinder bzw. Jugendliche betroffen wären. Einer der Jugendlichen verwies jedoch darauf, daß auch schon kleinere Kinder ihre eigenen Freunde hätten, sei es im Kindergarten oder im Sport, jedenfalls sei es auch für

die Kleineren so, daß sie nicht mehr all ihre Zeit mit der Familie verbringen würden, die Gleichaltrigenbezugsgruppe auch für relativ junge Kinder von großer Bedeutung sei. Der Austausch mit den Freunden und Gleichaltrigen gäbe ihnen Kraft; während man sich gerade bei Scheidung und Zoff in der Familie zu Hause am liebsten gar nicht mehr äußern würde, so hätte doch die Freundin viel Verständnis und könne einem besser als die Eltern in dieser Zeit helfen, mit den Problemen fertig zu werden.
Hier kam die Gruppe auf die Angebote von Erwachsenen in der Schule zu sprechen. Kategorisch wurde von der gesamten Gruppe das Prinzip der Vertrauenslehrer abgelehnt. Vertrauen, das sei so eine Sache. Der eine würde dem mehr vertrauen, der andere jemand völlig anderem. Ein Vertrauenslehrer könne niemals alle Schüler erreichen.
Dies bezeichnete Dr. Figdor als ein zentrales Dilemma der Jugendhilfe. Seiner Ansicht nach seien die zum Teil vorhandenen Angebote zu weit weg, die Schwelle zu hoch und das Setting (Anmeldung, um mit jemandem über Probleme zu reden) nicht kindgerecht; dort aber, wo die Kinder wirklich seien, wo es Kontakte mit Erwachsenen (Pädagogen!) bereits gibt und dort, wo sich die Probleme ja auch niederschlagen – in der Schule und im Kindergarten -, sei kein Platz für vertrauensvolle Gespräche.
Die Jugendlichen betonten in diesem Zusammenhang, daß ein Vertrauenslehrer pro Schule in jedem Fall zu wenig sei, Vertrauen müsse wachsen, und man müsse als Kind oder Jugendliche/er Gelegenheit haben, diesen Vertrauenslehrer/in überhaupt kennenzulernen. Lediglich daraus, daß er/sie Vertrauenslehrer/in sei, ergäbe sich noch keine vertrauensvolle Beziehung. Der/die eine bekäme zum Lehrer A vielleicht eher einen Draht, der oder die andere eher zur Lehrerin B. Tatsächlich ergäben sich derzeit aber in den Schulen zwischen Lehrern und Schülern kaum mehr persönliche Kontakte.
Die Frage, warum das so sei, wußte die Gruppe nicht genau zu beantworten. Man mutmaßte, daß es wichtig wäre, wenn die Lehrer/innen jünger seien, weil sie sich besser als ältere an ihre eigenen Sorgen in der Kindheit und Jugend erinnern könnten. Ein anderer erklärte, daß Lehrer/innen besser ausgebildet werden müßten, um auch persönlich an ihren Schülern/innen Anteil nehmen zu können. Schließlich meinte ein Jugendlicher, daß das pädagogische System auch selbst falsch sei. Die Schule diene der Lehrstoffvermittlung, und für Persönliches sei im Unterricht überhaupt kein Platz. Dr. Figdor merkte an dieser Stelle an, daß sich alles Persönliche von Schülern eigentlich als Störfaktor des Unterrichts niederschlage. Es sei doch so, meinten die Jugendlichen, daß sich die tatsächliche Beziehung zu einem/r Lehrer/in nur auf Geographie, Mathematik, usw. reduziere, man könne nach dem Läuten nicht hingehen und einfach über persönliche Probleme mit dieser/m Lehrer/in sprechen. Dr. Figdor merkte in diesem Zusammenhang an, daß eigentlich nirgends während der Tagung so deutlich geworden wäre wie hier, daß in den Gedanken der Jugendlichen das Eintreten der Gesellschaft für die Kinder – hier die Kinder von geschiedenen

Eltern – nicht mit einem neuen Scheidungsgesetz erledigt sei, sondern, daß es um umfassende neue gesellschaftspolitische Orientierungen ginge.

An dieser Stelle wurde nun deutlich, daß die beteiligten Kinder und Jugendlichen zum Thema Scheidung und Trennung doch einiges zu sagen haben, was die Fachwelt bisher eher weniger ins Auge gefaßt hatte:
Zunächst erklärte die Gruppe, daß es sicherlich nicht gut wäre, wenn Eltern, die sich auseinandergelebt hätten und nur noch im Clinch miteinander wären, wegen ihrer Kinder zusammenblieben. Das sei meistens für die Kinder der nackte Horror. Wegen der geringsten Anlässe würde es zu Hause Krach geben, Streit läge immer in der Luft, sowie man nach Hause käme. Dazu müsse man immer Angst haben, auf eine Seite gezogen zu werden. Da wäre es am besten, man käme so wenig wie möglich nach Hause. Die Gruppe meinte jedoch, daß es Unterschiede gebe zwischen größeren und kleineren Kindern. Aber es wurde doch gesehen, daß auch kleinere Kinder die gespannte Atmosphäre zu Hause wahrnähmen und sehr darunter litten.
Käme es nun doch zu dem Fall, daß einer der Eltern ausziehe, so erklärten die Jugendlichen, am liebsten dort bleiben zu wollen, wo sie bisher gelebt hätten, und zwar gleich mit welchem Elternteil.
Zum einen sei es schwierig, nun mit einem Elternteil alleine zu leben, nachdem man doch bisher immer zwei Eltern gehabt hätte, man müsse sich selbst erst zurechtfinden, welche Rolle man jetzt einzunehmen habe, zum anderen wäre es aber leichter, wenn außen herum alles beim Alten bliebe. Zuviel Veränderungen gleichzeitig mache doch nur Streß.
Was die formale Regelung des Sorgerechts angeht, so waren die Beteiligten eher pessimistisch. Eine der Jugendlichen erklärte, daß doch jede Mutter einsehen müsse, daß nur, weil sie und ihr Mann sich stritten, noch lange kein Streit zwischen Tochter und Vater bestehen müsse.
Am meisten wünschten sich die Kinder und Jugendlichen, durch die Scheidung möge sich so wenig wie möglich verändern. Wenn es nach ihnen ginge, so fänden sie, daß beide Eltern auch weiterhin die Verantwortung tragen sollten, und nur wenn sie sich zu kindisch benähmen und darüber stritten, sollte **ein** Elternteil das Sorgerecht erhalten.
Überhaupt, erklärten die Jugendlichen, sei die schriftliche Fixierung nicht so wichtig wie das, was danach zu Hause mit dieser Regelung passierte. Mit anderen Worten, es sei ihnen ziemlich egal, wer auf dem Papier das Sorgerecht habe, es solle – ähnlich wie im Umfeld – alles so weitergehen wie bisher. Dies beträfe sowohl den Wohnort, die Wohnung, das Zimmer, aber natürlich auch die Beziehung zu den Eltern.
Selbstverständlich änderte sich etwas, wenn ein Elternteil auszöge, aber es müsse doch für den anderen Elternteil klar sein, daß für das Kind der Vater / die Mutter trotzdem weiterhin gleich wichtig sei.

Am schwierigsten sei für alle Freunde, die sie kennten, die Frage des Besuchsrechts. Dies sei schon von der Sprache her ein schlechter Begriff, noch schlechter sei allerdings der Begriff Umgangsrecht: ein Vater, eine Mutter würde sein/ihr Kind lieben. Eine solche Beziehung sei etwas anderes als ein Recht. Derjenige Elternteil, der dieses Recht bekäme, täte einem als Kind sehr leid, und dann müsse man zum Papa bzw. zur Mutter besonders lieb sein, um ihm/ihr zu zeigen, daß sich für das Kind in der Beziehung zum Papa bzw. zur Mutter durch die Scheidung nichts verändert habe. Außerdem sei für die Kinder das ganze Drumherum eine echte Strapaze. Einerseits wolle man natürlich den Elternteil, den man die ganze Woche über nicht zu sehen bekomme, nicht verlieren, andererseits sei es aber auch eine Belastung, vor allem dann, wenn man am Wochenende im Verein Fußball spiele oder aber sich mit den Freunden treffen wolle. Da sei es halt schwierig, dem Elternteil, der nur das Besuchsrecht habe, zu erklären, daß man lieber mit den Freunden zusammensein wolle. Überhaupt, erklärte ein Jugendlicher, müsse man in diesem Zusammenhang von einem »Kindspflichtbewußtsein« sprechen. Man müsse sozusagen für die Eltern nach der Scheidung doppelt soviel Zeit aufbringen wie vorher. Kann man in der Woche die Mama nicht alleine lassen, weil sie oft so traurig sei, so müsse man am Wochenende, wo man vielleicht vor der Scheidung mal mit den Freunden weggehen konnte, für den Vater zur Verfügung stehen. »Ich kann doch dem armen Papa, der mich schon zwei Wochen nicht gesehen hat, und sich auf mich freut, nicht antun zu sagen, daß ich mich lieber mit Freunden treffe, als zu ihm zu gehen.« (In der sich anschließenden Diskussion wurde von Fachleuten dazu angemerkt, daß hier deutlich würde, daß wir nicht immer im Sinne des Kindeswohls Empfehlungen aussprächen, sondern daß hier deutlich die Kinder Verantwortung für das Elternwohl übernähmen. Nicht selten können Kinder in diesem Zusammenhang aussprechen, daß in ihrer Familie sie die Elternrolle eingenommen hätten, während die Eltern in Streit und Verstrickung sich wie Kinder benähmen.)

Die Jugendlichen äußerten in diesem Zusammenhang: »Wir müssen mit unserer Freizeit und Rücksichtnahme dafür bezahlen, daß die Eltern es nicht schaffen, miteinander in Frieden zu leben!«

Setze man sich als Kind mit seinen Wünschen durch, so könne es passieren, daß einer der streitenden Eltern dies gleichsam wie einen Triumph feierte und dem anderen vorhielte, daß das Kind in Wirklichkeit gar nicht zu ihm wolle. Spätestens dies sei der Zeitpunkt, wo einem nur noch danach sei schnell abzuhauen, hin zu den Freunden, weil es kaum mehr Sprache gäbe, um den Eltern zu erklären, wie man sich selber in der Situation fühle.

Befragt um ihre Meinung zum »gemeinsamen Sorgerecht« betonte die Gruppe, daß beide Eltern weiterhin Verantwortung für ihre Kinder haben müßten, d.h. daß sie die Verantwortung, die sie als Eltern gegenüber ihren Kindern hätten, auch weiterhin wahrnehmen sollten. Dies könne aber nicht heißen, daß die Kinder nach der Scheidung von beiden Eltern weiterhin erzogen würden. Der/dieje-

nige, bei dem/r das Kind lebt, soll die erzieherische Verantwortung übernehmen. Der/die, bei dem man am Wochenende sei, hätte meist keine Lust, am Kind herumzuerziehen, und als Kind habe man auch keine besondere Lust, auch noch am Wochenende erzogen zu werden. Da wolle man es einfach schön miteinander haben.
Auf das alternierende Sorgerecht angesprochen, erklärte die Gruppe, daß dies wohl ziemlich schwierig sei und Streß mit sich brächte.
Garantiert wäre der Zeichenblock noch beim Papa, wenn man bei der Mutter übernachtete und die Sportsachen bei der Mama, wenn man schon wieder beim Papa sei.
Und wie man sich mit den Freunden verabreden solle, wenn man immer erst nachrechnen müsse, wo man sich am nächsten Montag gerade befände, das sei doch gar nicht richtig durchdacht. Für die Eltern könne eine solche Regelung möglicherweise in Ordnung sein, weil es dabei so eine Art »Gleichberechtigung« gäbe, für sie als Kinder wäre eine solche Regelung ein echter Spagat zwischen zwei Elternhäusern, in möglicherweise zwei Stadtteilen, ein Leben auf der Straße mit einem nervigen Zeitaufwand.
Zum Schluß befaßte sich die Gruppe mit dem Begriff der sogenannten »Scheidungskinder«. Hierbei handle es sich um eine Diffamierung die beinhalte, daß Scheidungskinder etwas anderes seien, als andere.
Wenn dann z.B. die Lehrer hören würden, daß die Eltern sich trennen bzw. scheiden lassen, gingen sie automatisch davon aus, daß man sich jetzt deshalb in der Schule verschlechtern müsse. Da sowieso alle Kinder irgendwann geschiedene Eltern hätten, sei es ihnen lieber, daß dieser Begriff ganz wegfalle, weil eine solche Stigmatisierung auch ungerecht sei. Eltern, bei denen es schon jahrelang kriselt, die sich aber nicht scheiden ließen, würden ihren Kindern diese Bezeichnung ersparen, obwohl es in der Familie nicht besser stünde, als in jener, wo die Eltern sich konsequenterweise scheiden ließen. Mit dem Begriff »Scheidungskind« würden sie zusätzlich belastet und man müsse dann ständig beweisen, daß man ganz normal sei.

Abschließend meinte die Gruppe, daß sie es doch gut fänden, wenn Erwachsene sie an neuen Gesetzen, die sie beträfen, auch beteiligen würden, mit ihnen reden würden, anstatt sich nur vorzustellen in den Erwachsenenköpfen, was Kinder wohl meinten und welche Regelungen für Kinder am besten wären, mit ihnen zu reden, anstatt über sie zu sprechen, das könnte schon mal etwas Neues sein.

Es diskutierten Tilman, Jette, Simon, Larissa, Simin und Kathi.

Jugendliche im Alter von 13 bis 17 Jahren.

Christa Brauns-Hermann

Zusammenschau der Länderreferate bezüglich der Sorgerechts- und Umgangsregelungen

Während der Konferenz »Ein Kind hat das Recht auf beide Eltern« entstand der Gedanke, die Länderreferate in bezug auf Sorge und Umgangsregelung in Kürze miteinander zu vergleichen. So wünschenswert ein solcher Vergleich sein mag, stellte sich bereits der Versuch als unrealistisch heraus.
Die einzelnen Referate sind so unterschiedlich in Struktur, Inhalt und Schwerpunktsetzung, daß hier lediglich eine jeweilige Kurzfassung geleistet werden konnte.
Gewinnbringend erscheinen jedoch die folgenden Ergebnisse:
Europaweit steht in der Rechtspraxis nunmehr das Kind im Mittelpunkt des Geschehens und hier ist es vor allem das Kindeswohl, nach dem sich alle Gesetzgebung übereinstimmend richtet, bzw. zukünftig richten soll.
Damit treten die Rechte der Erwachsenen in den Hintergrund und es erwächst den Eltern minderjähriger Kinder in Trennung und Scheidung die Pflicht, ihr Handeln im Sinne des Kindeswohls zu gestalten. Das Bedürfnis des Kindes zu achten, Beziehungen zu beiden Eltern zu pflegen ist oberstes Prinzip.
Verantwortung für ihre Kinder gemeinsam zu tragen und staatliche Interventionen auf ein Minimum zu beschränken ist ein weiteres Novum, welches sich auch in allen Vorträgen wiederfinden läßt. Damit rückt – europaweit – die Unterstützung solcher Familien durch geeignetes Fachpersonal in den Vordergrund; Unterstützung, Mediation oder auch Kooperationsgespräche stellen den Versuch dar, Familien trotz Scheidung zu bewahren, anstelle durch gerichtliche Verfahren womöglich den Streit der Eltern über die Scheidung hinaus zu verfestigen. Wenn Eltern sich einigen können ist dies die beste Lösung für die betroffenen Kinder.

Sorge- und Umgangsrecht im Europäischen Vergleich
(Ingrid Baer)

Das Familienrecht ist stark traditionsgeprägt in dem insgesamt recht unterschiedlichen Rechtssystem.

Annäherung innerhalb der letzten Jahrzehnte durch das allgemeine Grundprinzip der *»Demokratie in der Familie«*. Die Rechtsposition von Vater und Mutter wurden von gesellschaftsspezifischen Unterschieden befreit.
Die *Rechte der Kinder* gegenüber den Eltern wurden *gestärkt*.

Das Sorgerecht für das nichteheliche Kind

Im *deutschen* und im *angelsächsischen Rechtskreis* war und ist die *Rechtsposition der Mutter deutlich stärker als die des Vaters*. Im *romanischen* Rechtskreis hat eine rechtliche Beziehung zum nichtehelichen Kind zur Voraussetzung *»Mutterschaftsanerkenntnis«* durch Vater und Mutter.
Der *Vater*, der das Kind anerkannt hat, hatte *stärkere* Rechtsposition, er hatte die *volle elterliche Gewalt*, die Mutter allenfalls die *Personensorge* für das Kind. Vom Vater bekam das Kind seinen Namen und seine Staatsangehörigkeit.
Europäische Konvention 1975 über den rechtlichen Status nichtehelicher Kinder.
Mutterschaft folgt automatisch aus der Geburt (Art. 2).
In Fällen, in denen die Vaterschaft geklärt ist, darf die elterliche Gewalt nicht automatisch dem Vater zugeordnet werden (Art. 7).
(Wurde außer von Luxemburg von den romanischen Ländern nicht ratifiziert.)

Empfehlung des Europarats 1984

Empfehlung über elterliche Sorgerechte. Jede Entscheidung soll in erster Linie dem Kindeswohl entsprechen. Darüber hinaus soll die »Gleichstellung« beider Elternteile berücksichtigt werden.

Kinderrechtskonvention der Vereinten Nationen 1989

Daß die Vertragsstaaten sich nach besten Kräften bemühen, die Anerkennung des Grundsatzes sicherzustellen, daß beide Elternteile gemeinsam für die Erziehung und Entwicklung des Kindes verantwortlich sind (Art. 18).
Daß die Vertragsstaaten das Recht des Kindes, das von einem oder beiden Elternteilen getrennt ist, achten, regelmäßige persönliche Beziehung und unmittelbare Kontakte zu beiden Eltern zu pflegen.

Gemeinsames Sorgerecht nach Scheidung

Der jetzige deutsche Kindschaftsrechtsentwurf sieht vor, daß bei einer Scheidung der Eltern das Sorgerecht für das gemeinsame Kind nicht mehr zwangsläufig zugeordnet wird, sondern, daß eine gerichtliche Regelung nur auf Antrag eines Elternteiles erfolgt.
Vorläufer *»Empfehlung des Europarates«* von 1984, Prinzip 6 ähnlich UN-Kinderrechtskonvention, Art. 18 (1, 2) sowie Art 7 (1).

Sorge- und Umgangsrecht in der Türkei
(Mehmet Köksal)

Zahl der Scheidungen steigend / mit wachsender Kinderzahl geringer.
Scheidung zugrundeliegendes Recht: Schweizerisches Zivilgesetzbuch.
Rechtsrealität noch weitgehend vom *Islam* beeinflußt.
»Die Ungleichheit zwischen Mann und Frau und die Herrschaft des Mannes innerhalb der Familie sind die Grundsätze des islamischen Rechtssystems ... Das Sorgerecht übte der Vater aus« (Köksal, S.)
80.000 Kinder pro Jahr, die Opfer einer Scheidung.
Die Scheidungsquote langjähriger Ehen (mehr als 10 Jahre, beträgt 35 % aller Scheidungen).
Nichteheliche Lebensgemeinschaften, nicht religiös und gut situiert, nur in den Großstädten.
Auf dem Lande verbreitet, die im Sinne des Gesetzes, nicht aber nach Ansicht der Partner, auch uneheliche Lebensgemeinschaften sind. Nach dem Gesetz »außereheliches Zusammenkommen«. Kinder = unehelich.
Gemeinsame Sorge endet mit der Scheidung.

Richter entscheidet über	»elterliche Gewalt«
	»elterliche Vermögensrechte«
	»Umgangsrecht dessen, dem die elterliche Gewalt nicht
Art. 134 Abs. 3 türk. ZGB	zugesprochen wird«
	Höhe, Art und Dauer des Unterhalts.

Seit 4. 5. 1988 *einvernehmliche Scheidung* möglich.
Voraussetzung: Vereinbarung der Eltern über die Situation der Kinder, das Sorge- und Umgangsrecht.
Der Richter ist dem Wohle des Kindes verpflichtet. Die Kinder können grundsätzlich jedem Elternteil zugesprochen werden.
Abänderung durch Antrag möglich, wenn sich die Verhältnisse geändert haben.
Der Richter kann für das Kind u.U. auch einen Vormund bestellen, Pflegefamilie, Heim (Art. 272 f. Abs. 1 türk. ZGB).

Das *gemeinsame Sorgerecht* nach Scheidung und Trennung wird in der Türkei nicht praktiziert. Einstimmig wird sowohl in der Rechtsliteratur und Rechtsprechung akzeptiert, daß das gemeinsame Sorgerecht von Natur her nur in der ehelichen Lebensgemeinschaft möglich ist.

Sorge- und Umgangsrecht der nicht-ehelichen Kinder

Steht bis zur richterlichen Entscheidung niemandem automatisch zu. Maßgebend für die Entscheidung »Kindeswohl«. Richter kann Vormund bestellen oder der Mutter das Sorgerecht zusprechen, oder anstelle des Vormundes den Vater zum Sorgeberechtigten erklären.

Sorge- und Umgangsrecht in Slowenien
(Miroslava Geč-Korošec)

Das *EheFamG,* das nach der Novelle von 1989 im bereinigten, derzeit gültigen Wortlaut veröffentlicht wurde, stellt den *slowenischen Familienkodex dar.*
Die Republik Slowenien ratifizierte 1992 das Übereinkommen der UNO über die Kinderrechte.
Anzahl der Eheschließungen zwischen 1989 = 9776; 1994 = 8314 mit jährlich sinkender Tendenz.
Anzahl der Ehescheidungen 1989 = 2161; 1994 = 1923
Die Autorin weist in diesem Zusammenhang auf eine Studie des Amtsgerichts Maribor hin, aus der hervorgeht, daß vor 10 Jahren von den damals 600 Ehescheidungen nur ca. 30–40 einvernehmlich waren.
Jede 4. Ehe in Slowenien wird wieder geschieden.

Kinder ehelich bzw. nichtehelich geboren.

Die meisten Kinder wurden 1989 geboren, danach stetig weniger. Im genannten Zeitraum 1989–1994 wurden 26,3 % aller Kinder nichtehelich geboren.
Die Zahl der Vaterschaftsanerkennungen liegt im genannten Zeitraum zwischen 80 und 90 %. In den Fällen, in denen der Vater die Vaterschaft anerkennt, kommt das *Elternrecht* beiden Eltern zu.
Das Elternrecht übt derjenige Elternteil aus, bei dem das Kind lebt, sofern die Eltern nicht übereinkommen können, bei welchem von ihnen das Kind leben soll, entscheidet darüber das Zentrum für Sozialarbeit.
Es entscheidet auch über Art und Weise der Ausübung des Umgangsrechtes.

Das Elternrecht wird zum Vorteil der Kinder ausgeübt und es fällt gemäß der ausdrücklichen Bestimmung des EheFamG dem Vater und der Mutter gemeinsam zu.
Eheliche und uneheliche Kinder sind vollkommen gleichgestellt. Das Elternrecht ist das persönliche Recht der Eltern, das nicht abgetreten werden kann. Gemäß einer ausdrücklichen Bestimmung der Verfassung kann es demjenigen Elternteil, der es mißbraucht, entzogen oder beschränkt werden, jedoch nur aus Gründen, die das Gesetz wegen dem Schutz der Interessen des Kindes bestimmt.

Alleiniges Elternrecht wenn:

- ein Elternteil unbekannt ist
- ein Elternteil nicht mehr lebt
- das Elternrecht einem Elternteil entzogen wurde
- einem Elternteil die Geschäftsfähigkeit entzogen wurde.

Inhalt des Elternrechts:

- Rechte und Pflichten die die *Sorge für die Person des Kindes* beinhalten
- Die Vertretung des Kindes vor Gericht und anderen Behörden.

Ausübung des Elternrechts bei Scheidung

Die Eltern sind verpflichtet für ein Einvernehmen über den Schutz, die Erziehung und den Unterhalt für die gemeinsamen Kinder zu sorgen, und zwar zum Vorteil des Kindes.
Sind die Eltern beide aus irgendeinem Grund nicht in der Lage ihre Kinder selber zu versorgen, so kommt es zu einer Pflegschaft, die das Gericht anordnet. Diese Maßnahme ist aber nicht eine dauerhafte. Das Gericht holt in diesen Fällen ein Gutachten beim Zentrum für Sozialarbeit ein. Nicht tangiert werden von dieser Entscheidung Umgangsrecht und Unterhaltspflicht.
Entscheidet das Gericht in seinem Urteil, daß das Kind nur einem Elternteil zum Schutz und zur Erziehung zugeteilt wird, verliert der andere damit nicht das Elternrecht, sondern ist lediglich in seiner Ausführung eingeschränkt. Der Elternteil behält das Recht auf persönlichen Umgang, jedoch kann es ihm durch das Zentrum für Sozialarbeit oder das Gericht beschränkt oder entzogen werden.

Der persönliche Umgang ist nach slowenischem Recht nicht nur ein Recht der Eltern, sondern auch ein Recht des Kindes und zwar auch dann, wenn dies im Gegensatz zu seinen Interessen steht.

Sorge- und Umgangsrecht in Frankreich
(Jocelyne Dahan)

Am 22. 7. 1987 wurde u.a. unter dem Druck geschiedener Ehen gesetzlich legalisiert: das Prinzip der gemeinsamen Ausübung des gemeinsamen Sorgerechts, das sich ebenfalls auf unverheiratete Familien bezieht.
1993 trat ein neues Gesetz in Kraft, welches dem Sinn nach die elterliche Verantwortung anregt: nach bestem Einvernehmen der Eltern.
Generell sichern Scheidungsentscheidungen das Beziehungsminimum, das dem Kind mit beiden Eltern zugute kommen soll.
In der Entwicklung der Gesetzgebung wurde die gesellschaftliche Entwicklung berücksichtigt und namentlich das Recht des außerehelich geborenen Kindes (1992 = 33%), das heute den Rechten der ehelichen Kindes fast gleichgestellt ist.
Das französische Recht gibt den Richtern die Möglichkeit, den Rat von Fachleuten einzuholen um ihnen in ihrer Entscheidungsfindung zu helfen, um die Familiensituation auszuwerten und um schließlich den besten Kontext im Namen des Wohles des Kindes herzustellen.
1989 hat Frankreich die Internationale Konvention der Rechte der Kinder ratifiziert: das Recht auf seine Geschichte, das Recht auf seine Abstammung und ... das Recht auf beide Eltern.

Sorge- und Umgangsrecht in der Schweiz
(Claude Rossier)

Im Jahr 1967 gab es in der Schweiz 5200 Scheidungen.
Seitdem herrscht ein rascher und regelmäßiger Anstieg.
1970 6.400 Scheidungen
1975 8.900 Scheidungen
1983 11.700 Scheidungen
Von 15.634 Scheidungen im Jahr 1994 waren 13.396 minderjährige Kinder betroffen.
Gründe für die Scheidungen sind:
- wirtschaftliches Wachstum
- Schwund religiöser Bindungen
- Veränderungen des Eheverhaltens.

Die Frage der Schuld ist nach geltendem Scheidungsrecht immer noch gegenwärtig. Diese Praxis zieht oft Scheidungskriege nach sich, aber auch die Regelung des elterlichen Sorgerechts im Scheidungsfall und hier vor allem die obligatorische Zuweisung dieser Pflicht an einen Elternteil.
Dieses Gesetz ist deshalb nicht zufriedenstellend, weil durch die Abgrenzung der Verantwortlichkeiten die Feindseligkeit zwischen den Eltern geschürt und eine harmonische Zusammenarbeit der elterlichen Funktion nach der Scheidung verhindert wird.
Die Novellierung des Scheidungsrechts ist vorgesehen.
Dieses Gesetz soll aufnehmen:
- die Aufnahme der Scheidung durch gemeinsamens Einvernehmen
- den Willen vom Prinzip Verantwortung loszukommen, sowohl was die Ursachen der Scheidung als auch ihre Wirkungen (Alimente) betrifft.
- die Anerkennung der geteilten Verantwortung für die Kinder
- die Empfehlung der Familienmediation.

Sorge- und Umgangsrecht in Italien
(Marco Bouchard)

80 % aller Italiener bevorzugen die Ehe als Beziehungsart.
15 % führen eine Ehe ohne Trauschein und
4 % bevorzugen ein »Single-Leben«.
1975 fand die Novellierung des Familenrechts in Italien statt. Seitdem ist der Mann nicht mehr automatisch Familienoberhaupt.
Aus gesetzlicher Sicht nimmt die Ehe eine symmetrischere Form an.
Seit 1970 ist die Ehe keine irreversible Entscheidung mehr. Die Zahl der für das Zivilrecht geltenden Ehen steigt; während die Zahl der kirchlich getrauten sinkt.

	1980	1988	1991
Zahl der Scheidungen:	11.844	30.778	27.350
Zahl der Trennungen:	29.462	37.224	44.920

	1991	1992	1993
Durch Scheidung betroffene Minderjährige	11.955	12.588	11.013
Durch Trennung betroffene Minderjährige	34.667	33.242	33.695

Typologie der italienichen Familie 1991:	
Paare ohne Kinder	26,5 %
Paare mit Kindern	61,7 %
Vater alleinerziehend	2,8 %
Mutter alleinerziehend	9,0 %
	100,0 %

Bei der Scheidung muß das Gericht obligatorisch eine Entscheidung über das Sorgerecht fällen.
Bei Trennung fällt dem Elternteil das Sorgerecht zu, bei dem das Kind lebt.
Der andere Elternteil darf über die Ausbildung, die Erziehung und über die Lebensbedingungen des minderjährigen Kindes wachen. Im Falle eines Konflikts können die Eltern den Richter anrufen.
Das Gericht legt im ausschließlichen Interesse des Kindes das gemeinsame oder das alternierende Sorgerecht fest.

Typologie des Sorgerechts bei Trennung:	1991	1992	1993
Sorgerecht des Vaters	2.260	2.440	2.093
Sorgerecht der Mutter	31.958	30.101	30.849
Gemeinsames Sorgerecht	319	528	462
Sorgerecht Dritter	130	173	291

Typologie des Sorgerechts bei Scheidung:	1991	1992	1993
Sorgerecht des Vaters	904	1.006	942
Sorgerecht der Mutter	10.905	11.414	9.887
Gemeinsames Sorgerecht	83	103	138
Sorgerecht Dritter	63	65	66

Damit bleibt das gemeinsame Sorgerecht eine elitäre Lösung und ebenso elitär ist die Familie mit geteilten Pflichten. Die Verteilung einer Haltung, die auf den Erhalt der Ausübung der gemeinsamen Sorge abzielt, ist in Italien abhängig von Signalen, die die Fachleute und Experten (Mediatoren) verbreiten. Und in diesem Sinne kann die positive Resonanz, die der Mediation entgegengebracht wird, als Zeichen für eine neue Tendenz zur Verantwortung der Eltern im Konflikt, als Teilnahme an den Entscheidungen zum Wohle des Kindes gewertet werden.
Es gibt in Italien eine gesetzliche Vorschrift, die das gemeinsame Sorgerecht als wünschenswerte Lösung für das Kind ansieht, wenn
zwischen den Eltern Einvernehmen herrscht und
eine minimale Fähigkeit der Eltern vorhanden ist, mit Konflikten umzugehen.
Eifrigste Verfechter der gemeinsamen Sorge sind Interessenverbände getrennter Väter, die aber wenig am Dialog (wie es für das gemeinsame Sorgerecht Voraussetzung ist) interessiert sind.
Andererseits bedeutet das alternierende Sorgerecht für das Kind hauptsächlich Zeit- und Ortsveränderungen. Die Anpassung an die verschiedenen Umgebungen der Eltern ist schwierig. Und um so kleiner das Kind ist, kann es zu Verwirrungen kommen.
Die Verbreitung einer Kultur des gemeinsamen Sorgerechts zum Zeitpunkt der Auflösung der Familie hängt ab von der Verbreitung einer Kultur der Familienunterstützung, die ihrerseits auf die Normalität des Konflikts (und nicht auf sei-

nen pathologischen Aspekt), auf die Pflichten der Teilnahme an Entscheidungen, auf die gegenseitige Hilfe zwischen Familien zentriert ist.

Sorge- und Umgangsrecht in Großbritannien
(Peter Jeffries)

Seit den späten achtziger Jahren besteht in Großbritannien eine öffentliche Besorgnis über den Anstieg der Zerrüttung der Familien und Ehen.
Je mehr Eltern sich scheiden lassen, desto höher ist die Zahl der Väter, die ihren finanziellen Verpflichtungen nicht mehr nachkommen, mit der Folge, daß die Verantwortung in steigendem Maße dem Staat zufällt.
Deshalb entstand der Ruf nach Stärkung und Unterstützung der elterlichen Verantwortung, der sich auch auf Gesetzesebene niederschlug.
1991 entstand das Kinderunterstützungsgesetz, in dem geregelt ist, daß der Vater, der nicht mit seinem leiblichen Kind zusammenlebt, die finanzielle Verantwortung für dieses Kind trägt.
Das Kindschaftsgesetz von 1989 betont die Unterstützung der elterlichen Verantwortung, selbst in den Fällen, in denen das Kind staatlich verwahrt wird.
Nach dem Familiengesetz von 1996 soll die vermittelte Übereinkunft (mediated agreement) zwischen Ehepartnern und Eltern an die Stelle gerichtlicher verfügter Beschlüsse treten.
Nach dem Vorstoß zur Novellierung der Scheidungsgesetze 1995 soll die Institution der Ehe unterstützt und das Familienleben geschützt werden.
Dabei werden Ehen ohne Trauschein weitgehend ignoriert.
Seit den späten achtziger Jahren herrscht in Großbritannien ein starker Anstieg der »gemeinsamen Sorgerechts-Beschlüsse«: 1985 + 13 %, 1989 + 20 %.
Das Gesetz definiert elterliche Verantwortung als »alle Rechte, Pflichten, Vollmachten, Verantwortungen und Befugnisse, die den Kindeseltern bezüglich des Kindes und dessen Eigentum/Vermögen rechtlich zustehen«.
Die elterliche Verantwortung steht automatisch allen verheirateten Eltern und allen ledigen Müttern zu. Unverheiratete Väter können sie erlangen, in dem sie sich formgerecht und vertraglich mit der Mutter einigen oder aber eine gerichtliche Eingabe machen.
Jeffries betont, daß Eltern weniger über Rechte bezüglich der Kinder verfügen, sondern daß sie vielmehr Verantwortung für die Bedürfnisse und die Erziehung ihrer Kinder haben, wobei das Wohl des Kindes im Vordergrund steht.
Bei diesem Konzept der Verantwortlichkeit beschränkt sich die Rolle des Staates auf Hilfe bei der Verantwortung. Die Betonung liegt dabei auf der Nichteinmischung oder auf der erforderlichen Minderintervention. Nach der heutigen Praxis gilt, daß ein Gerichtsbeschluß ein nachweislich positiver Beitrag zum Wohl des Kindes sein muß.

Seit 1996 ist ein neues Familiengesetz in Kraft (The Family Law Act). Drei wesentliche Grundsätze sind in diesem Zusammenhang von besonderer Bedeutung:

– die schuldlose Scheidung
– die Förderung der Vermittlung und
– das Kindeswohl.

Sorge- und Umgangsrecht in Schweden (Agneta Björklund)

Die schwedische Familienpolitik setzt sich zum Ziel, beide Elternteile am ersten Lebensjahr ihres Kindes aktiv zu beteiligen, d.h. daß beide Eltern Mutterschafts- bzw. Vaterschaftsurlaub in Anspruch nehmen oder auch gegebenenfalls teilen.
Damit stehen seit den siebziger Jahren die Interessen der Kinder im Mittelpunkt der Gesetzgebung.
Während in früheren Jahrhunderten die väterliche Autorität, was die ehelich geborenen Kinder anging, stark ausgeprägt war, wurden unehelich geborene Kinder, zumindest was die ersten drei Lebensjahre anging, von der leiblichen Mutter versorgt und betreut.
1917 trat ein Gesetz in Kraft, welches den Status der nichtehelichen Kinder regelte; 1920 folgte ein entsprechendes Gesetz für eheliche Kinder.
Die Gesetzgebung legte strenge Maßstäbe an die Herkunft der Kinder an und betonte die Bedeutung der Vaterschaftsfeststellung. Anhand dieses Gesetzes wurde das Sorgerechtskonzept eingeführt. Ein weiterer Schwerpunkt lag auf der elterlichen Verantwortung für das Wohlergehen der Kinder.
Nach 1983 wurde es Eltern ermöglicht, ohne Gerichtsbeschluß das gemeinsame Sorgerecht nach Scheidung zu beantragen.
Das Antragsverfahren auf Gemeinsame Sorge für unverheiratete Eltern wurde vereinfacht, um das Recht des Kindes auf Umgang mit beiden Eltern zu stärken. Damit trat die Idee in den Vordergrund, daß das Kind ein Recht auf beide Eltern hat und nicht umgekehrt.

Die Situation heute

Als Verheiratete oder Unverheiratete zusammenzuleben und eine Familie zu gründen gilt heutzutage in Schweden als normal.
50 % aller Neugeborenen haben Eltern, die nicht miteinander verheiratet sind.

1991 46.000 Kinder durchlebten aus 26.000 Familien die Trennung.
29.000 dieser Kinder hatten verheiratete Eltern.
17.000 Kinder entstammten nichtehelichen Lebensgemeinschaften.
39.000 Kinder lebten mit der Mutter
7.000 Kinder lebten mit dem Vater.

1991 trennten sich Eltern in nichtehelicher Gemeinschaft dreimal so häufig wie verheiratete Eltern, wobei das Risiko um so höher ist, je jünger das Kind ist.

Die wichtigsten Grundsätze der bestehenden Rechtsprechung mit Bezug auf Sorge- und Zugangsrecht

Von Geburt an befindet sich ein Kind unter der Sorge beider Eltern, wenn die Eltern miteinander verheiratet sind. Ist dies nicht der Fall, trägt die Mutter alleine das Sorgerecht. Unverheiratete Eltern können bei Gericht einen gemeinsamen Antrag auf gemeinsames Sorgerecht stellen.

Ein Kind bleibt auch nach der Scheidung unter der gemeinsamen Sorge beider Eltern, es sei denn ein Elternteil ersucht um Aufhebung des gemeinsamen Sorgerechts. Das gemeinsame Sorgerecht wird bei Einwand eines Elternteils verweigert.

Das Gesetz sieht nicht vor, daß ein Elternteil allein aufgrund seines Geschlechts zur Ausübung des Sorgerechts besser geeignet sei als der andere.

Der Obere Gerichtshof hat bestimmt, daß die Vorschriften des Familiengesetzes über Sorge- und Zugangsrecht unter Berücksichtigung der Tatsache angewandt werden müssen, daß ein Kind gute und enge Beziehungen zu beiden Eltern benötigt. Der sorgeberechtigte Elternteil hat dafür Sorge zu tragen, daß dem Bedürfnis des Kindes nach Kontakt zum anderen Elternteil in größtmöglichem Umfang Rechnung getragen wird.

Bei Sorge- und Zugangsrechtsfällen kann das Gericht das örtliche Sozialamt beauftragen, sogenannte »Kooperationsgespräche« mit den Eltern zu führen, um auf diese Weise zu einer gütlichen Einigung oder Übereinkunft zwischen den Eltern zu gelangen.

Die schwedische Gesetzgebung mit Sorgerecht, Beherbergung und Zugangsrecht geht von der grundlegenden Annahme aus, daß grundsätzlich beiden Elternteilen das Sorgerecht eingeräumt werden sollte, es sei denn, daß bestimmte Umstände gegen diese Form des Sorgerechts sprechen. Diese Regelung gilt seit 1983.

Im Zeitraum zwischen 1992 und 1993 verfügten Eltern, die nicht zusammenlebten (ob verheiratet oder nicht) über das gemeinsame Sorgerecht von knapp 40 % der Kinder unter 18 Jahren, die nicht mit beiden Eltern zusammenlebten.

Von 37 % im Jahr 1983 ist die Gemeinsame Sorge bis 1992 auf 82 % gestiegen. Dabei leben trotz gemeinsamer Sorge 86 % der Kinder bei der Mutter. Ca 17.000 Kinder (4,3 %) leben nach der Scheidung bei beiden Eltern. Seit Mitte der achtziger Jahre gibt es vermehrt Anzeichen dafür, daß die Kinder häufiger (im Wechsel) bei beiden Eltern wohnen.

Erkennbare Probleme

Eltern mit gemeinsamen Sorgerecht können z. Zt. keinen Gerichtsbeschluß über den Wohnort der Kinder erwirken. Ebenso wenig können Eltern mit gemeinsamer Sorge einen Gerichtsbeschluß bezüglich des Zugangsrechts erwirken, wenn die Kontakte zwischen dem Kind und dem entfernt lebenden Elternteil nicht funktionieren. Hier können die o.g. Kooperationsgepräche zu einer Einigung zwischen den Eltern führen. Der Dienst, der für solche Gespräche verantwortlich ist, wird von den Kommunen getragen.
Die Kooperationsgespräche haben bewirkt, daß immer mehr Eltern zu einer Einigung bezüglich des Sorge- und Zugangsrecht gelangen. Im Jahre 1993 nahmen 25 % aller Eltern Kontakt auf um solche Gespräche zu führen.

Axel Bauer / Grazia Schaus

Workshop 1: Konferenz zur Praxis des Sorgerechts im Europäischen Vergleich

I. Einführung in das Thema – Problemstellung

1. »Interessenvertretung« von Minderjährigen de lege lata in Sorgerechtsverfahren:

- Gesetzliche Vertretung des Minderjährigen durch sorgeberechtigte Eltern oder Vormund/Ergänzungspfleger (z.B. Jugendamt) samt deren Anhörung nach § 50 a FGG
- Mitwirkung des Jugendamtes in Sorgerechtsverfahren nach § 50 II KJHG samt Initiativrecht des Jugendamtes nach § 50 III KJHG (Antrag auf Sorgerechtsentzug)
- Anhörung des Minderjährigen durch Gericht, §§ 50 b FGG
- Anhörung der Eltern, § 50 a FGG
- Amtsermittlungspflicht des Gerichtes (u. a. durch Anhörung der Beteiligten), § 12 FGG

2. »Interessenvertretung« in anderen (vormundschaftsgerichtlichen) Verfahren

- Verfahrenspflegerbestellung in Unterbringungsverfahren, §§ 1631 b BGB, 70 b FGG
- Anhörung der Pflegeeltern (§ 50 c FGG) in Verfahren nach § 1632 IV BGB
- Anhörung der Minderjährigen im Adoptionsaufhebungsverfahren (§ 56 f II FGG), im Unterbringungsverfahren (§ 70 c FGG), im Verfahren nach § 1632 IV (§ 50 b FGG)

3. Zweifel an ausreichender Interessenvertretung des Minderjährigen in der Gerichtspraxis

Trotz der in 1. und 2. genannten »Verfahrensgarantien« bestehen in der Praxis Zweifel an einer ausreichenden Interessenvertretung von Minderjährigen vor Gericht, wenn (z.B.)

- sich die (noch) sorgeberechtigten Eltern wegen des Verdachts eigener strafbarer Handlungen (sexueller Mißbrauch, Kindesmißhandlung) in einem Interessenkonflikt zum »Wohl des Kindes« befinden
- sich die Eltern in ihrer Beziehung zueinander und/oder zum Kind zerstritten haben und gegenläufige Strategien im Verhältnis zu den Jugendhilfebehörden und Gerichten verfolgen
- mehrere Geschwisterkinder Beteiligte des Sorgerechtsverfahrens sind und deren Interessen nur mit Schwierigkeiten gleichrangig berücksichtigt werden können bzw. von den Eltern berücksichtigt werden
- sich die Eltern in heftigen Auseinandersetzungen mit dem Jugendamt und/ oder dem Gericht befinden und das betroffene Kind dabei mittlerweile zweitrangig geworden ist oder zu werden droht
- sich die Eltern allein aus finanziellen Gründen der Beantragung der erforderlichen Maßnahmen zur Beseitigung der Kindeswohlgefährdung entziehen
- sich Eltern und Jugendamtsmitarbeiter als »Sprachmittler« des (insbesondere kleineren oder behinderten) Kindes gegenüber dem Gericht als unfähig erwiesen haben und das Gericht auf zeitaufwendige und teure Gutachten verzichten will
- sich Jugendamtsmitarbeiter in der Beratungsarbeit mit den Eltern »aufgerieben« haben und aus dieser Clinchsituation heraus das Kindeswohl vor Gericht vertreten sollen
- eigene Kosteninteressen des Jugendamtes durchschlagen und die vom einzelnen Jugendamtsmitarbeiter verfolgte Strategie der Kindeswohlvertretung konterkarieren
- die Kindeseltern vor Gericht mit Anwälten auftreten, die das Sorgerechtsverfahren mit einem Strafverfahren gegen die Eltern verwechseln und allein die Interessen der Eltern vertreten
- sich die Eltern mit den Pflegeeltern um die Herausgabe des Kindes streiten und Jugendamt und Gericht in Gefahr sind, im Streit der Erwachsenen das Kind aus dem Blick zu verlieren
- über **ureigene Verfahrensrechte** des Kindes (insbesondere des unter 14jährigen) zu entscheiden ist, so bei Entscheidung:
- über das Aussageverhalten des Kindes vor Gericht und über die Teilnahme des Kindes an einer psychologischen Begutachtung
- über das Einverständnis des Kindes mit einer Übersendung der Sorgerechtsakten an die Strafermittlungsbehörden oder Strafgerichte
- über die Einlegung von Rechtsmitteln.

II. Inhalt und Ergebnis der Diskussion im Workshop 1

Mit den folgenden Fragen haben sich die Teilnehmer/innen des Workshop 1 schwerpunktmäßig auseinandergesetzt:

1. **Welche Aufgaben** hat eine Interessenvertretung von Kindern in sorgerechtlichen Verfahren?
2. **Wer** kann bzw. sollte als Interessenvertretung für Kinder tätig werden?
3. Wer trifft gegenwärtig die **Auswahl** der Personen, die die Interessen der Minderjährigen vertreten sollen, und ist es wünschenswert, daß sich hieran etwas ändert?
4. Wie kann die **Qualität** der Arbeit der Kindesvertretung verbessert werden?
5. An welchen Punkten ist der Entwurf eines Kindschaftsrechtsreformgesetzes (Stand: Juli 1995) im Hinblick auf eine sachgerechte Interessenvertretung von Kindern zu überdenken?
6. **Erfahrungen** des Vormundschaftsgerichts Frankfurt/Main mit dem »Anwalt des Kindes«.

zu 1.:

Das Aufgabengebiet der als »Anwalt des Kindes« tätig werdenden Interessenvertretung umfaßt u. a. folgende Aufgaben:

- Feststellung der Kindesinteressen unter Berücksichtigung sowohl des Kindeswillens als auch des wohlverstandenen Kindesinteresses (**»best interest of the child«**);
- zu diesem Zwecke **Ausübung des Akteneinsichtsrechts** sowie **Kontaktaufnahme** mit dem Kind, dessen Eltern, dem Jugendamt sowie sonstigen involvierten Einrichtungen und Einzelpersonen, die mit dem Kind gearbeitet haben;
- Aufhellung des dem Rechtsstreit zugrunde liegenden und u. U. sehr facettenreichen Sachverhaltes;
- Übernahme einer **Dolmetscherfunktion** sowie der Funktion eines **Sprachrohrs** des Kindes um zu gewährleisten, daß dessen Wünsche und Bedürfnisse von allen am Verfahren Beteiligten in ausreichendem Maße zur Kenntnis genommen werden (können);
- Übernahme einer **Vermittlerrolle**, um die Erarbeitung einer am Kindeswohl orientierten, zeitnahen Lösung zu unterstützen;
- Darstellung des dem anhängigen Gerichtsverfahrens zugrunde liegenden, oft sehr komplizierten Sachverhalts, um eine am Kindeswohl orientierte Entscheidungsfindung des Gerichts im Rahmen des **Amtsermittlungsgrundsatzes** zu fördern, wobei u. U. auf diesem Wege zum Zwecke der Verfahrensbeschleunigung auf ein Sachverständigengutachten verzichtet werden kann;

- Wahrnehmung sämtlicher **Verfahrensrechte des Kindes**, wobei der Blick auf dessen Belange zu fokussieren ist (Aussageverweigerungsrecht, Begutachtungsverweigerungsrecht, Stellungnahme zur Aktenübersendung auf Anforderung der Staatsanwaltschaft etc.);
- in diesem Rahmen u. U. Anregung zur Einholung eines Sachverständigengutachtens bzw. kritische Überprüfung eines solchen;
- Einflußnahme auf den Verfahrensablauf als solchen, um dem Kind die Erfahrung zu ersparen, lediglich Objekt des Verfahrens zu sein (Stärkung der **Subjektivrolle des Kindes** im Verfahren);
- Einflußnahme auf eine zügige, zeitnahe Entscheidung des Gerichtes unter Hinweis auf die **Bedeutung des Zeitfaktors** für die Entwicklung des Kindes;
- Einlegung von **Rechtsmitteln**, soweit die abschließende Sorgerechtsentscheidung mit dem Kindeswohl (»besten Interesse des Kindes«) kollidiert.

Zu 2.:

Als Interessenvertretung von Kindern kommen Angehörige folgender Professionen in Betracht:
- Juristen
- Angehörige der Berufsgruppen aus dem Bereich der Pädagogik, der Psychologie, gegebenenfalls der Sozialarbeit.

Hierzu wurden folgende Feststellungen getroffen:
- Gegen die Vertretung durch Juristen spricht, daß diese üblicherweise nicht über die notwendigen Kenntnisse aus den Fachgebieten der Pädagogik, Psychologie und Sozialarbeit verfügen;
- die Interessenvertretung des Kindes muß in der Lage sein, dieses innerhalb eines **justizförmigen Verfahrens** unter Berücksichtigung sämtlicher materiell- und verfahrensrechtlicher Fragen samt möglicher Rechtsmittel adäquat zu vertreten.
- Die Vermutung liegt nahe – erste Praxiserfahrungen u. a. des AG Frankfurt/Main belegen es –, daß ein juristischer Laie mit der Vertretung Minderjähriger in diesen Zusammenhängen überfordert ist, wenn nicht – allzeit abrufbar – juristische Beratung für den Nichtjuristen zur Verfügung steht und eine Fortbildung im Familien- und Jugendhilferecht bzw. im Verfahrensrecht (FGG) unterbleibt (so auch Salgo, Der Anwalt des Kindes, die Vertretung von Kindern in zivilrechtlichen Kindesschutzverfahren, Verlag Bundesanzeiger, Köln 1993, S. 228).
- es gilt als wünschenswert, wenn der »Anwalt des Kindes« über Qualifikationen bzw. Fachwissen verfügt, das sämtlichen o. g. Fachrichtungen zuzuordnen ist;

- ideal wären Praxisgemeinschaften, in denen die genannten Berufsgruppen vertreten sind, die sich gegenseitig beraten können.

Zu 3.:

Diejenigen Personen, die die Interessen der Minderjährigen im Rahmen eines anhängigen Gerichtsverfahrens vertreten sollen, werden gegenwärtig vom Vormundschaftsgericht ausgewählt. Ausgewählt werden – mangels qualifizierter oder dem Gericht bekannter Personen anderer beruflicher Herkunft – regelmäßig Juristen, insbesondere **Rechtsanwältinnen**.
Im Hinblick auf die Auswahl der Interessenvertretung von Minderjährigen ergaben sich folgende Diskussionsschwerpunkte:

- Gegen die o. g. Praxis spricht die Befürchtung, die Gerichte könnten lediglich »bequeme«, d.h. wenig engagiert arbeitende Kinderanwälte auswählen, denen es nur um das Geld geht;
- dem widerspricht die Erfahrung bei strafrechtlicher Pflichtverteidigung; Strafgerichte achten üblicherweise darauf, kompetente und engagierte Pflichtverteidiger beizuordnen; das **berufliche** Ethos des den »Anwalt des Kindes« bestellenden Richters ist zu stärken (Fortbildung, Supervision), eine dahingehende Außenkontrolle ist herzustellen, z.B. durch die verfahrensbeteiligten Jugendämter und/oder durch gesellschaftlich tätige und einflußreiche Organisationen wie den Deutschen Kinderschutzbund, das Deutsche Kinderhilfswerk, Unicef, die Aktionsgemeinschaft Kinderrechte der genannten Organisationen, kommunale Kinderbüros etc.;
- der faktischen Umgehung engagiert arbeitender Kinderanwälte auf der Grundlage einer entsprechenden gerichtlichen Einflußnahme wäre u. U. durch die Bildung von **gerichtsexternen Pools** von Fachleuten zu begegnen, aus deren Mitte dem Gericht eine qualifizierte Interessenvertretung empfohlen werden könnte; die Verpflichtung, nur vorgeschlagene Vertreter zu bestellen, müßte gesetzlich geregelt werden;
- auch die Bildung eines Pools ist kein Garant dafür, daß »unbequeme«, aber engagiert und qualifiziert arbeitende Interessenvertreter bestellt werden – ungeklärt ist insoweit, wem die Entscheidung obläge, welche Personen in den Pool aufgenommen und empfohlen werden (ähnliche Erfahrungen der Betreuungsbehörden nach Betreuungsgesetz/BetreuungsbehördenG, die dem Gericht geeignete Betreuer vorschlagen müssen);
- der Vorschlag, eine Art **»Jugendgerichtshilfe« der Jugendämter** für Sorgerechtsverfahren aufzubauen, die »Anwälte des Kindes« bestellt, begegnete Skepsis (knappe öffentliche Kassen, Akzeptanzprobleme der betroffenen Eltern, der Kinder, Interessenkollisionen auf Seiten der Jugendämter etc.).

Zu 4.:

Um die Qualität der Arbeit der Interessenvertretung von Minderjährigen zukünftig verbessern zu können, wurden folgende Angebote als notwendig erachtet:

- Schaffung von kontinuierlichen **Fortbildungsangeboten** unterschiedlicher Qualifikationsstufen;
- regelmäßige Gewährleistung bezahlter **Supervision**;
- Bereitstellung von **interdisziplinär zusammengesetzten Fachteams** zum Zwecke der punktuellen Beratung der Kindesvertretung, soweit dies im Einzelfall notwendig ist;
- Bildung von sog. **»runden Tischen«**, um grundsätzlich den Gedankenaustausch zwischen den verschiedenen Professionen zum Wohle der Kinder zu fördern;
- Förderung von **Praxisgemeinschaften**, in denen die für eine Kindesvertretung prädestinierten Berufsgruppen vertreten sind, die sich gegenseitig beraten können.

Zu 5.:

Zum geplanten Kindschaftsrechtsreformgesetz wurden folgende Kritikpunkte formuliert:

- **Unerwünschte Doppelvertretung** des Kindes im Verfahren ist zu vermeiden. Der Minderjährige wird nach dem Reformentwurf sowohl von den Sorgeberechtigten als auch von dem Verfahrenspfleger vertreten, ohne daß die Kompetenzen voneinander abgegrenzt werden; das ist das Ergebnis des Reformvorschlages, der auf einen Teilsorgerechtsentzug und auf eine Ergänzungspflegerbestellung nach § 1909 BGB verzichtet (S. 416, 417 der Entwurfsbegründung; vgl. dazu weiter zu 6 a.) unten).

Auf dieser Grundlage wird es voraussichtlich zu **Kompetenzstreitigkeiten** kommen, die zu erheblichen **Verfahrensverzögerungen** und zu **Irritationen** bei allen Verfahrensbeteiligten, vor allem beim Kind führen werden;

- die Fassung des § 50 **FGG-E** enthält keinerlei **Beschreibung der Aufgaben**, die die Interessenvertretung wahrzunehmen hat. Rechte und Pflichten des »Anwaltes des Kindes« sind nicht geregelt (die Fehler bei der gesetzlichen Regelung des Verfahrenspflegers nach § 67 FGG – Betreuungsrecht – werden wiederholt);
- Absatz 2 des § 50 **FGG-E** birgt die Gefahr, daß die Gerichte unverhältnismäßig häufig von der Möglichkeit Gebrauch machen, dem Kind eine eigene Interessenvertretung zu versagen (entsprechende Erfahrungen bei der Anwendung der §§ 67, 70 b FGG – Betreuungsrecht – werden allseits beklagt);

- die **Entschädigung der Verfahrenspfleger** erfährt in § 50 V 2 FGG-E mit der Bezugnahme auf §§ 1835, 1836 BGB eine denkbar unklare Regelung insbesondere für anwaltliche Interessenvertreter; ein Tatbestand, der schon im Betreuungsrecht für erhebliche Unsicherheit und zusätzliche Belastungen der Gerichte gesorgt hat (vgl. an dieser Stelle nur Bauer in Heidelberger Kommentar zum Betreuungs- und Unterbringungsrecht (HK-BUR), §§ 1835–1836 a BGB Rz. 124–159).
- Erfreulich hingegen, daß sich der Entschädigungsanspruch nach § 50 V 1 FGG-E allein gegen die Staatskasse richtet; die Entschädigung wird als »sonstige Auslagen« iSd. § 137 Nr. 16 KostO-E den Kostenschuldnern auferlegt, regelmäßig also wohl den Eltern, § 94 I 3 KostO.

Erfahrungen des AG Frankfurt/Main mit der Bestellung von Verfahrenspflegern

a) Die vom AG/Vormundschaftsgericht Frankfurt/Main eingesetzten »Anwälte des Kindes« werden nach **Teilentzug des elterlichen (Sorge)Rechts** zur Vertretung des Kindes im Sorgerechtsverfahren als gesetzliche Vertreter (**Ergänzungspfleger**) bestellt, §§ 1909, 1796, 1629 II 3 BGB. Voraussetzung ist nach § 1796 II BGB ein erheblicher Interessengegensatz zwischen den Interessen der Sorgeberechtigten im Verfahren und denen des Kindes (vgl. BVerfGE 72, 122, 131 ff; 75, 201, 213; 79, 51, 58; vgl. auch Salgo, Der Anwalt des Kindes, S. 214–218).

Die Entscheidung ergeht durch begründeten und anfechtbaren Beschluß im Rahmen des Sorgerechtsverfahrens, nachdem der mögliche Interessengegensatz in der gesetzlichen (Verfahrens-)Vertretung meistens vorher in mündlicher Verhandlung mit den Eltern und dem Jugendamt thematisiert wurde (vgl. zu dieser Vorbedingung auch Salgo, a.a.O., S. 228).

Der Ergänzungspfleger erhält den **Wirkungskreis**: »Vertretung des Minderjährigen im anhängigen Sorgerechtsverfahren«, gegebenenfalls erweitert um den Wirkungskreis »Vertretung bei der Ausübung des Aussageverweigerungsrechtes«, soweit ein Strafverfahren gegen die Sorgeberechtigten läuft.

b) Bislang werden – mangels Personen anderer Professionalität mit juristischen Kenntnissen – weit überwiegend engagierte und in ähnlichen Verfahren tätig gewordene Anwälte/innen zu Ergänzungspflegern bestellt, die bereit und in der Lage sind, umgehend Kontakt zu den Minderjährigen, deren Eltern und dem Jugendamt bzw. dem sonstigen Umfeld der Minderjährigen (z.B. Heime) aufzunehmen. Eine Anwältin, die in einigen Verfahren Ergänzungspflegschaften übernahm, ist zugleich Diplom-Pädagogin und deshalb in besonderer Weise als »Anwältin des Kindes« geeignet.

c) Nach **anfänglichen Bedenken des Jugendamtes** (»wir vertreten doch die Interessen des Kindes«) regt mittlerweile das Jugendamt in seinen Anträgen nach § 50 III KJHG auf Sorgerechtsentzug teilweise selbst die Bestellung eines Ergänzungspflegers für das Verfahren an. Die Vorteile einer solchen Verfahrensweise sind offenbar auch vom Jugendamt erkannt worden; es kann sich jetzt voll auf seine Aufgabe konzentrieren, Kindeswohlgesichtspunkte in das Verfahren einzubringen, ohne sich in den Wirren des Verfahrensrechtes zu verfangen und das Kind aus den Augen zu verlieren.

Rückkehroptionen, die eine weitere Zusammenarbeit mit den Eltern und deren jugendamtliche Unterstützung voraussetzen, können in das Verfahren eingebracht und erörtert werden, ohne daß sie wegen der akuten Sorge um die Wahrung des Kindeswohles verdrängt werden müssen.

d) **Rechsmittel** gegen die Bestellung von Ergänzungspflegern zur Vertretung der Minderjährigen im Sorgerechtsverfahren sind bislang erstaunlicherweise weder seitens der vom Teilsorgerechtsentzug betroffenen Eltern noch vom Jugendamt (dessen Beschwerdeberechtigung ohnehin zweifelhaft wäre) eingelegt worden.

e) Das Gericht profitiert im Rahmen seiner Amtsermittlungspflicht nach § 12 FGG in erheblicher Weise von den **kindeswohlzentrierten Ermittlungen** und Berichten der Ergänzungspfleger, die auch sachgerechte Anregungen für weitere Ermittlungen des Gerichts geben; das Jugendamt gibt in Stellungnahmen zu erkennen, daß die Qualität der Lösungsansätze zur Wahrung des Kindeswohles und die Effizienz der gerichtlichen Intervention zum Schutze der Minderjährigen gesteigert wird. Das gesamte Verfahren läuft deutlich kindzentrierter ab.

f) »Der Einsatz von Verfahrenspflegern führt nicht zwangsläufig – wie von manchen befürchtet worden war – zu Verfahrensverzögerungen, im Gegenteil: Sowohl im gerichtlichen Verfahren selbst als auch im Rahmen der Verwirklichung der mit der Intervention verfolgten Ziele können Verfahrenspfleger wesentliche Beiträge zur Berücksichtigung des kindlichen Zeiterlebens leisten und zur Verkürzung des Verfahrens beitragen«; diese Feststellung Salgos, a.a.O., kann nach den Erfahrungen des AG Frankfurt/Main bestätigt werden.

In geeigneten Fällen, in denen früher teilweise erheblich verfahrensverzögernde Sachverständigengutachten eingeholt wurden (Stichwort »Gutachtengläubigkeit der Gerichte«), kann nun mit guten Erfolgsaussichten auch für das Beschwerdeverfahren auf solche Gutachten erstinstanzlich verzichtet werden. Die Sicherheit des Gerichtes in der Entscheidung (Entscheidungsfreudigkeit, inhaltliche »Richtigkeit«) nimmt zu.

g) Die **Entschädigung der Ergänzungspfleger** bereitet bei der Bestellung von **Anwälten und Personen anderer Berufsgruppen mit eigenem Büro** keine besonderen Schwierigkeiten und ist angemessen; sie erfolgt nach §§ 1915, 1835 (Aufwendungsersatz), 1836 II BGB (Vergütung des Zeitaufwandes) mit dem dreifachen Höchstbetrag der Zeugenentschädigung nach § 2 II ZSEG, d.h. z. Zt. **75 DM/Std.** des erforderlichen Zeitaufwandes.

Eine **Erhöhung** auf bis zur z. Zt. 125 DM/Std. ist in Fällen außergewöhnlicher Schwierigkeit möglich. Die **Umsatzsteuer** wird gesondert erstattet.
Voraussetzung dieser sogenannten **Berufsvormundschaftsentschädigung** (§ 1836 II 1 BGB) ist nach der Rechtsprechung des LG Frankfurt/Main die Übernahme von etwa 3 Ergänzungspflegschaften (str. und je nach LG-Bezirk regional sehr unterschiedlich!).
Unter dieser Schwelle wird die Ergänzungspflegschaft grundsätzlich **unentgeltlich** geführt, soweit der zeitliche Umfang der Pflegertätigkeit dem **Leitbild der Ehrenamtlichkeit** noch entspricht, § 1836 I 1 BGB. Dann aber Anspruch auf Aufwandspauschale in Höhe von z. Zt. 375 DM pro Pflegschaft pro Jahr bzw. den der Dauer der Pflegschaft entsprechenden Anteil, § 1836 a BGB.
Bei **Mittellosigkeit** des Mündels/Pfleglings haftet nach §§ 1835 IV, 1836 II 4, 1836 a Satz 4, 1835 IV BGB die Staatskasse (vgl. zum Begriff der Mittellosigkeit Bauer in HK-BUR, §§ 1835-136 a BGB Rz. 50 ff).

Jürgen Rieck

Workshop 2: Umgangsrecht der nicht verheirateten Väter nach Trennung in binationalen Ehen

Der Workshop Nr. 2 hat die Rechtsvorgaben des Umgangs nicht verheirateter Väter in binationalen Ehen beraten. Dabei wurde festgestellt, daß die rechtlichen Zuordnungen sowohl im deutschen Sachrecht als auch im deutschen IPR unzureichend sind. Insbesondere wird die Anwendung des Gesellschaftsrechts auf nichteheliche Partnerschaften jeglicher Qualität als verfehlt gerügt.

In einem Rechtsvergleich wurden die Regelungen anderer Länder und deren Auswirkungen auf das deutsche Umgangsverfahren geprüft. Als Ergebnis wird festgehalten, daß das Anerkenntnis des Vaters – insbesondere des ausländischen – diesem nahezu ausnahmslos die ehelichen Elternrechte und -pflichten verschafft. Dem muß im deutschen Sorge- und Umgangsrechtsverfahren Rechnung getragen werden.

Der Workshop hat vor diesem Hintergrund Modelle zur Vereinbarung des Umgangsrechts behandelt und erarbeitet. Es wurde festgestellt, daß die deutsche Rechtsposition der nichtehelichen Mutter nicht nur dem Kind schadet, sondern, daß jede Abhängigkeit von dem Willen oder Nichtwillen der Frau zum Risiko der Entführung führt. Wie sonst soll der nach seinem Heimatrecht legitime Vater seine Rechte durchsetzen?

Der Workshop hat weiter festgehalten, daß sich die Partner einer nichtehelichen Gemeinschaft zu Vereinbarungen durchringen müssen, um Schaden von den Kindern zu wenden. Es kann nicht sein, daß die nichteheliche Mutter über das Kind wie über ihr Eigentum befindet. Ebensowenig ist zu dulden, daß der Mann das Kind entführt, um so die Frau zur Ehe zu nötigen.

Der Workshop hat schließlich die Unterschiede in der rechtlichen und sozialen Qualität verschiedener nichtehelicher Gemeinschaften beraten. Es wird festgehalten, daß es gerade Unterschiede zwischen ungültigen Ehen (Imam-Ehe, Common-Law-Ehe) und mehr oder weniger lang dauernden Partnerschaften gibt, denen im Gesetz Rechnung zu tragen ist.

Als Ergebnis mahnt der Workshop im Interesse der Frauen und Kinder ebenso wie der nichtehelichen Väter Gesetzesregeln im Sachrecht wie IPR an, die die nichteheliche Gemeinschaft mit allen ihren Bezügen aus dem allgemeinen Schuldrecht und der BGB-Gesellschaft entfernen.

Dr. Dieter Brosch

Workshop 3: Qualitative Anforderungen an Sachverständigengutachten zum Sorge- und Umgangsrecht nach Trennung und Scheidung

Ein interprofessioneller Erfahrungsaustausch

Ausgangspunkt war die zunehmende Kritik an psychologischen Sachverständigengutachten, weil diese offenbar in vielen Fällen unzureichend oder sogar mit gravierenden Fehlern behaftet sind.

Im Laufe des Erfahrungsaustauschs wurde an Einzelbeispielen aus dem Kreis juristischer Kolleginnen und Kollegen deutlich, daß es offenbar in vielen psychologischen Sachverständigengutachten unter anderem an der notwendigen Transparenz und Nachvollziehbarkeit fehlt und sie nicht den Kriterien einer wissenschaftlichen Arbeit genügen.

Es bestand Übereinstimmung, daß psychologische Sachverständigengutachten mindestens den von der Förderation deutscher Psychologenvereinigungen herausgegebenen Richtlinien für die Erstellung psychologischer Gutachten entsprechen müssen.

In diesem Zusammenhang wurde erörtert, daß es auch wichtig ist offenzulegen, was die psychologische Wissenschaft zur Fragestellung beitragen kann, und wo ihre Grenzen sind und um eine Überprüfbarkeit von Gutachten zu gewährleisten es besonders wichtig ist, unter anderem den Begutachtungsablauf, die durchgeführten Untersuchungen, die Ergebnisse und den Befund der psychologischen Untersuchung hinreichend deutlich zu dokumentieren.

Hilfreich für die nicht psychologischen Professionen wäre es, wenn ein Kriterienkatalog zur Verfügung gestellt werden könnte, anhand dessen sie in der Lage wären, quasi im Sinne einer Checkliste psychologische Sachverständigengutachten wenigstens auf das Vorhandensein von Minimalstandards hin zu überprüfen. Bislang vorliegende Veröffentlichungen von Kriterien richten sich eher an eine Fachöffentlichkeit und sind auch Betroffenen häufig nicht zugänglich.

Neben dem Wunsch juristischer Kolleginnen und Kollegen auf Qualifizierungsmaßnahmen in psychologischen Fragen wurde auch die Notwendigkeit der fachlichen Qualifikation von psychologischen Sachverständigen thematisiert.

Es gab Überlegungen, ob neben berufsrechtlichen und berufsständischen Regelungen andere öffentlich rechtliche Zulassungsvoraussetzungen geschaffen werden sollten, wie das z. B. in Bayern der Fall ist, wo es ein Sachverständigengesetz zur öffentlichen Bestellung und Vereidigung von Sachverständigen gibt und wo von Amts wegen zu prüfen ist, ob der Sachverständige in diesem Fachgebiet über die erforderliche persönliche und fachliche Qualifikation verfügt. Das beinhaltet auch den Vorteil, daß eine Bestellung widerrufen werden kann, wenn die Voraussetzungen nicht mehr vorliegen, denn langjährige Tätigkeit eines Sachverständigen allein ist keine Gewähr, daß die erforderliche Qualität auf Dauer vorliegt. Gegebenenfalls sollte eine Bestellung des Sachverständigen auch nur befristet erfolgen.

Klaus Utz

Workshop 4: Einsatz von Werkmaterialien bei der Arbeit mit Scheidungskindern

Die meisten Teilnehmer waren Mitarbeiter von Jugendämtern, Beratungsstellen usw. Deshalb war das Bedürfnis groß, konkrete Möglichkeiten zu erfahren, um mit Kindern in Kontakt zu kommen, Beziehungen aufzubauen, Veränderungsprozesse kindgemäß zu begleiten.
Dabei wurde deutlich, daß über die Einzelarbeit mit dem Kind die Erkundung bzw. seine Erlebnisweise des sozialen Netzwerkes wichtig sind. Über die Eltern sind für das Kind die Kontakte zu weiteren Bezugspersonen (Großeltern, Freunde, Nachbarn) in der Trennungs-/Scheidungssituation von großer Bedeutung.
Die Arbeit mit Werkmaterialien (Holz, Ton, Metall, Draht usw.) ermöglicht eine »Du-Beziehung« zum einzelnen Kind, läßt sich aber auch in der Gruppenarbeit und bei Eltern-Kind-Kontakten bzw. Familienarbeit einsetzen.
Ein Focus im Workshop war, wie Stützung und Hilfe – durch eine außerhalb der Familie stehende Bezugsperson – möglich ist, die ihn durch die Verunsicherung, durch Ängste und Trauer begleiten kann.

Bernd M. Busch / Hartmut Dinse

Workshop 5: Gute Eltern trotz Partnerschaftskrise?

Problematisiert wurde der Begriff gute Eltern, der analog dem Begriff des »Kindeswohls« nur schwer zu definieren ist und noch mit Inhalt zu füllen ist. Was macht gute Eltern aus? Was grenzt sie gegenüber schlechten Eltern ab? Ist der Unterschied zwischen guten und schlechten Eltern evtl. nur quantitativer oder ist er qualitativer Art?
Schnell entstand Einigkeit darüber, daß Defintionen und Zuschreibungen zusammenhängen mit jeweiligen gesellschaftlich-historischen Kontextbedingungen und eine interkulturelle Vergleichbarkeit nicht ohne weiteres gegeben ist.
Hingewiesen wurde im weiteren auf die teilweise irrational-idealisierende Überzeichnung von Familienbildern in den Medien, die unerfüllbare Ansprüche weckt und damit Raum für gegenseitige Vorwürfe und Schuldzuschreibungen schafft. Sowieso häufig bei Eltern bestehende Selbstzweifel und Schuldgefühle werden durch diesen Druck noch verstärkt, so daß es gerade in Krisensituationen oder bei einer anstehenden Trennung/Scheidung zu erheblichen Selbstwertproblematiken mit psychopathologischer Symptomatik kommen kann. Ob die seit den 50er Jahren entstandene Formenvielfalt von Familien eine veränderte und vielleicht erleichternde Verarbeitung der Problematik möglich machen wird, ist noch nicht zu beantworten.
Vielleicht scheint es auf den ersten Blick paradox, aber Partnerschaftskrisen wurden für eine lebendige Partnerschaft als normal und unumgänglich angesehen. Einerseits werden persönliche Reifungsprozesse als Auslöser für Krisen gesehen – umgekehrt kann eine Partnerschaftskrise persönliche Reifungsprozesse in Gang setzen.
Um eine Krise als Chance erkennen und nutzen zu können, ist jedoch von dem Paar etliche Arbeit zu leisten. Denn Krisen enstehen fast immer aus einer Enttäuschung über vermeintliches Fehlverhalten des anderen, das nicht mehr den eigenen Erwartungen entspricht. Jeder sieht sich selbst in einer Opferrolle und schreibt dem anderen die Sündenbockfunktion zu. Solche partnerschaftlichen Projektionssysteme sind oft sehr resistent, da Veränderungsprozesse jeweils vom anderen erwartet werden. Das Zusammenleben wird als permanente Krise erlebt, was eine zunehmende Überforderung für das Paar bedeutet und Trennung und Scheidung letztlich als alleinige Konfliktlösung gesehen wird.

Nach Erfahrungen der Gruppe sind Eltern in schweren Partnerschaftskrisen häufig zu sehr in ihre Problematik verstrickt, um in diesem Zustand noch »gute Eltern« sein zu können. Theoretisch gefordert werde in solchen Krisen die Trennung von Elternrolle und Partnerrollen: »Partner können sich trennen, aber Eltern bleiben immer Eltern.« Skeptisch wird hinterfragt, ob dieses Postulat erfüllt werden kann, ob in einem familiären System durch Rückkoppelungseffekte über die Kinder, durch Loyalitätskonflikte, Ambivalenzen und Verbündungen »gute Elternschaft« in Krisen nicht unmöglich ist.
An diesem Punkt wurde die Frage aufgeworfen, welche Hilfe bräuchten Paare, um trotz einer Partnerkrise möglichst gute Eltern – im Sinne von den Kindern gerecht werdenden Eltern – bleiben zu können?
Als erstes wurden Beratung/Therapie in Fragen von Partnerschaft und Elternschaft angeführt. Den Beratungsmöglichkeiten freier und öffentlicher Träger in den unterschiedlichsten Beratungseinrichtungen wurden hier vor Jugendamt, Rechtsanwälten und Gerichten eine besondere Bedeutung beigemessen, da sie häufig zu einem früherem Zeitpunkt aufgesucht werden, an dem die Situation zwischen den Partnern noch nicht völlig verfahren ist.
Gefordert wurde über diesen, auf Familienkrisen bezogenen Ansatz hinaus, ein stärkeres gesellschaftliches Problembewußtsein. Kritisiert und als zunehmend bedenklich empfunden wurde die fehlende Vorbereitung von Kindern und Jugendlichen auf Beziehungsprobleme. Gedacht wird dabei an Vorbereitung und Aufklärung bereits in der Schule, im Sinne einer umfassenden Gesundheitserziehung. Als sinnvoll erachtet wurden Ehevorbereitungskurse, in denen Kommunikation, Konfliktlösungsstrategien, Versöhnungs- und Trennungsrituale erarbeitet werden sollten. Als besonders einschneidend wird die Geburt des ersten Kindes gesehen, durch welche gravierende Veränderungen im bisherigen Beziehungssystem eintreten. Übereinstimmend berichteten die Mitglieder von Beratungseinrichtungen über diese große Hürde, welche Paare zu nehmen haben. Insbesondere wohl eher die Männer sind teilweise völlig überfordert, mit dem Einsetzen der gebotenen Arbeitsteilung, den realen Einschränkungen und dem dadurch gegebenen Verzicht.
Im Falle von Trennung oder Scheidung wurden noch einmal die großen äußeren und inneren Belastungen der Eltern angeführt. Die Kumulation von externem Druck, wirtschaftliche Schlechterstellung, die Verbindung von Sorgerecht und finanzieller Schwächerstellung und paardynamischen Faktoren führen gehäuft zu erheblichen und langandauernden Streitsituationen, in denen die Interessen der Kinder meistens untergehen.
Dies führte zu dem kontrovers diskutierten Gedanken einer Zwangsberatung, in der die Eltern über die Bedeutung der Trennung sowohl für sie, als auch für die Kinder informiert und auf entsprechende Hilfsangebote hingewiesen werden könnten. Gefragt wurde, wieso gerade von juristischer Seite große Vorbehalte dagegen geäußert werden, da bei einer Scheidung ein Rechtsanwaltszwang besteht, der nach Erfahrung etlicher Gruppenmitglieder leider nicht immer kon-

fliktmindernd wirkt, durch eine psychologische Beratung jedoch die elterliche Autonomie gestärkt werden sollte, da nur durch sie das Kindeswohl letztendlich garantiert werden kann.
Von der Workshopleitung, Mitarbeitern der Psychosozialen Beratungsstelle in Familienkrisen in Freiburg, wurde auf diesem Hintergrund ein eigenes Modell, bzw. ein Curriculum zur elterlichen Kompetenzerweiterung vorgestellt. Dabei wird vom KJHG ausgegangen, welches auf Beratung, Kooperation und Kommunikation, also Zusammenarbeit zwischen allen Beteiligten setzt. Oberste Priorität hat die Unterstützung der Familie mit dem Kind, das Gesetz baut darauf, daß persönliche Bindungen und sozial emotionale Beziehungen entwickelt werden können. Es soll alles versucht werden, die primären Bindungen und Beziehungen aufrecht zu halten. Wesentlich für das Curriculum elterlicher Kompetenzerweiterung ist bei drohender oder eingetretener Fremdplazierung der Gedanke der Unterstützung durch ambulante Hilfen, mit dem Ziel entweder einen Milieuwechsel für die Kinder zu vermeiden oder die Eltern wieder zu befähigen, daß sie das Kind oder den Jugendlichen wieder selbst erziehen können.
Das Programm richtet sich insgesamt nicht gegen Fremdplazierung an sich, die in bestimmten Fällen durchaus angebracht ist. Nach den Erfahrungen innerhalb der Beratungsstelle mit sogenannten Multi-Problem-Familien wurde das Programm nicht als »Crashkurs« konzipiert, sondern auf einer zeitlichen Achse, die einen Zeitraum von ca. 1–2 Jahren umfaßt.
Voraussetzung für die Teilnahme ist eine bevorstehende Fremdplazierung und somit eine relativ schwere Krise der Familie, aus welcher sie mit vielleicht bisher eingesetzten Hilfen und Betreuungen nicht herausgekommen ist. Die betroffene Familie muß minimalen Anforderungen genügen, jedoch auf jeden Fall die Fähigkeit und den Willen zur Kooperation haben.
Ausgangspunkt der Maßnahme ist eine umfassende psycho-soziale Diagnostik der vorhandenen Elternkompetenz. Voraussetzung für die Arbeit mit der Familie ist die genaue Kenntnis der sozialen, psychologischen, medizinischen und juristischen Hintergründe, in welcher die Familie lebt. Ziel ist dann die gemeinsame Erstellung eines Anforderungsprofils sowie ein Vertragsabschluß über die gemeinsam definierten Ziele. Bausteine des Programms sind psychotherapeutische/sozialarbeiterische Hilfen, insbesondere Einzel-, Paar und/oder familientherapeutische Interventionen in gesprächstherapeutisch/tiefenpsychologisch/ verhaltenstherapeutischer Ausrichtung sowie eine angeleitete Selbsthilfegruppe. Notwendig ist im weiteren die vernetzte Zusammenarbeit mit zahlreichen anderen Institutionen, die spezielle Beratungen und Hilfen anbieten können.

Dr. Regina Maier-Aichen

Workshop 6: Das Recht des Kindes auf beide Eltern

Zum Workshop: Neuzusammengesetzte Familien. Familien der Zukunft?
Zunächst – zur Information und als Einstieg ins Thema – ein Impulsreferat über diese besondere Art von Familien, also z.B. über
- ihre Besonderheiten und Eigenarten,
- ihre Schwierigkeiten/Probleme und Chancen,
- die verschiedenen Konfigurationen,
- die neuen erweiterten Beziehungsgefüge,
- die komplexe Alltagsorganisation,
- neue Rollen und Aufgaben,
- wie wird die soziale, d.h. die Stiefelternschaft gestaltet?
- wie geht es den Kindern?
- wie stellt sich die Familie in der Öffentlichkeit dar, als neuzusammengesetzte oder als »normale« Familie?
- die Verführung zur Orientierung an den Handlungs- und Beziehungsmustern der Erstfamilie, u.ä.

Es gibt nur sehr wenige Forschungsergebnisse zur gemeinsamen elterlichen Sorge/Verantwortung und ihre Auswirkung auf eine neue Familie. So beschäftigte uns die Frage:
Wie beeinflußt die Sorgerechtsregelung, insbesondere die gemeinsame elterliche Sorge, die neue Partnerschaft und Familie in bezug auf die Familiendynamik, die Probleme, die Verteilung der elterlichen Aufgaben, ihr Gelingen etc., aus der Sicht
- der Kinder und
- der Erwachsenen?

Dabei waren die eingangs dargestellten Aspekte eine Art Bezugsrahmen der Diskussion.
Insgesamt – so fanden wir – gilt auch für Zweitfamilien:
- eine positive Kooperation der leiblichen Eltern erleichtert den Kindern die Anpassung und Entwicklung in der neuen Familie;
- die Kinder gedeihen besser bei gutem Kontakt zum außerhalb lebenden Elternteil, vor allem, wenn sie eindeutige und verlässliche Beziehungen zu beiden leiblichen Eltern haben können.

- Gemeinsame elterliche Sorge führt zu erweiterter Verantwortung und verbindlicherem Kontakt zwischen den Kindern und ihrem außerhalb lebenden Elternteil.

Abschließend ein Gedankenspiel zur neuzusammengesetzten Familie als Familie der Zukunft – als Zukunft der Familie:

- sie ist eine sich in der Zukunft verbreitende Gesellungsform, d.h. eine wichtige, wenn nicht gar dominante zukünftige Lebensform;
- sie nimmt einige Merkmale der postmodernen Gesellschaft auf und akzeptiert bzw. erleichtert z.B. die Offenheit der Familie, die Pluralisierung der Lebensformen und individualisierte Lebenskonzepte;
- sie gestaltet innerhalb der Familie das Nebeneinander von faktischer und biologischer Elternschaft, d.h. die Kooperation von leiblichen und sozialen Elternteilen, und muß zugleich mit der sogenannten Mehrelternschaft umgehen, wenn die Kinder mit ihren beiden leiblichen Eltern engen und regelmäßigen Kontakt haben;
- das erweiterte Beziehungsgefügte und die Mehrelternschaft können den Kindern mehr Stabilität, Vielfalt und Qualität der Beziehungen bieten, den Erwachsenen können sie Entlastung und Unterstützung bringen;
- sie kann mit neuen Beziehungs- und Lebensformen »experimentieren«, im Sinne von ausprobieren, und eher ungewohnte Rollen- und Aufgabenverteilungen aushandeln.
- sie ist wohl die Konsequenz des Wandels von Partnerschaft und Ehe zur nicht lebenslangen Gemeinschaft;
- sie mag eine neue Form von »Großfamilie« repräsentieren.

Bis dahin bedarf es allerdings noch einiger Normalisierungs- und Gewöhnungsprozesse, die unsere Kinder vielleicht schon heute durchleben, d.h. – in Anlehnung an E. Beck-Gernsheim, unsere Kinder könnten zu »Experten des Wandels« werden.

Als Forderungen an die Politik und Gesellschaft werden vor allem formuliert:

- Erweiterte (Eltern)-Rechte für Stiefeltern
- Akzeptanz und Wertschätzung der besonderen Gesellungs- und Lebensform Stieffamilie

Abschied von der defizitären Sichtweise und Stigmatisierung der Stieffamilie.

Ilona Wiese

Workshop 7: Regelung des Unterhalts bei gemeinsamer elterlicher Sorge

Die vielfältigen Rechtsprobleme der Unterhaltspflicht bei gemeinsamer elterlicher Sorge (g.e.S.) wurden lediglich hinsichtlich des Kindesunterhalts, aber unter den beiden Blickwinkeln der heutigen Rechtslage sowie für den Fall, daß die Reformvorlage geltendes Recht wird, diskutiert.

Nach derzeit geltendem Recht ist anläßlich der Entscheidung über die Folgesache elterliche Sorge bei der Scheidung zu prüfen, ob eine Einigung der Eltern über die Unterhaltsregelung des Kindes, für das die Beibehaltung der g.e.S. angestrebt wird, notwendige Voraussetzung für diese Sorgerechtsform ist. In der Rechtsprechung wird vertreten, daß der notwendige Grundkonsens der Eltern fehlt, wenn diese sich (nicht einmal) über die Frage der Unterhaltspflicht einigen könnten. Die überwiegende Meinung der Teilnehmer/innen war hierzu, daß das Unterhaltsrecht so vielseitige Schwierigkeiten aufweist, daß sich die Eltern hierüber auch streiten können müssen, ohne durch die Auseinandersetzung die g.e.S. zu gefährden. Ihre Auseinandersetzung könnte jedoch ein Indiz für einen tiefgreifenderen Streit sein und müsse daher nach der Art, wie und worüber sie geführt werde, Beachtung finden. Diese Einschätzung gilt auch für die Beurteilung der Notwendigkeit einer Abänderung einer beschlossenen g.e.S.

Nach derzeit geltendem Recht ist die Geltendmachung des Anspruchs auf Kindesunterhalt gegenüber dem anderen Elternteil mit g.e.S. problematisch. § 1629 Abs. 2 BGB überträgt dem obhütenden Elternteil das Recht zur Vertretung des Kindes. Von Amts wegen ist jeweils zu prüfen, ob die Unterhaltsregelung einen Interessenkonflikt enthält, der die Bestellung eines Pflegers erfordert. Solange auch bei g.e.S. nur auf einen Elternteil eine Barunterhaltspflicht entfällt, weil der andere entweder wegen der Betreuung nicht barunterhaltspflichtig ist, oder ohne Verletzung seiner Erwerbsobliegenheit nicht leistungsfähig ist, dürfte ein Interessenkonflikt mit der notwendigen Folge einer Pflegerbestellung für die Unterhaltsansprüche des Kindes auch bei g.e.S. nicht gegeben sein.

Nach künftigem Recht soll die g.e.S. als Regelfall nach Scheidung beibehalten werden, ohne daß es insoweit einer gerichtlichen Überprüfung des Vorliegens bestimmter Voraussetzungen bedarf. Die obige Streitfrage, ob ein Unterhalts-

streit die fehlende Einigkeit der Eltern indiziert, wäre daher nur bei einem Änderungsverlangen zu prüfen.
Die Neufassung des § 1629 BGB enthält – wegen der bisher unterschiedlichen Rechtsprechung – das ausdrückliche Alleinvertretungsrecht des obhütenden Elternteils gegenüber dem anderen Elternteil für alle rechtlichen Fälle einer g.e.S. Angesichts der Vielfalt der tatsächlichen Gestaltungsmöglichkeiten der g.e.S. sind Schwierigkeiten künftig dann zu befürchten, wenn zwischen den Eltern die Obhut für den Zeitraum, für den Unterhalt begehrt wird, streitig ist.
Interessenkonflikte sind bei Trennung und Anhängigkeit einer Ehesache (§ 1629 Abs. 3 S. 1 BGB) dann zu befürchten, wenn beide Elternteile barunterhaltspflichtig sind.
Die inhaltliche Regelung der Kindesunterhaltsverpflichtung dürfte unproblematisch sein und bleiben in den Fällen, in denen sich die Eltern mit g.e.S. darauf einigen, daß das Kind seinen Lebensmittelpunkt in einem Elternhaus hat und den anderen Elternteil besucht. Bei beiderseitiger Betreuung, die wohl von großzügigem Umgang abzugrenzen wäre, müßten beide Elternteile nach dem Gedanken des § 1506 Abs. 3 S. 2 BGB entsprechend der konkreten Aufgabenteilung Bar- und Betreuungsunterhalt leisten.
Bei beiderseitiger, aber unterschiedlicher Leistungsfähigkeit sind erhebliche Konflikte zu befürchten. Die Unterhaltsquote wäre nach dem Verhältnis der beiderseitigen Leistungsfähigkeit in Relation zur Betreuungsdauer zu bestimmen. Hierbei werden die ständigen Aufwendungen, die wie z. B. doppelte Wohnkosten als jeweilige Naturalunterhaltsleistungen zu berücksichtigen sind, ebenso eine Rolle spielen wie die Auswirkungen des doppelten Aufenthaltsortes auf Kindergeld, Wohngeld, Unterhaltsvorschuß und Steuerrecht.
Auch wenn anzunehmen ist, daß sich die meisten Eltern darauf einigen, daß sie die bei ihnen entstehenden Kosten jeweils selbst tragen, wird genug komplizierter Streitstoff für gerichtliche oder außergerichtliche Konfliktbeseitigung bleiben.

Prof. Dr. Uwe Jopt

Workshop 8: Sachverständige Hilfe im Spannungsfeld zwischen Beratung und Begutachtung: Ein alternatives Konzept zum gutachterlichen Umgang mit Trennungs- und Scheidungsfamilien

I. Ziel des Workshops

Wann immer in Trennung oder Scheidung lebende Eltern unerbittlich um das Sorgerecht für ihre Kinder streiten und das Gericht sich außerstande sieht, aufgrund eigener Urteilsbildung eine dem Kindeswohl gemäße Entscheidung zu treffen, sucht es Hilfe durch die Hinzuziehung eines Psychologischen Sachverständigen (SV) bzw. Gutachters. Förmlich geht es hierbei lediglich um die Einholung einer sachverständigen *Empfehlung*, die es zur eigenen Urteilsfindung heranziehen kann oder auch nicht. Durch die geradezu routinehafte Übernahme des gutachterlichen Vorschlags hat faktisch jedoch längst ein – wenngleich rechtlich unzulässiger – Rollentausch stattgefunden: tatsächlich ist in der Mehrzahl aller Fälle der Gutachter der »heimliche Richter«.
Das wird zwar kein Gericht so zugeben, denn nach unserer Verfassung obliegt die rechtsprechende Gewalt allein und ausschließlich den Richtern (Art. 92 GG); zudem scheint allein die Tatsache, daß sie in allen Sorgerechtsentscheidungen stets *selbst* ihre Entscheidung begründen und somit unverkennbar das »letzte Wort« haben, dieser Unterstellung zu widersprechen. Doch das ist reine Rechtstheorie.
Denn wenn man sieht, wie selbst die unsinnigsten gutachterlichen Empfehlungen nahezu blindlings und ohne ernsthafte Überprüfung von den meisten Gerichten »übernommen« werden; wenn man nur einmal miterlebt hat, mit wieviel Widerstand und Ignoranz sie fachkritischen Einwänden anderer Fachleute gegenüber einem von ihnen in Auftrag gegebenen Gutachten begegnen können (vgl. Jopt, 1992 a); dann wird schnell klar, daß das gerichtliche Pochen auf alleinige Entscheidungsautonomie den wirklichen Sachverhalt einer faktischen Rollenumkehr zwischen Richter und SV nur notdürftig verschleiert.

Die bisher einzige wissenschaftliche Analyse zu Funktion und Qualität familienrechtlicher Gutachten, die die Universität Freiburg vor einigen Jahren im Auftrag des Justizministeriums durchführte (Werst & Hemminger, o.J.), bestätigte dann auch: »*Wie die Richterinterviews gezeigt haben, spielen besonders zwei Motivbündel eine große Rolle: Zunächst kann das Votum eines Experten zur* ***Verfahrensabsicherung*** *eingeholt werden. Gerade in den Fällen, in denen schon abzusehen ist, daß die Beteiligten in die nächste Instanz gehen werden, steigt damit die Hoffnung auf gleichlautende Entscheidungen, womit ein für das Kind schädliches Hin und Her vermieden wird.*« (S. 31; Hervorh. von mir). Es ist nicht auszuschließen, daß solche Offenherzigkeit letztlich der ausschlaggebende Grund dafür war, daß diese Untersuchung - entgegen sonstiger Gepflogenheiten im Umgang mit Auftragsarbeiten des Justizministeriums – nie veröffentlicht wurde.

Bedenkt man weiterhin, daß es bisher keine einzige seriöse katamnestische Studie gibt, die einen – für das Kind (!) – positiven Effekt der psychologischen Intervention nachweisen konnte – womit es im Hinblick auf das Kindeswohl offensichtlich völlig egal ist, ob eine gerichtliche Sorgerechtsregelung mit oder ohne gutachterlicher Empfehlung ausgesprochen wurde –, so bleibt festzuhalten: Ein überzeugender Nachweis dafür, daß psychologische Gutachten nützliche – die richterliche Entscheidungsfindung zusätzlich qualifizierende – Beiträge zur Minimierung oder gar zum Abbau trennungsspezifischer Kindeswohlgefährdung seien, ist bis heute noch nicht erbracht worden.

Im Gegenteil: Wie erst jüngst Kaltenborn (1996) erneut aufzeigen konnte, besteht das ausschlaggebende Kriterium für eine Sorgerechtsregelung zur nachehelichen »*Verhinderung von Erleidensprozessen*« (S. 361) in der Berücksichtigung des kindlichen Aufenthaltswunsches – in Anlehnung an eine Terminologie früherer Tage dort gleichgesetzt mit seinen »*Beziehungspräferenzen*« bzw. »*bevorzugten emotionalen Bindungen*«. Solche Bevorzugungen kann ein Gericht in aller Regel jedoch durchaus problemlos selbst abfragen, dafür bedarf es nicht noch extra einer psychologischen Assistenz.

Wenn Gutachten aber Kindern nicht nachweislich nützen, dann kann man auch getrost auf ihre Einbeziehung in den gerichtlichen Entscheidungsprozeß verzichten. Denn eine lediglich verfahrensstabilisierende Funktion im Sinne zeitlicher Prozeßverkürzung ist weder rechtlich vorgesehen noch berufsethisch zu rechtfertigen. Das ist das eine.

Andererseits steht aber außer Frage, daß Kinder in der vielleicht schwersten Lebenskrise ihrer Eltern – Trennung bzw. Scheidung – in der Tat in hohem Maße seelisch belastet und gefährdet sind. Denn sie leiden nicht nur zutiefst unter dem Zerbrechen ihres familialen Bandes. Zu schweren und im Einzelfall irreversiblen psychischen Schädigungen im Sinne gravierender Persönlichkeitsbeeinträchtigungen kommt es insbesondere dann, wenn es ihren Eltern anhaltend nicht gelingt, die aus ihrer Trennung als Paar resultierenden beträchtlichen Konflikte in den Griff zu kriegen. Dadurch sind die Kinder gezwungen, u.U.

viele Jahre lang und manchmal auch für das ganze weitere Leben zwischen zwei unversöhnlichen und verfeindeten elterlich-emotionalen Liebeswelten hin und her zu pendeln.
Auf den Punkt gebracht: Was Trennungskindern schadet und somit die wirkliche Gefährdung ihres Wohls ausmacht, das ist der *Streit zwischen ihren Eltern.* Das steht heute für jeden professionellen Scheidungsbegleiter – ob Richter, Jugendamtsvertreter, Anwalt oder auch Gutachter – völlig außer Frage. Doch den beizulegen bzw. von ihnen fernzuhalten – die konflikthafte Paarebene von einer durch Kommunikation und Kooperation gekennzeichneten Elternebene zu trennen –, das kommt in der Realität immer wieder geradezu der Quadratur des Kreises gleich. Insbesondere dann, wenn Eltern mit dieser fast übermenschlichen Aufgabe alleingelassen werden.
Andererseits gibt es jedoch keine Alternative, um die kindliche Gefährdung abzuwehren. Wann immer Eltern nicht in der Lage sind, die nacheheliche Zukunft für ihre Kinder *gemeinsam* zu planen und zu gestalten, haben diese verloren. Denn ihnen geht es weniger um die zukünftige Standortfrage – die ist zwar immer wieder auch nicht unwichtig, jedoch keineswegs das eigentliche und schon gar nicht das einzige, was ihre Zufriedenheit ausmacht –, sondern in erster Linie um den Erhalt der emotionalen Qualität eines Netzwerkes von einzigartigen und nicht austauschbaren Liebesbeziehungen zu ihrer familialen Lebenswelt, allen voran ihren Eltern.
Damit ergibt sich für den gesamten rechtlich-sozialen Helferapparat eine einzige zentrale Aufgabe: Hinwirkung auf Konfliktabbau bei den Eltern. Eben dies ist nach heutigem Verständnis der Jugendhilfe auch das vorrangige Ziel behördlichen Kinderschutzes bei Trennung und Scheidung (§ 17 KJHG); doch in dieselbe Richtung müßten zunächst auch sämtliche Bemühungen des sachverständigen Gehilfen gehen, sofern das Gericht seine Hinzuziehung für sinnvoll und notwendig erachtete. Denn mit der Reduktion des SV auf eine lediglich Empfehlung zur Sorgerechtszuteilung lassen sich zwar die berühmten »klaren Verhältnisse« schaffen, zum Abbau elterlicher Spannungen und Konflikte trägt eine solche »Hilfe« jedoch allenfalls ausnahmsweise bei. Häufiger wird durch die Aufspaltung der Eltern in »Gewinner« und »Verlierer« ihre Polarisierung eher nur noch größer.
Das war die Ausgangsthese des Workshops.

Natürlich wird auch ein SV mit seinem Versuch, Eltern zu befrieden und in ihrer Autonomie zu verantwortungsbewußtem Handeln im Interesse ihrer Kinder zu stärken, immer wieder scheitern, denn manches Trennungspaar ist so unerbittlich zerstritten, daß es für jegliche Vermittlungsbemühungen unerreichbar ist. Dann bleibt gar keine andere Wahl, als durch richterlichen Oktroy zumindest den Wohnsitz der Kinder an der Seite eines Elternteils festzulegen.
Doch solche Entscheidung durch richterlichen Beschluß hat im Regelfall wenig mit Psychologie zu tun; hier geht es eher um Pragmatismus, und insofern kann

der Richter sie auch gut alleine – ggf. unterstützt durch das Jugendamt - treffen. Insofern ist dem Berliner Kammerrichter Lönnies (1986, S. 191) nur zuzustimmen: *»Ein Richter kann es sich wohl in der Mehrzahl aller Fälle zutrauen, solche Fragen aufgrund seiner Menschenkenntnis und Lebenserfahrung ohne Sachverständigenhilfe zu beurteilen, nachdem er die Beteiligten und Betroffenen persönlich angehört und vielleicht weitere Auskunftspersonen befragt hat.«* Nur darf man hierbei eines nicht aus den Augen verlieren: mit dem »Kindeswohl« hat eine solchermaßen gewonnene Entscheidung nicht mehr viel zu tun. Will man hingegen jedoch nicht vorschnell vor streitenden Eltern kapitulieren, dann muß zunächst mit allen zur Verfügung stehenden Mitteln versucht werden, sie zumindest soweit zu befrieden, daß dem Kind eine nacheheliche Zukunft der Zerrissenheit zwischen zwei elterlichen Liebeswelten erspart bleibt. Daß Eltern sich über den zukünftigen Wohnsitz sowie – das ist das Allerwichtigste – über die Ausgestaltung der Kontakte zum nichtbetreuenden Elternteil einig sind. Und dabei kann dann allerdings in der Tat ein Psychologischer Sachverständiger immer wieder Hilfe leisten, wie sie aus unterschiedlichsten Gründen von keinem der anderen Verfahrensbeteiligten erbracht werden kann. Denn Gesprächsführung, Allparteilichkeit gegenüber ihrer Klientel sowie den einfühlsamen Umgang mit den - logisch betrachtet unvereinbaren – »subjektiven Wahrheiten« der Streitenden, all das haben viele Psychologen nicht nur gelernt; dies entspricht auch ihrem professionellen Selbstverständnis entschieden eher, als die Leistung von Beihilfe zur Selektion, schon gar nicht zur Selektion zwischen Eltern.

Noch pointierter: Diese »typisch rechtliche« Denkweise kennt ein Psychologe im Regelfall überhaupt nicht; in seinem gesamten Studium kommt die Vorstellung, geschweige Vermittlung von Techniken zur Auswahl zwischen um ihre Kinder streitenden Eltern zu keiner Zeit vor. Da er Selektionsverfahren ausschließlich im Hinblick auf ganz konkrete Bedarfsfälle (Bewerberauswahl in Betrieben; Schul-, Studien- und Berufseignungsdiagnostik) kennengelernt hat, versucht er deshalb, auf der Basis unkritischer Verallgemeinerung dieselbe Methodik auch zur Beantwortung solcher Selektionsfragen heranzuziehen, wie sie der Jurist ihm stellt. Dabei sind die meisten Psychologischen Sachverständigen sich der Tatsache überhaupt nicht bewußt – besser: sie machen es sich nicht bewußt –, daß zwischen einer *rechtlichen* und einer *psychologischen* Fragestellung grundlegende Unterschiede bestehen.

Vor diesem Hintergrund ist zu sehen, wie es bis heute hin zu dem, in der Sache wenig sinnvollen, Primat psychologischer Testverfahren – sie verkörpern den Kern selektiver Methodologie- in der familiengerichtlichen Praxis kommen konnte. Mit Resultaten, die nicht nur für das betroffene Kind höchst unbefriedigend sind, weil es seine Eltern *erhalten* und nicht *aufgespalten* wissen möchte. Auch den Erwachsenen selbst bringt diese Vorgehensweise letztlich nur Nachteile, weil ihre dadurch bewirkte Aufspaltung in »Gewinner« und »Verlierer« die Fronten zwischen beiden nur noch mehr verhärtet, als sie dies trennungs-

bedingt ohnehin bereits sind. Womit die Sehnsucht des Kindes nach miteinander kommunizierenden und kooperierenden Eltern in noch weitere Ferne rückt. Um diesen kontraproduktiven »naiven Methodologismus« zu durchbrechen, um Psychologen von ihrer heutigen Funktion ausschließlicher Gerichtshelfer weg und zu »Entspannungshelfern« eines schwer gestörten Beziehungssystems, insbesondere zu wirklichen Entlastungsgehilfen für die seelisch belasteten Kinder, hinzuführen, bedarf es deshalb einer *grundlegenden Neuorientierung* in Bezug auf die Arbeitsweise Psychologischer Sachverständiger.
Aber wie? Hierauf eine erste, notwendigerweise vereinfachte Antwort zu geben, im *Familienrecht* tätigen Psychologen (nur um dieses Anwendungsfeld geht es hier) den geradezu paradigmatischen Wandel von Auswahl- zu Befriedungshelfern vorzustellen und ihnen zu demonstrieren, daß ihr wahrer Auftrag kein *Such*-, sondern zuallererst immer nur ein Herstellungsauftrag sein kann (Jopt, 1992; Eckert-Schirmer, 1996), dies war das zentrale inhaltliche Anliegen des Workshops.

II. Inhaltliches Vorgehen

Als didaktisches Mittel im Zentrum stand dabei die Arbeit mit menschlichen *Skulpturen*, symbolisch-sinnbildlichen Veranschaulichungen zwischenmenschlicher Beziehungen und der sie begleitenden Gefühle. Beispielsweise formierten sich drei Teilnehmer in den Rollen von Vater, Mutter und Kind nach dessen Anweisung zu einer Gestalt, die »seine Familie« ausdrücken sollte. Bei dieser Aufgabe entsteht nahezu immer eine geschlossene *Ganzheit* von Eltern und Kind, wobei jedes Familienmitglied mit dem anderen über Hände oder Arme verbunden ist. Der große Vorteil dieser Demonstrationsform besteht darin, daß jetzt über die *nonverbale* Körpersprache Beziehungen und Verhältnisse sichtbar werden, die sich über das Medium Sprache nur sehr unzureichend abbilden lassen.
Eine andere Skulptur diente zur Veranschaulichung der großen und bei Trennung meist unüberbrückbaren Kluft zwischen den Partnern, als Folge ihres nicht synchron verlaufenden Prozesses zahlreicher Veränderungen, sowohl emotionaler (Stichwort: »Liebe«) wie kognitiver (Einstellungen, Erwartungen, Werte u.ä.). Wiederum erst durch dieses anschauliche Bild einer Skulptur wurde jetzt deutlich, daß zwischen dem Vorwurf des einen Partners (»Du hast dich *so sehr* verändert«) und dem des anderen (»Du hast dich *überhaupt nicht* verändert«) ein dialektisches Verhältnis besteht, wodurch es müßig ist, nach der »wahren Wahrheit« zu suchen, weil *beide zugleich* recht haben. Dadurch wiederum wurde aber auch sofort deutlich, daß gerade vor dem Hintergrund der subjektiven Wahrheit jedes einzelnen, aus der sich die für das Scheitern der Partnerschaft verantwortliche »Alleintäterschaft« des jeweils anderen geradezu

»logisch« ergibt, Streit, Mißtrauen und Abwertung zwischen den Partnern fast zwingende Folgen sind.
Allein durch diese beiden Kristallisierungen familialer Lebens- und Beziehungsdynamik wurde allen Teilnehmern »spürbar« deutlich, daß Trennung im Grunde nur als ein vorübergehender Stillstand in einem prozeßhaften Geschehen verstanden werden kann und daß es im Hinblick auf einen SV deshalb darauf ankommen muß, im Interesse des Kindes auf die Verlaufsrichtung des weiteren Prozesses so *Einfluß* zu nehmen, daß ein Maximum seiner Wunschgestalt »Familie« – verstanden als relationales Netzwerk emotionaler Beziehungen – auch nach der Scheidung bestehenbleibt.
Doch »Einfluß nehmen«, das sagt sich so leicht. Tatsächlich gibt es kaum eine schwerere Arbeit, als den auf Konfliktabbau und fortbestehende verantwortliche Elternschaft abzielenden Umgang mit Scheidungspaaren. Da es – jedenfalls im Sinne eines *vom Kind her* verstandenen Kindeswohls – jedoch keine Alternative gibt, müssen sich notgedrungen alle Helfer und erst recht die Sachverständigen eben hierauf einlassen. Wobei nachfolgendes Zugangsschema – aus Zeitgründen hier nur sehr verkürzt dargestellt –, erfahrungsgemäß überaus hilfreich sein kann, ohne damit jedoch verbindliche Richtlinien festschreiben zu wollen.
Im Gegenteil: Weil bisher im Rahmen familiengerichtlicher Begutachtung noch so gut wie gar nicht darüber nachgedacht wurde, wie aus psychologischer Sicht mit sorge- oder umgangsrechtsstrittigen Eltern anders als bisher umgegangen werden kann, ist noch viel leerer Raum da für neue Konzepte, Strategien und Techniken. Wobei Anleihen aus der Mediation, Paartherapie sowie allgemein der Beratung zwar durchaus hilfreich sein können, ganz sicher jedoch nicht hinreichend sind, um den Besonderheiten eines im Rechtsstreit befindlichen Scheidungspaares umfasssend Rechnung zu tragen.
Lediglich diese eine Technik läßt sich bereits jetzt schon *ersatzlos* ausschließen: auf den Einsatz jedweder psychologischer Testverfahren kann problemlos verzichtet werden, da sie weder zur (psychologischen) Beantwortung der Fragestellung beitragen, noch wissenschaftlich taugliche Techniken sind, um den konkreten Regelungsvorschlag des SV quasi »objektiv« zu untermauern. Solche Objektivität gibt es schlichtweg nicht.
Um Eltern für die Ausgestaltung oder auch nur vorerst für die Erprobung einer nachehelichen »Familiengestaltung« zu gewinnen, bedarf es ausschließlich der Information, des Arguments und einer verständnisvoll-einfühlsamen Begleitung, verbunden mit der Ermutigung, die letztlich wirklich kindgemäße Lösung einfach durch Ausprobieren zu suchen; weil häufig niemand, auch der SV nicht, sie von vornherein kennt.
Damit kommt es für den SV ganz entscheidend darauf an, daß er die meist mißtrauischen oder von dem, was allein dem Kindeswohl dient, felsenfest überzeugten Eltern zunächst »erreicht«. Hierbei half den Teilnehmern erneut die Betrachtung einer anderen Skulptur zweier weit auseinander stehender Erwach-

sener, die einander – zur Symbolisierung ihrer Distanz, ihres Mißtrauens, ihrer Angst wie ihrer Verletztheit – den Rücken zukehren; zwischen beiden befindet sich ihr Kind, das sich entweder ängstlich an einen Elternteil festklammert oder – beides ist möglich – zwischen einer verhärtet-erstarrten Mutter und einem nicht minder von seinen Eigengefühlen beherrschten Vater hin und her pendelt. Dieses Bild verdeutlichte sofort, daß der erste Adressat jeglicher sachverständigen Intervention nicht das Kind selbst, sondern *seine Eltern* sein muß. Verletzte, gekränkte, mißtrauische und ängstliche Menschen erreicht man als Dritter jedoch nur dann, wenn zumindest eine ansatzweise *Vertrauensbeziehung* besteht. Deshalb lautet der allererste Schritt gutachterlichen Handelns:

1. Rapport zu jedem Elternteil herstellen

Dies aber kann nur dann gelingen, wenn beide Seiten sich durch den SV akzeptiert und in der »subjektiven Wahrheit« ihres Denkens angenommen und verstanden fühlen. Eine Aufgabe, die zumindest allen beratend tätigen Psychologen nicht schwer fällt. Ist diese Beziehungsbasis einmal geschaffen, folgt dann der nächste Schritt:

2. Empathie wecken

Denn da Trennung im Regelfall eine extreme *Streßsituation* für die Betroffenen darstellt, verhalten sie sich ganz genau so, wie es unter Streß prototypisch ist: Die Aufmerksamkeit ist dramatisch eingeengt und auf die eigene Person zentriert. Dies spiegelt sich im typischen gravierenden Mißtrauen zwischen Trennungspartnern. Dadurch sind Sensibilität und Feinfühligkeit für die emotionale Befindlichkeit des anderen, das zwischenmenschliche *Einfühlungsvermögen*, weit in den Hintergrund getreten und immer wieder sogar vollkommen verschwunden. Dieser andere ist in erster Linie *das Kind*; dasselbe gilt durchaus aber auch für den *früheren Partner*, der schließlich fast immer zuvor eine geliebte und hoch wertgeschätzte Person war.

Natürlich fällt niemandem in der Phase tiefster seelischer Belastung ein solcher Perspektivewechsel leicht, schon gar nicht, wenn es sich dabei um den vermeintlichen »Täter« handelt. Dennoch ist es immer wieder erstaunlich, welche »Öffnung« sich allein durch eine einfühlsame und sensible, auf Rückgewinnung verlorengegangener Empathie abzielende Gesprächsführung erreichen läßt.

Noch erfolgreicher ist das sachverständige Werben um Sensibilität jedoch meist im Hinblick auf das Kind, das – bei allem sonstigen Dissens – immerhin das einzige repräsentiert, was die Eltern miteinander teilen: beide *lieben* es. Die Hinführung auf *dessen* Empfinden, seine seelische Belastung, seine – vielfach

geheimgehaltenen – Wünsche und Sehnsüchte bringt dann auch oft die entscheidende Wende. Auf einmal begreifen die Eltern die riesengroße Diskrepanz, die zwischen dem von beiden Seiten beschworenen abstrakten Begriff »Kindeswohl« und der ganz konkreten Bedürftigkeit ihres Sohnes oder ihrer Tochter besteht. Und vor allem begreifen sie, daß der Respekt, die Achtung vor der Würde dieses Kindes, ein grundlegend anderes Handeln als bisher gebietet.
Ihnen wird bewußt, daß die seelische Gesundheit ihres Kindes nicht von der Eloquenz, dem Engagement oder manchmal auch von der Impertinenz ihres Rechtsbeistandes abhängt; daß seine Lebensqualität und -zufriedenheit nicht durch ein »Gericht« garantiert werden; sondern daß es ausschließlich *auf sie selbst* ankommt, welche Belastungen ihrem Kind nach der Scheidung erhalten bleiben werden oder nicht. Mit anderen Worten: jetzt ist in der Tat ein allererster, wenngleich zaghafter, Durchbruch zur rational so leicht geforderten Trennung von Paar- und Elternebene getan.
Diese Erkenntnis macht »weich«, oft auch betroffen. Betroffen darüber, daß ungewollt und unbemerkt das Kind zur ungehörten und nicht ernst genommenen Randfigur werden konnte. Ist diese Sensibilisierung für das kindliche Seelenleben einmal gelungen, dann ist es Zeit für den vorerst letzten Schritt sachverständiger Intervention:

3. Klare Unterscheidung zwischen Wohnsitz und Verantwortung für das Kind

Dabei zeigt sich sehr häufig, daß sich Eltern über den zukünftigen nachehelichen Lebensmittelpunkt ihres Kindes und damit auch bezüglich seines Betreuungsschwerpunktes durchaus einig sind, wobei sich der aus vielerlei Gründen bekannte statistische Primat der Mutter auch hier bestätigt, allerdings nicht im Hinblick auf eine einseitige Sorgerechtsregelung. Denn die – von ihr *gewollte* und nicht, wie fälschlicherweise immer wieder beklagt wird, aufgezwungene – »Alltagsverantwortung« ist etwas grundlegend anderes, als eine – im Interesse des Kindes aufrechtzuerhaltende – »Elternverantwortung«. Das leuchtet beiden häufig auch sofort ein, sobald ihr »Streit ums Kind« einmal aufgelöst und durch ein Bewußtsein für dessen elementare Konservierungswünsche in Bezug auf seine »Liebesbeziehungen« zu den wichtigsten Mitgliedern seines Familiensystems ersetzt wurde.
Da fortbestehende Elternverantwortung seinen sichtbaren rechtlichen Ausdruck in der Beibehaltung des Sorgerechts findet, ist diese letzte Phase sachverständiger Beratungsarbeit insofern zugleich auch ein engagiertes Plädoyer für den *rechtlichen Nichteingriff* (ohne nachweisliche Not). Und dies eben nicht allein um der Erhaltung eines Rechtstitels willen (wenngleich es hier immerhin um den Entzug eines verfassungsrechtlich garantierten *Grundrechtes* geht).

Tatsächlich hat das gemeinsame Sorgerecht – aus psychologischer, weniger aus rechtsstaatlicher Perspektive – eine grundlegend andere Bedeutung. Denn da es für das Kind darauf ankommt, daß seine Eltern auf dem naturgemäß höchst schwierigen Weg einer Ausgestaltung ihrer nachehelichen Elternschaft nicht vorschnell resignieren oder gar kapitulieren, bedarf es eines verpflichtenden Bandes, das ihnen die Zentralität ihrer fortbestehenden Verantwortungsgemeinschaft immer wieder bewußt macht; das sie darauf verpflichtet, zukünftige Konflikte zunächst stets gemeinsam anzugehen und auf keinen Fall den »kommunikativen Faden« abreißen zu lassen; und das ihnen Mut macht, diese – fast sicher vorherzusagenden Schwierigkeiten – auch ohne Hinzuziehung des Gerichts bewältigen zu können.

Ein Scheitern solcher Vorstellungen kann zwar auch das Modell gemeinsamer elterlicher Sorge nicht verhindern. Die Wahrscheinlichkeit, sich für das gemeinsame Kind auch in schwierigen Situationen immer wieder »zusammenzuraufen«, statt einander aus dem Weg zu gehen, ist in diesem Fall jedoch entschieden größer als durch die rechtliche Aufspaltung von Eltern in einen alleinsorgeberechtigten Mächtigen und einen aus der Mitverantwortung für sein Kind ausgeschlossenen Ohnmächtigen.

Insofern ist das gemeinsame Sorgerecht kein *finalistisches* Konzept, mit dessen Wahl das sogenannte Kindeswohl bereits bestmöglich garantiert wird. Die Ausgestaltung der Nachscheidungsfamilie ist nicht die *Schaffung* eines Zielzustandes, sondern die Initiierung eines komplexen *Prozesses*, der im Falle gemeinsamer Sorge lediglich konsequenter an einer kindgemäßen Entwicklungsrichtung orientiert ist, als umgekehrt (Jopt, 1992 b). Selbstverständlich bleiben aber auch dann noch genug Schwierigkeiten, die – nur eben »anders« – bewältigt werden müssen (vgl. Gründel, 1995).

Eben deshalb ist es in dem hier vertretenen Sachverständigen-Modell ein zentraler Punkt, daß der SV für die Eltern auch *nach Beendigung seiner Arbeit* weiterhin als Ansprechpartner und Vertrauter zur Verfügung steht, damit sie sich nicht andernfalls nur deshalb geradezu »gezwungen« fühlen, das Gericht erneut anzurufen, weil es ohne Dritten kein Weiterkommen gibt.

Am Schluß der Arbeit steht dann auch kein »Gutachten« herkömmlichen Stils. Denn das wäre nur ein Rückschritt in hierarchische Denkstrukturen, wonach »über« den Eltern des Kindes die Weisheit und Allwissenheit eines Experten steht. Statt dessen teilt der Sachverständige seinem gerichtlichen Auftraggeber lediglich das (aufgrund der Prozeßhaftigkeit kindlicher Entwicklung zwangsläufig immer nur vorläufige) Ergebnis seiner Arbeit mit, verbunden mit einer kurzen Kommentierung und der abschließenden Empfehlung, dem gemeinsamen Elternwillen rechtlich Rechnung zu tragen.

Dazu ein Beispiel:

Als Ergebnis einer ganzen Reihe gemeinsamer Gespräche, zuletzt unter Einbeziehung von Rechtsanwalt R., haben Frau und Herr K. folgende Regelung miteinander vereinbart:

1. *Bis auf weiteres sollen die beiden Kinder Sarah und Julien sowohl im Haushalt ihres Vaters wie dem ihrer Mutter ihr Zuhause haben. Vor dem Hintergrund von Sarahs gegenwärtiger Haltung wird dabei der Schwerpunkt zunächst beim Vater liegen. Dies kann sich möglicherweise jedoch bald wieder ändern, da das Mädchen im Sommer dieses Jahres am Wohnsitz ihrer Mutter eingeschult wird. Auch ist nicht auszuschließen, daß sich der heutige Interessengleichklang der Geschwister auflösen könnte, so daß je ein Kind seinen Lebensmittelpunkt bei einem Elternteil haben will.*
2. *Grundsätzlich sollen Sarah und Julien im wöchentlichen Wechsel das Wochenende von Freitag bis Montagfrüh im Haushalt eines Elternteils verbringen. Darüber hinaus wird die Zukunft zeigen, wie sich der kindliche Beziehungsalltag zwischen den beiden elterlichen Wohnungen einpendelt. Einigkeit besteht jedenfalls darin, daß vor dem Hintergrund unterschiedlicher beruflicher Einbindungen beide Eltern für die Betreuung und Versorgung ihrer Kinder einander brauchen. In jedem Fall ist es das erklärte Ziel von Frau und Herrn K., Sarah und Julien erleben zu lassen, daß sie fortan zwei psychologische Heimaten – bei Mutter und Vater – haben.*
3. *Beide Eltern wollen nach der Scheidung das Sorgerecht weiterhin gemeinsam ausüben.*
4. *Im Falle zukünftiger Konflikte, die die Eltern nicht aus eigener Kraft aufgelöst bekommen, soll in jedem Fall zunächst nach einer außergerichtlichen Lösung gesucht werden. Dafür stehe ich ihnen weiterhin als Ansprechpartner zur Verfügung.*

Es war kein leichtes Stück Arbeit, um zu dem heutigen Ergebnis zu kommen, denn – wie die Akten beredt dokumentieren – die Wogen schlugen zwischen den Eltern K. über lange Zeit so beträchtlich hoch, daß sich eigentlich niemand ein harmonisches Ende ihres Konfliktes vorstellen konnte. Andererseits zeigt aber gerade dieses Beispiel, daß es in einem richtig verstandenen staatlichen Schutz der kindlichen Psyche von Scheidungskindern immer wieder durchaus lohnt, nicht zu früh aufzugeben und per gerichtlichem Oktroy Zuordnungen vorzunehmen, die zwar klare Verhältnisse schaffen, diese jedoch fast immer für den Preis anhaltender psychischer Dauerbelastungen bei den betroffenen Kindern.

Denn wirkliches Wohlbefinden kann es nur dort geben, wo Scheidungseltern bereit und in der Lage sind, zumindest ein Minimum an Kooperationsbereitschaft und gemeinsam getragener Verantwortung für ihre Kinder aufzubringen. Richtiger: sich dabei helfen zu lassen, diesen schwierigen Weg anzutreten.

Daß diese Bereitschaft heute nicht länger nur auf Seiten des Vaters besteht, wäre vermutlich ohne die kindzentrierte Unterstützung durch den mütterlichen Rechtsbeistand, Herrn R., kaum erreicht worden. Ein exzellentes Beispiel dafür, daß bei einer bemühten Zusammenarbeit möglichst aller am Scheidungsverfahren beteiligten Professionen – hier möchte ich auch ausdrücklich das außergewöhnliche Engagement der Jugendamtsvertreterin, Frau H., erwähnen – häufig doch noch gelingt, was der Einzelne allein nie geschafft hätte.
Doch nicht nur die Professionellen haben den Kindern geholfen. Auch die jeweiligen Lebensgefährten der Eltern – Frau L. und Herr V. – haben durch ihre besonnene und gegenüber dem Vorrang der Elternrollen respektvolle Art der Anteilnahme ganz sicher einen beträchtlichen Anteil zu dem jetzt eingeschlagenen neuen Weg beigetragen. Was vor dem Hintergrund meiner Erfahrungen alles andere als selbstverständlich ist.
Was die inhaltliche Ausgestaltung der nachehelichen Eltern-Kinder-Beziehung angeht, so bin ich sehr zuversichtlich, daß sich die augenblickliche Offenheit und relative Undifferenziertheit mit der Zeit deutlich stärker strukturieren wird. Will man der prozeßhaften Entwicklung von Kindern, aber auch von Erwachsenen, nicht unberechtigterweise Gewalt antun, so kann es oft immer wieder nur darum gehen, eine gemeinsame Richtung zu erarbeiten, die offen ist für möglichst viele zukünftige Veränderungen. Denn kein Mensch kann redlicherweise vorhersagen, welche Wandlungen und zwingenden Neuorientierungen Kindern wie ihren Eltern nach der Scheidung noch bevorstehen.
Das gilt nicht immer so, dann jedoch allemal, wenn beide Eltern dermaßen kindzentriert und in ihrer Betreuung engagiert sind, wie es hier bei Frau und Herrn K. der Fall ist.
Deshalb empfehle ich dem Gericht mit Nachdruck, die von den Eltern erarbeitete Vereinbarung aufzugreifen und mit Rechtskraft zu versehen. Schließlich kann nichts dem Kindeswohl dienlicher sein als daß, was Mutter und Vater auf der Basis ihrer fortbestehenden Verantwortung für ihre Kinder gemeinsam wollen. Was Sarah bereits durch ein Gefühl von deutlicher Erleichterung, als ich ihr von der Einigung ihrer Eltern erzählte, überzeugend bestätigte.

III. Fazit

Das hier vorgestellte Vorgehen wirft verständlicherweise sofort zahlreiche Fragen auf: Was, wenn der elterliche Einigungsversuch scheitert? Was, wenn ein Elternteil die Mitarbeit an einem einvernehmlichen Konzept verweigert? Steht eine solche Arbeitsweise überhaupt noch im Einklang mit der ZPO, die dem Gutachter grundsätzlich ausschließlich die Rolle eines Entscheidungsgehilfen für das Gericht zuweist? Wie stabil sind solche »Einigungen«? Und noch vieles mehr.

Natürlich gibt es auf all diese Fragen Antworten, mal einfache, meist jedoch – das hat mit der Einbettung eines *psychologischen* Problems in einen rechtlichen Rahmen zu tun – komplexere. Doch eine umfassende Darstellung alternativen sachverständigen Handelns im Familienrecht, das konnte natürlich allein schon aus Zeitgründen nicht das Anliegen dieser Arbeitsgruppe sein. Viel bescheidener, ging es lediglich darum, prototypisch aufzuzeigen, daß ein grundlegend anderer – an den Zielvorstellungen der betroffenen Kinder ausgerichteter – Umgang mit Scheidungseltern im Einzelfall immer wieder überhaupt *möglich* ist.
Das allein ist Grund genug, endlich über ein Aufgabenverständnis des Sachverständigen nachzudenken, das seinem beruflichen Rollenverständnis besser entspricht, als die des Gehilfen bei Entscheidungen, die zwar zum Abschluß *juristischer* Prozesse führen, der Einleitung kindgemäßer *psychologischer* Prozesse jedoch mehr schaden als nützen. Überhaupt kann es für einen Psychologen im Familienrecht nicht darum gehen, Prozesse (mitzu-)führen, sondern in erster Linie darum, sie zu *gestalten*. Und genau das können viele Psychologen – vor allem, wenn sie sich über ihr Studium hinaus therapeutisch fortgebildet haben – nicht nur, genau so arbeiten sie auch in Praxen und Beratungsstellen. Warum sie dann diesen ganz selbstverständlichen professionellen Standort in dem Augenblick bedenkenlos aufgeben, wenn sie für die Justiz tätig werden, ein intensives lautes – und warum nicht auch: lautstarkes – Nachdenken hierüber sollte der Berufsverband nicht mehr allzu lange vor sich herschieben. Stellt sich diese Frage inzwischen doch sogar dem kritischen Juristen (vgl. Dickmeis, 1995).
Wenn die Praxis zeigt, daß sich auf diese Weise immerhin etwa 50–60 Prozent (!) aller Scheidungseltern erreichen lassen, so verbleiben zwar immer noch (zu) viele, die sich aus unterschiedlichsten Gründen jeglichem Vermittlungsversuch verschließen, und es bleibt zu fragen, ob – und ggf. wie – ein SV hier überhaupt noch zur psychischen Entlastung von Trennungskindern beitragen kann. Zugleich darf jedoch nicht übersehen werden, daß sich eine beträchtlicher Anteil von Eltern offensichtlich durchaus bereitwillig auf einen anderen Kurs führen läßt – den sie mit Sicherheit von sich aus oder bei herkömmlicher »Begutachtung« niemals eingeschlagen hätten –, sofern der Sachverständige nur sein herkömmliches Verständnis als richterlich-gutachterlicher Entscheidungsgehilfe (zunächst) zurückstellt und sich statt dessen als Aufklärer über die Bedürfnisse des Kindes sowie als Moderator zur Schlichtung partnerschaftlich-elterlicher Konflikte einbringt.
Deshalb: Sachverständige müssen sich – das war meine Intention für diesen Workshop – grundsätzlich als *Lobbyisten* für die von der Trennung ihrer Eltern betroffenen Kinder verstehen. Sie müssen sich als entwicklungs- und beziehungspsychologische Fachleute einbringen, für die es klare Grundpositionen gibt, die ihr Vorgehen leiten. Grundpositionen, die im begründeten Fall eingeschränkt werden können (wie z.B. die sorgerechtliche Eingriffsfrage), aber auch solche, die nicht verhandelbar sind (Perspektive des Kindes; ein

Kindeswohl trotz Aufrechterhaltung elterlicher Unversöhnlichkeit gibt es nicht). Bringen sie diese nicht ein, machen sie sich insofern nicht zum Sprachrohr für Kinder, sondern lediglich zum Arbeitsentlastungshelfer für das Gericht, so haben diese Kinder niemanden mehr, der ihre Interessen und Bedürfnisse ernsthaft vertritt.

Denn weder der auch ihnen garantierte »Anspruch auf Familienleben« aus der *Europäischen Menschenrechtskonvention*, noch ihre in der *UN-Kinderrechtekonvention* deklarierten Rechtspositionen in Bezug auf die Sicherung dauerhafter emotionaler Familienbeziehungen werden allein dadurch auch realisiert, daß ein Gericht über die Köpfe verfeindeter Eltern hinweg Entscheidungen trifft, ganz gleich, ob sie mit dem Gütesiegel einer gutachterlichen Empfehlung versehen sind oder nicht. Eben aus diesem Grund gehen nicht nur immer mehr Staaten dazu über, Befriedungsversuche unmittelbar in ihre familienrechtlichen Verfahrensregelungen ausdrücklich einzubeziehen (s. Brötel, 1996; Koeppel, 1996; Beitrag von Björklund in diesem Band).

Die relative Erfolglosigkeit auch gutachtenunterstützter Gerichtsentscheidungen spiegelt sich auf bedrückende Weise nicht zuletzt auch in der stetigen Zunahme späterer Umgangsstreitigkeiten. Insofern müßten eigentlich längst auch die Gerichte erkennen, daß sich der gutachterliche Hilfsdienst in der heutigen Form im Grunde als ein »Bärendienst« erweist. Da anderseits der Bedarf an SVs auch nach Inkrafttreten der Kindschaftsrechtsreform kaum geringer werden dürfte (vgl. Jopt, 1996), ist es deshalb in jedem Fall an der Zeit, sowohl berufsintern als auch interdisziplinär im Dialog mit Juristen und Sozialarbeitern die Rolle der Psychologie innerhalb familienrechtlicher Verfahren zu überdenken und neu zu bestimmen.

Das sah auch das Gros der – verständlicherweise (noch) verunsicherten, zumindest irritierten – teilnehmenden Sachverständigen so.

Literatur

Brötel, A. (1996). Der Rechtsanspruch des Kindes auf seine Eltern – Positionsbeschreibung anhand der Europäischen Menschenrechtskonvention und der UN-Kinderrechtekonvention. (i.D.)

Dickmeis, F. (1995). Familiengerichtsbarkeit versus Familientherapie? Einige Aspekte einer interdisziplinären Zusammenarbeit und zugleich Besprechung des Beschlusses des Bundesgerichtshofs vom 27.10.93 - XII ZB 88/92. *Zentralblatt für Jugendrecht, 82,* 55–59.

Eckert-Schirmer, Jutta (1996). Gemeinsames Sorgerecht nach Scheidung: Leitbild oder soziale Realität? *Familie und Recht, Heft 3*, 205–213.

Gründel, M. (1995). *Gemeinsames Sorgerecht. Erfahrungen geschiedener Eltern.* Freiburg: Lambertus.

Jopt, U. (1992 a). *Im Namen des Kindes. Plädoyer für die Abschaffung des alleinigen Sorgerechts.* Hamburg: Rasch und Röhring.

Jopt, U. (1992 b). Fortbestehende Elternschaft und Nachscheidungsfamilie. In: J. Horstmann (Hrsg.), *Nacheheliche Elternschaft.* Münster: Familienbund der deutschen Katholiken.

Jopt, U. (1996). Anmerkungen zum Referentenentwurf zur Reform des Kindschaftsrechts aus psychologischer Sicht. *Zentralblatt für Jugendrecht, 83,* 203–211.

Kaltenborn, K.-F. (1996). Die lebensgeschichtliche Bedeutung der richterlichen Sorgerechtsregelung. *Zentralblatt für Jugendrecht, 83,* 255-278 und 354-364.

Koeppel, P. (Hrsg.) (1996). *Kindschaftsrecht und Völkerrecht im europäischen Kontext.*

Lönnies, O. (1996). Gutachterkosten in familien- und vormundschaftsgerichtlichen Verfahren. *Familie Partnerschaft Recht, Heft 4,* 191–195.

Werst, C. & Hemminger, H.-J. (o.J.) *Schlußbericht des Projekts »Psychologische Gutachten in Prozessen vor dem Familiengericht«.* Universität Freiburg.

Familien-Notruf, München

Workshop 9: Interdisziplinarität in der Mediation

Vorstellung einer interdisziplinären, ganzheitlichen Beratungsstelle zum Thema Trennung/Scheidung

Schwerpunkt des Workshops: Interdisziplinarität in der Mediation
Die Beratungsstelle Familien-Notruf München wurde 1982 gegründet. Wir beraten Einzelne, Paare, Familien und neu zusammengesetzte Familien in Phasen von Ehekrisen, Trennung und Scheidung sowie bei Neuorientierung.
Der Gründung der Beratungsstelle lag das Konzept interdisziplinärer Zusammenarbeit zugrunde. So besteht das Team des Familien-Notruf aus folgenden Berufsgruppen: Psychologen, Sozialpädagogen, Eheberater, Juristen und Organisationsmitarbeiter. Alle Mitarbeiter haben eine Zusatzausbildung in Mediation und zum Teil eine familientherapeutische Zusatzausbildung.
Im Laufe der Jahre hat sich in der Trennungs- und Scheidungsberatung ein weiterer Arbeitsschwerpunkt, die Familien-Mediation, entwickelt. Gerade dabei zeigt sich die Zusammenarbeit von juristischen und psychosozialen Berufen als sehr hilfreich (Co-Mediation).
Der Konflikt der Partner ist multidimensional. Er liegt sowohl in juristischen als auch psychischen Fragestellungen. Aus diesem Grund bietet sich als Konfliktlösungsmodell das Zusammenarbeiten beider Berufsgruppen an, da hier beide Problemlagen kompetent und gleichwertig behandelt werden.
Wir haben die Erfahrung gemacht, daß auch juristischen Fragestellungen und Streitigkeiten tiefe emotionale Konflikte zugrunde liegen.
Gary Friedman sagt: »Die Mediation schließt die Kluft zwischen den juristischen und den psychosozialen Professionen, weil sie die gängige Arbeitsteilung (psychische Trennung in einer psychosozialen Beratungsstelle – Regelung für die Zukunft an die Juristen) aufhebt.«

Diskussion:

In unserem Workshop wurde auf der einen Seite die Notwendigkeit der interdisziplinären Zusammenarbeit deutlich. Allerdings ist klargeworden, daß diese für den Klienten äußerst effektive und sinnreiche Arbeit im Moment nur an wenigen Beratungsstellen durchgeführt werden kann.
Die Teilnehmer des Workshops sahen die Notwendigkeit der interdisziplinären Zusammenarbeit – gerade im Hinblick auf eigenverantwortliche Elternschaft und der Unterscheidung von Paar- und Elternebene einerseits und Klärung wirtschaftlicher Themen in der Mediation (Haus, Finanzen) andererseits. Beides zusammen eröffnet den Weg zu sehr tragbaren, den Kindern gerecht werdenden Elternvereinbarungen.
Es wurde deutlich, daß die Idee der Mediation noch zu wenig verbreitet ist. Mehr Öffentlichkeitsarbeit wurde gefordert, um Mediation auf den Weg zu bringen. Ein weiteres Ziel sollte sein, daß Mediation zunehmend in Beratungsstellen angeboten und daß sie auch z.B. durch Prozeßkostenhilfe für jedermann zugänglich wird.

Rechtsanwalt *Joachim Kramp*
Dipl.-Soz. Päd. (FH) *Katrin Kossak*

Autoren und Herausgeber

Ingrid Baer Jahrgang 1938; Assessorin jur., Direktorin des Internationalen Sozialdienstes seit 1972. Durch die Tätigkeit beim Internationalen Sozialdienst umfangreiche Erfahrungen im Internationalen Familienrecht mit besonderem Schwerpunkt Adoption. Hinzu kommt wissenschaftliche Tätigkeit mit zahlreichen Veröffentlichungen in der Fachliteratur.

Axel Bauer Seit 1987 Vormundschaftsrichter am Amtsgericht Frankfurt/Main; Mitglied des Richterrates des Amtsgerichts Frankfurt/Main, Co-Kommentator des Heidelberger Kommentars zum Betreuungs- und Unterbringungsrecht (C. F. Müller Verlag), u.a. Kommentierung der Rechtstellung des Verfahrenspflegers (§ 67 FGG) im Rahmen des Betreuungsrechtes; Sprecher der Fachgruppe »Vormundschaft« der Neuen Richtervereinigung e.V. (Standesorganisation der Richterschaft), Mitglied des Vormundschaftsgerichtstages e.V.

Agneta Björklund Examiniert von der Sozialhochschule Stockholm 1969. Weiterbildung in Psychosozialer Behandlungsarbeit an der Sozialhochschule in Göteborg (mit Master of Science in Social Work vergleichbar). Beruflich mit familienrechtlichen Fragen von 1969–1973; 1973–1987 als Sozialarbeiterin in der Schule (Schulfürsorgerin) beschäftigt. In den Jahren 1987–1995 als Leiterin einer Abteilung im Jugendamt und seit 1996 als Regierungsdirektorin im schwedischen Ministerium für Gesundheit und Soziale Angelegenheiten beschäftigt.

Marco Bouchard Geboren am 24. 4. 1956 in Pomaretto (Turin) – Italien. Studium in Genua. Anschließende kurze Tätigkeit als Rechtsanwalt. Ab 1985 Gerichtsbeamter in Turin. Seit 1990 Jugendrichter, ebenfalls in Turin. Seit 1994 Mitglied des Conseil d'Administration de L'Association Internationale des Magistrats de la Jeunesse et de la Famille. Seit 1996 Vorsitz Association Italienne des Magistrats de la Jeunesse et de la Famille.

Christa Brauns-Hermann	Dipl.-Psychologin; geb. 24. 12. 1945; verheiratet; Klin. Psychologin-Psychotherapeutin BDP/DPTV. Studium an der Päd. Hochschule in Freiburg. Lehramt an Grund- und Hauptschulen. Studium der Psychologie in Freiburg. Wissenschaftliche Mitarbeiterin in der Forschungsgruppe Kriminologie am Max-Planck-Institut für ausländisches und internationales Strafrecht. Mitgründerin der Einrichtung »Psychosoziale Beratung in Familienkrisen« in Freiburg.
Dr. Dieter Brosch	Diplom-Psychologe; verschiedene berufliche Tätigkeiten, u.a. als wissenschaftlicher Mitarbeiter am Lehrstuhl für Strafrecht und Kriminologie, Universität Mainz; Tätigkeit als Rechtsanwalt im Strafvollzug und in der öffentlichen Verwaltung; derzeit Referatsleiter im Landesamt für Soziales, Jugend und Versorgung Landesjugendamt Mainz; langjährige Tätigkeit als Lehrbeauftragter an den Universitäten Mainz und Koblenz-Landau sowie als psychologischer Sachverständiger in familien- und vormundschaftsgerichtlichen Verfahren.
Bernd Michael Busch	Klinischer Psychologe – Psychotherapeut BDP. Studium der Germanistik, Geschichte, Psychologie. Anschließend wissenschaftlicher Mitarbeiter in der Forschungsgruppe Kriminologie am Max-Planck-Institut für ausländisches und internationales Strafrecht in Freiburg. Danach langjährige psychotherapeutische Tätigkeit (psychoanalytisch/tiefenpsychologisch orientiert) als klinischer Psychologe an einer psychosomatischen Fachklinik. Mitarbeiter in der Psychosozialen Beratung in Familienkrisen in Freiburg. Veröffentlichungen zur U-Haftsituation von Jugendlichen.
Jocelyne Dahan	...
Hartmut Dinse	Dipl.-Psychologe; geboren am 31. 12. 1950 in Berlin. Nach dem Psychologiestudium ab 1977 wissenschaftlicher Mitarbeiter am Max-Planck-Institut für ausländisches und internationales Strafrecht. Seit 1983 Mitarbeiter der Psychosozialen Beratungsstelle in Familienkrisen und Psychotherapeut in freier Praxis.
Dr. phil. Helmut Figdor	Universitätsdozent; Lehrbeauftragter am Institut der Erziehungswissenschaften der Universität Wien; Psychoanalytiker, Kinderpsychotherapeut und Erziehungsberater in freier Praxis; Vorsitzender der Arbeitsgemeinschaft Psychoanalytischer Pädagogik (Wien). Zahlreiche Veröffentlichungen

zum Thema Scheidungskinder und psychoanalytischer Pädagogik.

Peter Jeffries ...

Prof. Dr. Uwe Jopt Jahrgang 1944; Dozent für Psychologie an der Psychologischen Fakultät der Universität Bielefeld; Familientherapeut; Psychologischer Sacchverständiger an Familien- und Vormundschaftsgerichten.

Prof. Dr. Miroslava Geč-Korošec Professorin für IPR und Familienrecht an der Juristischen Fakultät der Universität Maribor. Leiterin des Instituts für Bürgerliches Recht, Rechtsvergleichung und Internationales Privatrecht der Universität Maribor. Mitglied in »Executive Counsil the International Society on Family Law.« Mitglied der Freunde des Hamburger Max-Planck-Instituts für ausländisches und internationales Privatrecht.

Dr. iur. Mehmet Köksal Dozent für Handelsrecht an der Universität von Izmir; eigene RA-Kanzlei in Istanbul; Jurastudium in Ankara; Promotion im Familienrecht an der Universität Konstanz; mehrere Veröffentlichungen, u.a. zum Kindschaftsrecht.

Prof. Dr. jur. Jutta Limbach 1972 Professorin im Fachbereich Rechtswissenschaft der Freien Universität Berlin; 16. 3. '89–23. 3. '94 Senatorin für Justiz des Landes Berlin; 24. 3. '94 Vizepräsidentin des Bundesverfassungsgerichts; seit 14. September 1994 Präsidentin des Bundesverfassungsgerichts.

Jan Piet H. de Man Dipl.-Psychologe (Kinder- und Familienpsychologe) und anerkannter Scheidungs- und Familien-Mediator. Seit 1984 aktives Mitglied der Flämischen Arbeitsgruppe für das gemeinsame Sorgerecht und die abwechselnde Betreuung. Mitarbeiter bei mehreren Arbeitsgruppen zur Vorbereitung neuer Belgischen Gesetze im Bereich von Scheidung und Sorgerecht. Mehr als 100 wissenschaftliche und praktische Werke in diesen Bereichen. Gründer des Europäischen Instituts für das Kindeswohl.

Jürgen Rieck Geb. 1941; Rechtsanwalt, selbständige Kanzlei in München; 1967 Übernahme der redaktionellen Betreuung des Werkes Bergmann/Ferid, Internationales Ehe- und Kindschaftsrecht; ständiger Berater des Bundesverwaltungsamtes in Fragen binationaler Ehen und Verfasser von Merkblättern; Regelmäßige Vortragstätigkeit für das Bundesverwaltungsamt; Mitglied des Internationalen Sozialdienstes Deutscher

Zweig e.V.; Gesamtredakteur und Mitherausgeber des Werkes Bergmann/Ferid.

Claude Rossier – Mediator und Ausbilder im Personalbereich; Präsident des Kantonalen Verbands für Allgemein- und Familienmediation; Mitglied des Schweizerischen Verbands für Mediation; Gründer und Leiter des Instituts für Mediation in Sion-Valies, Schweiz, das zuständig ist für Mediation in nachbarschaftlichen, strafrechtlichen, betrieblichen und familiären Konflikten.

Grazia Schaus – Rechtsanwältin in Frankfurt/Main; Ausbildung und Abschluß als Diplompädagogin; war bereits in mehreren Verfahren beim AG Frankfurt/Main als »Anwältin des Kindes« tätig.

Klaus Utz – Grund- und Hauptschullehrer, Diplom-Psychologe mit einer Zusatzausbildung als Gesprächs- und Familientherapeut.
Arbeitet an einer psychologischen Beratungsstelle für Eltern und Jugendliche in Freiburg.

Siegfried Willutzki – 63 Jahre; Präsident des Deutschen Familiengerichtstages; 35 Jahre Richter, davon die letzten als Familienrichter tätig. Jetzt als Honorarprofessor der TU Chemnitz und Lehrbeauftragter der Universität Bielefeld, Familiengericht lehrend. Zahlreiche Veröffentlichungen zum Familienrecht und Familienpolitik.